マイホームの彼方に

——住宅政策の戦後史をどう読むか

マイホームの彼方に——住宅政策の戦後史をどう読むか　目次

カバー写真　ホンマタカシ
湘南国際村〈神奈川県三浦郡〉／『東京郊外 TOKYO SUBURBIA』より

マイホームの彼方に

——住宅政策の戦後史をどう読むか

家を持ってから、私たちはもっと家族になった。

——住宅金融支援機構の二〇一三年の広告より

座ってしょっちゅう考えたもんだ
善良な男はどうするんだろう
……
おれのハッピーホームが心配だ

——エルモア・ジェイムズ「ハッピーホーム」(一九五五年)四番の歌詞より(引用者訳)

はじめに　大衆化から再階層化へ

戦後日本の社会変化を特徴づけたのは、持ち家の大衆化であった。経済のめざましい成長にともない、住まいとその資産価値を所有する中間層が増え、〝持ち家世代〟（generation own）を形成した。戦前の都市地域では、住宅の大半は民営借家で、持ち家に住むことは一部の階層の特権であった。都市は、無産階級を受け入れる空間をつくっていた。しかし、戦後経済の発展につれて、多くの人たちが、小規模であるにせよ、不動産を手に入れ、有産階級に加わった。終戦直後の農地改革は、地主制度を解体し、多数の自作農を生みだした。これに似た変化として、都市地域では、持ち家セクターが拡大し、多くの世帯が自己所有の家を建て、あるいは買い、家主と家賃支払いから自身を解放した。戦後社会の組み立てと性質を理解するには、住まいのテニュア（所有形態）が劇的に変化し、私有住宅に住む中間層が増大した点をみる必要がある（平山 二〇〇九）。

人生の輪郭を形づくるのは、家族、仕事、そして住宅の移り変わりである。マイホームという言葉は、持ち家を意味するだけではなく、それが家庭の幸福を支える様子を示唆した。持ち家世代の多くの人たちは、結婚し、子どもをもち、雇用と収入を安定させ、そして、賃貸住宅から私有住宅に向かう住まいの「はしご」を登った（Hirayama, 2007a）。人びとのライフコースは、マイホーム取得を一つの節目とし、しだいに標準化した。住まいの私的所有は、物的住宅の改善、不動産資産の形成に結びつき、家庭とその経済を保護すると考えられた。この文脈において、マイホームは、人生のセキュリティを「約束」し、戦後日本における社会契約の核としての位置を占めた。人びとが持ち家を渇望したのは、ライフコースを支える基盤または土台を必要とし、欲したからである。

マイホームの所有は、物質上のセキュリティを構成すると同時に、独立と自立を象徴し、メインストリーム社会のメンバーシップをもたらした（Hirayama, 2003, 2014a）。戦後の産業・経済発展に沿って、多くの若い人たちが農村から都市に移り住んだ。都市部では多数の集合住宅が開発され、郊外には大量の一戸建て住宅が建てられた。新しい団地はたいてい画一的で、そのデザインはしばしば凡庸、退屈と評された。しかし、均質な住宅地のランドスケープが構築しようとしたのは、そこに住む人たちが出自と来歴――どこから来たのか、どういう家柄なのか、どの階級の生まれなのか――を問われず、独立・自立した平等な存在として扱われるという処遇のイメージであった。住宅所有に到達した世帯は、「はしご」を登った実績を認められ、出自・来歴にかかわらず、社会の中心メンバーとしての地位を得ると考えられた。独立と自立の表象としてのマイホームは、戦後の〝モダン〟な社会がどのようであるべきかを示唆した。

持ち家社会の形成は、経済上の「自然現象」ではない。その説明に必要なのは、住宅システムの政策・制度とそれを支えるイデオロギーに注目する視点である（平山 二〇〇九）。政策は、経済・政治変化に反応し、より短期で変わりえるのに対し、制度は、社会により深く定着し、より長期にわたって機能する。住宅システムとは、住宅関連の法制度、政府の住宅政策、住宅と住宅ローンの市場、住宅関連の家族資源、企業福祉の住宅制度などから構成され、住まいの生産と消費を方向づける仕組みの体系をさす。経済成長が住宅の私的所有を普及するという見方がある。これは、間違いではない。

中間層が拡大してはじめて持ち家が増大する。しかし、中間層を住宅所有に向かわせるには、それを促進するシステムが必要になる。経済成長は持ち家社会の条件を形成し、しかし、持ち家社会は経済成長の必然の産物ではない。住まいと社会の関係のあり方は、経済次元の法則だけではなく、政策・制度とイデオロギーの次元の構築物として説明される必要がある。

戦後日本の政府は、持ち家促進のシステムを組み立て、それによって、人びとの住宅事情を改善するだけではなく、経済成長を支え、社会統合を保とうとした（Hirayama, 2007b）。このシステムは、開発主義（developmentalism）の政策フレームのなかに位置づけられた。開発主義とは、──ここでは、ごく簡単に述べるにとどめると、──国家主導の政治経済体制と市場に対する政府介入のもとで、産業・経済開発を優先させ、その成果を根拠として、社会統合を維持しようとするイデオロギーをさす（e.g. Park et al. 2012 : Wade, 1998 : Weiss, 2003）。開発国家（developmental state）の住宅システムは、住宅領域だけではなく、より広く社会・経済領域に関係した。

政府の住宅政策は、経済成長の手段とされた。終戦から高度成長期にかけて、住宅不足が続いた。人口と世帯数が増え、都市化が進んだことから、住宅需要が高まった。持ち家の大量建設は、住宅不足に対応すると同時に、経済成長を加速した。政府は、戦後の産業・経済を復興し、さらに拡大するために、市場に介入し、企業セクターを指導・管理した。経済復興を高度成長に発展させるうえで、建設・不動産・住宅産業は中心的な役割をはたした。持ち家建設を促進するシステムは、住宅供給を担う範囲を超え、経済成長を重視する国家政策の枠組みのなかに配置された。

持ち家促進に支援を集中する住宅政策は、標準パターンのライフコース形成を促進し、中間層をコアとする社会統合を支える手段となった。持ち家セクターの発展にともなう重要な社会変化は、住宅資産を所有する世帯と借家世帯が分裂し、住まいに関する人びとの階層化が進んだ点である。しかし、中間層が拡大し、持ち家取得の機会が増えている限り、階層化に対する人びとの意識は抑制された。社会統合とは、必ずしも静的ではなく、むしろ動的なメカニズムをもつ。賃貸住宅に住む若い世帯の多くは、将来の持ち家取得を予定し、資金調達の算段などに努力するなかで、自身を中間層の未来のメンバーとみなしていた。多くの人たちが標準パターンのライフコースを歩み、「はしご」登りに参加し、そして持ち家セクターに入ろうとすることで、中間層が膨らみ続け、——人びとが動くがゆえに社会が安定するという——社会統合の「動的安定」が成り立った。

持ち家社会とは、住宅所有の制度が根づき、埋め込まれた社会を意味し、そこでの私有住宅の普及は、個人・世帯のミクロレベルでは、人生のセキュリティを支え、マクロレベルでは、社会・経済を安定させる役割をはたした。住宅システムの政策・制度は、ミクロ・マクロレベルを媒介し、人びとの人生と社会・経済変化を関連づける位置を占める。戦後日本において、住宅システムを運営する政府がめざしたのは、多数の人たちが住宅所有に向かって動き、その力の束が経済を刺激し、メインストリーム社会を押しひろげ、そして、社会・経済の安定がより多くの世帯を持ち家セクターに導き、そのセキュリティを形成するというサイクルの構築であった。

資本主義社会に内在するのは、人間を労働力として商品化し、さらに、人間が必要とするあらゆる財・サービスを商品化し、それらの市場を拡大しようとする力である。しかし、自身を商品化できない人びとが存在し、必要な商品を買えない人たちがいることから、商品化を無条件に進めることは、社会安定を壊す危険をともなう。第二次世界大戦後の先進諸国の多くは、より包括的な福祉国家の構築をめざした。そこでは、人びとのセキュリティを確保するために、社会保障、医療、教育、社会福祉などの領域を〝脱商品化〟し、市場の外に配置する政策がとられた。教育のすべてを商品化すると、その市場は、料金を支払えない人たちを排除する。医療を市場化すると、そこに入れない低所得者は、傷病を治療できない。労働市場からはじきだされ、自身を商品化できない失業者は、賃金を得られない。資本主義社会とは、一方で、商品化を極限にまで推し進めようとし、他方で、脱商品化した領域を必要とする矛盾に満ちた社会にほかならない。

住宅システムもまた、商品化と脱商品化がせめぎ合う関係のなかにある。ここで注意すべきは、商品化／脱商品化の枠組みのなかで、住まいが独特の位置と性質をもち、住宅システムのあり方が国ごとに差異を示す点である。ノルウェイの政治学者、ウルフ・トーガーセンは、住宅政策を福祉国家の「ふらつく柱」と表現した（Torgersen, 1987）。社会政策のなかで、たとえば、医療、教育、福祉などに比べ、住まいは商品として市場で供給・消費される度合いが高く、したがって、住宅安定の確保に関する国家の役割と責任の範囲は、けっして明確とはいえない。よく知られているように、デンマーク出身の社会学・政治学者であるイエスタ・エスピン゠アンデルセンは脱商品化のコンセプトを用い、福祉国家とその社会政策の多様さを検討した（Esping-Andersen, 1990, 1999）。この多様さは、住宅領域ではいっそう顕著になる。なぜなら、政府の住宅政策が「ふらつく柱」であるがゆえに、住宅を脱商品化する方法は、均一ではありえず、国ごとに違いを示すからである。社会政策の体系のなかで、住宅政策の振れ幅はとくに大きい。いいかえれば、住宅システムのあり方は、それを構築し、運営する国家および社会の特質を映す〝鏡〟になる。

戦後日本の住宅システムは、他の資本主義社会のケースに共通する部分をもつ一方、「日本型」と呼びえる独自のアプローチに立脚した。住宅をどこまで、どのように商品化し、逆に、どういう住まいを、誰のために、どのように脱商品化するのかは、資本主義社会が向き合ってきた普遍の問いである。これに関し、日本では、中間層の持ち家取得を促進し、商品住宅の領域を広げようとするシステムがつくられ、それを経済成長と社会統合に関連づける方針がとられた。低所得者を対象とする政府の住宅政策は、残余的（residual）な位置づけしか与えられなかった。社会政策における〝残余〟の施策とは、中心的な施策では対処できない〝余った部分〟に対する対応を意味し、その実施は小規模かつ消極的である（平山 二〇〇九）。市場住宅を確保できないグループに対する脱商品化した住まいの供給は、少量のままであった。低所得者向け住宅対策を確立するのではなく、より多くの人びとに住まいの「はしご」を登らせ、持ち家社会に合流させせようとする政策が、「日本型」の住宅システムを形づくっていた。

社会のなかの住宅のあり方は変化する。日本では、人口と経済が〝成長後〟または〝ポスト成長〟の段階に入ったことで、持ち家社会の基盤は揺らぎはじめた（Hirayama and Izuhara, 2018）。住宅所有の大衆化とは、ある特定の条件――人口の増大とその構成の若さ、結婚と世帯形成の増大、住宅需要と住宅建設の拡大、力強い経済成長、雇用と収入の安定、分厚い中間層の形成、国家の持ち家支援――のもとで成り立つ現象であった。これらの条件はほとんど消失し、人びとの住宅事情は変わった。

日本の人口は、――国立社会保障・人口問題研究所の調べによると、二〇〇五年に減った後に、〇六～〇八年に増え、〇八年にピークに達した後、〇九年に微減、一〇年に微増し、そして、――一一年から減り続け、未曽有の少子高齢化が進んだ。住宅需要の減退にしたがい、住宅建設は減少し、住まいに関する投資と消費は縮小した。バブル経済は一九八〇年代後半に膨張し、九〇年代初頭に破綻した。ポストバブルの長い停滞のなかで、雇用と収入は不安定化し、住宅購入はより困難になった。住宅価格の上昇のもとで含み益をともなっていた持ち家は、住宅価格が下落に転じたことで、含み損を増大させ、資産としての住宅の安全は傷つけられた。世帯構成の変化は、住宅領域に影響した。たとえば、未婚率が上がり、単身者が増え、マイホームを買おうとする家族は減った。世界金融危機は二〇〇七〜〇八年に発生し、経済推移をさらに不確実にした。人口と経済の変容は、一時的とはいえず、より構造的である。

住まいの所有は、セキュリティをつくる一方、リスクを意味する度合いが高まった。住宅ローンを利用する持ち家取得が増え、ポストバブルの経済変化のなかで、その返済負担はより重くなった。持ち家は、所有者の独立と自立を象徴すると考えられていた。しかし、住宅ローンに依存し、大規模な債務をかかえる持ち家世帯が増えた。住宅ローンを組むことは、いわば〝人生を担保に入れる〟ことを含意し、そのあり方を拘束した（Lazzarato, 2011, 2013）。持ち家の意味はセキュリティとリスクのはざまでぐらつきはじめ、マイホームが独立・自立の表象である程度は減った。

ポスト成長社会は、新自由主義（neoliberalism）の台頭をともなった（Hirayama and Izuhara, 2018）。新自由主義ないしネオリベラリズムとは、――その定義に関する込み入った論争に深入りせず、多くの論者におおむね共通する見方をとると、――資産私有と市場を制度フレームとし、そこでの人びとの競争と企業家精神の促進が経済進歩を達成すると断言する経済・政治イデオロギーである（e.g. Burgin, 2012 ; Dardot and Laval, 2013 ; Davies, 2016a ; Harvey, 2005 ; Peck, 2010 ; Springer et al., 2016）。新自由主義を支持する勢力が拡大するなかで、政府は、住宅政策を大胆に縮小し、市場商品としての住宅の生産・消費促進をめざした。

持ち家社会の新たな段階を特徴づけるのは、〝再階層化〟とそれに関連する不平等の増大である。社会は、必ず階層化する。しかし、階層化の度合いには幅がある。ここでの再階層化とは、階層化の程度がふたたび上がることをさす。マイホームの大衆化を支えた条件がしだいに消えるなかで、成長後の時代の住宅システムは、社会が再階層化し、不平等が再拡大する傾向に関係した。階層化の程度は変化し、階層間の不平等は増えたり減ったりする。社会のあり方にとって大切なのは、何らかの時点での階層構成の状態だけではなく、むしろ不平等が拡大しているのか、それとも縮小しているのかという〝変化の方向〟である。なぜなら、ある時点での不平等の量ではなく、その増大または減少が社会安定の度合いにより強く影響するからである。持ち家の大衆化は、中間層の増大を反映・促進し、人びとの階層化を緩和する効果をともなったのに対し、その条件の消失によって、階層化の程度は再上昇した。

成長後の社会の不平等は、新たなメカニズムをもつ。その組み立てにおいて私有住宅に関する〝フロー〟と〝ストック〟が中心的な役割をはたす点をみる必要がある。人びとを再階層化する要因の一つは、持ち家取得のフローの停滞である。人口・経済変化にしたがい、雇用と収入の不安定な世帯が増え、未婚・単身率が上がった。これを反映し、住宅所有に到達しない人たちが増え、持ち家を取得する／しないグループが分裂した。再階層化のもう一つの要因は、持ち家ストックとその資産価値の不均等分布である（Hirayama and Izuhara, 2018）。戦後の住宅システムは、人びとの住宅所有を促進した。成長後の段階に入った社会を特徴づけるのは、膨大な持ち家ストックがすでに積み上がっている状況である。その分配の不均等によって、住宅資産を大量に所有する／少量しかもっていない／まったく保有していないグループが区分された。私有住宅の取得に向かうフローが停滞し、すでに蓄積した住宅資産のストックが偏在することで、人びとの「はしご」登りにもとづく社会の「動的安定」は、しだいに弱まった。

持ち家社会は持続可能なのかどうか、そして、住宅と社会の関係の将来をどのように想像し、どの方向に向けるべきか。この問いに取り組むために、戦後日本において住まいの私的所有に根ざす社会がどのようにつくられ、どういう変化をとげ、いま、どのような状態にあるのかを検討することが、この本の関心事である。住宅の将来のあり方は、過去と現在から無縁ではありえない。住まいの社会変化を展望するには、マイホームの戦後史を調べ、その果てにどういう住宅状況が現れているのかをみることが、一つの有力な方法になる。

おもな課題は、住宅所有と社会の関係の軌跡を〝大衆化から再階層化――持ち家の大衆化から住宅に関係する人びとの再階層化――に向かう道程〟として描く点にある。不平等の拡大と放置は、社会の連帯を壊し、安定をむしばむ。不平等をどのように減らせるのかは、挑戦する価値のある難問として、社会に立ちはだかってきた。マイホームの戦後史をみるところから、不平等のメカニズムをとらえ直し、社会変化のなかの住まいの位置と役割を考えることが、この本の主眼である。

持ち家社会の軌跡を説明するには、多くの方法がありえる。ここでは、住宅システムの政策・制度とイデオロギーの役割に注目する(平山 二〇〇九 二〇一四)。住宅システムは、先述したように、ミクロレベルでの個人・世帯のライフコースとマクロレベルの社会・経済変化を媒介する位置にある。その政策・制度は、それ自体として重要なのではなく、人びとの人生の道筋を支え、あるいは壊し、さらに、社会・経済のあり方に影響するがゆえに、意味をもつ。この本では、持ち家社会の形成と変化を経済法則の反映ではなく、政策・制度とイデオロギーによる構築物としてとらえる。住宅システムの役割に注目するのは、住まいの状況を「自然現象」とはみなさず、社会的な選択の問題として立論するためである。

住宅システムを構成する要素は多岐にわたる。この要素の全部に目配りすることは、過度に入り組んだ仕事になるだけではなく、住宅システムについての議論を立てようとするうえで、必ずしも生産的とはいえない。ここで注目するのは、おもに政府の住宅政策がはたした役割である。国家または政府は、住宅システム全体の組み立て方を設計し、その運営を主導する位置を占める。住宅政策をおもな〝レンズ〟とし、そこから住宅システムのあり方を調べることが、本書の仕事になる。

この本の直接の対象は、日本の持ち家社会とそれを形づくった住宅システムである。しかし、戦後持ち家社会の生成は、先進資本主義諸国の多くにみられる現象である。この点をふまえるならば、持ち家社会における住宅システムの役割について、多くの国の共通性と差異をとらえ、比較分析の枠組みのなかで日本の実態をみる方法が必要になる。ある社会の住宅システムの特質とは、相対的でしかありえず、別の社会のそれとの比較からでしか把握できない。住宅研究の国際学界では、住宅システムの比較理論が発達してきた。住宅関連の比較分析を体系的に展開することは、込み入った作業を必要とし、ここでの意図ではない。この本では、住宅システムに関し、先進諸国の動向の大枠を念頭に置き、国際住宅学界での理論動向をみたうえで、日本の特色を検討する。住宅所有の歴史分析は、比較分析と交差させることで、より豊かになる。

戦後日本に展開した住宅システムの政策・制度を支えるイデオロギーとして、本書は、とくに開発主義と新自由主義に注目する。この二つのイデオロギーの関係について、国家主導の開発主義に根ざす政策に対抗し、それを打ち壊すところから市場重視の新自由主義による政策展開が可能になったとみなす考え方がありえる。しかし、この本では、開発・新自由主義が構成する対立関係だけではなく、整合関係に注意を向ける。後章でみるように、新自由主義の市場経済は、けっして自由放任のもとで展開するのではなく、国家保護・管理の枠組みのなかで運営される（e.g. Dardot and Laval, 2013）。経済における国家の役割が大きい点で、開発主義と新自由主義には類似する部分がある。さらに、経済成長と物質上の繁栄を優先させ、その価値を、社会的平等などの他の価値より上位に置く方針が、開発・新自由主義に共通した（e.g., Park et al. 2012）。開発国家の住宅政策は、低所得者向け対策を残余化した。この傾向は、新自由主義の住宅施策では、いっそう強められ、低収入グループに対する公的支援は最小限になった。この本では、新自由主義にもとづく住宅システムは、開発主義の住宅システムを破壊するだけではなく、むしろ、その発展と実績を基盤として成立した側面をもつとみる。

戦後日本に発達した持ち家社会は、発展と変化の果てに、ポスト成長の段階に入った。新たな時代の住宅システムの政策・制度をどう設計すべきかが重要な問題になる。社会・経済条件の変化とイデオロギーは、人びとの人生と住まいの状況に影響する。この関係は、住宅システムによって媒介される。しかし、社会・経済変化が人びとの人生を一方的に翻弄するのではない。大切なのは、一人ひとりが描く人生の軌跡の束が社会・経済変化を形づくると認識する方法をもつことである（平山 二〇一一a）。多くの人たちは、成長後の時代をどうにかして生きようとする。その実践の積み重ねから社会・経済条件に変化を起こし、イデオロギーの呪縛を弱める道筋がありえることを想像し、その敷設のために、どういう住宅システムをつくるのかを問う必要がある。この本が住まいの政策・制度に注目するのは、この文脈においてである。

住宅システムに関して、歴史を体系的に詳述し、あるいは何らかの史実を新たに発見することは、本書の目的ではない。この点に挑戦したいくつかの重要な仕事がすでにある（原田 一九八五、大本 一九八二a 一九八四 一九九一、小野 二〇一四a、祐成 二〇〇八、住田 二〇一五、渡辺 一九六二）。持ち家社会の形成・変化と住宅システムの関係についての一つの読み方を、ここで述べた課題設定と方法にもとづいて提案することが、この本の目標である。

まず、第1章では、住宅所有に関し、いま、何が論点となっているのかを調べる。持ち家社会の戦後史は、どのような問題関心にもとづいて分析するのかによって、まったく異なる姿をみせる。したがって、歴史分析に先立ち、問いを立てる作業が不可欠になる。第2章では、住宅システムの比較理論を検討する。日本における住宅所有の戦後史をみようとするとき、その特質を知るうえで、比較理論は有益な参考対象になる。続いて、第3章から第5章にかけて、戦後日本の持ち家社会の生成と変容を考察し、そのプロセスにおいて住宅システムがはたした役割を調べる。ここでは、おもにマクロレベルの社会・経済変化との関連で住宅システムの政策・制度をみる。最後に、第6章では、ポスト成長の段階に入った日本社会の住宅事情を、個人・世帯および家族のミクロレベルで分析し、そこから住宅システムに関する新たな論点を検討する。

人生の実践が必要とするのは、過去・現在・未来の連関のなかでの継続である。人びとは、過去を振り返り、未来を想像または構想するところから、過去と未来の間に日常を重ね、自身の人生をつくろうとする。無差別な時間の流れは、人間がそこに立ち現れることによって、均質さを失い、過去・現在・未来に区分けされる。人びとは、過去の経緯の延長線上に現在の自分があると認識し、未来をよりよく生きるために、現在のさまざまな課題——仕事の技量の向上、貯蓄、子育て、……——に取り組む。人間とは、過去と未来のはざまの存在にすぎない。いいかえれば、過去・未来との関係を抜きに、人間が現在を生きることは、ほとんど不可能である。人間の弱さとは、生きることが現在だけでは成り立たず、意識を現在に集中できない点にある。人生の現在は、それ自体として自立・完結するのではなく、過去と未来に関連づけられ、文脈を与えられることによって、ようやく、かろうじて、意味をもつ。

住宅所有に根ざすセキュリティは、人びとの寄る辺なさをやわらげると考えられた。産業発展と都市化にしたがい、社会・経済変化の速度は上がった。戦後社会では、ライフコースのあり方が出自から受ける影響の程度は、少なくとも戦前に比べれば、減少した。戦後のモダンな空間のなかで、多くの人びとは、人生の道筋を選ぶ自由を与えられ、あるいは何らかの人生を選ぶことを強制され、自身の将来を「発明」する必要に迫られた。家族、仕事、住宅に関し、「移動」する人たちは、「移動」するにもかかわらず、あるいは「移動」するからこそ、自身の生き方に文脈を与えるために、過去との関係のなかで現在を意味づけ、そこから未来を展望しようとした。変化し続け、不確かさを増す社会・経済のなかで、マイホームは、現在を過去と未来に関連づけ、人生の拠り所を形成する役目を担った。

ライフコースのつくり方についての選択の幅が増えたことが、戦後社会の一つの特徴となった。しかし、完全な自由は、想像の領域にしか存在しない。それぞれの時代と地域に特有の支配的なライフコース・モデルが存在し、人生の規範をつくる。たいていの人たちは、ライフコースの社会標準を参照し、それとの関連で自己の位置を測りながら、自身の人生を乗せる軌道を整えようとする。生き方に関する人びとの選択は、モデルと無縁ではありえず、そこからのある程度の距離の範囲内に分布する。何らかの枠組みをもたない自由があるとすれば、それは、大半の人たちにとって、極端な寄る辺なさをもたらすだけである。マイホームの取得は、結婚、出生、昇任・昇給、子育てなどに関連づけられ、ライフコースの標準パターンを構成した。人生の「発明」を求められる人たちは、持ち家取得を組み込んだライフコース・モデルを参考にすることで、自身が歩む道筋についての選択のあり方に枠組みを与えた。

前世紀後半の日本には、「夢のマイホーム」という言いまわしがあった。住宅所有の大衆化は、中間層の増大を反映・促進し、社会変化の「かたち」を決定づけるほど重要な役割をはたした。戦後社会契約において、マイホームは人びとの寄る辺なさを減らし、家庭の落ちつきとそこから生じる幸福感を「約束」すると想像された。しかし、前世紀の末頃から、人口・経済条件が変化し、新自由主義のイデオロギーが台頭するにともない、社会の再階層化が進み、住まいをめぐる「約束」の履行は減った。多くの人びとがマイホームを追い求めた時代の果てにあって、「夢のマイホーム」はいまなお「夢」なのか、それとも「夢」はすでに色あせたのか。新たな時代の社会の新しい「かたち」をどのように構想し、その建設に向けて、住宅システムをどのように再設計すべきかが問われている。

第１章　住宅所有についての新たな問い

タワーマンションの頂上から、東京都千代田区（2006 年５月撮影）

持ち家／賃貸／親の家世代

日本を含む先進資本主義諸国の多くは、持ち家社会を形成した。住宅テニュア（所有形態）の中心は、戦前では民営借家であったのに対し、戦後では個人所有にシフトした。多数の国は、持ち家セクターを支持し、保護するシステムを、程度の差こそあれ、整えた。アメリカ、カナダ、イギリス、オーストラリアなどのアングロサクソン諸国では、持ち家は支配的なテニュアとなった。イタリア、スペイン、ギリシャなどの南欧諸国では、持ち家率がきわだって高い。西欧・北欧諸国は、賃貸セクターの改善を重視する傾向をもっていた。ドイツ、スイス、オーストリアなどの持ち家率は、それほど高くない。しかし、個人所有が主要な住宅テニュアの一つとなった点で、西欧・北欧諸国は他の先進諸国に似ていた。持ち家率は国ごとにばらつきをみせるとはいえ、私有住宅が増える傾向は、多くの先進諸国に共通する重要な社会変化であった。

しかし、持ち家の大衆化を支える社会・経済条件はしだいに損なわれ、住まいに関連する不平等がふたたび増大した。多数の国の政府は、新自由主義のイデオロギーが台頭するにしたがい、市場経済を重視する方向に住宅システムを傾けた。住まいと社会の関係の変化のなかで、持ち家セクターはより不安定になった。この本の関心は、戦後日本の持ち家社会の軌跡を検討する点にある。その前提として、本章では、日本を含む先進諸国の住宅所有に関し、いま、何が問われているのかをみる。

〝成長後〟の段階に入った日本社会を〝再階層化〟に向かわせる住宅関連の要因の一つは、すでに述べたように、持ち家取得の〝フロー〟の停滞である。この変化は、住宅事情に関する世代間の差異として発現した。若い人たちは、親から独立し、仕事に就き、賃貸住宅を確保し、家族をもち、そして、マイホームを手に入れ、資産をつくる、という標準パターンのライフコースをたどると考えられていた。しかし、成長後の社会では、雇用が不安定化し、所得が増えない。この状況は、若い世代により強く影響した。若年グループでは、住宅所有になかなか到達せず、賃貸セクターにより長くとどまる〝賃貸世代〟（generation rent）が形成され、さらに、成人未婚のままで親元に住み続ける〝世帯内単身者〟が増え、〝親の家世代〟（generation stay-at-home）をつくりだした。〝持ち家世代〟（generation own）は、持ち家を得ることで、人生のセキュリティを得ようとしたのに比べ、若い世代では、住宅所有にもとづくセキュリティ形成は、より困難になった（平山 二〇〇九 二〇一一a 二〇一三a 二〇一六a：Hirayama, 2012, 2013）。

住宅事情の違いは、世代間だけではなく、世代内で広がった。若年層のライフコース形成の実態をみると、家族、仕事、そして住宅の変化に関し、強い相関が認められる。結婚と子育ては、たいていの場合、雇用と収入の安定に支えられ、持ち家取得と資産形成をともなう。これに比べ、低賃金の不安定就労層では、未婚率が高く、持ち家率は低い。先行世代では、良質の仕事、配偶者と家族、そして持ち家のすべてをもつ人たちが主流を占めた。若い世代では、「すべてをもたない」グループが出現・拡大し、「すべてをもつ」グループから分離した。

持ち家取得の困難の原因が変わった点をみる必要がある（Hirayama, 2010a：Hirayama and Izuhara, 2018）。経済が成長していた時代では、住宅価格のインフレーションのために、持ち家購入の負担が増えた。バブル経済は、住宅価格を先例のないレベルにまで高騰させ、多くの世帯を持ち家市場から排除した。これに対し、ポストバブルの成長後の時代では、不動産価格が下がったにもかかわらず、所得が伸びず、あるいはデフレーションに陥ったことから、住宅購入はより難しくなった。持ち家市場の障壁として、先行世代は「価格インフレ」を経験したのに対し、より若い世代は「所得デフレ」

に直面した。

住まいの状況は、世代間で差異化した。しかし、その原因が世代それ自体ではなく、社会の再階層化である点に注意する必要がある。若年世代と先行世代では、世代内での階層構成が変化し、より若い世代では、より低位の階層の人たちが増えた。この結果として、住まいに関する世代ごとの違いが拡大した。したがって、住宅事情の不平等を理解しようとするのであれば、その「現象」としての世代間分裂だけではなく、その「原因」としての再階層化に目を向けることが、不可欠になる。世代間の違いばかりに目を奪われると、世代内での「すべてをもつ／もたない」グループの分化を説明できない。

持ち家社会の再生産を支えたのは、新たな世代の人たちが、先行世代に続いて、人生の軌道を整え、住まいの「はしご」を登るというプロセスの継起であった（平山 二〇一三ａ）。住宅所有をめざし、中間層のメインストリームに合流しようとする人びとの力の束が、社会変化に「動的安定」をもたらした。しかし、成長後の段階の若い世代では、家族、仕事および住宅に関し、ライフコースの途上で停滞する人たちが増えた。そこでは、住宅を所有する／しないグループが分裂したままになる。若いグループの「はしご」登りの衰退によって、メインストリーム社会を膨らます力は弱化し、持ち家社会の持続の基盤は脆くなった。

賃貸世代と親の家世代の出現は、多くの先進諸国で観察される。世界金融危機を一つの契機として、持ち家取得の経済上の困難が増え、住宅事情の世代間および世代内の違いが拡大した（e.g., Beer et al. 2011 ; Forrest and Yip, 2013）。多数の国で賃貸世代の形成が指摘され、家族をもち、住宅を買うというパターンのライフコースが必ずしも一般的とはいえなくなった（McKee, 2012 ; McKee et al. 2017）。イギリスの地理学者、ダニー・ドーリングは、社会の階層化と分裂、そして不平等の増大に関連づけて住宅事情の変化を分析し、賃貸世代の状況を住宅危機の発現形態の一つとして位置づけた(Dorling, 2014)。世帯内単身者の増加もまた、多数の国に共通する(e.g. Holdsworth and Morgan, 2005; Newman, 2012)。南欧諸国では、親元にとどまる未婚の若年層がきわめて多く、さらに増大した。西欧・アングロサクソン諸国では、世帯内単身者は少なかった。しかし、その割合はしだいに上昇し、親の家世代の出現をどのように説明・評価するのかが論点となった。

住まいの「はしご」を順調に登る若年層が減少し、それに関連して、ライフコースの「かたち」が必ずしも「直線状」ではなくなったことが、多くの国で論じられた。ライフコースが「蛇行」する人たち、「はしご」を「降りる」世帯、人生の道筋を「後戻り」する人びと、親の家を出た後に「ブーメラン」のようにそこに戻る人たちなどの存在は、ライフコースと「はしご」登りの「標準パターン」が依然として標準といえるのかどうかを検討する必要を示唆した(e.g. Arundel and Lennartz, 2017; Beer et al., 2011; Clark et al., 2003; Hirayama, 2010a; Izuhara, 2015; Stone et al., 2014)。

日本と他の先進諸国では、前世紀の大半の期間を通じて、若い世代は、先行世代に比べて、少なくともマテリアルな側面に関し、より豊かになることをほぼ「約束」されていた。この「約束」の中心には、持ち家とその資産価値の所有があった。世代交代にともなう物質上のさらなる発展についての人びとの期待または確信によって、社会安定が持続した。新たな世紀の若い世代の住宅事情は、「約束」の不履行を反映する点で、社会契約の不安定化を意味する。

住宅資産の不均等分布

成長後の時代を迎えた日本では、持ち家取得の〝フロー〟の停滞に加え、持ち家〝ストック〟とその資産価値の不均等分布が社会を再階層化する（Hirayama and Izuhara, 2018）。人口・経済変化のために、住宅投資と住宅建設は減少し、若い世代の持ち家取得は減った。しかし、〝成熟した持ち家社会〟――住宅所有の発展についての長い軌跡と経験をもつ社会――を形成する日本では、戦後有産階級としての持ち家世代が不動産資産および金融資産をすでにたくわえている。そのストックは、おもに家族のなかで分配され、次世代の住まいの状況を階層化する。賃貸世代では、住宅の自力購入が難しくなる一方、親がどのような住宅を所有しているのか、それを相続するかどうか、自身の住宅を買うとすれば、親から資金援助を得られるかどうか、といった変数が持ち家取得の可能性に影響する。親の家世代が住んでいるのは、親が維持している持ち家にほかならず、他方で、親の家にとどまる選択肢をもたない人たちがいる。

人口・経済の停滞のなかで、住宅の資産価値は、不安定化し、そして偏在する（Hirayama and Izuhara, 2018）。人口減少がはじまったにもかかわらず、住宅は増え続け、空き家率が上がった（由井ほか 二〇一六）。経済変化は、さらに不確実になった。このため、住宅ストックの資産としての価値は、安全とはいえず、より不均等に分布する。住宅資産の「不安定と偏在」のなかで、ある家族は市場評価の高い「富」としての住宅を所有し、別の家族の住宅には資産価値が少ししかないという階層化が進み、さらに、空き家のままで所有者に管理負担をもたらすだけの「無駄」な住宅が増大する。成長後の社会の住宅資産は、その価値の高低によって階層化し、「富」と「無駄」に分裂する（平山 二〇一八a）。

トマ・ピケティ（Piketty, 2014）の社会的不平等論は、長期にわたる資本の構造変化に関する実証分析にもとづき、住宅領域を含む幅広い分野から注目を集めた（e.g., Maclennan and Miao, 2017）。ピケティによれば、欧州における資本の価値は、一八～一九世紀では安定していたのに比べ、二度の世界大戦の影響によって激減し、第二次世界大戦後にふたたび増大した。そして、戦後の資本回復では、住宅価値の割合が目だって上がった。これは、戦後社会の不平等研究において住宅資産分析が不可欠になることを含意する。ピケティの不平等論の要点は、労働所得と資本所有の比較にある。ピケティによると、住宅を含む資本の所有に関する不平等が労働所得のそれより大きく、その傾向は、経済成長率が下がると、より顕著になる。第一次世界大戦から第二次世界大戦後の高度成長期にかけて、戦争による資本破壊のために、資本所有にもとづく不平等は控えめで、増大する労働所得が人びとの平等化を推し進めた。これに比べ、一九八〇年代以降の成長率が下がった時代では、労働所得の伸び率の低下につれて、資本所有の差から生じる不平等が拡大した。ここでの「資本」の定義が独特である点、住宅が「資本」に含められ、それに関する十分な説明がない点に、議論の余地はある。しかし、ピケティの指摘は、日本のポスト成長社会など、成長率の下がった社会の再階層化を促進するドライバーとして、住宅資産の不平等に注目することの重要さを示唆する。

日本を含む先進諸国の多くでは、戦後に持ち家世代が現れ、住宅所有の制度が社会に根づいた。このため、賃貸世代の出現を暗黙のうちに「例外」または「特異」と位置づける見方がある。しかし、ピケティは、不平等の長期推移分析にもとづき、第一次世界大戦後から一九七〇年代頃までが平等化が進んだ点で「例外」であったこと、八〇年代頃から不平等がふたたび拡大したことを示した。この点からすれば、住宅社会学者のレイ・フォレストと筆者が論じたように、戦後経済の成長のなかで中間層が拡大し、持ち家世代が現れたことが、むしろ「例外」であったという考え方がありえる(Forrest and Hirayama, 2018)。経済の「例外」期が終了し、賃貸世代が現れたことは、民営借家が支配的であった戦前の住宅状況への回帰には結びつかない。ある時代の住宅事情は、先行時代における住宅システムの運営の結果を反映する。戦前とは異なる成長後の新たな社会の特徴は、戦後「例外」期に蓄積した大量の持ち家ストックが存在し、その分配のあり方が住まいの状況とその階層化に影響する点にある。

フォレストと筆者は、先進諸国の成熟した持ち家社会における住宅資産所有の発展段階について、一つのモデルを提案した（ibid.）。持ち家社会の初期段階では、モーゲージ（住宅ローン）の債務をともなう〝モーゲージ持ち家〟が増大する。これに続いて、人口が高齢化し、住宅ローン返済を終えた世帯が増えるにしたがい、〝アウトライト持ち家〟が増大する。アウトライトとは、住宅ローンを完済し、あるいは住宅ローンを利用せずに持ち家を取得し、債務をともなわない状態をさす。アウトライト持ち家では、モーゲージ持ち家に比べて、市場価値が同程度であれば、エクイティがより多い。エクイティとは、資産の市場価値から負債を差し引いた純資産ないし正味資産をさす。成熟した持ち家社会とは、アウトライト住宅が増え、そのエクイティが積み上がった社会を意味する。

そして、不動産エクイティをたくわえ、成熟の段階に入った持ち家社会では、住宅不動産の価値が世代を超えて承継され、いっそう偏在する（ibid.）。この点が、社会を階層化する新たなメカニズムの中心部分を構成する。上位の階層には、複数世代にまたがって住宅資産をさらに増やす「蓄積家族」（real estate accumulators）が存在し、下位の階層では、親世代から子世代にかけて、住宅資産の目減りを経験する「食いつぶし家族」（housing wealth dissipaters）が増える。さらに、最下層には、複数世代にわたって、住宅をいっさい所有せず、賃貸セクターにとどまる「賃貸家族」（perpetually renting families）がいる。

不平等研究の領域では、社会階層を表す指標として、とくに重視されたのは、職種、雇用形態などの労働市場での地位であった（Forrest and Hirayama. 2018 : Kurz and Blossfeld. 2004）。これは、生産領域での社会関係が不平等の構造を決定するという考え方を反映する。住宅などの消費財を取得する力は、職業とそれに相関する収入の高低から決まると想定され、したがって、不平等研究では、住まいの重要さは、ほとんど認められなかった。高収入の世帯は良質の家を買い、低収入の人たちは劣悪な家に住む。しかし、戦後経済成長と持ち家セクターの拡大につれて、社会の階層化に関する消費領域での住宅の役割の重要さが増した（e.g., Dunleavy, 1979 ; Saunders, 1978, 1990）。生産場面では賃金労働者として働く人たちの多くが、消費場面では持ち家を取得し、有産階級のメンバーとなった。このため、労働市場での地位の違いだけではなく、むしろ消費領域での住宅所有／非所有の分裂が社会を階層化するという見方が示された。

さらに、住宅は、消費対象であるだけではなく、資産を形成し、消費財一般に比べ、はるかに高い耐久性をもつことから、長い年月にわたって存在し、世代を超えて受けつがれる。持ち家が増え、そのストックが蓄積するにつれて、不平等の構築において住宅資産がはたす役割は、より重要になる（Arundel, 2017 ; Forrest and Hirayama, 2018 ; Hirayama and Izuhara, 2018）。ドイツの住宅社会学者であるカリン・クルツとハンス・ペーター・ブロスフェルドによれば、持ち家資産は、おもに家族の範囲内で蓄積・分配され、そのプロセスは、生産場面から分離しているため、不平等形成のメカニズムのなかで、自立した固有の位置と役割をもつ（Kurz and Blossfeld, 2004）。そして、ピケティが示唆したように、成長率が下がる時代に入れば、労働所得の伸びは停滞し、不平等の理解のために、資産の不均等分布に注目する必要がさらに高まる。

これに加え、人口の高齢化は、社会階層形成の構造を変え、そこでの住宅資産の役割をいっそう重要にする。労働市場から退出する高齢者が増えるにしたがい、社会全体のなかで、雇用関連指標にもとづく階層分析が有効性をもつ範囲は減る。高齢者の多くは、退職による収入減を経験する一方、資産を保有する。この資産のなかで、持ち家資産が占める比重は大きい。そして、居住用不動産の保有量は、世帯ごとに差をみせる。このため、住宅資産を中心とする資産の不均等分布が高齢層の不平等を形づくる中心要因になる。持ち家ストックが蓄積し、高齢者が増えるにしたがい、社会階層の構造をとらえるには、職業と収入より、むしろ持ち家資産に注目する視点が必要になる（Hirayama and Izuhara, 2018）。

ネオリベラル・システム

住宅システムの変化は社会の再階層化にどのように影響したのか。戦後日本の政府は、持ち家促進の住宅システムを構築したうえで、しだいに新自由主義の方向に向かった。これを反映し、市場商品としての持ち家の生産・消費が拡大した。政府の住宅政策がはたす役割の一つは、所得再分配を進め、より低所得の階層の住宅事情を改善する点にあると考えられていた。しかし、新自由主義のイデオロギーが台頭するにしたがい、低所得者向け住宅政策は縮小し、その再分配機能は衰えた。住まいの商品化をめざし、再分配を減らす住宅システムの政策・制度は、社会を再階層化する原因となった。

戦後の資本主義諸国の多くは、ケインズ主義の市場介入政策を展開すると同時に、福祉国家の建設と社会政策の拡大をめざし、その枠組みのなかで、住宅政策を発達させた。しかし、一九七〇年代初頭にドルショック（七一年）、オイルショック（七三年）、ブレトンウッズ体制の終結（七三年）などの危機が立て続けに発生し、それ以来、成長率は低下し、資本主義経済はより不安定になった。新自由主義の考え方は、一九三〇年代に現れ、その擁護者たちは、当時の反自由主義の潮流のなかで、自由主義を守るための新たな論理を模索した（e.g. Dardot and Laval, 2013）。福祉国家とケインズ主義の戦後の発展は、順調な経済成長を背景とし、新自由主義の信奉者を周縁に押しやった。しかし、一九七〇年代の危機は、「大きな政府」に対する批判を勢いづけ、新たなイデオロギーの勢力拡大に必要な〝スペース〟を用意した。

先進諸国では、アメリカ、イギリスの住宅政策が一九八〇年代初頭に新自由主義の方向に明確に転換し、多くの国がこれに続いた（e.g., Jacobs, 2019）。住宅の私有化と商品化をめざす新たなシステムは、アングロサクソン・西欧諸国にとどまらず、資本主義のグローバル化につれて、多数の地域に波及し、〝持ち家社会のグローバル化〟とでも呼べそうな状況を生んだ（平山 二〇〇九）。前世紀の末に、社会主義体制をとっていた旧ソ連と東欧諸国が市場経済を導入し、東アジア諸国の経済成長が加速した。これらの地域の住宅システムは、新自由主義の影響のもとで、商品住宅の生産・消費を増大させた。東欧諸国では、持ち家率が異様に高い水準にまで上昇し、「スーパー持ち家社会」が出現した（Stephens et al., 2015）。東アジア諸国もまた、中間層の成長とそれにともなう持ち家セクターの拡大を経験した（Doling and Ronald, 2014）。

新自由主義の住宅システムを特徴づけるのは、その運営における住宅ローンの役割が拡大し、〝金融化〟（financialisation）が進む傾向である（Aalbers, 2016 ; Forrest and Hirayama, 2015 ; Fuller, 2019 ; Rolnik, 2019）。金融化とは、経済、企業、国家および世帯の構造変容における金融関連の機関・市場・実践・言説などの支配力の増大を意味する（Aalbers, 2016）。住宅所有を促進するシステムは、商品住宅の購入を促すがゆえに、住宅価格のインフレーションを引き起こし、持ち家取得をより困難にするという矛盾をもつ。これに対し、住宅ローン市場を拡大し、その規制を緩めることで、借入条件を改善した多様な住宅金融商品の販売を増やし、人びとの住宅購入能力を引き上げようとする政策がとられた。

住まいの金融化は、住宅それ自体の文脈だけではなく、より広く資本主義体制の救済に関する文脈のなかで理解される必要がある。ドイツの社会学者であるヴォルフガング・シュトレークが書いたように、資本主義経済が一九七〇年代に危機に陥って以来、成長率の低下にあらがうための政策手段の中心は、国家債務から個人債務に移ってきた（Streeck, 2014）。政府は、公共事業などで景気を刺激するために、国債発行を重ねた。これに続いて、政府だけではなく、むしろ個人の借金を促進する手法がとられた。その主力となったのが、住宅ローンによる持ち家促進であった。個人の住宅ローン債務などを増やし、成長の減速をくいとめようとする政策を、イギリスの政治経済学者であるコリン・クラウチ、マシュー・ワトソンは、それぞれ「民営化されたケインズ主義」、「住宅価格ケインズ主義」と呼んだ（Crouch, 2011 ; Watson, 2010）。

日本の政策形成に新自由主義の方針がいつから導入されたのかについては、見方が分かれる。しかし、政策・制度の幅広い改革は何らかの時点でいっきょに全面的にスタートしたのではなく、段階的に発展したとみる必要がある（Dardot and Laval, 2013 ; Davies, 2016b ; 菊池 二〇一六）。日本政府は、一九七三年のオイルショックとそれに続く成長率の低下に対応し、経済回復を刺激するために、住宅ローン供給を拡大し、住まいの金融化によって、持ち家建設を増大させる方向をとった。ここには、私有住宅の生産・消費を促進する新自由主義の政策傾向がすでに現れている。これに続いて、一九八〇年代には、住宅政策に関する「大きな政府」を解体する方向が示された。新自由主義の政府方針は、しだいに鮮明さを増し、一九九〇年代半ばには、住宅と住宅ローンのほとんどすべてを市場にゆだねる政策がとられた。

商品住宅の市場拡大を追求するシステムは、私有住宅に根ざす社会形成を支えようとするにもかかわらず、住宅バブルの発生・破綻を引き起こし、持ち家社会を危機に陥らせる。住宅価格のインフレーションは、人びとの住宅取得能力を引き下げることから、その回復のために、借入条件を緩和した多彩な住宅ローン商品が開発される。その販売の拡大は、住宅システムの金融化を加速し、住宅インフレーションをさらに促進する。不動産の価格が上がれば、その担保力の増大が住宅ローン販売を刺激する。金融化とインフレーションのサイクルの果てに、住宅バブルが膨張し、そして、破裂する。日本は、不動産の「担保化の過剰」のために、バブル破綻は、金融システムに壊滅的な打撃を与える。日本は、先進諸国の多くに先行して、不動産バブルの破綻を一九九〇年代初頭に経験した。これは、日本の住宅システムがより早くから持ち家促進に傾いていた経緯を反映する。東南アジアおよび韓国では、不動産バブルの崩壊をともなうアジア通貨危機が一九九七～九八年に発生した。アメリカでは、一九九〇年代後半から拡大した住宅バブルを背景とし、低収入層などの信用力の低いサブプライム・グループの住宅購入に対するサブプライム・ローンの販売が増えていた。このバブルが二〇〇六年に破綻し、住宅価格が下がりはじめたことで、サブプライム・ローン返済の不履行が増大し、〇七～〇八年の世界金融危機に結びついた（e.g., Schwartz, 2009）。

ポストバブルの住宅システムをどのように構想するのかが、日本を含む多数の国に共通する重要な問いとなった。金融システムのメルトダウンが起こったにもかかわらず、新自由主義の「奇妙な不死」といわれる現象は消失せず、これに代わる有力なイデオロギーは依然として現れていない（Aalbers, 2013 ; Crouch, 2011 ; Jacobs, 2019）。世界金融危機から時間がたつにつれて、住宅の市場経済は、国・地域ごとに不均等さをみせながら、しだいに回復した。しかし、住宅と住宅ローンの商品化に傾くシステムの安定が持続するとは限らない。人口・経済が停滞する成長後の日本は、商品住宅の市場拡大がいっそう困難になるケースとして位置づけられる。新自由主義のイデオロギーと人口・経済実態の不整合が、日本の住宅システムの条件を特徴づける。

住まいの市場化を推進する政策の普及が多くの国の住宅システムを均質化するという考え方がある

とすれば、それは一面的である（Forrest and Hirayama, 2009）。住宅生産・消費の制度は、国ごとに独自の社会・経済・政治・イデオロギー文脈のなかで構築され、経路依存（path dependence）の性質をもつ。制度の経路依存とは、その変化が歴史経緯から制約を受け、過去の道筋から無縁ではありえないことを意味する。新自由主義のイデオロギーは、多数の地域におよぶとはいえ、それぞれの地域に固有の制度に接触することで、地域ごとに異なるインパクトをもたらす。均質化するイデオロギーと経路依存の制度が交錯するところから、住宅システムの新たな分岐が生まれる。後章で調べるように、戦後日本の住宅システムは、開発主義の国家政策の一環として発展した。この経緯のもとで織り上げられた制度は耐久力を備え、それが瞬時のうちに消えるというようなことはありえない。過去の経路と新自由主義の交差からどういう住宅システムが生まれるのかが問われる必要がある。

福祉国家の持ち家依存

人口と社会の高齢化に対応することは、多くの福祉国家に共通する課題である。これに関し、重要さを増したのは、「住宅資産型福祉」（housing asset-based welfare）のコンセプトである（平山 二〇一一 a）。福祉国家は、高齢化する社会を支えるために、年金保険、医療保険、社会福祉などの社会保障制度を運営する。しかし、高齢者の増大は、社会保障関連の国家負担を重くする。新自由主義のイデオロギーは、多数の国を市場指向の政策実践に向かわせた。ここで描かれるのは、福祉国家は、社会保障を整備するだけではなく、人びとに資産形成を促し、それにもとづいて社会安定を保つという構想である。この枠組みにおいて、持ち家資産は重要な位置を占める。「住宅資産型福祉」が立脚するのは、私有住宅が福祉国家の社会保障を代替し、「私的社会保障」として高齢期のセキュリティを維持するという論理である（Hirayama and Hayakawa, 1995; Hirayama and Izuhara, 2018）。

持ち家によるセキュリティ形成の一つは、住居費負担の軽さにもとづく（Hirayama, 2010b）。高齢期に入った人たちの大半は、収入の大幅減を経験する。しかし、多くの高齢世帯は、アウトライト持ち家に住み、管理・修繕費と不動産関連税を負担するにせよ、住宅ローンを完済していることから、大規模な住居費負担から逃れる。住居費の特質は、所得弾力性の低さにある。収入が減るとき、それに応じた住宅関連支出の迅速な削減は難しい。低収入の高齢者にとって、高い住居費の継続負担は、経済安定をおびやかす深刻なリスクになる。いいかえれば、アウトライト持ち家とは、高齢世帯のセキュリティの基盤にほかならない。高齢者の経済実態を知るには、収入だけではなく、支出を調べ、住居費が支出構造に与える影響をみる必要がある。

セキュリティとしての住宅所有のもう一つの役割は、資産形成である。金融資産と異なり、不動産資産は「凍結」し、その流動性は低い（荒川 二〇〇三）。しかし、その売却・換金は、高齢者向け住宅・施設への転居などを可能にする。さらに、住宅資産を処分せず、保有したままで「液状化」し、キャッシュフローに転換する多様な手法がある（Izuhara, 2007）。これは、エクイティを建物から切り離し、引きだす技法であることから、エクイティ・リリース（equity release）またはエクイティ・ウィズドゥローアル（equity withdrawal）と呼ばれる。その代表例であるリバースモーゲージのプログラムでは、高齢者が持ち家を担保として生活資金調達などのために融資を受け、借入者の死亡時に相続人が不動産処分によって借入累計を一括返済する。この仕組みを使う高齢者は、自宅を売却することなく、そこに住み続けながら、キャッシュフローを得る。さらに、付加住宅を賃貸住宅として貸しだすレントアウトが増えた。付加住宅とは、自己居住の住宅とは別に所有している住宅をさす。アングロサクソン諸国では、一九九〇年代から「バイ・トゥ・レット」（buy-to-let）住宅、すなわち「貸すために買う」住宅の市場が形成され、付加住宅に投資し、複数の住宅を所有する世帯が増大した。不動産の相続なども、複数住宅の所有者を増加させる要因になる。付加住宅の資産は、レントアウトによって、家賃収入のキャッシュフローを生み、高齢者などの所有者の家計を強化する。

福祉国家と住宅の関係に関する考察は、政府セクターが供給する低所得者向け住宅などを対象とし、社会的領域のなかでの住宅政策の役割に焦点を合わせてきた。しかし、この方法だけでは、住まいと福祉国家の関係の一面しかとらえられない。持ち家が大衆化した社会では、私的領域の住宅と福祉国家を関連づける視点が必要になる（平山 二〇一一a）。イギリスの住宅・都市社会学者であるリック・グローヴズらは、東アジア諸国の住宅システムについて、同地域の住宅研究者との共同研究を組織し、その成果から、〝持ち家資産に根ざす福祉国家〟（property-owning welfare state）の出現を指摘し、西欧の福祉国家もまた住宅資産を重視しはじめたと述べた（Groves et al., 2007）。これに続いて、欧米・東アジア諸国の「住宅資産型福祉」に関する分析が活性化し、幅広い議論が蓄積した（e.g. Dewilde and Ronald, 2017 ; Doling and Elsinga, 2013 ; Hirayama, 2010b ; Hirayama and Izuhara, 2018 ; Izuhara 2016 ; Lee, 2014 ; Malpass, 2008 ; Ronald and Doling, 2012a, b）。

私有住宅の普及に依存する福祉国家の枠組みにおいて、住居費負担の軽い持ち家は公的年金とのトレードオフを形成し、社会保障負担の増大を抑制するという見方がある（Castles, 1998 ; Doling and Ronald, 2012 ; Kemeny, 1980）。高齢者の住居費負担が重ければ、より高い水準の年金給付が必要になる。しかし、高齢者の多くはアウトライト持ち家に住み、それは、「隠れた所得」として機能する。この意味で、住宅ローン返済の終わった持ち家は、「自己年金」に相当し、公的年金給付を低い水準にとどめる政策を可能にすると考えられている（平山 二〇一五a）。

一方、「住宅資産型福祉」が特定の条件のもとでしか成り立たず、限界をもつ点をみる必要がある

（Hirayama, 2010b；Hirayama and Izuhara, 2018）。持ち家セクターの経済安定が減ると、住宅資産にもとづく福祉供給は縮小する。世界金融危機までの欧米諸国の多くでは、住宅価格が上がり続け、私有住宅の資産価値が増大した（Kim and Renaud, 2009）。住宅インフレーションは、持ち家世帯のセキュリティをより強固にし、住宅所有の普及にもとづく社会を安定させると想定された。しかし、不動産バブルの破綻とそれに続く金融・経済の停滞は、住宅の資産価値を不安定にし、持ち家社会の脆さを露呈した（Forrest and Yip, 2011；Schwartz and Seabrooke, 2009）。

これに加え、社会の再階層化は「住宅資産型福祉」の基盤を掘り崩す要因になる（平山 二〇一一a 二〇一五a）。成長率が高く、中間層の厚みが増した時代では、持ち家の大衆化によって、住宅資産の福祉効果を得る人たちが増えた。それは、住宅所有にもとづくセキュリティ形成の普遍性が高まることを含意した。しかし、成長率の低下にともない、中間層は縮小した。持ち家を新たに取得しようとする世帯のフローが停滞し、住宅ストックの価値が偏在するなかで、「住宅資産型福祉」の普遍性は減った。

日本社会の高齢化はとくに著しい。その福祉国家は、住まいの私的所有にますます依存し、そして同時に、持ち家社会のさらなる不安定化に直面する、という矛盾にとらえられている（Hirayama, 2010b）。日本では、「住宅資産型福祉」という言葉は、ほとんど使われていない。しかし、「住宅資産型福祉」を重視する方針は、事実上、政策形成のあり方に色濃く反映した（Hirayama and Hayakawa, 1995）。後章でみるように、政府は、一九七〇年代末に〝日本型福祉社会〟をつくる構想を打ちだした。これは、社会保障の供給主体を、「福祉国家」ではなく、「福祉社会」とし、その中心に家庭を位置づける方針を意味した（新川 一九九三 二〇〇五）。住宅政策に与えられたのは、家庭基盤としての持ち家を供給する役割であった。住宅所有を促進する政策は、暗黙のうちに「住宅資産型福祉」に関連づけられ、多くの家族に「私的社会保障」としての持ち家を求めさせた。

にもかかわらず、成長後の時代の日本社会では、持ち家依存の土台がすでに壊れはじめている(Hirayama and Izuhara, 2018)。バブル経済が破綻して以来、住宅の資産価値は安全ではなくなった。住宅ストックは「富」と「無駄」に分解し、その資産価値の所有は階層化した(平山 二〇一八a)。高齢層の持ち家率は高い。しかし、高齢人口の増大によって、賃貸住宅に住む高齢者の絶対数は、少なくとも二一世紀半ばまでは、大幅に増える。高齢の借家人は、不動産資産をもたず、金融資産を少量しか保有していないために、セキュリティの危機に直面する。持ち家世代の多くの世帯は、価値ある住宅資産を蓄積した。これに比べ、新たな賃貸世代は、高齢期までに不動産をもつとは限らず、取得するとしても、所有不動産の価値が安定するとは限らない。増えている親の家世代の人たちは、親が建てた家に住み続けるとしても、その物的状態と資産価値を保全できるとは限らない。高齢化する日本の福祉国家は、持ち家セクターにいっそう依存し、同時に、その依存が維持可能なのかどうかを問われる状況にある。

住宅所有と社会変化

持ち家社会は持続するのかという問いに取り組む必要が高まった(e.g., Arundel and Doling, 2017; Hirayama, 2011a; Stebbing and Spies-Butcher, 2016)。日本などの多数の国では、個人所有が将来にわたって支配的な住宅テニュアである点に変化はないとみられる。この意味で、持ち家世帯を中心とする社会が存続する可能性は高い。しかし、二〇世紀後半の持ち家と二一世紀前半のそれは、社会変化との関係において、まったく異なる位置と役割をもつ。

私有住宅の大衆化を支えた条件はしだいに消え、住まいに関する社会の再階層化が進んだ。成長後の段階に入った日本では、住宅所有に向かう「はしご」はぐらつき、持ち家取得のフローはしだいに停滞した。持ち家セクターに到達しない人たちの増大によって、住まいを所有する／しないグループが分割された。一方、成熟した持ち家社会としての日本では、私有住宅の大量のストックとその資産価値が集積し、その不均等分布が人びとの住宅・資産状況を差異化した。市場価値の高い住宅をもつグループから、小規模な住宅資産しか所有していないグループ、ほとんど無価値の空き家をもてあますグループまで、住宅ストックの保有に関連する社会分裂が生じた。

持ち家世代の多くの人たちは、自身の家庭をもち、マイホームを所有することで、独立と自立を表現し、「出自を問わない」社会に参加しようとした。より若いグループでは、住宅所有を達成する世帯は減少し、賃貸世代と親の家世代が生成した。大量の住宅資産をともなうポスト成長社会では、若い人たちの持ち家取得の可能性は、自身の経済力だけではなく、親の家を相続するかどうか、住宅購入に親から援助があるかどうか、といった変数から影響を受け、それは「出自を問う」社会の再形成を後押しする。

持ち家社会の条件についての日本の特徴は、人口・経済変化がとくに著しい点である。日本では、他の先進諸国に比べ、人口減少・高齢化の程度と速度が突出し、雇用と収入がより長い期間にわたって停滞したままとなった。成長後の時代の住宅システムにどういう変化が起こるのかに関し、日本はきわだつケースになる。さらに、東アジアのなかで、日本の人口・経済変化は、顕著であるだけではなく、先進の位置を占める。香港、韓国、台湾、シンガポールでは、高齢者人口が二〇四〇年までに三割を超え、韓国と台湾では二〇年代、中国では三〇年代に人口が減りはじめるという予測がある。東アジアの多くの国は、急速な経済成長をとげた。しかし、経済の成熟にしたがい、その不安定さがしだいに増す。これらの文脈において、日本は、成長後の社会形成とそこでの住宅状況についての先行事例を提供する（Hirayama and Izuhara, 2018）。

検討すべきは、住まいに関する新たな社会契約を結ぶことが可能なのかどうか、可能であるとすれば、それは、誰に、何を、「約束」し、どのような政策・制度を必要とするのかという問いである。述べてきたように、住まいの生産・消費を方向づける住宅システムは、住まいの状態それ自体に影響するだけではなく、ミクロレベルでは、人びとの人生の道筋を安定させ、あるいは逆に、より不安定にし、マクロレベルでは、社会・経済・政治・イデオロギーの文脈を反映し、そして形成する。戦後に拡大した持ち家セクターは、社会形成の構造に埋め込まれ、人びとのライフコース、福祉国家の政策、経済成長のメカニズム、社会統合の程度と内容に関係した。日本を含む先進諸国の多くは、終戦から高度成長の時代にかけて、住宅の欠乏と低質さに悩まされた。この状態は少しずつ克服され、住まいの量が増え、質は向上した。住宅不足はおおむね解消し、極度に劣悪な住まいは減った。しかし、新たな時代の住まいの状況は、住宅それ自体の量と質をみるだけでは、理解できない。持ち家の大衆化の条件が消え、人びとの再階層化が進むにしたがい、住宅と社会変化の関係のあり方を見直す必要が高まった。住宅システムの政策・制度を社会構造のなかにどのように埋め込み直すのかが問われている。

第2章　住宅システムの分岐／収束

1920年代に開発された中間層の近代住宅地、ニューヨークのサニーサイドガーデンズ
(2013年4月撮影)

歴史と比較

戦後日本の政府は、人びとの住宅所有を促進するシステムを組み立てた。これを反映し、持ち家は、一九六〇年代後半から、全住宅のおおむね六割を占め、支配的なテニュア（所有形態）としての位置づけを保ってきた。賃貸セクターに対する政策支援は、弱いままで推移した。持ち家に次いで多い民営借家は、四分の一程度から三割弱を示した。しかし、民営借家の建設に対する政策支援は少なく、そのストックの多くは良質とはいえない。借家人に対する公的家賃補助の供給は皆無に近い。公共賃貸セクターには、低所得者向け公営住宅の制度がある。これに加え、都市再生機構（旧・日本住宅公団）、地方住宅供給公社などが賃貸住宅を供給した。しかし、公共賃貸住宅は少量であった。公営住宅の比率は、一九八〇年代では五％強で推移し、九〇年代からさらに下がった。都市再生機構などの賃貸住宅は、より少ない。

この本では、持ち家中心の日本社会とそれを支えた住宅システムの政策・制度を対象とし、その戦後史をみる。しかし、住宅所有の普及は、多くの国でみられ、グローバルな広がりをともなう。欧州・アングロサクソン諸国から東アジア諸国、さらに旧社会主義諸国まで、広範な社会が私有住宅の増大を経験した。この点からすれば、持ち家社会における住宅システムの役割について、比較分析から日本の実態を把握する方法が必要になる。国際住宅学界では、住宅システムに関する比較理論が発達した。ある社会の住宅システムの特色を知ろうとするとき、それは、あくまで相対的であるため、別の社会との比較からでしかとらえられない。次章以降では、戦後日本の住宅システムが描いた軌跡を調べる。これに先立ち、本章では、住宅システムの比較研究の動向をみる。住まいの政策・制度に関する系統的な比較分析は、ここでの目的ではない。本章で比較理論を検討するのは、日本の住宅システムを考察する手がかりを得るためである。何らかの社会の政策・制度の特質を知るには、それを歴史（時間）と比較（空間）のなかに位置づけることが、重要なアプローチになる。

ここで重視するのは、住宅システムの「分岐」と「収束」に関する比較理論である。先進資本主義諸国の多くは、戦後経済の復興と拡大にともない、福祉国家の建設をめざし、政府の住宅政策を基軸とする住宅システムを発展させた。多数の国が中間層の持ち家取得を促し、並行して、おもに低所得者に向けて社会賃貸住宅を供給した。社会賃貸セクターは、何らかの公的援助をともない、自治体・公的機関・民間非営利組織・民間家主などの多様な主体が供給する、市場家賃より低い家賃の借家から構成され、その入居者は、自治体などの公的セクターによって選ばれる（Scanlon et al., 2014）。日本では、公営住宅などが社会賃貸セクターを形成した。住宅生産・消費のシステムが戦後に発達したことは、先進諸国の多くに共通する。しかし、住宅システムの組み立て方は、けっして一様ではなく、国によって違いをみせ、分岐した。住宅テニュアの構成もまた、国ごとに差異を示した。一方、新自由主義のイデオロギーは、一九八〇年代頃から台頭し、さまざまな住宅システムを同じような方向に変化させ、収束しようとした（Aalbers, 2015）。多くの政府がとったのは、持ち家と住宅ローンの市場を拡大し、社会賃貸セクターを縮小する政策であった。いいかえれば、住宅システムのあり方は、分岐と収束のせめぎ合いのなかにある。この章では、住宅システムを分岐させ、あるいは収束する力に関し、比較理論がどのように展開したのかを調べ、日本の持ち家社会を分析するうえでの示唆を得る。

住宅と福祉レジーム

まず、住宅システムの分岐を理解しようとした仕事をみる。イエスタ・エスピン－アンデルセンの福祉レジーム論を住宅領域に応用し、住宅システムの類型化をめざす多くの試みがあった（e.g., Balchin, 1996 : Barlow and Duncan, 1994 : Kurz and Blossfeld, 2004）。広く知られているように、エスピン－アンデルセンは、先進諸国の雇用と社会保障の分析から福祉レジームを自由主義、保守主義、社会民主主義の「三つの世界」に分類するモデルを一九九〇年に示し、福祉国家・社会政策研究の発展に重要な影響を与えた（Esping-Andersen, 1990, 1999）。福祉レジームとは、福祉の供給サイドにおける国家、市場、家族などの役割の組み合わせの体制を意味する。類型化のための指標の一つは、労働力の〝脱商品化〟の程度である。この指標は、市場経済に依存せずに人生を維持できるかどうかを表現する。

自由主義の福祉レジームでは、福祉供給の多くは市場にゆだねられ、労働力の脱商品化の度合いは小さい。ここでは、国家の福祉供給は、残余的な役割しかはたさない。アメリカを典型とするアングロサクソン諸国が自由主義をとる。保守主義の福祉レジームでは、社会階層と家族の役割が大きい。社会保険などの制度は職域ごとに分立し、家族は福祉供給の重要な担い手になる。国家は、階層間の相違、家族の役割などの伝統を保全しようとする。保守主義のグループは、おもにドイツ、フランス、オーストリアなどの西欧諸国から構成された。社会民主主義の福祉レジームでは、国家が労働力の脱商品化を推し進め、市場経済による福祉供給は少ない。社会民主主義が発達したのは、スウェーデンをはじめとする北欧諸国であった。

福祉レジーム論を住宅領域に応用した研究によれば、国ごとの住宅システムのパターンは、福祉レジームを反映する側面をもつ。たとえば、カリン・クルツとハンス・ペーター・ブロスフェルドによれば、自由主義の国では、市場指向の住宅システムが発達し、持ち家が増大する一方、社会賃貸セクターは残余化する（Kurz and Blossfeld, 2004）。社会民主主義の国では、住宅システムの運営における政府の役割が大きく、持ち家セクターだけでなく、社会賃貸セクターを含め、より多様なセクターに対する公的支援がある。保守主義の住宅システムでは、自由主義の場合に比べて、社会賃貸住宅が重視され、同時に、住宅確保に関する家族の役割が大きい。南欧諸国は、エスピン－アンデルセンによって、保守主義に分類された。しかし、クルツとブロスフェルドによると、南欧の住宅システムは、家族に依存する程度がとくに高い点で、独自のグループをつくる（cf. Poggio, 2012）。

前述したように、社会政策の体系のなかで、住宅政策は、他領域の政策に比べ、国ごとにより大きな違いをみせる。アングロサクソン社会のアメリカ、イギリスは自由主義の福祉レジームを形成する点で、共通性をもつ。しかし、住宅領域をみると、イギリスでは、公営住宅などの脱商品化した社会賃貸住宅が多く、アメリカでは、公営住宅が残余化し、商品住宅の比重が著しく高いという重大な違いがある。社会民主主義の福祉レジームをもつ北欧諸国では、住まいの脱商品化を進める政策がとられた。しかし、このグループのなかで、ノルウェイは、高い持ち家率を示し、住宅領域については、他国と異なる傾向をみせる。保守主義の福祉レジームを発達させたグループのなかで、南欧諸国は固有の住宅システムをつくるという見方があることは、述べたとおりである。社会政策の体系のなかの住宅政策を分析するには、それが福祉レジームにどのように連関し、同時に、どの程度の独自性をもつのかをみることが、一つの重要な視点になる。

福祉レジームのモデルについて、どの国がどの型に当てはまるのか、どの国がモデルに当てはまらないのか、当てはまらないのであれば、モデルをどのように修正すべきか、といった「パズル解き」

が流行した（武川 二〇〇七）。しかし、モデルとさまざまな国の実態を照らし合わせ、不整合を見つけるたびに類型設定を書き替えるという作業には、際限がない。エスピン－アンデルセンのモデルは、一九九〇年代までの社会・経済・政治条件のもとでつくられた。経年にしたがい、条件は変化することから、モデルと多彩な国の整合関係は壊れ、福祉レジームは新たな分岐に向かう（新川 二〇一一、田中 二〇一七、埋橋 二〇一一）。社会政策に関する日本の学界では、他の先進諸国に比べ、エスピン－アンデルセンのモデルについての「パズル解き」がとくに長く続いた。

大切なのは、モデルそれ自体ではなく、モデル構築のための視点である。モデルそのものに対する興味の集中は、「パズル解き」に結びつく。しかし、モデル構築に導入された視点は、より長い時代、より多くの地域に適用可能で、より高い普遍性を備える可能性がある。エスピン－アンデルセンが使った重要なコンセプトの一つは脱商品化であった。資本主義社会では、労働力を商品化する普遍的な力がはたらくがゆえに、そこでの福祉供給の分析では、脱商品化の程度に注目することが普遍的な視座になりえる。エスピン－アンデルセンの仕事の意義は、普遍性をもつコンセプトを使って先進諸国の福祉レジームをみると、それらが均一ではなく、複数の類型として立ち現れるという認識の仕方を提案したところにあった。この方法は、住宅研究の領域に影響し、住宅システムの類型論の発達を刺激した。

デュアリズム／ユニタリズム

人びとの住宅事情を調べようとするとき、とくに大切な指標は、住まいのテニュアである（平山 二〇一四）。それは、住んでいる世帯が所有者とどのような関係にあるのかを示す。住人と所有者が同一の場合の住宅は持ち家である。住人が別の個人または法人から住宅を借りているケースでは、その住まいは借家に分類される。借家は、その所有者に応じて、民営借家、公的借家、給与住宅などに分けられる。住まいの所有形態は、住人の法的地位を表すと同時に、その社会・経済状況と相関し、さらに建物の物的状態をも示唆することから、住宅事情の計測に関する不可欠の指標とされる。

住宅社会学者のジム・ケメニーは、住宅テニュアに着目するところから、西欧・北欧・アングロサクソン諸国における住宅システムの類型論を展開し（Kemeny, 1995）、住宅研究の領域に新鮮な視点を導入した（平山 二〇一一a、佐藤 一九九九、祐成 二〇一四、内田 二〇〇一）。ケメニーによると、住宅システムは、賃貸セクターの構成の違いから、デュアリズムまたはユニタリズムという二つの型に大別される。この分類を導くのは、社会賃貸セクターと民間賃貸セクターの関係のパターンである。社会賃貸住宅の家賃は原価家賃とされ、利潤を含まず、市場家賃より低い。民間賃貸セクターを形成するのは、市場家賃の借家である。デュアリズムとは、社会賃貸セクターを残余化し、民間賃貸セクターから分離する方針を意味し、ユニタリズムは、両セクターを統合した賃貸住宅市場をつくる方針をさす。イギリス、アメリカ、オーストラリアなどのアングロサクソン諸国はデュアリズム、スウェーデン、ドイツ、フランス、オランダなどの西欧・北欧諸国はユニタリズムの住宅システムを構築した。

ケメニーのモデルは、賃貸セクターの分析を起点とし、そこにとどまるのではなく、住宅テニュア全体の構成を描写する。ケメニーによれば、デュアリストの政府は、持ち家取得に支援を集中し、社会賃貸住宅には残余的な位置づけしか与えない。社会賃貸セクターを形成するのは、公共セクターの直接供給による公営住宅にほぼ限られる。その戸数は少なく、供給対象は低所得者に絞り込まれる。公営住宅は、賃貸住宅市場から切り離され、孤立した領域を形成する。民間賃貸セクターに対する援助は乏しい。その家賃は高く、物的水準は低い。持ち家取得の優遇、公営住宅の少なさ、民営借家の劣悪さなどの組み合わせは、人びとの持ち家志向を刺激する。この結果、デュアリズムの住宅システムのもとでは、持ち家セクターの支配的な位置づけが住宅テニュアの構成を特徴づける。

ユニタリストの政府は、特定の住宅テニュアを重視するのではなく、持ち家と賃貸住宅に対し、中立に対応した。社会賃貸セクターは、手厚い政府支援を受け、公共セクターだけではなく、民間セクターの多様な非営利組織によって担われる。その戸数は多く、供給対象は低所得者だけではなく、収入がやや高い世帯を含む。社会賃貸セクターは、賃貸住宅市場に統合され、競争力をもつことで、民間賃貸セクターの家賃を抑え、その物的水準を改善する効果を生む。賃貸住宅市場は良質かつ多様なストックを擁し、持ち家志向の過度の増大はみられない。ユニタリズムの住宅システムのもとでの住宅テニュアの構成は、選択の幅の広さを特徴とする。

ケメニーとエスピン－アンデルセンの分析対象は異なる。しかし、両者の類型論がどういうふうに関係するのかが論じられた（e.g., Balchin, 1996 ; Barlow and Duncan, 1994 ; Blackwell and Kohl, 2018 ; Kemeny, 2006 ; Kurz and Blossfeld, 2004 ; Stephens, 2016）。先述のように、社会政策の体系における住宅システムの固有性を見おとすべきではない。同時に、ケメニーが示したように、住宅テニュアの類型は福祉レジームの類型と相関する側面をもつ（Kemeny, 2006）。デュアリズム諸国は自由主義のグループ、ユニタリズム諸国は保守主義と社会民主主義のグループにほぼ対応した。

さらに、ケメニーは、住宅テニュアの類型と人びとのライフコースを関連づけるところから福祉レジームを説明しようとした（Kemeny, 1981）。ケメニーが示唆したのは、租税負担力と住宅ローン債務のトレードオフに着目する必要である。持ち家中心社会の多くの世帯は、中高年期に住宅ローン返済の重い負担を課せられ、租税負担力が低くなる。これを反映し、私有住宅が多い社会では、低税率・低支出の福祉国家がつくられ、そこでは、住宅政策などの社会政策の規模は小さく、人びとの多くは、持ち家を得ることで、自身のセキュリティを私的に確保しようとする。良質の賃貸住宅市場を形成する社会では、持ち家志向が弱く、住宅ローン負担が少ないことから、高い租税負担力をもつ世帯が多い。高税率・高支出の福祉国家は、人びとのセキュリティ形成を社会領域の課題とし、租税回路から資金を調達することで、大規模な社会賃貸セクターを建造した。

前述した「住宅資産型福祉」の論理は、ケメニーが指摘した租税負担と持ち家取得のトレードオフに関係する。福祉供給の源泉としての住宅資産の私有を重視する社会では、福祉国家による社会政策の実施は小規模にとどめられ、多くの世帯は、租税の代わりに持ち家取得のための住宅ローン返済を負担し、「私的社会保障」によって高齢期のセキュリティを得ようとする。

では、住宅テニュアと福祉レジームの分岐は、何を変数とし、どのように説明されるのか。エスピン－アンデルセンは、労働運動に着目し、その政治力の違いが福祉レジームの差異をもたらすと説明した。たとえば、社会民主主義の福祉レジームは、強力な労働運動の成果と考えられた。ケメニーは、政治構造に注目した。デュアリストのアングロサクソン諸国は、二大政党制をもつ。そこでは、中間層の利益を重視する保守勢力が持ち家促進をめざしたのに比べ、対抗勢力は公営住宅の直接供給に関心を集中し、それ以外の社会賃貸住宅を育成しなかった。民間家主などの小集団の利害関係は一大政党のはざまに落ちこみ、それを代表する政治勢力はほとんど存在しない。これに比べ、ユニタリストの西欧・北欧諸国は、コーポラティズムの政治構造をもち、多党制のもとでの連合政権の経験をもつ。ここでは、さまざまな小集団の利害関係が政治の場に現れ、集団間の交渉と妥協から政策がつくられる。これを反映し、異なる社会階層、民間の家主・組合・非営利組織などの多彩な住宅事業者、異なる人種・民族のグループに向けて、相対的に中立性の高い住宅システムが組まれ、住まいの所有形態が多様化する。

エスピン－アンデルセンとケメニーの理論におおむね共通したのは、政治とイデオロギーのパワー・バランスを注視し、そこから雇用・社会保障と住宅に関する政策・制度の分岐を説明しようとした点である。戦後の経済成長は、より包括的な福祉国家の建設を支え、その住宅政策を発達させた。経済発展にしたがい、福祉国家とその社会政策の発展が普遍化するという考え方がみられた（e.g., Wilensky, 1975）。これに対し、エスピン－アンデルセンとケメニーが提供したのは、福祉レジーム、住宅システムを、経済法則の「自然現象」にもとづく産物ではなく、政治力学とイデオロギーを反映し、差異をともなう社会的な構築物としてとらえる認識の仕方であった。

イースト／ウエスト

戦後福祉国家の住宅システムを理論化する試みは、もっぱら西洋の経験にもとづいていた。しかし、東アジア諸国の経済が成長し、社会政策が拡大するにしたがい、その住宅システムをどのように理解するのかが新たに問われた。これに関する検討の初期段階では、東アジア諸国を「儒教福祉国家」と定義し、その社会政策を特徴づけようとする提案があった（e.g., Jones, 1993）。しかし、「オリエント」の文化的異質さの強調にもとづく議論は短命に終わり、東アジア諸国のマテリアルな条件を重視し、政治経済体制と社会変化から住宅システムを説明しようとする分析が増えた（Agus et al., 2002 ; Chiu and Ha, 2018 ; Doling, 1999 ; Doling and Ronald, 2014 ; Forrest and Lee, 2003 ; Ronald, 2007 ; Ronald and Doling, 2012a, b, 2014 ; Sengupta and Shaw, 2018）。ここで発達したのは、開発主義、生産主義などのコンセプトを使い、東アジア諸国における住宅システムの発展の特徴を示すことで、西洋諸国のみを対象としていた比較研究の領域に、イースト／ウエストの比較分析をもちこみ、新たな理論を展開しようとする試みである。

開発国家としての東アジア諸国では、さまざまな政策課題のなかで、経済開発がとくに優先し、その促進に向けて、政府は指導的な役割を担い、企業と市場を管理した（Park et al. 2012 ; Wade, 1998 ; Weiss, 2003）。開発主義および開発国家の概念について、込み入った検討の系譜がある（掘金 二〇〇四、東京大学社会科学研究所 一九九八）。しかし、ここでは、開発主義に関する既往議論の整理に深入りする必要はなく、経済成長をなによりも重視し、そのメカニズムを国家の市場介入によって構成・調整しようとする政治経済体制が開発主義のイデオロギーを反映・形成し、東アジア諸国の発展において支配的であったという認識があれば十分である。オーストラリアの政治学者、リンダ・ウェイスによれば、開発国家は、生産拡大と経済成長の優先、経済発展に向けた〝変革プロジェクト〟の組織化、政府とビジネス・セクターの公式・非公式な協調関係の制度化を特徴とする（Weiss, 2003）。

東アジア諸国は、資本主義経済の発展に関し、後発であるがゆえに、トップダウンの指導・管理のもとで成長速度を上げ、西洋にキャッチアップしようとした。東アジアのなかで、産業・経済を最初に発達させた日本は、戦後に高度成長をとげ、そのGNPは、一九六八年にアメリカに次ぐ世界第二位となった。アメリカの政治学者であるチャルマーズ・ジョンソンが日本を開発国家と位置づけ、通商産業省（現・経済産業省）を中心とする官僚機構による産業政策の立案・実践が経済上の「奇跡」を生んだと説明したことは、よく知られているとおりである（Johnson, 1982）。日本に続いて、韓国経済は、一九六〇年代頃から急成長の段階に入った。中国のGNPは、一九八〇年前後から急増し、二〇一〇年に日本のそれを抜いた。開発国家は、キャッチアップ経済を主導し、マテリアルな豊かさの実現によって、自身の正統性を構築し、維持しようとした。

東アジア諸国の社会政策は、生産拡大を最重視する国家方針に従属し、その意味で、生産主義の性質をもつと考えられた。この傾向は、とくに成長初期の段階に当てはまる。香港の政治学者、イアン・ホリデイによれば、エスピン－アンデルセンの福祉レジーム・モデルは、東アジアには適用困難である（Holliday, 2000）。東アジア諸国では、経済成長が優先するため、社会政策は経済政策より下位に置かれ、労働力の保全とそれにともなう生産拡大に役立つ限りにおいて実施される。ホリデイは、生産主義の色合いが濃い東アジア諸国の福祉レジームの独自性を主張した。

生産と成長に傾く国家のもとでは、稼働力をもたない人たちに対する社会政策は残余化し、家族システムが福祉供給の中心手段になる（Croissant, 2004；White and Goodman, 1998）。戦後欧州における福祉国家の建設は、社会権の発展をともない、そこでは、労働市場に参加できない人たちは公的支援を受ける権利をもつと考えられた。貧困状態に陥った人びとに対する援助の規模とあり方をめぐって、多くの論争がある。しかし、社会権の存在それ自体については、おおむね合意がみられた。東アジア諸国は、社会権概念に立脚する公的福祉を増大させる政策ではなく、むしろ雇用機会の供給に力点を置いた。多くの人たちは、労働市場に参加し、自身のセキュリティを自力で守ることを求められた。高齢者、障害者、母子世帯などの稼働力の弱いグループは、政府支援を得られるとは限らず、家族を頼る以外に選択肢が乏しい状況に置かれた。

住宅システムの構築と実践において、東アジアの開発国家は、欧州の福祉国家とは異なる独自の方向をとり、住宅建設を経済開発の中心手段として位置づけた。産業発展にともない、都市に移動する人口が増え、住宅の不足と質の低さは、大規模な住宅需要を発生させた。住宅建設の大量化は、人びとの住宅需要に対応すると同時に、経済拡大を加速するメカニズムを形成した。キャッチアップ経済の成長において、建設セクターの発展はとくに重要な役割を担った。

東アジア諸国の住宅テニュアの構成では、持ち家セクターが支配的な位置を占める。生産主義の国家は、家庭を安定させ、労働力の再生産を支えるうえで、持ち家を有力なテニュアとみなした。多くの家族にとって、住宅とその資産価値を所有することは、「私的社会保障」を得るために不可欠であった。前述したように、リック・グローヴズらによると、東アジアの福祉国家は、社会賃貸セクターの充実より持ち家の普及をめざし、住宅資産所有にもとづく人びとのセキュリティと社会安定を形成しようとした（Groves et al. 2007）。いくつかの国の持ち家率は、劇的に上がった（Ronald and Doling. 2014）。中国の都市地域では、市場経済が拡大した一九八〇年代から、持ち家の割合が急上昇した。シンガポールでは、一九七〇年に二九％であった持ち家率が、二〇〇三年には九二％へと極端に高まった。香港の持ち家率は、一九七六年と九七年の間に、三二％から五二％に上がった。

持ち家社会を形成する東アジアでは、公営住宅などが構成する社会賃貸セクターは小規模で、残余的な位置しか占めないうえに、生産主義の傾向をもつ。政府は、生産面で「有用」な人口の安定を重視し、公営住宅の多くを、稼働力の弱い困窮者ではなく、就労可能な家族に割り当てた（Ronald and Doling. 2014）。東アジアのなかで、香港は、公営住宅のストックを例外的に大量に擁し、その戸数は全住宅の約三割を占める。低家賃住宅は低賃金を可能にするという仮定のもとで、公営住宅の供給は労働力の調達コストを引き下げ、企業の競争力を高めると考えられた（Castells et al. 1990）。

東アジアの多くの政府は、トップダウン方式で住宅システムを運営した。商品住宅の生産・消費が増え、持ち家率が上がったことから、住宅領域では、政府ではなく、市場とそこでの民間セクターの役割がより重要になったとみなす考え方がありえる。しかし、この認識は必ずしも適切ではない。イギリスの住宅社会学者、ジョン・ドーリングは、住宅システムを理解するには、住宅事業の企画・計画から開発・建設、販売・供給、取得・消費にいたる「チェーン」（housing provision chain）のそれぞれの段階でどの機関が何をするのかをみる必要があると示唆した（Doling, 1999）。東アジア諸国の政府は、住宅システムの運営において、政策目標を設定し、事業企画・計画を立案したうえで、民間セクターと住宅市場をコントロールした。民間セクターが住宅建設の大部分を担い、多くの人びとが住まいを私的に所有・消費するにせよ、国家が「チェーン」の全体を指導・管理下に置いている実態に注意する必要がある。東アジアの住宅システムでは、国家のトップダウンのコントロールによって私有住宅の生産・消費が増大した。これに加え、東アジア諸国の多くは、西洋諸国ではほとんどみられない特徴的な政策として、住宅事業を手がける大規模な公企業をつくった。その代表例として、日本住宅公団（現・都市再生機構）、韓国全国住宅公社（Korean National Housing Corporation）、香港住宅公社（Hong Kong Housing Authority）、シンガポール住宅開発局（Singapore Housing & Development Board）などがある。住宅の公企業は、政府が「チェーン」の多くの段階によりダイレクトに介入するための媒体となった。

ネオリベラル・モデル

すでに述べたように、資本主義経済が一九七〇年代初頭に続けざまに直面したドルショック、オイルショックなどの危機は、福祉国家に対する批判を刺激し、新自由主義のイデオロギーを台頭させた。この変化は、住宅システムのあり方に影響し、多くの国は、住まいの商品化と私有化、そして金融化、市場化を進める方針を立て、持ち家と住宅ローンの市場拡大をめざした。福祉国家の住宅政策が担う役割の一つは、より低所得のグループの住宅事情を改善し、社会的再分配を進める点にあった。しかし、新自由主義の普及にしたがい、社会賃貸セクターに対する公的支援は縮小し、住宅関連の再分配は減った（Glynn, 2009 ; Jacobs, 2019 ; Madden and Marcuse, 2016 ; Rolnik, 2013, 2019）。

資本主義社会の自由主義とは、アメリカの国際政治学者であるジョン・ジェラルド・ラギーが提案したコンセプトを借りると、〝埋め込まれた自由主義〟であった（Ruggie, 1982, 1997）。自由経済のグローバルな発展は、国ごとの社会秩序の伝統を壊し、人びとの人生をより不安定にする。この文脈のもとで、福祉国家の発達とケインズ主義の市場介入政策は、自由主義についての社会規制・調整を意味し、自由経済に対する緩衝装置を構成した。国内社会は、国際自由経済の拡大を容認し、受け入れるよう求められ、同時に、国家の社会政策による保護を約束された。この〝壮大な協定〟によって、グローバル経済の自由主義は野放しになるのではなく、国ごとの新たな社会秩序のなかに埋め込まれる。これに対し、新自由主義の方針をとった多くの国が経済に対する社会規制・調整を緩和する方向に向かったのは、自由主義の〝脱埋め込み〟を意味した。

住宅システムにネオリベラル・モデルを最初にはっきりと導入したのは、イギリスとアメリカであった。イギリスのマーガレット・サッチャーは、一九七九年に政権を握り、翌年には公営住宅のストックをその借家人に割引価格で払い下げる大がかりな政策を開始した。大量の公営住宅を処分する施策は、「福祉国家の売却」を象徴した（Forrest and Murie, 1988）。アメリカのロナルド・レーガン政権は、一九八一年に成立し、低所得者向け住宅事業を圧縮し、持ち家促進をいっそう重視した。同年の大統領の住宅委員会は「民間セクターへの依存」「規制のない自由な住宅市場」「最小限の政府介入」などを住宅政策の方針とした（Hartman, 1986）。イギリスとアメリカからはじまった住宅システムの転換は、多数の国に影響した。

東アジアの経済が成長し、旧社会主義圏の東欧諸国、ロシア連邦が市場経済を導入したことは、資本主義経済のグローバル化を反映し、促進した。これらの地域の住宅システムもまた、新自由主義の文脈のなかに置かれ、持ち家市場の拡大、公共住宅ストックの私有化を進展させた。中国では、国公有企業・公共機関が所有していた大量の公有住宅を売却する政策が一九九〇年代に展開し、二〇〇〇年代には商品住宅の市場が成長した（Wang, 2007 ; Wang and Shao, 2014）。ロシア連邦の公共住宅は、一九九〇年では六七％を占めたのに比べ、二〇〇〇年代初頭には二九％まで減った（Hegedüs and Struyk, 2005）。東欧諸国では、一九八九年から起こった東欧革命によって、社会主義政権が崩壊し、「スーパー持ち家社会」が出現した。そこでの公共住宅は、革命直後では、三割前後を占めていたのに対し（Lowe and Tsenkova, 2003）、二〇一〇年代までに、ほぼ皆無になった。

資本主義経済と新自由主義のグローバル化のもとで、住宅の商品化と金融化が進み、同時に、世界のいたるところでホームレスの人たちの存在が常態化し、とくにグローバルサウスではスラムが拡大した。住宅・都市計画の実践家・研究者であるブラジルのラクエル・ロルニクは、〝金融帝国〟の枠組みのなかで、都市は建設会社と銀行に売却され、より多くの人たちの住宅と近隣が資本主義の最後の〝サブプライム・フロンティア〟になると述べた（Rolnik, 2019）。ニューヨークの住宅問題に詳しい住宅・都市学者のデヴィッド・マッデンとピーター・マルキューズによれば、住宅に関する社会ニーズより利潤追求が重視され、住まいの商品化が進むにしたがい、より貧しい人たちは、より低質な住宅のために、より高いコストを負担する傾向を強めた（Madden and Marcuse, 2016）。政治活動の実践経験をもつラディカルな都市理論家として知られるアメリカのマイク・デイヴィスは、華麗なランドスケープ形成をともなう都市開発から〝新自由主義のドリームワールド〟が生みだされ、その一方、グローバルサウスのスラム拡大の原因がグローバル化する新自由主義にあることを、豊富な事例分析を通じて論じた（Davis, 2006 ; Davis and Monk, 2007）。

欧州・アングロサクソン諸国がつくった住宅システムの制度は、均一ではなく、いくつかのパターンに枝分かれし、多様さをみせた。東アジア諸国もまた、固有の住宅システムを組み立てた。東欧諸国の住宅システムは、西欧諸国のそれとは異なる経緯をもち、異なる内容をもつ。この文脈のなかで、住宅システムの類型論が展開したことは、述べたとおりである（Kemeny and Lowe, 1998）。しかし同時に、新自由主義の影響力が増すにつれて、多数の国の住宅システムは、商品住宅の領域を拡張し、住宅ローンの販売・購入を促進する点で、同じ方向に向かいはじめた。多くの国は、新たな住宅システムのもとで、金融化による不動産バブルの発生・破綻を経験し、住宅・住宅ローン市場の変動の激しさにどのように対処するのかという問いに共通して直面した。これらの文脈から、住宅システムの分岐だけではなく、収束に注目する議論が現れる。

イギリスの社会科学者であるマイケル・ハーロウは、欧米諸国の社会賃貸住宅の歴史をたんねんに調査し、このセクターが共通して残余化の道をたどったと述べた（Harloe, 1995）。社会賃貸セクターの大衆化をめざす政策が第一次世界大戦後に形成され、第二次世界大戦後の「復興と成長」期に、その大量建設が進んだ。しかし、一九七〇年代初頭の資本主義の危機のもとで、社会賃貸セクターを支えた福祉国家の安定は失われ、新自由主義の台頭はその残余化に結びついた。住宅テニュアの比較分析を発展させたケメニーは、社会賃貸住宅の位置づけに関し、デュアリズムとユニタリズムの違いを指摘した。これとは対照的に、ハーロウは、社会賃貸セクターの歴史分析から、その残余化の経験が多くの国に共通する点を重視した。

世界金融危機に代表される資本主義体制の危機は、政治経済学――またはマルクス主義社会科学――の「再生」を刺激する傾向をもつ（Aalbers and Christophers, 2014）。そこでの住宅システムの比較理論は、差異ではなく、発展パターンの共通性を重視する。住宅の政治経済学を展開するマニュエル・アールベルスによれば、異なる国の異なる住宅システムは、異なったままである一方、変化の方向については、私有住宅と住宅ローンの市場拡大をめざす点で、類似した軌道をたどった（Aalbers, 2015）。これは、新自由主義のイデオロギーの反映にほかならない。アールベルスは、住宅システムの分岐を否定せず、むしろはっきり認識し、そのうえで、変化の道筋の類似性に注意を促した。アールベルスによると、住宅システムの発展に関する段階設定が可能で、世界金融危機以降はポスト・クライシスまたは後期新自由主義の時代とされる。ここには、多くの国の住宅システムはそれぞれ特色をもつと同時に、資本主義社会に共通する発展パターンをたどるという見方がある。

グローバル／ローカル

住宅システムのあり方は、「分岐」と「収束」の交錯のなかにある。新自由主義のイデオロギーは、グローバルに広がった。一方、住宅が土地に固定され、ローカルな存在である点に変わりはない。その制度は、特定の社会構造のなかに埋め込まれ、経路依存の性質をもつ。新自由主義のグローバル化のなかで、多数の国が住宅システムを同じような方向に転換した。しかし、ローカルな住宅システムの違いは消えず、むしろ新たな差異と多様さが生まれると考えられる。住まいの商品化、私有化、金融化、そして市場化を推進しようとするグローバル・レベルの力は、ローカル・レベルの社会・経済・政治構造に接触することで、変形せざるをえない（Forrest and Hirayama, 2009）。グローバルな新自由主義とローカルな制度文脈のせめぎ合いのなかから、住宅システムの新たな変化が起こる。

先進諸国の多くは、持ち家と住宅ローンの市場拡大という共通の傾向を経験した。しかし、ローカルな持ち家・住宅ローン市場は、けっして均質ではない（Stephens, 2003）。政治学者のハーマン・シュウォーツとレオナード・シーブルックは、――政治経済学の方法を用いているが、しかし、収束論をとらず、――持ち家率、住宅ローン残高の対GDP比という二指標から、先進諸国を比較し、住宅システムの新たな類型論を展開した（Schwartz and Seabrooke, 2009）。その分析によると、たとえば、アングロサクソン諸国を中心とするグループでは、住宅ローン市場の発達が住宅購入を促進し、持ち家率と住宅ローン残高率の双方が高い。南欧諸国などのグループでは、持ち家率は高く、住宅ローン残高率は低い。ここでは、住宅ローン・システムは未発達で、持ち家取得を支えるのはおもに家族資源である。

新自由主義の時代における住宅システムの特徴の一つは、社会賃貸セクターの削減である。しかし、西欧・北欧の福祉国家は、戦後に大量の社会賃貸住宅を建設した。そのストックは、減ったとはいえ、依然として大規模なセクターを形成し、市場に対する影響力を保っている。イギリスを除くアングロサクソン諸国は、社会賃貸住宅を少ししか建てなかったうえに、ストックをさらに減らした。西欧・北欧諸国とアングロサクソン諸国は、両者ともに、社会賃貸セクターを縮小したとはいえ、そのストックの量と役割にはきわだった違いがある（Hirayama, 2010c, 2014b：Scanlon et al., 2014）。公共政策学を専攻するイギリスのマーク・ステファンスは、社会賃貸セクターと社会的不平等・貧困の規模を国別に概観した（Stephens, 2008）。その結果によると、たとえば、アメリカ、カナダ、オーストラリアなどでは、社会的不平等・貧困が多く、ごく少量の社会賃貸住宅のストックは困窮者向け「救急車」のような役割しか期待されていない。これに比べ、オランダ、フランス、スウェーデンなどでは、社会的不平等・貧困は少なく、大規模な社会賃貸セクターはより広範な人びとの住宅事情を改善する役割をもつ。

住まいと国家・社会・経済・政治・イデオロギーの関係をとらえるには、それを比較（空間）と歴史（時間）のなかに位置づけることが、有効な方法になる。住宅システムに関する分岐論と収束論のどちらが優れているのかという問いがあるとすれば、それは、ほとんど意味をもたない。一方で、ネオリベラル・モデルのグローバル化は、広範な社会の住宅システムに影響した。多くの国が住宅ローン残高の増大を経験し、住宅バブルの発生・破綻に直面した。他方で、住まいのローカルな制度は、過去の経路に依存し、独自性をもつ。アメリカと中国の双方は、私有住宅を中心とする社会を形成し、新自由主義の影響下にある。しかし、この二国の住宅システムは、まったく異なる経路をたどり、まったく似ていない。さまざまな国が発達させた住宅システムは、さまざまな社会・経済・政治変化をくぐり抜けてきた。その理解と説明に挑戦するには、比較分析と歴史分析、そして分岐論と収束論を交差させるアプローチが必要になる。

第3章　持ち家の時代、その生成
―― 終戦～一九七〇年代初頭

千里ニュータウンの一戸建て住宅地（2019年12月伊藤結芽撮影・提供）

時代区分について

戦後日本の住宅システムは、持ち家社会を形成し、変化させるうえで、どのような役割をはたしたのか。先進諸国の多くは、それぞれ固有の住宅システムを発達させると同時に、新自由主義の影響のもとで、住まいの商品化と金融化、市場化を進める方向に転じた。このフレームのなかで、日本の住宅システムがたどった道筋をみることが、ここでの主眼である。新自由主義の政策は、何らかの時点でいっきょにはじまったのではなく、段階的に発展したとみる必要がある。イギリスのサッチャー、アメリカのレーガンは、新自由主義の住宅システムをつくるために、一九八〇年代初頭に政策転換を実践した。しかし、この両国は、新自由主義にもとづく住宅政策を唐突にスタートさせたのではなく、住宅生産・消費における市場機能を重視する方向性を一九七〇年代にすでにみせていた（Hays, 1985; Malpass and Rowlands, 2010）。どこの国であれ、政策・制度の再編は、いかに「劇的」にみえるとしても、それに先行する段階的な変化をへる。本章から第5章にかけて、日本の住宅システムがどのような特色をもち、どのような軌跡を描いたのか、そして、持ち家社会の形成と変容に関し、どういう役割をはたしたのか、さらに、新自由主義の方向にどのように向かったのかを調べる。

戦後日本に発達した住宅システムは、持ち家促進の方向性を保つと同時に、大きく変貌してきた。そのプロセスを、ここでは、三つの時期に区分する（平山 二〇一四）。住宅システムの戦後史の時代区分は、主題に応じて、多様であってよい。ここで示す時期設定は、持ち家セクターに焦点を合わせた歴史分節に適している。

第一期は、終戦から一九七〇年代初頭にかけて、戦後住宅政策の枠組みが整えられた時代である。

政府は、所得階層に応じた住宅供給の体系を組み立て、そのなかで、中間層の持ち家取得を促進する施策に力を入れた。経済復興と高度成長、そして人口・世帯増のもとで、住宅建設と経済拡大を関連づけ、中間層を住宅所有に導くシステムがつくられ、持ち家社会の形成を支えた。住宅所有を支援する住宅政策は、住宅供給を推進するだけではなく、開発主義の政策フレームのなかに配置され、経済成長と社会統合の手段とされた。ここには、「日本型」住宅政策の生成がみられた。

続いて、一九七〇年代初頭から九〇年代半ばまでの第二期の住宅システムは、持ち家促進にいっそう傾き、その「日本型」としてのあり方は、より明確になった。政府は、オイルショックなどを契機とする経済危機に対応するために、景気刺激の一環として持ち家建設を拡大した。住宅政策は経済対策の中心手段とされ、その開発主義の傾向はさらに強まった。これに加え、人びとを持ち家取得に導き、標準ライフコースに乗せようとする住宅政策の特性もまた、より鮮明になった。しかし、人口・世帯の増加幅が縮小し、成長率が下がるなかで、持ち家促進を経済拡大と社会統合に関連づけるシステムは、しだいに不安定さを増した。住宅政策の「日本型」は、それが確立したまさにそのときに、それを支える条件を失いはじめた。一方、この時期の持ち家促進は、金融化をともない、住宅ローンによる住宅消費を増大させた。住宅価格が上昇し、住宅ローン供給がさらに拡大するというサイクルは、住宅バブルの膨張を招いた。さらに、経済・財政危機の文脈のなかで、住宅システムにおける政府の役割を縮小する方針が現れた。ここには、新自由主義の傾向がすでに生じていた。

ポストバブルの停滞から現在にいたる第三期の政府は、住宅システムをネオリベラル・モデルに向けてより大胆に転換した。人口と経済は〝成長後〟の段階に入り、持ち家社会の安定の程度は減った。戦後住宅システムの危機は、新たなイデオロギーの台頭を刺激する触媒となった。人びとの所得階層とリンクしていた戦後住宅政策は解体し、住宅と住宅ローンのおおかたすべてが市場にゆだねられた。

「日本型」住宅政策と新自由主義の交錯からどのような住宅システムがつくられ、そして、住まいとポスト成長社会の関係がどこに向かうのかが問われる状況が生まれた。

焦土に住まいを

新憲法のもとでの一九四七年の第一回国会、八月一八日の参議院本会議では、自由討議の主題として住宅問題がとりあげられ、その深刻さを訴える発言が相次いだ（第一回国会参議院会議録第二三号：二七七～三〇〇）。

私ども今更申上げるまでもありませんが、殊に大都市、中都市、その他焦土化されたる各所におきましては、住宅難は一層の困難を来たしておるのであります。……終戦前より幾百万の人たちが各地に疎開せられ、終戦二ヶ年を経る今日におきましても、住宅難のために疎開地にそのまま住んでおらなければならんというようなことは沢山あるのでございます。……東京都の戦災地の掘立小屋の焼トタンによる建物、又近県における農村の物置小屋、或いは馬小屋、その他が戦災者、疎開者によつて利用されております。又六畳か八畳の間借をしておる者、これらはいずれも混雑を極めて住んでおります。甚だしきに至つては家族が数多で、折重つてやすまなければやすまれぬというような状態を聞いておるのでございます。（日本自由党　柴田政次、同：二八六～七）

彼の戦災の直後におきましては、何百万となく縁故を頼つてなだれ込み、部屋といわず、廊下といわず、同胞愛の一念で一応は片付いて来ました。併しこれは全く一時的であつて、全く真にこれは一時的な同胞愛であります。早晩何らかの方法を立てて、無理に入り込んだ所はどうしても出なければならん。せつぱ詰つておるのでございます。そのところに外地の引揚者が次々に帰還せられるのであるから、その窮状は実に困苦、誠に言語に絶するものがあるのでございまして、夫婦親子散り散りばらばらになつて、寝る所を異にしておる。初めは親切であつたが、いつまでも人間の家庭はそうは行かない。親子でも喧嘩をする仲であるから、どうしても他人が入り込んで来て、襖一つで暮しにくい。一日も早く出てくれという要求が出る。果ては感情のもつれで、朝晩顔を合せながらものも言わない。涙を呑んで忍んでおる家庭が何程あるか知れないのでございます。（社会党 中平常太郎、同：一一八八）

我ら同胞は未だに安住の家を持たないで、浮草のように僅かの親戚知人を頼り、或いは窓一つない焼トタンの蒲鉾小屋の中で、或いは又壁仕切もない一時的の収容所の中で、当てもなく、希望もなく、毎日の生活苦と闘いつつ悲惨な生活を続けておるのであります。誠にこの頃のような焼付くような暑さの中で、風通しのない焼トタンの下で、或いは病人を抱えている人々のことを考えますとき、又厳冬の頃、屋根から、節孔から吹雪の吹込む中に、火一つなく、親子数人重なり合つて僅かに暖をとりながら身の行末を語り合つている人たちの姿が幻に浮かんで来ますとき、私は真に堪え難き感がいたすのであります。……要するに住宅の復興は真に重大な問題であります。いつまでも六畳の部屋に親子五人が寝起きするようなことや、引続き壕生活に近い生活を続け、擦れた唐紙一枚を隔てて数家族が同居するようなことは、一日も早く是正してやらなければならないのであります。（緑風会 田村文吉、同：一一八九〜九一）

私共は何はさて措いても、家が、住宅が欲しいのであります。住宅と行かずとも住む所が欲しいのであります。雨の降らない家が欲しいのであります。畳がなくても雨の降らない家を私共は欲するのであります。（緑風会　北條秀一、同：二九三）

終戦直後の住宅不足は、政府の推計・発表によると、約四二〇万戸に達していた。住宅の悉皆調査が一九四八年に実施され、その結果は、ストックの総戸数が一三九一万であることを明らかにした。これらの数字から、住宅不足戸数は、住宅総戸数の約三割に達していたと推定される。住宅事情は異様に厳しく、一九四八年調査のデータから市部の状況をみると、たとえば、空き家率が〇・六％と極端に低く、非住宅居住率が五・六％、住宅居住世帯の同居率は二〇・六％におよび、住宅居住者の一人当たり畳数は三・二畳しかなかった。建築分野の住宅学者であった西山夘三（一九五二―一九七五）は、終戦直後の多くの人びとが通常の住宅建築だけではなく、壕舎、仮小屋、バラック、バス、列車にまで住む場所を求める様子を描いた。東京都は、一九五一年に住宅の悉皆調査を実施し、全住宅の四四・三％が修理を必要とし、六一・六％が一四畳未満、四四・二％は一一畳未満の狭小建築であったことを示した。戦後日本に住まいをつくる試みは、圧倒的な住宅不足のなかから出発した。

戦後住宅政策の形成

政府の官僚たちは、住宅不足に対処する必要に迫られ、戦後住宅政策のあり方を模索した。終戦直後の住宅対策は、緊急措置として展開し、「建設」と「規制」をおもな手段とした。応急簡易住宅の建設事業は、越冬のために一九四五年にはじまった。これは、翌一九四六年に国庫補助をともなう庶民賃貸住宅建設事業として受けつがれ、公営住宅事業の前身となった。規制手法による施策としては、非住宅建築の住宅への転用促進と余裕住宅の困窮者への配分を目的とした住宅緊急措置令（一九四五年）、都市への人口流入を規制し、住宅需要の圧力を減らそうとした都会地転入抑制緊急措置令（四六年）、不要不急の建築を規制する臨時建築制限令（四六年）、さらに、罹災地の借地・借家紛争を防止するための罹災都市借地借家臨時処理法（四六年）などが制定された。地代家賃統制令は、戦時中の地代・家賃上昇を規制し、地代・家賃に関する地家主と借地・借家人の紛争を防ぐために、国家総動員法にもとづき、一九三九年（第一次）および四〇年（第二次）に公布された（小野 二〇〇七）。その失効に対処するため、ポツダム勅令による第三次地代家賃統制令が一九四六年につくられた。

しかし、深刻な住宅不足のなかで、規制手法は新たな住宅を産出せず、住宅建設を支援する施策は少量の成果しか生まなかった。人びとの住まいを確保するために、緊急措置の範囲を超えて、より恒久的な住宅システムを組み立てる必要が認められた。戦後住宅政策の法律は一九五〇年代に整備され、住宅問題に対する政府の体系的な対応がはじまった。これに関し、住宅対策の位置づけが変わった点をみる必要がある。戦時中では厚生省社会局住宅課（一九三九年設置）が所掌し、厚生行政の枠組みのなかに位置していた住宅政策は、戦後になると、戦災復興院（四五年設置）による管轄の期間をへて、四八年に発足した建設省（現・国土交通省）が所管し、建設行政のフレームのなかに移された。住宅のための公共政策は、人びとの人生を支える役割をもつがゆえに、社会政策の一環を構成し、そして、それ以上に、公共事業または社会資本整備の手段としての性質を付与された。

新たな住宅政策の体系を構成したのは、住宅金融公庫法（一九五〇年）、公営住宅法（五一年）および日本住宅公団法（五五年）の「三本柱」であった。この「三本柱」は、〝階層別供給〟の体系を構成した。地方公共団体は、国庫補助を得て、低所得者のために低家賃の公営住宅を建設・所有・管理した。住宅金融公庫と日本住宅公団は、国家の代理機関としての法人である。公庫は、おもに個人の持ち家建設に向けて、長期・固定・低利の住宅ローンを供給した。融資対象の中心は、中間層である。公庫は、賃貸住宅建設にも融資した。公団は、おもに大都市地域の中間層を対象とし、集合住宅団地を開発した。公団事業は、行政区域の境界を越える広域での展開が可能とされた。住まいが著しく不足する状況のもとで、「三本柱」の創設は、恒久的な住宅対策のスタートを意味した。

住宅システムの性質を理解するには、それを住宅供給の手段としてとらえるだけではなく、より広い社会・経済文脈のなかで観察する必要がある。戦後日本の住宅政策は、開発主義の政策フレームのなかに置かれ、住宅供給それ自体を担う範囲を超え、経済成長を促進し、中間層をコアとする社会を安定させる役目を与えられた（平山 二〇〇九：Hirayama, 2003, 2007b, 2014a）。その萌芽は、「三本柱」創設の頃にすでに現れていた。政府は、住宅政策の立案・実施に関し、戦後の出発点から、産業・経済の復興と発展のための住宅対策に注力し、社会の中心を構成するとみなされた人たちの住宅安定を重視した。

産業・経済再建のための住宅施策は、イアン・ホリデイのいう生産主義の傾向をみせていた。終戦直後の政府は、石炭産業の復興を重視し、その労働力の保全のために、炭鉱住宅の建設に公的資源を集中した（早川・和田 一九六八、早川・大本 一九八八）。たとえば、一九四七年のデータによると、政府資金によって建てられた公的住宅のなかで、炭鉱住宅が占める比率は五三％におよんだ。臨時建築制限令は、不要不急の建築を抑制することで、炭鉱住宅の建設に必要な資材と資金を確保する狙いをもっていた。輸送事情が劣悪であったにもかかわらず、希少な建築資材は、炭鉱の九割近くが立地する北海道と九州まで運ばれた。

戦後「三本柱」による住宅供給も、産業・経済の拡大を支えると想定されたグループをおもな対象とし、稼働力の低いグループを排除した（Hirayama, 2003）。住宅金融公庫が供給する住宅ローンは、中間層の持ち家取得を支え、労働力の再生産の場としての家庭を安定させる役割を付与された。日本住宅公団が開発したのは、大都市に流入し、生産力の復興を担う若年層の受け皿としての住宅団地であった。公営住宅の制度は、低所得者を対象とする。しかし、後述のように、法制定時の公営住宅は、産業・経済の復興に役立つ人たちの住まいを確保する手段とされた。

社会保障分野の住宅研究者である大本圭野（一九八二a 一九八四）は、国家の産業・経済政策に従属する住宅政策の位置づけと役割は戦時中につくられ、戦後に受けつがれたという説を出している。大本によれば、日中戦争（一九三七年開戦）までの住宅の大半は市場にゆだねられ、小規模な住宅施策が社会事業の一環として対症療法的に実施されていた。しかし、戦時に入ると、生産力拡充の条件である労働力の保全という国家目的のために、住宅政策が独立・拡大した。政府は体系的な住宅調査に着手し、それは、住宅に関する政策領域の確立を反映し、国家施策の展開の条件としてのデータ収集が必要になったためであった。建築資材の多くは、軍需工場の労務者を収容する住宅の建設のために使われた（大本 一九八四、小野 二〇〇七）。

終戦直後の憲法、経済、労働、教育、社会福祉などの多くの分野では、GHQ（連合国軍総司令部）の指導のもとで、大胆な改革が進められた。しかし、大本（一九八二a 二〇〇五）によれば、戦後住宅政策の立案では、GHQがはたした役割は限られ、戦時の施策が原型となった。住宅対策について、GHQは、住宅建設および土地開発に対する資金供給に関し、普通銀行を補完する恒久的特殊金融機関の設立を一九四八年に勧告した。これは、住宅金融公庫の創設につながった。公庫設立は、重要な政策手段をもたらしたが、しかし、住宅対策を産業・経済拡大に関連づける日本政府の方針に合致し、住宅政策の性質の転換を意味するとまではいえなかった。

住宅テニュアの変化

日本社会は、終戦直後から個人所有の住宅の増大を経験し、持ち家社会をつくりはじめた。戦前の都市地域では、住まいの大半は、賃貸住宅であった。厚生省が二四都市を対象として一九四一年に実施した大都市住宅調査の結果によれば、持ち家率は二二・三％にすぎず、借家が七七・七％を占めていた（表3－1）。これに対し、総理府による一九四八年の住宅調査は、持ち家率が二四都市平均で四一・三％に急増し、全国平均では六七・〇％におよぶことを明らかにした。終戦直後に建った持ち家の多くは急ごしらえのバラックで、一九四八年調査によれば、敷地の六七・五％は借地であった（二四都市平均）。その建築は、きわめて狭小で、構造上の安全さえ備えず、適切なストック形成には結びつかなかった。しかし、私有住宅の急増は、戦後日本を持ち家社会の形成に向けて方向づける役割をはたした。

住宅テニュア（所有形態）が大規模に変化したのは、戦災によって大量の住宅ストックが滅失したためであった。終戦直後の経済混乱と激しいインフレーションは賃貸住宅の再建をほぼ不可能にし、住む場所を求める人たちの多くはバラック持ち家の自力建設を選ばざるをえなかった。建築学・生活科学分野の住宅研究者である檜谷美恵子・住田昌二（一九八八）は、住宅テニュアの変化を詳しく調べ、戦災がより甚大であった都市では、より大量の住宅ストックが滅失し、より大量の持ち家が建ったことから、持ち家率がより大幅に上がったと指摘した。

これに加え、住宅テニュアを変化させた政策・制度上の要因をみる必要がある。終戦直後の借地・

表３－１　住宅所有形態の推移

年	持ち家 (%)	公営借家 (%)	公団・公社の借家 (%)	民営借家 (%)	給与住宅 (%)	計 (住宅数)
1941	22.3		75.9		1.8	3,427,999
1948	67.0		27.2		5.8	13,847,769
1953	57.5		34.6		7.9	6,896,000
1958	71.2	3.5		18.5	6.7	17,432,000
1963	64.3	4.6		24.1	7.0	20,372,000
1968	60.3	5.8		27.0	6.9	24,197,900
1973	59.2	6.9		27.5	6.4	28,730,500
1978	60.4	5.3		26.1	5.7	32,188,700
1983	62.4	5.4	2.2	24.5	5.2	34,704,500
1988	61.3	5.3	2.2	25.8	4.1	37,413,400
1993	59.8	5.0	2.1	26.4	5.0	40,773,300
1998	60.3	4.8	2.0	27.4	3.9	43,922,100
2003	61.2	4.7	2.0	26.8	3.2	46,862,900
2008	61.1	4.2	1.9	26.9	2.8	49,598,300
2013	61.7	3.8	1.6	28.0	2.2	52,102,200
2018	61.2	3.6	1.4	28.5	2.1	53,616,300

注）1）1941年は24都市、1953年は全国市部地域についての数値。
2）1968年以前は沖縄県を含まない。
3）公団は現在の都市再生機構。
4）居住世帯のある住宅に関して集計。　5）計は不詳を含む。
資料）『大都市住宅調査統計表』、『住宅調査結果報告』、『住宅統計調査結果報告』、『住宅統計調査報告』、『住宅・土地統計調査報告』より作成。

借家人の住宅困窮に対応するために、政府は、公的支援を拡大するのではなく、地家主に負担を課す手法を多用し、それが持ち家を増大させた。先述のように、戦時と終戦直後に地代家賃統制令が公布された。地代家賃の規制は、借地・借家人の家計を保護し、社会不安を緩和することで、戦争を遂行し、終戦直後の経済混乱を乗り切ろうとする施策であった。借地・借家人を守る施策は、それ自体を目的としたとは必ずしもいえず、企業の賃金抑制を可能にし、産業を守る点に主眼を置いていた（大本 一九八二a、小野 二〇〇七）。この意味で、地代家賃規制の政策は、生産主義の性質を帯びていた。そして、地代家賃統制令は、民営借家の家主の利益を削減し、その経営基盤を破壊した。住宅が著しく不足するにもかかわらず、借家経営の誘因は消失し、賃貸セクターは再生しなかった。この結果、持ち家の自力建設が増え、住宅テニュアの構成が変わった。地代家賃統制令は、一九五〇年に改正され、それ以降に着工した借家建築とその敷地は適用除外となった（小野 二〇一四b）。これは、住宅不足が続く状況のもとで、統制解除によって、民営借家の建設を刺激する必要が高まったためであった（原田 一九八五）。

罹災都市法（罹災都市借地借家臨時処理法）は、戦災などで滅失した建物に住んでいた借家人に対し、その建物が建っていた土地を優先的に借りる権利（優先借地権）を与え、借家が建っていた場所に建物が再建されるケースでは、借家人は優先して借家権（優先借家権）を得るとした。この法律は、地家主の負担で借家人を保護する意味をもつ。終戦直後に増えた持ち家の敷地の多くが借地であったことを先に述べた。その要因の一つは、優先借地権の制度運用にあったとみられる。罹災都市法の一九五六年改正によって、優先借地権を大規模災害に適用することが可能となった。しかし、後年になって、借地権の価値が増え、多数の借家人が住む集合住宅が増大するにしたがい、優先借地権の適用は困難になった。たとえば、アパートが滅失し、そこに住んでいた多数の人たちが優先借地権を求めるとすると、それは混乱を招くばかりになる。これに加え、災害時における優先借家権制度は、家主の借家再建を阻害した。このため、二〇一三年に罹災都市法は廃止され、被災地の借地借家に関する新たな法律（大規模な災害の被災地における借地借家に関する特別措置法）が制定された。

さらに、住宅テニュアの変化に影響した政策・制度要因として、財産税の効果が指摘される（住田 二〇一五）。財産税法は、国家財政の再建のために、一九四六年に公布され、これにもとづき、個人の全財産に対し、一度限りの大規模課税が実施された。その結果、多くの民営借家が借家人に払い下げられた。財産税を課された家主にとって、地代家賃の規制が続き、経営が成り立たない状況のもとでは、借家人に対する物件譲渡が合理的な選択となった。所有物件が多い家主は、それを手放さない限り、課税に対応できなかった。終戦直後の都市地域で私有住宅が急増したのは、持ち家建設が増えると同時に、民営借家のストックが払い下げられ、持ち家に転換したためであった。

戦後日本の住宅テニュアの中心は、一貫して持ち家である（表3－1）。戦争を契機として、私有住宅が増大した。その多くは、狭小・低質な応急住宅であった。しかし、経済の復興と成長にともない、恒久住宅の建設と所有が増え、持ち家セクターは社会に少しずつ根づいた。終戦直後に急増した借地持ち家はしだいに減少し、土地所有をともなう持ち家が増大した。私有住宅の大衆化は、終戦直後の一時的な現象ではなく、戦後をつらぬく傾向となった。持ち家率は、一九五八年に七一・二％まで上昇し、そこから六三年の六四・三％、六八年の六〇・三％に下がった。戦後に都市に向かう人口移動が急増した。持ち家率の低下は、この都市化のためであった。都市地域では、多数の人びとが流れ込み、それに反応して借家供給が増え、持ち家率は下がった。しかし、一九六〇年代後半から、持ち家は六割前後の割合を保ち、大衆化した住宅テニュアとしての位置を占め続けた。

経済成長と持ち家促進

戦後住宅政策の展開は、住宅事情をどう改善するのかという問題だけではなく、どういう社会を新たにつくるのかというより広い問いに関連づけられ、その意味で、「社会プロジェクト」としての側面を多分にもっていた（Forrest and Hirayama, 2015）。この文脈において、政府がめざしたのは、中間層の持ち家取得を支援する住宅政策を立案・実践し、それによって、経済成長を支え、メインストリーム社会を育成・拡大する方向であった（平山 二〇〇九：Hirayama, 2003, 2007b, 2014a）。住宅政策は、住宅供給の「三本柱」を中心手段とし、所得階層ごとに異なる手段を用意する階層別供給の体系を構成した。しかし、その実態を知るには、どの階層にどの程度の資源が振り向けられたのかをみる必要がある。住宅政策は、より低位の階層により多くの支援を割り当てるのではなく、階層ごとに均等に援助を配分することもなく、中間層向け持ち家促進に重点を置いた。住まいの実態からかけ離れた政策は、実行可能性をもちえない。終戦時から、住宅テニュアの構成に大規模な変化が生じ、持ち家が増大した。この実態に沿うかたちで、持ち家促進の政策が成り立った。

持ち家セクターの確立は、経済成長を条件とした。終戦時の壊滅状態からしだいに復興し、高度成長期に入った日本では、一九五〇年代半ばからオイルショックが発生する一九七三年にかけて、GNP成長率の平均値は、約一〇％におよんだ。日本のGNPは、一九六八年にアメリカに次ぐ世界第二位となった。経済のめざましい成長にともない、中間層が拡大し、持ち家取得の可能な世帯が増大した。

高度成長期の住宅建設は、すさまじい勢いで増えた（図3-1）。住宅着工は、一九五五～五九年での一六一万戸から、六〇～六四年、六五～六九年での二九九万戸、五二四万戸に急増し、七〇～七四年では七九八万戸に達した。多くの人びとが農村から都市に移動したことから、都市地域での借家建設が増大した。しかし、住宅所有を促進する政策のもとで、持ち家建設もまた拡大した。住宅着工に占める持ち家戸数の割合は、一九五五～五九年では六三・七％に達していたのに対し、六〇～六四年では、人口移動とそれにともなう借家建設の増加のために、五〇・五％まで減少し、そこから六五～六九年の五三・〇％に増え、七〇～七四年では五七・一％まで上がった。

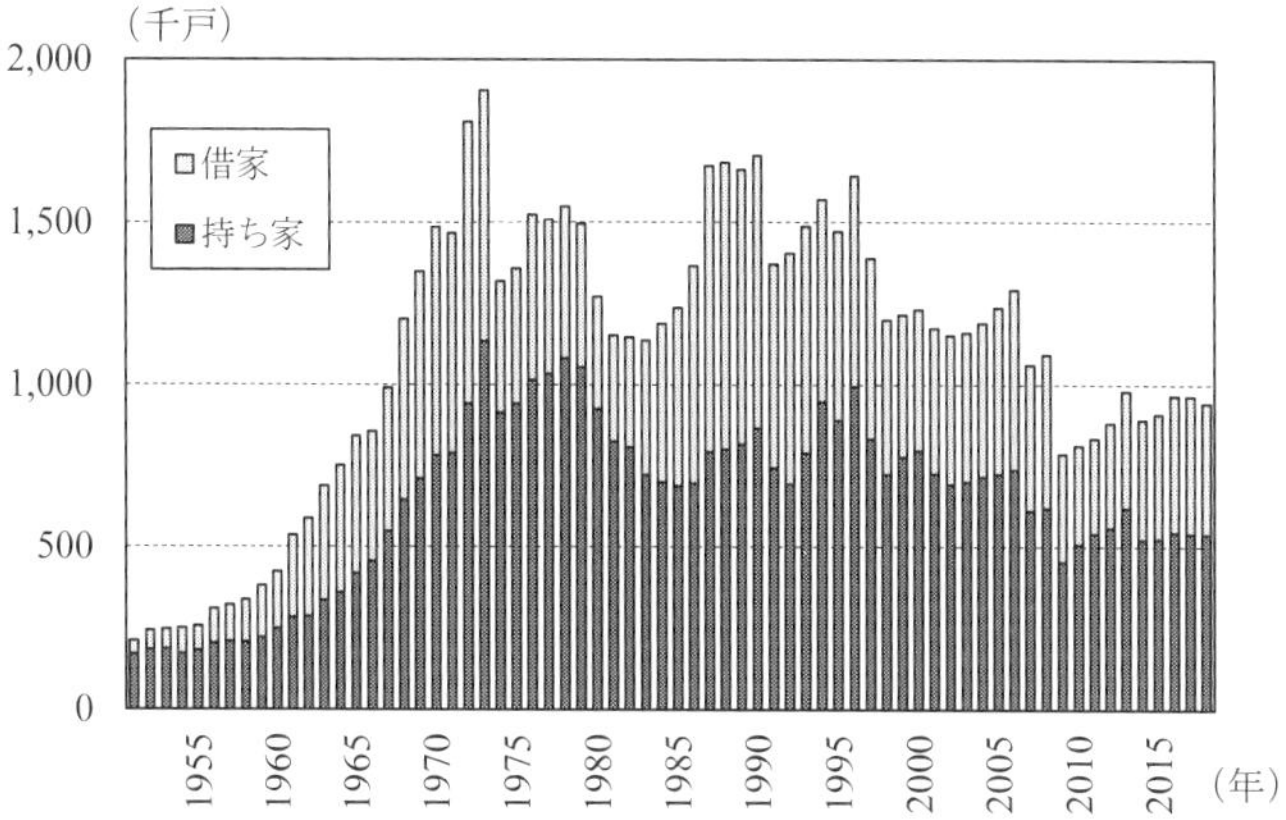

注）1972年以前は沖縄県を含まない。
資料）『建築統計年報』より作成。

図３－１　新設住宅着工戸数の推移

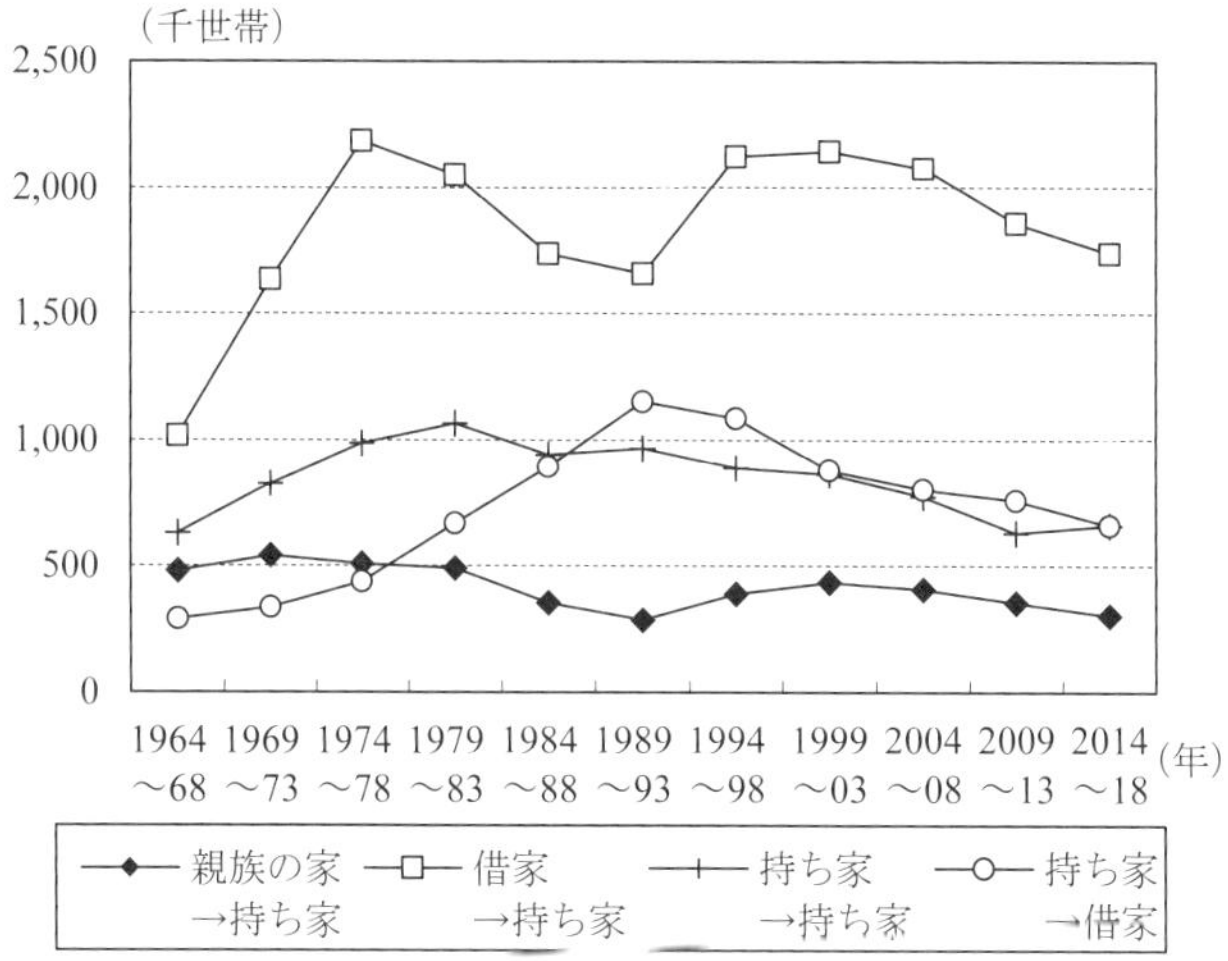

注）1）各期間の最終年は９月まで。
　　2）1964～68年は沖縄県を含まない。　3）不明を除く。
資料）『住宅統計調査報告』、『住宅・土地統計調査報告』より作成。

図３－２　持ち家に関する住居移動

持ち家建設の拡大にともない、住宅所有に向かって住まいの「はしご」を登る世帯が増えた（図3－2）。住み替えパターンのデータによれば、「借家から持ち家」に移った世帯の数は、一九六四～六八年では一〇二万であったのに比べ、六九～七三年には一六四万まで増加した。借家を出て持ち家へ移転した世帯の大半は、自己所有の住宅をはじめて建築・購入する「一次取得層」に相当する。持ち家から別の持ち家に移った世帯は、一九六四～六八年の六三万から六九～七三年の八三万に増大した。この「持ち家から持ち家」グループの中心は、より大きな住宅へ、より良質の住宅へと住み替え、「はしご」のさらに上に登った世帯である。

戦後住宅政策は、中間層の持ち家世帯をコアとするメインストリーム社会の拡大をめざす「社会プロジェクト」として展開した。住宅供給の「三本柱」のなかで、中心手段となったのは、住宅金融公庫による住宅ローン供給であった。住宅着工の実態を、たとえば、一九六五～六九年についてみると、総戸数は五二四万で、その内訳では、民間自力建設が多く、三九四万戸（七五・二％）を占めた。同期間の公的資金による住宅着工は一三〇万戸（二四・八％）で、そのうち公営住宅は二八万戸（二一・五％）、公団住宅は一八万戸（一三・八％）と少なかったのに対し、公庫住宅は六二万戸（四七・七％）に達した。

持ち家促進の住宅システムがしだいに形成された。これを構成したのは、住宅金融公庫のローン供給だけではない。地方公共団体のもとに設置されていた住宅公社、住宅協会などは、公庫から融資を受け、住宅事業を展開していた。公庫の設立当初、その融資の頭金を用意できる世帯は少なく、予算消化さえ困難であった。住宅公社・協会などは、公庫融資の受け皿としてつくられた。これらの機関は、一九六五年制定の地方住宅供給公社法のもとで、住宅供給公社に転換し、住宅・宅地の分譲事業を手がけた。これに加え、日本住宅公団は、賃貸住宅団地の開発を進める一方、一九六〇年代半ばから、分譲住宅の供給を増大させた。さらに、中間層の住宅・宅地購入を支えるために、積立分譲方式が導入された。持ち家取得を希望する人たちは、債券引受けなどで資金を計画的に積み立て、その実績と引き替えに、分譲住宅・宅地を得た。住宅公団と住宅金融公庫は、一九六三年から宅地債券を発行し、積立宅地分譲の制度を運用した。公団の特別住宅債券積立制度、公庫の積立分譲住宅融資制度は、それぞれ一九六四年、六五年にスタートした。住宅供給公社は、公庫制度を利用した積立分譲事業に取り組んだ。

政府の住宅政策は、中間層向け持ち家促進に傾き、より低収入のグループに対する社会的な所得再分配の機能をほとんどもたなかった（平山 二〇〇九、大本 一九八五）。ここに「日本型」住宅政策の重要な特質がある。戦後欧州に出現した福祉国家は、人びとの住宅事情を改善するために、中間層の住宅安定を重視すると同時に、おもに低所得層を対象とする社会賃貸住宅を大量に建設した。これとの関連において、都市法学者の原田純孝（一九八五）は、戦後日本の住宅政策を法制面から分析し、それが「〝福祉国家の住宅政策〟たる論理と内容をもつものではなかった」（三九四）と結論づけた。原田が書いたように、所得階層別の住宅政策は「上に厚く下に薄い」構成をもっていた。

戦後日本に福祉国家が存在しなかったという見方があるとすれば、それは、適切ではない。国家による福祉供給は、明らかに拡大した。しかし、その程度が政策分野によって異なる点をみる必要がある。年金・医療保険の制度は一九六一年に確立し、国民全体を包摂した。これに比べ、所得再分配の手段としての住宅政策の位置づけは、低いままであった。ウルフ・トーガーセンが住宅政策を福祉国家の「ふらつく柱」と表現したことは、すでに述べたとおりである（Torgersen, 1987）。年金、医療、社会福祉などの供給に比べると、住宅供給は市場メカニズムに依拠する度合いが高いことから、住まいに関する国家の責任は安定しない。住宅政策がどの程度のスケールで実施され、どのくらい「ふらつく」のかは、国によって異なった。日本では、低所得者のための住宅政策は、「ふらつく」度合いがより大きい「ふらつく柱」となった。

政府が低所得者向け住宅供給を充実させるのではなく、より多くの世帯を住宅所有に向かわせる政策をとったのは、経済発展という前提を得たからであった。経済が拡大し、中間層が増大していたがゆえに、人びとの多くを住まいの「はしご」に導き、それを登らせる政策が成り立った。換言すれば、持ち家促進の政策は、経済成長を条件とし、その失速によって立ちゆかなくなる可能性をはらんでいた。

住宅政策は、一定ではありえず、変化する。しかし、その性質には、変わらない部分がある。戦後住宅政策の「初期設定」は、それ以降の政策実践が依存する経路を形成し、長期にわたって影響力を保った。エスピン‐アンデルセンの福祉レジーム論のなかに日本の社会政策を位置づけようとする議論があった（Esping-Andersen, 1997：埋橋 一九九七 二〇〇三）。戦後日本に生成した福祉レジームについての見方は必ずしも合意にはいたらず、また、エスピン‐アンデルセンの福祉レジーム論は住宅政策の分析を含んでいない。しかし、福祉レジーム論から日本の住宅政策をみるとすれば、おそらく合意を得られるのは、それが社会民主主義の傾向をごくわずかしかもっていない点である。中間層向け持ち家促進を優先させ、所得再分配を小規模にとどめる方針は、住宅政策の戦後史をつらぬき、不変のままで維持された。

人口増と住宅建設

住宅不足に対応するため、政府は建設戸数主義の政策を展開した。住宅の大量建設をめざす政策の根拠を形成したのは、住宅建設計画の策定であった。住宅が欠乏し、住宅需要の圧力が増す状況のもとで、政府は、住宅建設の見通しの提示を求められた。住宅問題は政治化し、一九五五年二月の衆議院総選挙では、重要なテーマとなった。この選挙の結果、住宅対策を重視する第二次鳩山一郎内閣（一九五五年）が成立した。同内閣は、住宅関連の具体策の一つとして、住宅建設一〇箇年計画を一九五五年に策定した。この計画との関連において日本住宅公団が設立され、住宅建設促進の体制がつくられた。公団は、行政区域の境界を越える事業を展開し、大規模な団地開発によって、住宅を大量に供給した。続いて、石橋湛山内閣（一九五六〜五七年）は一九五七年に五カ年計画を示し、池田勇人内閣（一九六〇〜六四年）は六一年に五カ年計画、さらに、六三年には新たな七カ年計画をつくった。これらの計画は、法律の裏付けを備えていなかった。住宅不足は解消せず、建設計画を策定しても、その完了年を待たずに新たな建設計画が必要になった。

しかし、国民生活の安定・向上のための「社会計画」を標榜した佐藤栄作政権（一九六四〜七二年）のもとで、住宅建設計画法が一九六六年に成立し、政府は、法定計画としての住宅建設五箇年計画を定期的に策定しはじめた（三宅 一九七九）。法定の住宅建設計画として、すでに公営住宅建設三箇年計画があった（公営住宅20年史刊行委員会 一九七三）。これは、公営住宅建設の戸数目標を定める計画で、一九五二年度に第一期計画（〜五四年度）がつくられ、第五期（六四〜六六年度）まで続いた。新たな住宅建設五箇年計画は、公営住宅だけではなく、すべての種類の住宅について、建設計画を明示することで、住宅政策の全体を根拠づけた。

住宅建設五箇年計画では、公的資金住宅、民間住宅それぞれについて、さらに、公的資金住宅については、施策手段ごとに、建設戸数の目標が定められた。これは、住宅政策が階層別供給のシステムであることを反映する。しかし、階層ごとの資源配分には偏りがあった。第一期五箇年計画（一九六六〜七〇年）の目標戸数の構成をみると、公的資金住宅は四〇・三％と半分に届かず、その内訳では、公営住宅は一九・三％、日本住宅公団の住宅は一三・〇％と少なく、住宅金融公庫が融資する住宅は四〇・〇％と高い比率を示した（後掲表4－1）。住宅政策が所得階層との関連で構築され、同時に、中間層向け住宅供給を重視したことが、住宅建設計画の内容に表れていた。

経済成長は、持ち家セクターを拡大する条件となった。そして、持ち家建設の増大は、経済成長を刺激した。経済と持ち家促進が刺激し合う関係の形成が、住宅政策の目標の一つとなった。自由民主党は、一九五五年の結成以来、ほぼ一貫して、政権を握ってきた。自民党政権下の官僚たちは、持ち家建設を推進し、住宅問題に立ち向かうと同時に、それを経済成長の「エンジン」として位置づけた（Oizumi, 2007）。民間セクターでは、住宅産業が発展し、持ち家供給を増大させることで、景気を浮揚した。経済成長が中間層を拡大し、収入の上がった世帯が持ち家を取得し、それが経済をさらに成長させる、というサイクルが生成した。

民間の住宅ディベロッパーは、より短期での投資回収をめざし、持ち家促進の政策を歓迎した。投資回収の長期化は、より有利な投資機会の逸失につながる。とくに経済が成長している時期では、高い利益を期待できるプロジェクトの機会がつぎつぎと現れるため、より短期での投資回収が重要な課題になる。賃貸住宅に対する投資の回収は、長い年数を必要とし、その間の経済変化と市場変動に関連するリスクをともなう。これに比べ、住宅を生産し、持ち家としてただちに販売する方式の投資回収期間は、圧倒的に短い。

住宅建設と経済成長が刺激し合ったのは、人口・世帯の急増とそれにともなう住宅需要の拡大という条件があったからである（図3－3）。戦時に減っていた人口は、戦後になると、急速に増え、世帯数もまた増大した。とくに都市地域では、多数の人びとが流入したことから、住宅需要が著しく膨

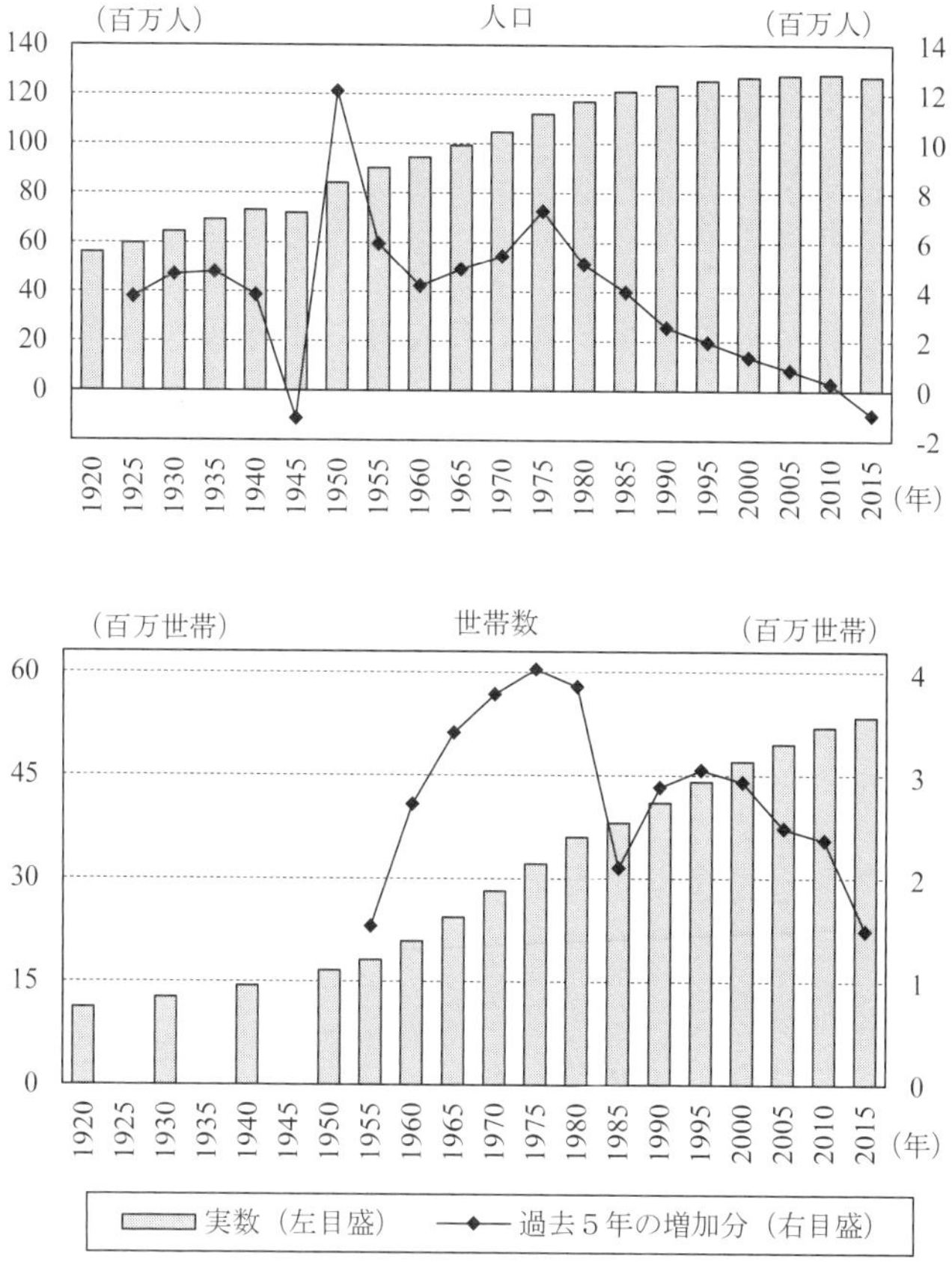

注）1945年の人口、1950年の世帯数は沖縄県を含まない。
資料）『国勢調査報告』より作成。

図３－３　人口、世帯数の推移

千里ニュータウンの集合住宅団地（2019年12月伊藤結芽撮影・提供）

らんだ。ある時点の住宅需要に影響するのは、その時点の人口・世帯数ではなく、人口・世帯数の増加の程度である。人口の増大は、世帯のなかに吸収される部分を含むことから、住宅需要に必ずしも直結しない。たとえば、ある世帯に子どもが生まれると、人口は増えるが、その世帯が転居を望み、住宅需要を顕在させるとは限らない。これに比べ、世帯数の増加は、その増加分の住宅が新たに必要になることから、住宅需要をよりダイレクトに膨らませる。

何らかの時点での人口拡大の程度を、過去五年での増加として観察すると、一九五〇年に著しく大きい値を示し、一二一二万に達した（図3-3）。これは、一九四七～四九年に生まれたベビーブーマーが大規模なコーホート（同一年齢集団）をつくったことを反映する。過去五年の人口増は、ベビーブーム以降に小幅になった後に、高度成長期にペースを上げ、一九六〇年の四二三万から七五年の七二七万に拡大した。人口増の程度が一九七五年にとくに大幅であったのは、第二次ベビーブーマーが七一～七四年に誕生し、大規模集団を形成したためである。

世帯数は、人口に比べ、より速く増えた。これは、世帯規模が縮小し、一世帯当たり人員数が減ったためである。世帯数の過去五年での増加幅は、高度成長期に拡大し、一九五五年では一五四万であったのに対し、七五年に四〇五万となった（図3－3）。この世帯増から住宅需要が顕在し、住宅建設が増え、経済が発展した。世帯数の過去五年の増え方が一九七〇年、七五年で大幅になったのは、ベビーブーマーが独立した世帯をつくる年齢に達したからであった。

人口・世帯と住宅建設の増大にともない、都市は拡大し続け、郊外住宅地とニュータウンの開発は、戦後の新たなランドスケープを形成した。郊外開発は、一戸建て持ち家が建ち並ぶ住宅地をつくりだした。マイホームという言葉は、高度成長期に使われはじめ、持ち家を意味するだけではなく、とくに郊外の庭付き一戸建て住宅を連想させ、それが家庭生活を支える様相をほのめかした。新住宅市街地開発法は、一九六三年に制定され、住宅・宅地だけではなく、道路、公園、学校、病院、商業施設などの整備をともなうニュータウン開発を促進した。同法にもとづき、地方公共団体などが丘陵地などの郊外に建造したニュータウンは、全国で四六カ所におよんだ。国土交通省が二〇一三年に作成した「全国のニュータウンリスト」によると、一六ha以上で、一〇〇〇戸以上または計画人口三〇〇〇人以上の住宅地開発は、一九五五年以降、約二〇〇〇カ所に達した。郊外住宅地とニュータウンがつぎつぎと開発され、そこに人びとが転入し、都市のかたちが変わったことは、高度成長の時代を象徴した。

住宅政策の資金構造

政府による政策実践の性質は、財源の調達方式に表れる。開発主義の傾向をもつ戦後日本は、社会資本整備を加速することで、欧米諸国の経済にキャッチアップしようとし、それを支える独特の資金構造を発達させた。この枠組みのなかに住宅政策が位置づけられたことは、その「日本型」としての特質を形成する要因となった。

政府の経済活動を支える財源は、無償資金と有償資金に大別される。租税による無償資金は費消を前提とするのに対し、有償資金である融資は元利返済を必要とする。住宅政策の「三本柱」のうち、公営住宅の建設には、一般会計からの無償資金である補助金が投入される。その家賃は、原価主義を基本とする方式に立脚し、建設原価から補助金を差し引いた額にもとづく限度額の範囲内で地方公共団体が定めた。公営住宅に対する補助金の供給は、家賃を低い水準に抑える機能を有し、所得再分配のメカニズムを構成した。公営住宅は一種と二種に分けられ、二種住宅はより低い所得の世帯を対象とした。建設費に対する国庫補助の割合は、一種では二分の一、二種では三分の二とされた。補助率の高い二種住宅の家賃はより低くなった。多くの地方公共団体は、自身の財政支出によって、公営住宅の家賃をさらに引き下げた。低所得世帯の多くにとって、限度額家賃の負担が困難であったためである。一方、公営住宅家賃の設定は、受益者負担を求める側面を有し、家賃負担が少ない二種住宅では、面積がより狭小であった。

これに対し、住宅金融公庫、日本住宅公団が展開する事業は、財政投融資の一環を構成し、その有償資金によって実施された。政策金融システムである財投制度は、明治初期につくられて以来、長い歴史をもち、〝民間資金の調達が難しく、公共性を有し、さらに採算が成り立つ事業〟を支えた（杉本二〇〇五）。戦後の財投制度では、郵便貯金、年金積立金、その他の特別会計余裕金などの公的資金が大蔵省（現・財務省）の資金運用部に自動的に預託され、この資金運用部資金および簡易保険資金が住宅金融公庫、住宅公団を含むさまざまな財投機関に長期・固定・低利の融資および出資として提供された。

日本経済は、一九五〇年代半ばに高度成長期に入った。財投による社会資本整備は、経済成長を反映・促進した。欧州の福祉国家では、所得税率が高く、租税による無償資金が政策財源の中心を構成した。これに比べ、開発国家の建設に向かった日本では、所得税率は低く、貯蓄率は高いという特徴がみられた。高度成長期では、減税が繰り返され、貯蓄率を高める効果を生んだ。この税と貯蓄の特性を条件とし、日本では、租税による一般会計だけではなく、むしろ貯蓄を経路とする財投によって、社会資本整備が実施された（宋・井手二〇一四）。この点が、開発国家としての日本の財政構造に特有の傾向となった。

住宅政策を運営する政府は、中間層の住宅安定を重視した。これは、住宅金融公庫と日本住宅公団の事業が財投にもとづくことに関係した。公庫が供給する住宅ローンの利子率は、財投利子率より低い。公庫融資における基準金利の法定上限は、五・五％と定められ、財投金利は、一九五一年から七二年八月まで、六・五％であった。公団の賃貸住宅事業では、原価主義に立脚する家賃は、建設原価を長期・低利で償却することで、低廉化され、回収金利が財投金利より低い。このため、公庫・公団に対し、政府は出資金を提供していたが、それが財政事情により困難になったことから、一般会計から補給金を供給する方式が一九六五年に制度化した。無償資金である補給金のシステムは、公庫の政策金利、公団の政策家賃を実現する役割をはたす。しかし、公庫・公団がおもに依存するのは、財投の有償資金である。さらに、公団の住宅事業には、生命保険会社などから民間資金が導入された。公庫・公団の住宅事業では、有利子資金の回収が不可欠になるため、受益者負担が必要になる度合いが高く、それぞれの供給対象は、低所得者ではありえず、支払い能力の高い中間層になる。公庫・公団による住宅政策の実践は、中間層を対象とすることから、有償資金の使用が可能とされ、あるいは逆に、有償資金に依拠するがゆえに、中間層向け採算事業を中心とせざるをえない。加えて、貯蓄を経路とする資金にもとづく住宅政策は、おもな貯蓄主体としての中間層に恩恵を還元する仕組みを構成したという見方がありえる。

日本では、一般会計における住宅予算の規模は、西欧の福祉国家およびアメリカなどに比べ、低いとみられている。たとえば、一九九〇年代前半のデータによると、住宅対策費と住宅関係減税額を合わせた額が歳出総額に占める割合は、アメリカでは五・六％（一九九三年見込み）、イギリスでは九・五％（一九九二年見込み）であったのに対し、日本では二・一％（一九九三年予算）と少なかった（国土交通省住宅局住宅政策課 一九九九）。これを根拠とし、日本での住宅政策のスケールを小さいとみなす考え方がありえる。しかし、この見方は必ずしも適切ではない。なぜなら、日本の住宅政策は一般会計からの無償資金だけではなく、財投の大規模な有償資金にもとづいていたからである（金子二〇〇二）。住宅政策のスケールをとらえるには、どのような施策の規模が大きく、どういう施策が小規模なのかが問われる必要がある。住宅政策に関する日本の特徴は、無償資金による所得再分配が少量である一方、有償資金を用いた採算事業が大規模であった点にある。

深刻な住宅不足に対応するため、政府は住宅建設の大量化をめざした。この建設戸数主義のもとで、有償資金による住宅供給が拡大し、住宅関連の所得再分配はさらに減った。低所得者向け住宅供給は、より多量の財政支出を必要とするのに比べ、中間層に対する住宅供給には、財投資金、民間投資、家計からの資金などが導入される。政府は、より大量の住宅を、より小量の財政支出で建設するために、中間層向け住宅供給を重視した。逆にいえば、中間層の住宅安定を優先させる政策方針があるがゆえに、小規模な財政支出での住宅大量建設という目標の設定が可能になった。

公営住宅に比べて、公庫住宅の建設に必要な一戸当たり財政支出は少ない。公庫融資は、中間層の家計から手持ち資金を引きだす「誘い水」となった。公営住宅の管理は公共セクターの負担になるのに対し、公庫住宅を維持するのは所有者である。政府は、財投資金を使って住宅金融公庫のローンを供給し、家計負担を調達することで、住宅建設を増やそうとした。公庫と日本住宅公団は、積立分譲事業を展開した。事業者にとって、積立分譲は、家計から事業資金――家を買おうとする世帯が、まだ買っていないどころか、見てもいない家のために差しだす資金――を調達するシステムとなった。

住宅公団設立の目的の一つは、民間資金の導入による住宅建設の拡大であった（原田 一九八五）。財投資金と民間投資にもとづく公団住宅の家賃は、公営住宅の家賃より高い。このため、国会審議では、公団創設が社会政策としての住宅政策の役割と対立する点が批判と懸念の対象となった（日本住宅公団 一九六五）。これに対し、政府は、公団住宅は公営階層と公庫階層の中間の所得階層を対象とし、階層別施策をより明確に構成する点で、積極的な意味をもつと説明した。公団住宅のこうした対象設定によって、財政支出をより多く必要とする公営住宅の供給対象は、より低収入のグループに狭められた。公団設立は、財政支出抑制と住宅建設拡大を同時に達成しようとする住宅政策の方針を反映した。

家族主義のマイホーム

戦後日本の住宅システムを特徴づけたのは、家族主義の傾向である（平山 二〇〇九：Hirayama, 2003：Hirayama and Izuhara, 2008, 2018）。家族主義という言葉は、多面の意味をもつ（阪井ほか 二〇一二）。ここでの家族主義とは、福祉レジーム論でのそれに相当し、福祉供給における家族の役目をとくに重視するイデオロギーを意味する。福祉レジーム論を発展させたエスピン‐アンデルセンによれば、「家族主義の福祉レジームとは、最大の福祉義務を世帯に割り当てるレジームのことである」（Esping-Andersen, 1999, 45）。このレジームを支え、維持するために、住宅システムに与えられたのは、福祉供給の担い手である家族の住宅安定を確保する役割であった。

戦後住宅政策の「三本柱」は、家族世帯の住宅確保を優先させ、単身世帯を排除した（平山 二〇〇九：Hirayama, 2003）。単身または未婚であることは、結婚し、家族をつくるまでの一時的な形態と考えられた。住宅金融公庫は、単身者に対し、融資を供給しなかった。公営住宅の制度は、入居資格の一つとして「同居親族要件」を設定し、単身入居を認めなかった。日本住宅公団は、単身者向け住宅を建設した。しかし、これは、必ずしも単身者の住宅改善を課題としたからではなく、住戸面積を切りつめて建設戸数を増やすためであった。公団は、一九六〇年代から七〇年代半ばにかけて、原則的に単身者に住宅を配分しなかった。公庫は、融資対象の住宅の規模に下限を設けた。これは、住宅面積の拡大を誘導する意図にもとづく。しかし、小世帯のために良質の小住宅を供給する必要性についての認識はみられなかった。

住宅金融公庫は、一九八〇年代から単身者を融資対象に含めた。この方針変更は、単身者の住宅改善を支援するためだけではなく、住宅建設を増大させ、その経済効果を生むためであった（住宅金融公庫 二〇〇〇ａ）。公庫は、一九八一年から四〇歳以上、八八年から三五歳以上の単身者を融資対象とした。単身者向け公庫融資の年齢制限がなくなったのは、一九九三年であった。日本住宅公団は、一九七〇年代後半から単身者に住宅を供給しはじめた。後述のように、この時期の公団住宅には空き家が増大した。単身者向け供給の目的の一つは、空き家入居者の確保にあった。公営住宅は、一九八〇年から高齢者などに限って単身者を受け入れた。これは、単身者の公営住宅入居を求めた法廷闘争の成果であった（河野ほか 一九八一）。しかし、高齢者などを除く単身者は、公営住宅入居資格を与えられないままであった。公営住宅の「同居親族要件」は二〇一一年にようやく廃止され、入居資格のあり方は一二年から自治体条例にゆだねられた。しかし、自治体の大半は、単身者の公営住宅入居を排除する条例をつくった（平山 二〇一二）。

さらに、家族主義の住宅システムが対象とする〝標準世帯〟がジェンダー化している点をみる必要がある（Hirayama and Izuhara, 2008, 2018）。男性と女性の人生の道筋は、まったく異なるパターンをもち——高校・大学を卒業すると、男は企業に雇われ、定年まで働き続け、女は、結婚または出産まで働いた後に、妻・母としての仕事、さらに老親の世話を担当する——、家族世帯の多くは、「男性稼ぎ主」とその被扶養者である妻と子から構成されるという想定があった。

持ち家促進の政策が対象としたのは、持ち家取得の全般ではなく、中間層の家族世帯による持ち家取得である。高度成長期に普及したマイホームという用語は、持ち家を意味するにとどまらず、それがジェンダー化した家庭とリンクしていることを表現した。夫婦中心の核家族世帯は、戦前から社会の中心を占めていたが、その割合は、高度成長期までに、さらに上昇した。経済発展にともない、住宅システムは、若い夫婦を中心とする世帯のマイホーム取得を援助した。このマイホームでは「男性稼ぎ主」が給料をもちかえり、妻が家事と子育てを担うと考えられた。

家族主義の住宅システムのもとで、女性たちの人生に強く影響したのは、配偶関係であった（平山 二〇〇八）。結婚していない女性は、住まいの確保に関し、不安定な位置にある。女性の多くは、労働市場で低い地位に置かれ、弱い経済力しかもっていないため、自力では適切な住まいを得られない。若い未婚者の持ち家志向は弱い。しかし、未婚のままで年齢が上昇した女性は、持ち家購入の必要を意識しはじめても、多くの場合、住宅ローンの調達に必要な信用力を備えていない。配偶者と離別した女性の経済力はとくに弱く、住宅確保は困難または不可能になる。たいていの女性にとって、結婚し、「男性稼ぎ主」をもつことが、住まいを安定させ、人生の道筋を整えるための必須の条件となった。

企業社会の持ち家

戦後住宅システムの特質の一つは、その一翼を企業セクターが担う点にあった（平山 二〇〇九、大本 一九九六：Sato, 2007）。企業社会としての日本では、多くの企業が長期雇用と年功序列賃金の制度を用意し、さらに、住宅制度を含む多様な福利厚生制度を整えた（新川 一九九三 二〇〇五）。労働組合は企業ごとに組織され、「労使協調」の「コミュニティ」を構成した。従業員の企業との関係は、労働と賃金の交換という関係だけではなく、福利厚生制度から付加給付を受け取るという関係を含んだ。政府は、企業福祉の充実を促すために、幅広い支援策を講じた。福利厚生制度のなかで、住宅制度は重要な位置を占め、独身寮、社宅、家賃補助、住宅ローンなどが従業員に提供された（藤田 一九九七、金子 一九九一、西久保 二〇〇七）。

企業福祉は、企業に利益をもたらす限りにおいて、供給される。高度成長期の企業は、給与住宅の建設・供給に取り組んだ。社宅・寮をもつことが企業にとって合理的であったからである。好景気が続くなかで、社宅・寮の整備は、労働力の確保に役立った。住宅関連の福利厚生制度は、企業に対する従業員の帰属と従属の関係を強め、「コミュニティ」形成に貢献した。職場の「コミュニティ」は社宅団地にまでもちこまれ、仕事と家庭生活の場を統合する「コミュニティ」がつくられた。さらに、土地取得をともなう社宅・寮の建設は、担保力のある土地資産を増やす意味を有し、企業の資本調達力を高めた。

政府は、企業セクターの社宅建設を支援した（原田 一九八五）。これは、建設戸数主義と生産主義の二重の性質をもつ。住宅不足に対処し、同時に、労働力を保全するために、民間資金による社宅建設を促す方針がとられた。住宅金融公庫は、一九五三年制定の産業労働者住宅資金融通法にもとづき、給与住宅を建設する企業に融資を供給した。設立当初の日本住宅公団にとって、給与住宅の建設促進は、おもな任務の一つであった。公団は、賃貸用の住宅を建設し、企業に譲渡することで、給与住宅を増大させた。社宅に住む従業員にとって、低廉な家賃と市場家賃の差額は「所得」になる。この「所得」は、理論上の課税対象である。しかし、社員が家賃相当額の半分以上を負担している場合は、「所得」は非課税とされ、家賃相当額の算定では、時価より大幅に低い固定資産税評価額が基準となった。この措置によって、社宅に住む社員の「所得」は、課税を免れた。

政府の住宅政策は、低所得層に対する資源配分を限定し、中間層の住宅確保を優先させた。企業セクターによる住宅支援を促進する施策は、中間層重視の方針に整合した。企業福祉の水準は、大企業で高く、中小企業では低い。日本経営者団体連盟が実施した一九七一年の「福利厚生費調査」によると、企業が負担する住宅費（一人・一カ月当たり）は、従業員五〇〇人未満の企業では平均一七五〇円、五〇〇〇人以上では三二五六円と二倍近い差を示した。企業の住宅制度を支援する住宅政策は、中小企業の低賃金層より大企業所属の中間層に大きな利益をもたらした。

多くの企業は、一九六〇年代には、住宅制度の中心を社宅建設から持ち家支援にシフトし、両者を合わせた「総合住宅対策」をつくりはじめた（荒川 一九七三）。企業が住宅ローンを供給するケースは、一九五〇年代からみられた。住宅金融公庫の設立当初、その融資利用に必要な頭金を用意できない世帯が多かった。企業の住宅ローンは、公庫融資の頭金としての使用を想定した制度であった。これに対し、一九六〇年代からの企業は、持ち家支援をより大規模に展開した。

大本圭野（一九九六）は、「日本型住宅政策」の特性として、それが企業セクターと密接な関係をもち、労務管理としての持ち家促進を重視する点を指摘した。日経連労政部の荒川春（一九七三）は、企業の立場から住宅制度を解説し、持ち家支援は労務管理の手段として合理性をもつと述べた。持ち家取得のための社内預金は、従業員からみると、金利が市中より高いという利点をもつ一方、企業からすれば、借入金利が市中より低く、ローコストの資金調達手段となった。持ち家資金を勤務先から借り入れた従業員は、長い返済期間にわたって、「労使協調」の「コミュニティ」に帰属すると同時に、企業により明確に従属する地位に置かれた。

大本圭野（一九九一）が住宅政策の構想・実践において重要な仕事を担った官僚、運動家および研究者に詳細なインタビューを実施し、その「証言」を大部の労作にまとめたことは、少なくとも住宅研究者にはよく知られている。そのなかで、日本労働組合総評議会の社会保障対策部長であった公文昭夫（一九九一）は、企業福祉の持ち家支援が労務管理の役割をはたし、企業別労働組合を管理する手段になったと指摘し、「賃貸とかアパートを中心にして生きてきた労働者が、持家政策に乗っかって自分の家をもつ。そこにはやはり保守化現象みたいなものは起こりますよね。企業の側にも当然そのねらいがあるわけです。資本と政府が一体になって労働者の要求そのものの尖鋭化なり、あるいは闘争意欲というものをマイホーム主義のなかに押し込んで眠らせる。そういう世論操作はあったと思うのです」（七九五）、そして「やはり一定程度安定的な企業体である場合は、住宅問題にすれば、社宅の提供をするか、企業の積立金を使った住宅融資をする。そういうことで、ある程度解決ができた。つまり、ナショナルセンターに統一的な要求として結集しなくてもやれたということです。……つまり企業別労働組合のタテ割りですから、それだけではいわゆるヨーロッパでやっているような住宅闘争にはまったくならないです」（八〇六）と述べた。

勤労者財産形成促進法は一九七一年に制定され、これにもとづく勤労者財産形成促進制度は、持ち家促進と企業福祉をより深く関連づけようとした（大本 一九八三）。財形貯蓄制度を利用する勤労者は、給与からの天引きのかたちで、勤務先を経由して銀行に預金し、税制上の優遇を受ける。この制度は、銀行にとって、給与天引きからまとまった預金を企業経由で集めるローリスク・ローコストの手段となった。高度成長期から一九八〇年代にかけて、物価上昇などのインフレーションが顕著であった。貯蓄誘導の政策には、インフレ抑制の意図があった。財形貯蓄の実績をもつ勤労者には、財形住宅融資の利用資格が与えられた。しかし、この還元融資の金利は、公庫融資の金利より高い。このため、財形制度の運営では、貯蓄実績が伸びる一方、住宅融資利用は増えなかった。企業にとって、財形貯蓄の増大は、その見合いとして、銀行からの設備資金などの借り入れを可能にした。財形制度は、持ち家支援より貯蓄促進の成果をあげ、勤労者より銀行・企業に大きな利益を与えた。財形の制度構築は、企業福祉の社会化を意味するようにみえる。しかし、その利用者は、企業勤労者に限られる。大本（一九八三）が指摘したように、財形制度は、企業福祉を社会化したシステムではなく、むしろ逆に、税制優遇などの公的支援を企業福祉のフレームに取り込む手段となった。

住宅所有というセキュリティ

持ち家に対する人びとの渇望は、高度成長期にいっそう強まった。中間層の増大にともない、より多くの世帯が住まいの「はしご」を登り、賃貸住宅から持ち家に移り住もうとした。住宅改善を希望する世帯のうち、持ち家志向の世帯は、一九五五年の住宅事情調査では五二・〇％であったのに対し、六六年の住宅需要調査では七三・五％、六九年の同調査では八九・九％に増えた（玉置 一九七四）。これ以降の同様の調査は、一貫して、持ち家志向が強いことを示している。

人びとが住宅所有を欲したのは、それが人生のセキュリティを形成するとみなしたからである（平山 二〇〇九）。政府は、持ち家セクターと賃貸セクターにニュートラルに対応するのではなく、持ち家促進に傾斜する住宅システムを組み立てた。持ち家を得ようとする世帯の多くは低利融資などの政府支援を受ける一方、公共賃貸住宅は少なく、公的家賃補助はほぼ皆無であった。この文脈において、人びとの持ち家志向とは、「自然現象」ではなく、政策・制度上の構築物としての側面を色濃くもっていた。

さらに、持ち家の帰属家賃は非課税とされる。住宅は、貸しだすことで、家賃収入を得る手段になる。持ち家とは、所有者が自身に賃貸している家を意味し、帰属家賃とは、自分で自分に支払っていると仮定される家賃をさす。この帰属家賃は、理論上の収入であるため、課税対象になる。しかし、住宅所有者が貸し手で、かつ借り手になるという関係は、所有者の理解をなかなか得られない。これに加え、帰属家賃に課税するのであれば、それをどのように計算するのかが問題になるうえに、必要経費——住宅ローン金利、減価償却費、住宅管理・修繕費など——の算出が必要になる。これらの計算の困難は、帰属家賃課税の技術上の障壁を形成する。帰属家賃の非課税措置は、住宅を所有する人たちのほぼ全員が意識していないにせよ、持ち家促進の制度を構成した。

持ち家と借家は、住宅安定の程度について、大きな違いを示し、住宅所有は物的なセキュリティを意味するとみなされた。住宅・土地統計調査の二〇一八年の結果によれば、住宅の平均延床面積は、借家では四七㎡、持ち家では一二〇㎡であった。両者の面積は、二・六倍の差を示す。賃貸住宅市場では、良質の住まいの確保が難しく、家族向けの広さの住宅はとくに少ない。持ち家は自己所有の住宅であることから、そこに住む世帯は自身の意志にもとづいて居住状態をコントロールする。賃貸住宅を改築・改装しようとすれば、家主の許可が必要になるのに比べ、持ち家では改築・改装の自由が得られる。借家人は家主から立ち退き要求を受ける可能性があるのに対し、自己所有の住まいの安定性は高い。

持ち家は、経済上のセキュリティを形成した。住宅・土地価格は、高度成長期に上がりはじめ、そのインフレーションは、ほぼ途切れず、バブル経済が破綻した一九九〇年代初頭まで続いた。不動産価格の上昇の速度は、賃金・物価のそれをはるかに上回ったことから、住宅所有は含み益をともない、インフレヘッジと資産形成の効率的な手段となった。後述のように、一九七〇年代に入ると、家を買うために住宅ローンを組む世帯が増えた。持ち家取得が多大な経済負担をともなうとはいえ、インフレーションのもとで、住宅ローンの実質債務は減少し、収入上昇によって返済負担は軽くなった。住宅ローン返済は資産形成に結びつくことから、持ち家を買えるのであれば、賃貸住宅で家賃を支払うのではなく、住宅所有を選ぶ人たちが増大した。

持ち家が「私的社会保障」を構成する点は、多くの人たちが住宅所有を渇望する重要な理由となった（Hirayama, 2010b : Hirayama and Hayakawa, 1995）。人びとのマジョリティは、高齢期までに、アウトライトの住宅所有を達成する。前述のように、住宅ローンを完済し、あるいは住宅ローンを使わずに取得し、債務をともなわないアウトライト持ち家は、住居費負担が軽いため、「自己年金」として機能する。さらに、高齢者が保有する資産のなかで、不動産資産は大きな割合を占める。アウトライト持ち家は、住居費と資産形成の観点から、高齢期の経済セキュリティを支える「私的社会保障」となった。いいかえれば、高齢期までにアウトライト住宅の所有に到達しなかった人たちは、セキュリティの危機に見舞われる。

住宅所有の意味は、マテリアルな次元に加え、社会・文化の次元、さらにオントロジカル（存在論的）な次元から生成した。住まいは、建物として存在するだけではなく、所有者の地位と態度を反映すると考えられた。持ち家に住む人たちは、その所有によって、自身が社会のコア・メンバーであることを表そうとした。私有住宅が象徴したのは、安定した仕事と収入、結婚と家族の幸福感、不動産資産の保有、そして「はしご」を登った実績であった。多くの家族は、メインストリーム社会のメンバーシップをセキュリティの一種とみなし、その表徴としての持ち家を必要とした。これに加え、戦後復興から高度成長期にかけて、社会・経済・政治の激しい変化は、マテリアルな改善をともなう一方、人びとを取り巻く世界を不安定にし、オントロジカルな安全と安心をおびやかした。社会学者のアン・デュプイスとディヴィッド・ソーンズが書いたように、冷酷かつコントロール不能にみえる世界のなかで、住む場所の所有はオントロジカル・セキュリティの感覚をもたらした（Dupuis and Thorns, 1998）。多くの人たちが自分の空間の所有を渇望したのは、寄る辺なさの不安から逃れようとしたからであった。

メインストリーム社会と住宅所有

戦後に発展した「日本型」住宅政策には、保守主義の傾向がみられた（平山 二〇〇九 二〇一一a：Hirayama, 2010a）。ここでの保守主義とは、「中間層」「家族」「持ち家」に対する援助の集中によって、標準パターンのライフコースを保全し、メインストリーム社会を拡大しようとする方針をさす。この「保守」の対象である「標準」は、「伝統」とはいえない。ライフコースの標準とは、前世紀後半という限られた期間につくられたパターンにすぎない。戦前の都市部では、持ち家率は低く、住宅の多くは民営借家であった。中間層の持ち家取得が目だって増えたのは、戦後になってからである。しかし、特定パターンのライフコースを標準として位置づけ、その保全を優先させるという意味で、住宅政策は保守主義の性質を帯びていた。

イデオロギーには、多面の役割がある。しかし、その中心は「自然化」である。保守主義のイデオロギーは、中間層に所属し、家族をもち、家を買うことを、当然で、適切で、望ましいとし、「自然化」する役目を担った。この「自然化」には、根拠説明を必要としないという含意がある。住まいの私的所有が「善きこと」であるのは、説得と実証をとくに要しない「当たり前」となった。低収入で、単身で、そして借家に住むことは、過渡的であるべきで、その状態が長く続くことは、表立ってではないとしても、暗黙のうちに、――不自然で、不適切で、望ましいとはいえないとされた。

住宅所有を促進するシステムは、人びとをメインストリーム社会に導く役割をもつ（平山 二〇〇九：Hirayama, 2003, 2007b, 2014a）。人生の道筋の輪郭を形づくるのは、家族、仕事、そして住宅の推移である。持ち家促進のシステムは、ライフコースの「有利／不利」を編成する制度体系に関連づけられた。家族の形態に関し、家族／単身、有配偶／無配偶、仕事の領域では、大企業／中小企業、住まいについて、持ち家／借家に関する「有利／不利」が構築された。家族、仕事および住宅のパターンに応じて異なる制度を用意し、標準パターンを優遇する点に、保守主義の制度体系の特質がある。「中間層」の「家族」の多くは住宅システムの援助を受け、「持ち家」取得に到達した。「低所得」「単身」「借家」の人たちが住宅関連の支援を得る可能性は低い。住宅システムの制度は、「有利／不利」の差を用いることで、人びとに有利な位置を求めさせ、メインストリーム社会に加わるように促すメカニズムを構成した。

保守主義の住宅政策が重視したのは、「個人」の社会権ではなく、家族、企業などの共同体または擬似共同体としての「グループ」への「所属」であった（平山 二〇〇九）。この枠組みのなかで、多くの人びとは、より有利な「グループ」を求め、そこに「所属」しようとした。資本主義経済のもとでの住まいの不安定さをやわらげ、人びとのセキュリティを守るうえで、家族と企業をいわば防護壁として利用しようとする政策が発達した。政府は、個人をダイレクトに支えるのではなく、個人が帰属する家族、企業の安定に重きを置いた。ここで示唆されるのは、住宅関連のセキュリティがどういう単位で成り立ち、所得再分配はどの単位で実施されるのかという問いの重要さである。保守主義の制度下のセキュリティは、「個人単位」ではなく、「所属単位」ごとにつくられた。戦後日本の住宅システムは、社会レベルでの再分配を少ししか実施しなかった。保守主義の再分配は、家族、企業などの「グループ」の範囲内で実施された。

エスピン－アンデルセンの「三つの世界」モデルが社会政策についての理解を発展させた理由の一つは、保守主義の福祉レジームを独立したカテゴリーとして設けた点にある。社会政策の類型論の多くは、政府と市場の役割分担をおもな指標としていた（e.g. Wilensky and Lebeaux, 1958）。住宅研究の分野では、政府の住宅供給が多いのか、市場住宅の供給が多いのかによって、住宅政策のタイプを分ける試みがあった（e.g., Donnison, 1967）。これに比べ、家族、社会階層などの伝統集団の役割に着目し、保守主義の福祉レジームを固有のタイプとする類型論は、政府と市場のバランスとは異なる座標を用いることで、社会政策の分析方法に新たな視点をもたらした。戦後日本の住宅政策を説明するには、その保守主義の傾向に着目し、家族、企業などの「グループ」の役割をとらえるアプローチが役に立つ（Hirayama, 2003）。

メインストリーム社会に合流しない人たちが存在した。マジョリティが有利な領域に向かって動くと同時に、「低所得」「単身」「借家」のままの人びとがいたことをみる必要がある。保守主義の制度体系のもとでのセキュリティの水準は、どのような家族、企業のメンバーなのかによって異なった。不利な「グループ」にしか所属せず、そこから抜けだせない人たちは、メインストリーム社会の外に置かれ、再分配を受けられないままとなった。

先にみたように、企業社会としての日本社会では、企業セクターが住宅システムを構成し、独身寮、社宅、家賃補助、持ち家融資などの供給によって、従業員とその家族の住宅確保を支えた。しかし、大企業／中小企業では、賃金水準だけでなく、福利厚生制度の「有利／不利」がみられ、住宅支援の充実の程度にきわだった差が生じた。企業の住宅制度は自社メンバーのみを対象とし、その所得再分配は「グループ」の範囲内にとどまる。家族／単身を「有利／不利」にする家族主義の住宅政策のもとで、多くの人たちは、結婚し、家族をもつことで、住まいに関する公的支援の対象となった。単身のままの人びとが政府から受け取る住宅関連支援は、皆無に近かった。住まいに関係する所得再分配は、社会レベルでは少ししか実施されず、家族という「グループ」を媒体とした。後章でみるように、二〇世紀の末頃になると、若い世代では、就労と収入の不安定化につれて、未婚のままで親の家にとどまる〝世帯内単身者〟が増大した。親同居未婚者の多くは、住居費を負担しないというかたちでの再分配を親から受ける。政府は、子世代の住宅購入に対する親世代の援助を促進した。この支援もまた、家族レベルでの再分配を意味する。一方、資源の乏しい家族では、再分配は低い水準にとどまった。どの程度の資源をもつ家族のメンバーであるのかが、人びとの住まいの状況を左右した。

住宅を所有する／しない人たちの分化は、社会を階層化し、不平等を拡大する新たな要因となった。これに対し、保守主義の住宅システムは、ライフコースに関する「有利／不利」の体系をつくり、より多くの人たちを不利な領域から有利な領域に動かし、メインストリーム社会に向かわせることで、不平等を緩和し、社会統合の「動的安定」を形成する役割を与えられた。人びとのマジョリティは「中間層」の「家族」を形成し、「持ち家」を得ることで、有利なライフコースに乗ろうとした。この「流れ」が保たれ、メインストリーム社会が拡大している限り、不平等についての人びとの意識は弱まると考えられた。若い借家人の多くは、持ち家取得のために、勤労と貯蓄に励み、自身を中間層の将来のメンバーとみなしていた。狭い借家に住んでいても、住宅所有に到達する見込みのある人たちは、階層化した社会にさほど不満を覚えなかった。このメカニズムのもとで、「低所得」「単身」「借家」のままの人たちは周縁化され、マイノリティの不満が社会に与える影響はたいして大きくならないとみなされた。住宅システムを運営する政府は、社会統合を維持するために、より多数の世帯を持ち家取得に向けて不断に突き動かそうとしていた。

公営住宅制度の創設

戦後の住宅不足は、低収入のグループにより鋭く影響した。公営住宅の供給は、低所得者の住宅問題に対応するための唯一といってよい施策手段であった。しかし、持ち家促進を中心とする住宅政策の枠組みのなかで、公営住宅は限定的な役割しか与えられなかった。公営住宅法は、若手議員であった田中角栄をはじめとする一六名の議員が提出した法案をもとに、一九五一年に成立した。政府は、公共セクターの住宅供給ではなく、民間資金による住宅建設を住宅システムの中心にすえる方針をもっていた。これを反映し、公営住宅建設の促進は、終戦直後の深刻な住宅問題に対処する一時的な施策とみなされ、必ずしも永続的な政策手段としての位置づけを備えていなかった。法案を審議した一九五〇年の衆議院建設委員会において、建設省（現・国土交通省）住宅局長であった伊東五郎政府委員は「根本的には戦前にありましたように、民間の貸家の供給ということに立ちもどらなければ、ほんとうに貸家政策というものは解決して行かないのでありますが、現在のところでは、貸家は公共団体が公共事業としてやる以外には事実上困難でありますので、その間のつなぎと申しますか、公営の住宅を、予算の許す限り、また建設、維持、管理の能力の許す限り、なるべく多くしばらくは建設を続けて行く。そして将来は民営の貸家というものに移つて行かなければならぬ」と述べた（一九五〇年二月二八日第七回国会衆議院建設委員会議録第一一号：二）。

これに関連し、大本圭野（一九九一）がまとめた「証言」のなかで、建設省住宅局の課長補佐として公営住宅法の創設に関与した川島博は、その経緯について、「建築局は25年に住宅金融公庫法と建築士法と建築基準法と三つをいっしょにやった。だから住宅企画課内に余裕がなかったんです。26年になると暇になったので、それではひとつアメリカのまねをして公営住宅法でもつくるか、ということで簡単に決まったんです。つくらなくてもよかったんです」と述べ、さらに、「公営住宅法をつくるにあたって積極的な理念のようなものは議論されたのでしょうか」という大本の質問に対し、「そんな高尚なことはしていないんじゃないですか。まったく事務的に、まあ、手があいたから、公営住宅法でもつくるか。当時はそういう雰囲気だったような気がしますよ。役人というのは、仕事というと法律をつくるっていう妙な習性があるでしょう。それですよ」と答えた（川島 一九九一：二七二～三）。この証言と政府の国会答弁をみる限りでは、住宅政策の永続的な根幹としての公営住宅法のあり方についての十分な検討があったとは必ずしもいえない。

公営住宅の制度は「住宅に困窮する低額所得者」（公営住宅法第一条）を対象とする。しかし、法制定時の公営住宅は、生産主義の傾向を反映し、国家と産業・経済の復興にとって「有用」な人たちの住宅安定を確保する役目を与えられた。この制度の性質に関し、川島が次のように述懐したことは、住宅研究者によく知られ、しばしば引用された（平山 二〇〇九）。

建設省が考える公営住宅は最底辺の階層は相手にしない。その対策は厚生省でおやりください。私の方は住宅経営だから、経営が成り立つような、少なくとも一定の家賃が支払える人でなければ入れませんよ。……貧乏人は切り捨てる。それはそうでしょう。とにかく住宅の絶対数が足りないんですから、どこからつくっていくかです。日本の復興に貢献する人をさておいて、お荷物になる人だけを優遇していたら、日本国家の再建はできない。（川島 一九九一：二七五～六）

公営住宅の対象は、低所得者とされる一方、稼働力を有し、家賃負担力をもつ世帯と考えられていた。公営住宅建設には補助金が供給される。しかし、二種住宅のより低い家賃でさえ、最低所得の世帯が負担可能な水準を超えていた。法案の審議では、公営住宅の対象に関し、伊東五郎政府委員は「大体庶民階層というものは、第二種の家賃はどうやらこうやら支払える程度ではないかと考えます。しかしもう生活自体が保護を受けなければならぬという人もあるわけでありますが、そういう人たちに対しては、厚生省の生活の保護ということで、住宅費、生活費一切を含めまして、そういう方面の保護を受けなければならぬ……」(一九五一年五月一五日第一〇回国会衆議院建設委員会議録第二〇号:八)と述べ、田中角栄議員は「いわゆるこの家賃が払える程度の人を言つておるわけであります。……実際家賃を全然払えないという人は、生活保護法等によつて別途の途に基いて救済すべきでありまして、この法の対象にはならない」(一九五一年五月二五日第一〇回国会参議院建設委員会議録第二一号:二)と説明した。

建設省が公営住宅法案を検討していた頃、厚生省(現・厚生労働省)が厚生住宅法案を用意していたことが知られている(越田 一九九一、大本 一九八二b)。戦前では厚生省が所管していた住宅政策は、戦後に建設省所掌となった。しかし、厚生省は、終戦直後から引揚者のための住宅対策を担当し、生活保護世帯、身体障害者、母子世帯などの低収入層向け住宅施策を検討していた。この経緯のもとで練られた厚生住宅法案は、公営住宅法案に比べ、収入がより低く、住宅に関する困窮度がより高い世帯を対象とし、原価主義家賃の制度ではなく、所得に応じて家賃水準を変える応能家賃制度を予定していた点、さらに、入居者の選定に関し、公募抽選ではなく、社会福祉主事および民生委員が関与する方式を想定していた点などを特徴とした。公営住宅に比較して、厚生住宅の構想には社会福祉施策の考え方が反映していたとみられる。

公営住宅法案の審議では、建設・厚生省の分担関係が一つの論点となった。これに関し、田中角栄議員は「公営住宅に対しては公営住宅式なものが建設省と厚生省に現在わかれておるというのが実際であります。これは原則的に建設省に統合すべきものであると、私は年来主張しておるわけであります。……現在厚生省でも公営住宅に類するような法律案を研究しておるようでありますが、これはまつたく住宅建設という建設行政の一環としての住宅行政を論議する場合、異論なく建設省が主管し、建設省がこの問題を解決すべき問題であります」（一九五一年五月一五日第一〇回国会衆議院建設委員会議録第二〇号：七〜八）と述べ、建設省による住宅政策の管轄を求めた。数年後の参議院建設委員会では、建設政務次官であった南好雄政府委員は「およそ住宅政策には厚生というようなものが入ってはならんような気もするのです。ただず《ママ》住宅政策の初期の場合においては厚生という面も強く出て来ることもありますが、そういうような面を入れてはならないのであります。建設省におきましては、大体住宅政策と申しますものはいわゆる厚生とか福祉とかいう考えを抜けて出て、一国の住宅政策というふうに私はなつておると思うのです」（一九五四年二月二六日第一九回国会参議院建設委員会議録第一二号：一二）といい、住宅政策を建設行政としてはっきり位置づけ、厚生行政から分離させる方向性を示した。田中にせよ、南にせよ、住宅政策が厚生行政ではなく建設行政の一環となることの根拠を説明したとはいえなかったが、しかし、建設政策の枠組みのなかで住宅を扱う必要を強く主張した。

残余化する公営住宅

公営住宅の供給は、終戦直後の住宅不足に対応する緊急手段と考えられていた。しかし、住宅事情はなかなか改善せず、公営住宅を求める人たちは多いままであった。前出の川島博は「要するに公営住宅的な住宅対策が必要なのはここ四〜五年で、すぐにけりがつくんだという安易な見通しをもっていたんです。……われわれの大きな誤算だったんです。……低家賃の国庫補助の公営住宅をたくさん建てなくても、みんながお金を借りて自分の家を建てる時代が来るだろう。公営住宅はそれまでのつなぎだ。われわれはそういう見通しを持っていたんです」と語った（川島 一九九一：二八三〜四）。

公営住宅の必要性は減らなかった。しかし、政府は、公営住宅をさほど重視せず、その位置づけを残余化した。公営住宅は、その法律が制定された当初、稼働力と家賃負担力をもつグループを対象とし、生産主義の傾向をみせていた。これに対し、高度成長期に入ると、政府は、中間層の持ち家取得を促進する方針をより明確に打ちだし、賃貸セクターでは、日本住宅公団が中間層向け団地を開発しはじめた。戦後復興と産業・経済発展を支えると考えられたグループに対する住宅供給は、住宅金融公庫と住宅公団が担う仕事となった。この文脈のなかで、公営住宅の役割を狭め、供給対象をより低収入の階層に限定する制度改変が進んだ。

公営住宅制度の残余化を端的に反映・促進したのは、入居要件である収入基準のカバー率の低下である。カバー率とは、全世帯のなかで、入居収入基準以下の収入の世帯、すなわち収入面での入居資格をもつ世帯が占める割合をさす。この数値は、一九六〇年代初頭では六〇%であった。公営住宅の制度は、過半数の世帯に応募資格を与え、低収入者だけではなく、中間所得のグループをも対象としていた。しかし、カバー率は下がり続け、一九六八年に四〇%、七三年では三三%となった。

公営住宅法の一九五九年改正は、「収入超過者」に「明け渡し努力義務」を課し、収入が一定水準を超えた世帯は公営住宅に住むべきではないという考え方を明示した。これに合わせて、公営住宅を管理する地方公共団体は、収入超過者から割増賃料を徴収することが可能とされた。割増賃料の導入は、家賃制度の改変を意味するようにみえる。原価主義の制度では、入居者の収入を家賃水準に関連づける方針は生じないからである。しかし、政府は家賃制度の基本に手を加えようとはしていなかった。政府の企図は、割増賃料の制度化によって、入居者を「本来」の対象者と収入超過者に分け、それぞれに対し、異なる原理の家賃を課すことで、公営住宅の支援がおよぶ「本来」グループの範囲を明示的に限定する点にあった。さらに、公営住宅法の一九六九年改正は、供給対象を絞る方針をより明確に示すために、「高額所得者」というカテゴリーを新たに設け、そのグループに対する地方公共団体の「明け渡し請求」を可能とした。

低収入の住宅困窮者は多く、公営住宅は少ない。このため、公営住宅の需給ギャップが拡大した。これに対処する方法は、二つしかない（平山 二〇〇九）。一つは、公営住宅を増やし、需給関係の「実態」を調整する政策である。もう一つは、公営住宅が対象とする困窮者についての「制度」上の定義の操作である。公営住宅の守備範囲を狭めれば、その制度が対象とするグループの範囲内での需給関係は調整される。政府は、後者の手法をとり、より多くの困窮者に対応しようとするのではなく、制度上の整合性を保とうとした。それを反映したのが、「明け渡し努力義務」「明け渡し請求」制度の創設であった。

収入が上がった世帯を公営住宅から転出させようとする制度は、公営住宅の位置づけを変える意味を有し、その導入についての法改正案の審議は、激しい意見対立をともなった。自民党政権下の政府は、持ち家重視の住宅政策を進める方針をもっていたのに対し、野党第一党であった日本社会党は、公共賃貸セクターの拡充を求めていた。「明け渡し努力義務」の審議において、遠藤三郎建設大臣は「ある程度の収入を持った以下の者が第一種、第二種の方に入る、こういうふうにきめてあるのに、だんだんその人も成長し、収入もふえて参って、もう少し家賃の高いところに入ることができるのに、そこにがんばっておられますと、全然入ることができないで、低俸給生活者が非常に困っている、こういう状態が出てくるのでありまして、……その人は、一つできるだけ自分の力でもってやっていただいて、入れない人に譲っていただく、これが全く一視同仁に見た正しい行き方だと私は思うのであります」（一九五九年三月一八日第三一回国会衆議院建設委員会議録第一九号：五）と法改正の意義を述べた。これに対抗し、日本労働組合総評議会初代議長であった社会党議員の武藤武雄は「政府当局は、今回の措置によってあいた住宅を、公営住宅入居を待っている多数の住宅に困窮する低額所得者に割当てることによって、住宅難の解決に資すると述べているのでありますが、低額所得者に対する住宅対策としては、もっと多くの公営住宅を建てることによって解決さるべきであり、収入超過者の住みかえによってこれを行わんとするのは、きわめて姑息な手段であり、一種のごまかしであると言わざるを得ないのであります」（一九五九年三月二四日第三一回国会衆議院建設委員会議録第二一号：一三）と政府批判を展開した。

これと同様の対立は、「明け渡し請求」導入の国会審議で繰り返された。渡辺栄一政府委員は「公営住宅は、低額所得者のための低家賃住宅でありますが、入居後所得が上昇し相当な高額の収入を得るに至った者が引き続き入居している現状であります。このようなことは、住宅に困窮する低額所得者が、多数公営住宅に入居を希望している現状より見まして、著しく公平を欠くのみならず、公営住宅法の本来の趣旨に沿わないものといわねばなりません。したがって、このような高額の収入を得るに至った者に対して一定の要件のもとに明け渡しを請求することができるようにする必要があります」（一九六九年三月五日第六一回国会衆議院建設委員会議録第六号：四）といい、社会党の福岡義登議員は「高額所得の人がたくさんおるからいわゆる低所得者の人が入られぬのだ、こういうことにはなっていないと思うのですね。そこのところをどうも必要以上に宣伝されるのは、私どもから言わせると、政府自体の住宅政策が不備であるところを見のがしにして、それで国民同士の対立をあおっている責任回避の政策じゃないか。……少々収入が上がったからといって明け渡しをさしてそして他の者を入れるというようなこそくの手段ではなくて、根本的には、さっきも言いましたように、全体戸数を早くどうやってつくり上げるかということになければいかぬわけなんですよ」（一九六九年三月一九日第六一回国会衆議院建設委員会議録第八号：一一〜一二）と述べた。

社会党は、「明け渡し努力義務」導入の二年前（一九五七年）、「明け渡し請求」導入の年（一九六九年）に公営住宅法の改正案を出し、国庫補助率の引き上げ、応能家賃制度の導入、住宅困窮者の登録制度の創設などを提案していた（平山 一九八八）。ここには、公営住宅の建設拡大による需給関係の「実態」調整をめざす方針がみられた。これに対し、政府が追求したのは、「制度」操作によって公営住宅の需給関係を調整する方向であった。建築学分野の住宅研究者である玉置伸俉（一九八〇）が書いたように、公営住宅法の改正は「公営住宅が対象とする住宅に困窮する低額所得者を縮小することで需給バランスをとること、ひいては公営住宅供給の限定を法的に正当づけようとする」意図にもとづいていた（一五六）。法社会学者の渡辺洋三（一九六二）によれば、「低所得者が公営住宅に入れなくて困っているのは、根本的には公営住宅の供給が需要に比べて少ないからであって、現入居者が頑張っているからではない。公営住宅の絶対数を動かさないで、その中で人間を入れかえてみても、住宅問題は本質的に解決しないことは明らか」であった（六五二）。

デュアリスト・システム

すでに述べたように、ジム・ケメニーは、賃貸セクターの構成に注目するところから、住宅システムをデュアリズムとユニタリズムの型に大別した（Kemeny, 1995）。この類型論から日本の住宅システムをみると、その大枠は、デュアリスト・モデルにおおむね適合する（平山 二〇〇九 二〇一一a、佐藤 一九九九 二〇〇九）。日本では、社会賃貸セクターを形成するほぼすべての住宅は、公共セクターの直接供給による。低所得者のみを対象とする公営住宅は、賃貸住宅市場から分離した領域をつくる。公営住宅の残余化にしたがい、その孤立の度合いは高まった。民営借家に対する公的支援は、少ないままであった。政府の住宅政策は、持ち家促進に傾き、賃貸セクターの劣悪さは持ち家志向をさらに強めた。これらの点は、日本の住宅システムがデュアリズムの傾向をもつことを表す。

ユニタリストの住宅システムでは、政府の手厚い支援のもとで、多様な民間主体が社会賃貸セクターを形成する。このセクターの戸数は多く、入居層は低所得者だけではなく、収入がやや高い世帯を含む。社会賃貸住宅は、量が多いことから、民間賃貸住宅との市場競争の関係を形成し、借家全体の質の向上を刺激する。社会賃貸セクターは、民間賃貸セクターとともに賃貸住宅市場に統合され、良質の居住条件を備えるため、過度の持ち家志向は生じない。ユニタリズムのこれらの傾向は、日本の住宅システムにはまったくといってよいほど当てはまらない。

ここで注意を要するのは、日本におけるデュアリズムの賃貸セクターが「日本型」と呼びえる独特の構造をもつ点である。前述のように、資本主義社会では、住まいの商品化が進む一方、低所得者などのために、脱商品化した住宅の供給が必要とされ、商品化と脱商品化のせめぎ合いから住宅システムがつくられる。デュアリストの住宅システムを形成する社会では、賃貸居住の条件が劣悪であるため、人びとの持ち家志向が強まる。とはいえ、住宅所有に到達しないグループが存在することから、政府は、そこへの対応を求められる。賃貸セクターの脱商品化住宅は、おもに社会賃貸住宅として供給されると考えられている。しかし、デュアリズム諸国では、社会賃貸セクターを支援する施策が残余化しているため、他の何らかの手段によって低所得者などに脱商品化した賃貸住宅を供給する必要が高まる（Hirayama, 2014b）。この〝他の手段〟は、国によって違いをみせ、それがデュアリスト・モデルの多彩なバリエーションをつくりだす。

これに関し、法社会学者の佐藤岩夫は、日本の賃貸セクターの特性として、企業が低家賃の給与住宅を建設し、さらに、借家法が民営借家の入居者を守ってきた点をあげた（佐藤 一九九九 二〇〇九：Sato, 2007)。大企業の多くは、社員のために、脱商品化した住まいとして給与住宅を供給した(Hirayama, 2014b)。企業福祉の住宅制度は、労働力としての従業員を企業に帰属・従属させる役割をはたす。〝脱商品化〟した給与住宅が労働力の〝商品化〟を推し進めるメカニズムに注意する必要がある。一方、給与住宅の供給は、デュアリズムに起因する賃貸セクターの居住条件の劣悪さを緩和する効果をもつ。政府は、公共賃貸住宅の建設を少量にとどめ、それを補う一つの手段として、給与住宅の建設を支援した。企業が運営する住宅制度は、自社の社員のみを対象とし、「社会性」を備えない。しかし、給与住宅は、従業員の住宅需要を吸収することから、民営借家市場に対する需要圧力を減らす機能をはたした。

日本の借家法は、借家人保護を重視し、「正当事由」「相当賃料」などの概念を備えることで、民営借家における契約解除、家賃値上げなどを規制し、デュアリストの住宅システムにおける低所得者の困難を緩和してきた。民営借家は商品である。しかし、借家法によって、民営借家の商品性は低減し、脱商品化の程度が高まった。借家法の一九二一年創設は「相当賃料」制度をともない、四一年改正によって「正当事由」制度が導入された。民営借家の家主が借家人との契約を終わらせるための更新拒絶および解約申入れは、「正当事由」の存在が条件とされ、また、家賃値上げに関し、家主と借家人の合意が成立しないとき、借家人は、裁判所の判断が確定するまでは、「相当賃料」を支払えばよいとされた。

この「正当事由」にせよ、「相当賃料」にせよ、明確には定義されていないため、立ち退き、家賃値上げなどについての家主と借家人の交渉決裂から多くの裁判が起こされた。そして、佐藤（一九九九）によれば、裁判所は、借家法の運用において、確固たる原理と基準にもとづくのではなく、むしろ裁量的な利害調整によって、借家人に有利な判断をくだしてきた。家主が示す「正当事由」には、たとえば、建物の自己使用、敷地の有効利用、建物の老朽などがあった。しかし、裁判所がこれらを「正当事由」として認めるかどうかの判断基準は、けっして明確ではなかった。家主の多くは、借家人に明け渡しを求めるに際して、立退料の支払いを申し出る。しかし、裁判所は、立退料負担の申し出があっても、明け渡し請求を認めるとは限らず、認める場合でも、立退料算定の根拠は明瞭とはいえなかった。同様に、家賃値上げにおける「相当賃料」の認定もまた、鑑定評価を利用することが多いとはいえ、たいていの場合、借家人に対する配慮をともなう裁判所の裁量的な利害調整に立脚した。

民営借家では、借家人の新規入居における「新規賃料」は、市場メカニズムから決まる。これに対し、住み続ける借家人が支払う「継続賃料」は、家主と借家人という当事者の間のみに妥当し、その値上げは容易ではない。家主は、入居者が入れ替わるときに、新規家賃を市場家賃の水準に設定する。しかし、借家法の「正当事由」制度によって、入居者との契約解除は難しく、「相当賃料」制度は継続賃料の引き上げを困難にする。この結果、インフレーションのもとでは、借家人の居住期間が長くなればなるほど、その継続賃料は、新規賃料に比べ、低くなる。借家法は、継続家賃の上昇を抑制することで、民営借家の脱商品化の度合いを高め、長期居住の借家人を守った。

住宅困窮への対応について、政府が自身の公的支援を拡大せず、民間の地家主に依存することが、日本の住宅政策の特徴となった。この傾向は、戦時と終戦直後の地代家賃統制令および罹災都市法にすでにみられていた。借家法は、戦前の都市化における住宅不足のもとでの借家人保護を目的として創設され、戦時の住宅困窮に対処するために「正当事由」制度を導入した。地家主と借家人の紛争防止または利害調整によって借家人の住宅確保を支えようとした法的なメカニズムは、戦前から存在し、戦後の住宅システムに受けつがれた。公営住宅法の制定は、終戦直後の極度に深刻な住宅不足に対するやむをえない一時的な対策と考えられていた。これは、住宅不足がやわらいだ後には、借家層の住宅困窮に対し、公営住宅を建てるのではなく、民間家主に対応させる手法を住宅システムの中心にふたたび位置づけようとする方針を含意していた。

戦後欧州の福祉国家の多くでは、低所得グループに住まいを供給するために、政府の住宅政策は重要な役割をはたした。社会賃貸セクターの拡大は、ユニタリズムの住宅システムを形成し、福祉国家が運営する住宅政策のあり方を反映・象徴した。戦後日本の政府は、中間層の持ち家取得を促進するために、住宅市場に積極的に介入し、低利の住宅ローンを大量に供給した。しかし、賃貸住宅政策の構築と運営では、公共賃貸住宅の供給は少量にとどめられ、民間家主および企業に低家賃住宅を供給する役目が与えられた。このシステムによって、賃貸セクターのデュアリズムに関する「日本型」がつくられた。脱商品化住宅の供給に関し、ユニタリストの福祉国家は社会賃貸セクターの拡大という明快な施策を展開したのに対し、デュアリストの日本では、一貫性をもたないさまざまな手段――残余化した公共賃貸住宅、「社会性」をもたない給与住宅、借家法規制下の民営借家――の「パッチワーク」が生成した。

開発主義と住宅システム

戦後に整えられた住宅システムの特徴は、結局のところ、それが開発主義の政策フレームに組み込まれた点から生成した。開発国家は、自身の正統性を保つために、経済成長をとくに優先させる。その主要手段の一つとなったのが、住宅建設の促進であった。開発主義または開発国家についての多くの論考がすでにある。しかし、その政策体系の中心に住宅システムが位置したことは、たいていの場合、見おとされていた。住宅政策は保守主義の性質をもち、標準パターンのライフコースの安定を重視した。それは、開発主義の住宅政策を支える機能を担った。持ち家促進の住宅政策のもとで、多くの人たちは、標準ライフコースを歩み、住まいの「はしご」を登ることで、メインストリーム社会に加わろうとした。その力の束が住宅建設の大量化に結びつき、開発国家の住宅政策の基盤となった。住宅生産・消費のシステムが開発主義にもとづく度合いは、後述のように、一九七〇年代以降、さらに高まる。

資本主義経済の発展に関し、後発であった日本は、住宅建設、都市整備、地域開発などを担う建設セクターを産業の柱とし、キャッチアップをめざした。建設促進の住宅システムを経済政策の「エンジン」とする日本のアプローチは、他の東アジア諸国に波及した。東アジアの開発国家は、欧州の福祉国家とは異なる住宅政策をつくった。これは、イデオロギーの違いだけではなく、産業発達と都市化の時期・速度というマテリアルな条件の差異に関係した。欧州の多くの国では、第二次世界大戦までに、経済が拡大し、都市化が進んでいた。資本主義経済が最初に発展したイギリスでは、終戦時の都市人口は、全人口のおよそ八割に達していた。経済と都市が終戦までに成熟の段階に達していたことが、欧州諸国の戦後住宅政策の条件となった（本城 一九七一）。これに比べ、日本の経済成長と都市化は、二〇世紀初頭からはじまっていたとはいえ、その速度は、戦後になって上昇し、高度成長期にさらに上がった。戦後住宅政策の構築は、経済・都市の急成長とそこから生まれる住宅需要のすさまじい圧力を条件とした。日本に続いて産業を発展させた韓国、中国などは、より高速の経済・都市拡大を経験し、住まいの大量建設を推し進めた。開発国家にとって、膨大な住宅需要は、深刻な住宅不足を反映すると同時に、キャッチアップのための「燃料」となった。

開発主義の住宅システムは、国家主導のトップダウン方式で運営される。日本では、住宅政策を根拠づけたのは、住宅建設計画の策定であった。それは、公的資金の住宅だけではなく、民間住宅を含め、住宅全体に関する建設戸数目標を定めた。民間住宅の建設戸数をコントロールするための実効のある政策手段は乏しい。しかし、住宅建設計画の策定は、民間セクターの住宅建設に干渉しようとする政府方針を含意した。この計画は、閣議決定にもとづいて建設省（現・国土交通省）の大臣が作成し、大臣は、都道府県に対し、公営住宅などの事業量を通知し、都道府県は、市町村との協議をもとに、都道府県計画を策定した。閣議決定は大臣の案をふまえ、大臣は、計画をつくるときに、都道府県の意見を聴取する。しかし、計画策定の手続きは、明快なトップダウン方式にもとづき、中央政府が指導・管理者の位置を占めることを明示した。

開発主義の体制下では、公共・民間セクターの境界は必ずしも明確とはいえず、政治家と政府、そして民間ビジネス・セクターのフォーマルな関係だけではなく、インフォーマルな関係が政策形成に影響した（e.g., Weiss, 2003）。住宅政策の立案と実践に関し、自民党議員、政府官僚、建設・不動産・住宅産業は、「鉄の三角形」を組み立て、利益を交換し合った——建設産業などの企業は政治家のために集票し、自民党議員は住宅建設を増大させる計画を政府に策定させ、高級官僚は民間企業から天下りの地位を得た（本間 一九九六）。国家主導の政策枠組みのなかで、〝政官財〟が一体となった政治経済のメカニズムが住宅システムのあり方に反映した。

住宅領域において公共・民間セクターが渾然一体となる様相は、企業の住宅制度形成に結びつき、さらに、財形制度の構築に表れた。住宅金融公庫は社宅建設に融資し、日本住宅公団は企業のために給与住宅を建てた。企業にとって、公的支援のもとで社宅をつくることは、社員を確保し、「労使協調」の「コミュニティ」を形成するうえで、合理的であった。家を買おうとする世帯の多くは、公庫と勤務先企業の両方から住宅ローンを調達し、組み合わせて利用した。財形制度は、公的支援と企業福祉を混ぜ合わせたような仕組みをもつ。住宅システムの形成は、政府・企業セクターの融合関係にもとづいていた。
持ち家は私有物であることから、その生産・消費のシステムでは、政府セクターではなく、企業と市場の役割がより重要であるようにみえる。日本では、民間住宅の比率が高いために、それを根拠として、住宅システムの運営における政府の影響力を小さいとみなす考え方がありえる。しかし、前述したジョン・ドーリングの――企画・計画から開発・建設、販売・供給、取得・消費にいたる――「チェーン」というコンセプトを用いると（Doling, 1999）、住宅事業における政府の主導性がみえる。政府は、住宅改善と経済開発という国家目標に沿って、住宅建設計画を策定し、自身のプロジェクトを展開するだけではなく、企業と市場を誘導し、「チェーン」の多くの部分を指導・管理しようとした。

国家の代理機関としての住宅金融公庫は、家を買おうとする人たちにダイレクトに融資した。欧米諸国では、持ち家促進の施策は、たいていの場合、税制上の誘導などの間接手法にもとづく。政府セクターの直接融資による持ち家支援は、日本、シンガポールなどに特有の施策手段となった。さらに、前述したように、日本を含む東アジアの多くの国では、住宅供給のための公企業がつくられた。この公企業は、賃貸住宅を建設・供給するだけでなく、分譲住宅を開発・販売した（Ronald, 2008）。日本では住宅公団、住宅供給公社の分譲住宅事業は、日本の持ち家促進の一端を担った。欧米諸国では、公企業による住宅開発・販売は、ほとんどみられない。

加えて、住宅政策の資金構造をみる必要がある。日本では、一般会計の無償資金による住宅政策の規模が小さいことから、住宅領域に対する国家介入は少ないという指摘がありえる。しかし、政府が財政投融資制度による大量の有償資金を用い、中間層を持ち家取得に向かわせた点が注目されてよい。中間層は受益者負担能力をもつことから、この階層のための住宅施策では、有償資金の導入が可能になる。逆のいい方をすると、有償資金に依存する住宅施策は、中間以上の収入をもつ階層しか対象化できず、低所得者を排除せざるをえない。有利子の公的資金を用い、中間層の住宅購入を促進することで、経済成長を刺激しようとした点に、住宅分野に対する国家介入の特質がみられた。さらに、公庫融資にせよ、公団・公社の分譲住宅開発にせよ、これらの事業で使用される公的資金は、家計と民間セクターから資金を引きだす「誘い水」になる。開発主義の住宅システムとは、国家主導の「チェーン」運営のもとで、有利子の財投資金と家計・民間資金を動員し、そこに少量の無償資金を加えることで、私有住宅を大量に生産・消費する仕組みであった。

政府は、持ち家市場にダイレクトに介入し、人びとの住宅所有を促進する一方、賃貸住宅に対する支援は最小限にとどめた。住まいに対する政府の関心と態度が住宅テニュアに応じてきわだって異なることが、戦後日本の住宅システムの特徴となった。賃貸セクターでは、デュアリズムの傾向がみられ、公営住宅は残余化し、公的家賃補助の制度は存在しないにひとしい。ここでの低所得者の住宅困窮をやわらげるために、日本では、民間家主に依存し、企業による給与住宅の建設を促進する独自の仕組みがつくられた。それが日本に固有のデュアリスト・システムを構成した。

戦後日本の住宅政策は、中間層向け持ち家の建設促進に公的支援の多くを配分し、低収入グループに対する社会的再分配を重視しなかった。これを正当化したのは、低所得者向け住宅支援が残余的であっても、経済が拡大し、多くの世帯が住まいの「はしご」をつぎつぎと登っている限り、メインストリーム社会が広がり続け、人びとの統合はおおむね維持されるという仮説であった（平山 二〇〇九：Hirayama, 2003, 2007b, 2014a）。持ち家を得ようとする人びとの「流れ」は、社会統合の「動的安定」をつくっていた。住宅所有に対する人びとの渇望をつくりだし、それを「燃料」とする住宅システムは、持ち家建設に資源を集中し、再分配の機能をはたさないまま、経済開発と社会統合をめざしていた。しかし、ここで暗黙のうちに問われていたのは、「はしご」登りを不断に刺激するシステムが持続可能なのかどうかであった。持ち家促進の政策を支えた経済の力強さ、所得と雇用の安定、中間層の分厚さ、人口と世帯の増大などの条件は、いつまでも維持されるとは限らない。いいかえれば、持ち家社会には、人びとの「はしご」登りがいつの日にか停滞し、社会・経済の安定が壊れるのではないかという不安感がひそんでいた。

第4章　もっと大量の持ち家建設を
── 一九七〇年代初頭～一九九〇年代半ば

建ち並ぶマイホーム、滋賀県大津市（2012年1月森聖太撮影・提供）

資本主義経済がドルショック（一九七一年）、オイルショック（七三年）などの危機に直面した一九七〇年代初頭から、福祉国家に対する批判が増え、新自由主義のイデオロギーが台頭した。日本では、これらの危機を一つの契機として、高度経済成長が終了し、低成長期がはじまった。ここから住宅システムの第二期がスタートした。

この時期の住宅システムは、「日本型」の特性をより明確に示した。政府は、住宅政策の運営における開発主義の傾向をいっそう強め、経済回復を刺激するために、住宅の大量建設を推進した。保守主義の住宅政策は、中間層の〝標準世帯〟による持ち家取得をより強く促した。一方、新自由主義の傾向が住宅システムに現れ、そこでは、私有住宅の金融化と市場拡大がめざされ、さらに、政府の住宅政策を見直し、縮小しようとする方針がつくられた。日本を含む多くの社会は、成長率の低下という新たな条件に直面し、住宅システムの新たなあり方を模索した。高度成長期の日本の住宅システムは、人口・世帯増と経済拡大を条件としていた。しかし、第二期では、人口・世帯の増加幅は減り、経済はより不安定になった。「日本型」の住宅システムが確立し、そして同時に、その条件が消えはじめたことが、第二期の特質となった。

住宅政策と景気刺激

危機に反応した日本政府は、住宅政策を景気対策の中心手段として位置づけ、持ち家建設を増大させた。これは、住宅システムの性質と組み立て方を変化させ、その歴史を分節するほど重要な役割をはたした。ドルショック対応としての金融緩和と公共投資はすさまじいインフレーションをもたらし、続くオイルショックは「狂乱物価」に結びついた。物価対策のために、一九七四年では総需要抑制策をとっていた政府は、この抑制がもたらした不況に対処する必要から、翌七五年には景気刺激に転じた。その柱となったのが、住宅金融公庫の住宅ローン供給を拡大する施策であった。景気対策として公庫融資を用いる政策は、一九六五年の不況対策において実施されていた。この経験をふまえ、一九七一年には景気刺激のために公庫融資が追加された。そして、オイルショック以降、持ち家建設を経済対策として推進する施策が繰り返し講じられ、いわば定型化した（住宅金融公庫 二〇〇〇a）。

成長率の低下のもとで、公共投資を増大させる開発主義の政策が展開した。田中角栄首相が「日本列島改造」の方針を打ちだし、大がかりな開発政策を展開しようとしたことは、よく知られているとおりである。その主眼は、おもに地方に公共投資を配分し、地域開発を進める点にあった。田中内閣（一九七二〜七四年）は、オイルショックに見舞われ、列島改造構想をそのままでは実現できなかった。しかし、公共投資を拡大する方針は、福田赳夫内閣（一九七六〜七八年）、大平正芳内閣（一九七八〜八〇年）に受けつがれた。自由民主党と政府、そして建設・不動産・住宅産業は、「鉄の三角形」をより強固にし、地域開発の推進によって、経済を刺激し、危機を克服しようとした。国債発行は、小規模な水準で推移していた。しかし、不安定な経済のなかで、歳入欠損を埋め、公共投資を増大させるために、一九七五年度から、国債発行が拡大し、建設国債と特例国債（赤字国債）の双方が急増した。

開発主義の文脈のなかで、住宅システムのあり方もまた変化した。戦後の住宅政策は、中間層の住宅確保を優先させると同時に、「三本柱」による〝階層別供給〟の体系を備えていた。しかし、持ち家建設を経済対策のおもな手段とする方針によって、住宅政策の構成は変わった。住宅供給の「三本柱」では、一九七〇年代初頭を変わり目として、持ち家建設に対する政策支援だけが突出して増大した。公営住宅、公団賃貸住宅の建設戸数は、少ないとはいえ、一九六〇年代までは、増えていたのに対し、両者ともに七二年にピークに達した後に、ほぼ一貫して減り続けた。住まいに関する階層別施策の体系はしだいに解体し、持ち家建設の推進にバイアスのかかったシステムが形成された。

この点は、住宅建設計画の変化に表れている（表4－1）。公的資金による住宅建設の計画戸数のうち、公庫住宅が占める割合は、第一期五箇年計画（一九六六～七〇年度）では四〇・〇％、第二期（七一～七五年度）では三五・七％であったのに対し、第三期（七六～八〇年度）では五四・三％に急増し、さらに、第四期（八一～八五年度）では六二・九％まで上がった。この比率は、第五期（八六～九〇年度）以降では、六五・九～六八・二％と七割近い水準で推移した。住宅政策と持ち家促進がほぼ同義であるかのような状況がつくられた。低所得者向け公営住宅は、第一期では公的資金による建設計画戸数の一九・三％を占めていたのに比べ、第四期では一〇・三％に下がり、それ以降、一割前後で推移した。

住宅建設計画の達成率（計画戸数に対する実績戸数の割合）をみると（表4－2）、最後の第八期（二〇〇一～〇五年度）において、公的資金住宅の数値が四〇・〇％ときわめて低く、これは、後述のように、住宅政策が縮小しはじめたことを反映する。この最終期間を除くと、公庫住宅の達成率は、たとえば、第二期では一二一・五％、第三期では一三四・一％、第四期では一一一・七％というように、必ず一〇〇％を超え、しばしば大幅に上回った。公営住宅の計画達成割合は、第六期で一〇五・七％を示し、実績が計画を上回ったケースを例外とし、軒並み一〇〇％を下回った。住宅建設計画では、公庫住宅と公共賃貸住宅に対する計画戸数の配分に大きな違いがあったうえに、それぞれの計画達成の程度に差が生じた。

持ち家促進の政策を支えたのは、前章で述べたように、一般会計からの無償資金だけではなく、財政投融資の有償資金である。住宅政策が持ち家支援に傾くにつれて、財投がはたす役割はさらに重要

表４－１　住宅建設五箇年計画における住宅建設の計画戸数

（単位：千戸）

		１期	２期	３期	４期	５期	６期	７期	８期
期間(年度)		1966～70	1971～75	1976～80	1981～85	1986～90	1991～95	1996～00	2001～05
公的資金住宅	公営住宅（改良住宅含む）	520	678	495	360	280	315	415	262
		(7.8)	(7.1)	(5.8)	(4.7)	(4.2)	(4.3)	(5.7)	(4.1)
	高齢者向け優良賃貸住宅	-	-	-	-	-	-	-	110
		-	-	-	-	-	-	-	(1.7)
	特定優良賃貸住宅	-	-	-	-	-	-	-	141
		-	-	-	-	-	-	-	(2.2)
	公庫住宅	1,080	1,370	1,900	2,200	2,250	2,440	2,325	2,185
		(16.1)	(14.3)	(22.1)	(28.6)	(33.6)	(33.4)	(31.8)	(34.1)
	公団住宅	350	460	310	200	130	140	105	125
		(5.2)	(4.8)	(3.6)	(2.6)	(1.9)	(1.9)	(1.4)	(2.0)
	公的助成民間住宅	-	-	-	-	-	150	120	90
							(2.1)	(1.6)	(1.4)
	その他の住宅	480	945	620	600	490	455	350	212
		(7.2)	(9.9)	(7.2)	(7.8)	(7.3)	(6.2)	(4.8)	(3.3)
	計（調整戸数除く）	2,430	3,453	3,325	3,360	3,150	3,500	3,325	3,125
		(36.3)	(36.1)	(38.7)	(43.6)	(47.0)	(47.9)	(45.5)	(48.8)
	調整戸数	270	385	175	140	150	200	200	125
		(4.0)	(4.0)	(2.0)	(1.8)	(2.2)	(2.7)	(2.7)	(2.0)
	計	2,700	3,838	3,500	3,500	3,300	3,700	3,525	3,250
		(40.3)	(40.1)	(40.7)	(45.5)	(49.3)	(50.7)	(48.3)	(50.8)
民間資金住宅		4,000	5,738	5,100	4,200	3,400	3,600	3,775	3,150
		(59.7)	(59.9)	(59.3)	(54.5)	(50.7)	(49.3)	(51.7)	(49.2)
総計		6,700	9,576	8,600	7,700	6,700	7,300	7,300	6,400
		(100)	(100)	(100)	(100)	(100)	(100)	(100)	(100)

注）1）（　　）内は構成比（%）。　2）公団は現在の都市再生機構。
3）調整戸数とは、計画期間中において国土交通（建設）大臣が必要に応じ、その配分を定める住戸数。
4）その他の住宅は、厚生年金住宅、雇用促進住宅、地方公共団体単独住宅等。

資料）日本住宅協会（2003）『住宅・建築ハンドブック 2003』、国土交通省資料より作成。

表４－２　住宅建設五箇年計画における住宅建設の達成率

（単位：％）

		１期	２期	３期	４期	５期	６期	７期	８期
期間（年度）		1966～70	1971～75	1976～80	1981～85	1986～90	1991～95	1996～00	2001～05
公的資金住宅	公営住宅（改良住宅含む）	92.1	72.9	72.8	69.7	77.1	105.7	74.9	71.0
	高齢者向け優良賃貸住宅	-	-	-	-	-	-	-	22.7
	特定優良賃貸住宅	-	-	-	-	-	-	-	16.3
	公庫住宅	100.7	121.5	134.1	111.7	110.9	128.6	116.9	34.4
	公団住宅	95.7	61.7	52.6	52.5	82.3	77.1	79.0	77.6
	公的助成民間住宅	-	-	-	-	-	58.0	66.7	68.9
	その他の住宅	138.4	70.5	93.2	69.7	65.1	76.9	90.0	72.6
	計（調整戸数除く）	105.6	90.0	109.7	96.2	99.6	114.8	105.4	41.6
	計	95.0	81.0	104.2	92.3	95.1	108.6	99.5	40.0
民間資金住宅		104.3	90.1	79.4	68.4	153.5	100.2	87.6	147.0
総計		100.6	86.5	89.5	79.3	124.7	104.4	93.3	92.7

注）１）達成率は、計画戸数に対する実績戸数の比率。
２）公団は現在の都市再生機構。
３）調整戸数とは、計画期間中において国土交通（建設）大臣が必要に応じ、その配分を定める住戸数。
４）その他の住宅は、厚生年金住宅、雇用促進住宅、地方公共団体単独住宅等。

資料）日本住宅協会（2003）『住宅・建築ハンドブック2003』、国土交通省資料より作成。

になった。財投計画（当初）の規模は、対一般会計比でみると、一九七〇年代前半では約五割におよんでいたのに対し、八〇年代前半では、約四割まで下がった（図４－１）。しかし、これは、国債発行にともなう一般会計の拡大のためで、財投の絶対額は増大した。財投計画の使途別資金構成における住宅の割合は、一九六五年度では一三・九％であったのに対し、七〇年度では一九・三％に増え、八〇年度には二六・二％まで上昇した（図４－２）。このデータは、住宅金融公庫による住宅ローン供給の増大に符合する。財投計画における住宅建設の位置づけは、大幅かつ急速に上がった。

持ち家促進の政策は、住まい

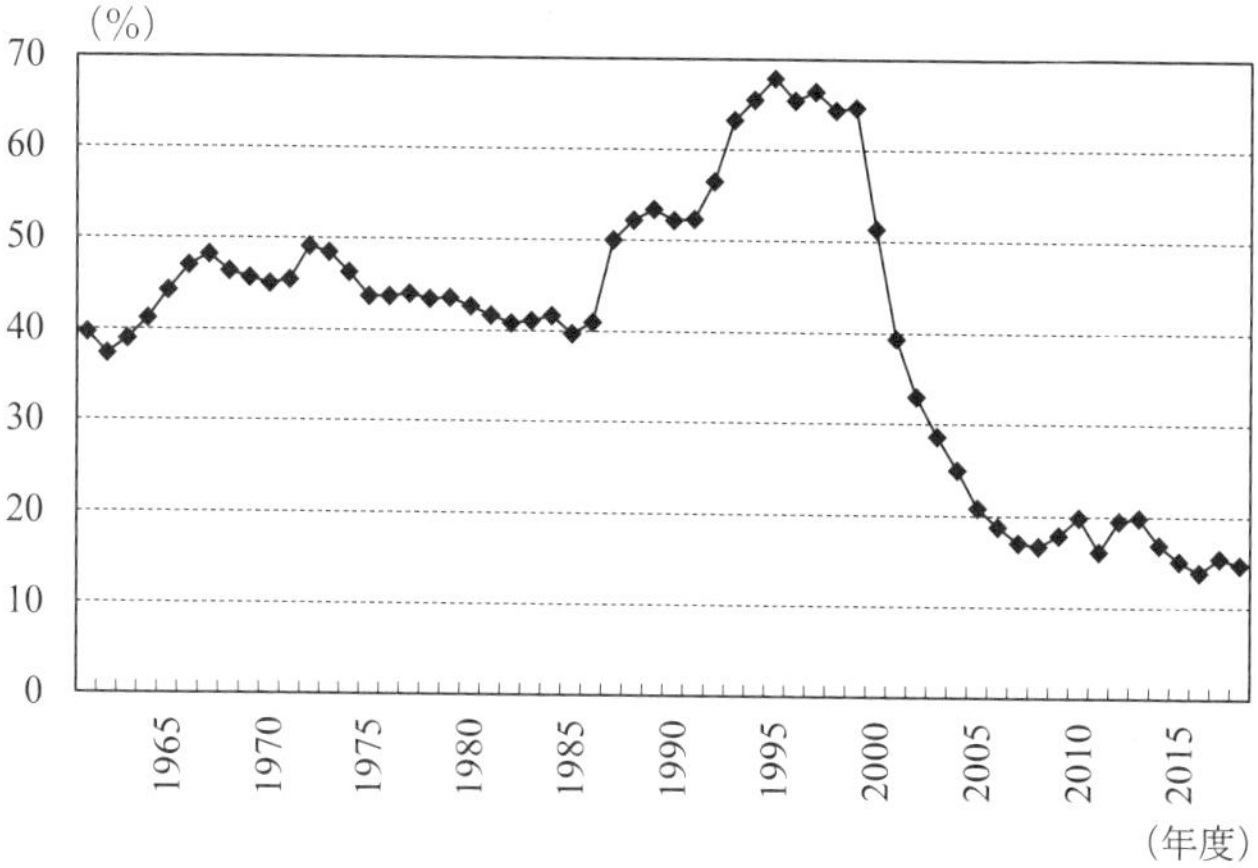

資料）『財政金融統計月報』より作成。

図４－１　財政投融資当初計画額の対一般会計（当初予算）総額比

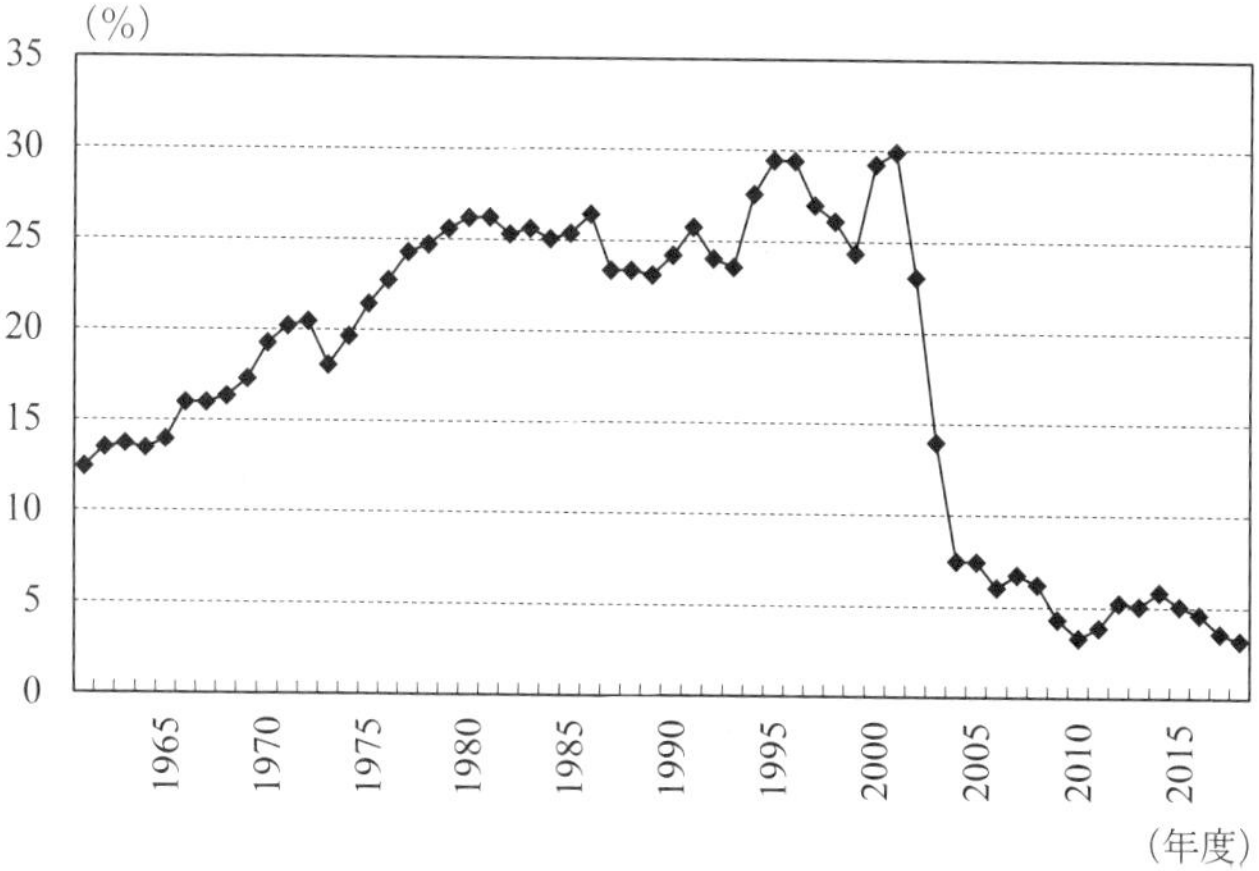

注）2014年度以降は新分類での集計。
資料）『財政金融統計月報』より作成。

図４－２　財政投融資当初計画額に対する住宅使途金額の割合

の商品化をともなった。終戦直後に急増した持ち家の多くは、自力建設のバラック住宅であった。しかし、経済発展を反映し、一九七〇年代には、商品住宅の生産・消費が目だって増え、その市場が拡大した。持ち家を得る手段は、相続・贈与を除けば、注文住宅の「建築」、分譲住宅の「購入」に大別される。持ち家の着工戸数の内訳をみると、分譲住宅の割合は、一九六〇年代では一一・六％であったのに対し、七〇年代では二八・七％まで上がった。この数字は、さらに増え、一九九〇年代では三八・六％、二〇〇〇年代には四七・一％となった。持ち家を「建てる」世帯だけではなく、「買う」世帯が増えたことは、住宅の商品化を反映した。

これに関連し、持ち家市場の変化として、分譲マンションの増大が指摘される。区分所有法（建物の区分所有等に関する法律）は一九六二年に制定され、マンション形式の持ち家の法的位置づけを明確にした。マンションは、一九六〇年代前半では、企業重役、芸能・文化人などをおもな顧客とし、その販売は少量であった。しかし、一九六〇年代末から、マンションの大衆化が進み、建設が増えた。一戸建て住宅の取得には「建築」と「購入」の双方のパターンがあるのに対し、分譲マンションはもっぱら「購入」され、商品としての性質をより多分にもつ。住宅金融公庫は、一九七〇年代にマンション購入にローンを供給しはじめ、それは、マンション市場を成長させ、住まいの商品化を促進した。

住宅金融公庫のローン供給を拡大する政策の根拠の一つとして示されたのは、住宅建設が大規模な景気波及効果をもつという見方であった。建設省（現・国土交通省）が一九七五年に作成した「建設部門分析用産業連関表」によると、住宅建設の生産誘発係数は、木造で二・一一、RCで二・一二を示し、公共投資の係数、たとえば、道路の二・〇〇、治水の二・〇三などに匹敵した（鈴木 一九八四a）。このデータは、住宅投資が二倍強の生産を誘発することを意味する。加えて、非農林水産業のなかで、住宅関連産業は、事業所数で二割近く、従業者数で約一五％を占め、製造業、サービス業に比肩する主要なセクターとなった（同）。さらに、持ち家を取得した世帯の多くは、家具、家電製品などの耐久消費財を旺盛に買い入れる。政府は、住宅建設の経済効果の高さを示すことで、公庫融資に傾く政策の妥当性を説明しようとした。

住宅に関するフローとストックの実態は、変化した。住宅の建設フローは高度成長期を通じて増え続け、着工戸数は一九七三年に一九一万という史上最高値に達した（前掲図3－1）。この増加を支えたのは、人口・世帯の急増と経済成長であった。しかし、一九七四年の住宅着工は、オイルショックのために、一三二万戸にまで急減した。人口・世帯増のペースは、一九七〇年代後半に落ちはじめた。人口、世帯の過去五年での増加数は、一九七五年にピークに達し、それ以降、──世帯数の増加幅については、増減がみられるが、──おおむね下降線をたどった（前掲図3－3）。オイルショック以降の住宅着工は、経済の変動、住宅建設促進による景気刺激、人口・世帯増のペースダウンなどの組み合わせのもとで、上昇と下降を繰り返した。住宅建設の推移のパターンは、オイルショックの前後で明らかに異なっている（前掲図3－1）。

終戦直後から高度成長期にかけて、深刻な住宅不足が続いた。しかし、住宅建設の促進は、住宅ストックを増大させ、さらに、人口・世帯増のペースが落ちたことから、住宅余剰が生まれた。全国の住宅数は一九六八年に世帯数を超え、七三年にはすべての都道府県で住宅数が世帯数より多くなった。住宅ストックが増えたにもかかわらず、住宅建設を大量化する政策が続いたことから、住宅数は増え続け、空き家率が上がりはじめた。

住宅政策が持ち家促進に傾斜するにしたがい、住宅着工における住宅金融公庫の影響力が高まった（図4－3）。住宅着工総戸数、公的資金着工戸数のそれぞれに占める公庫融資戸数の割合は、一九七〇～七四年での一二・九％、五〇・七％から七五～七九年での二三・九％、七二・八％に増え、さら

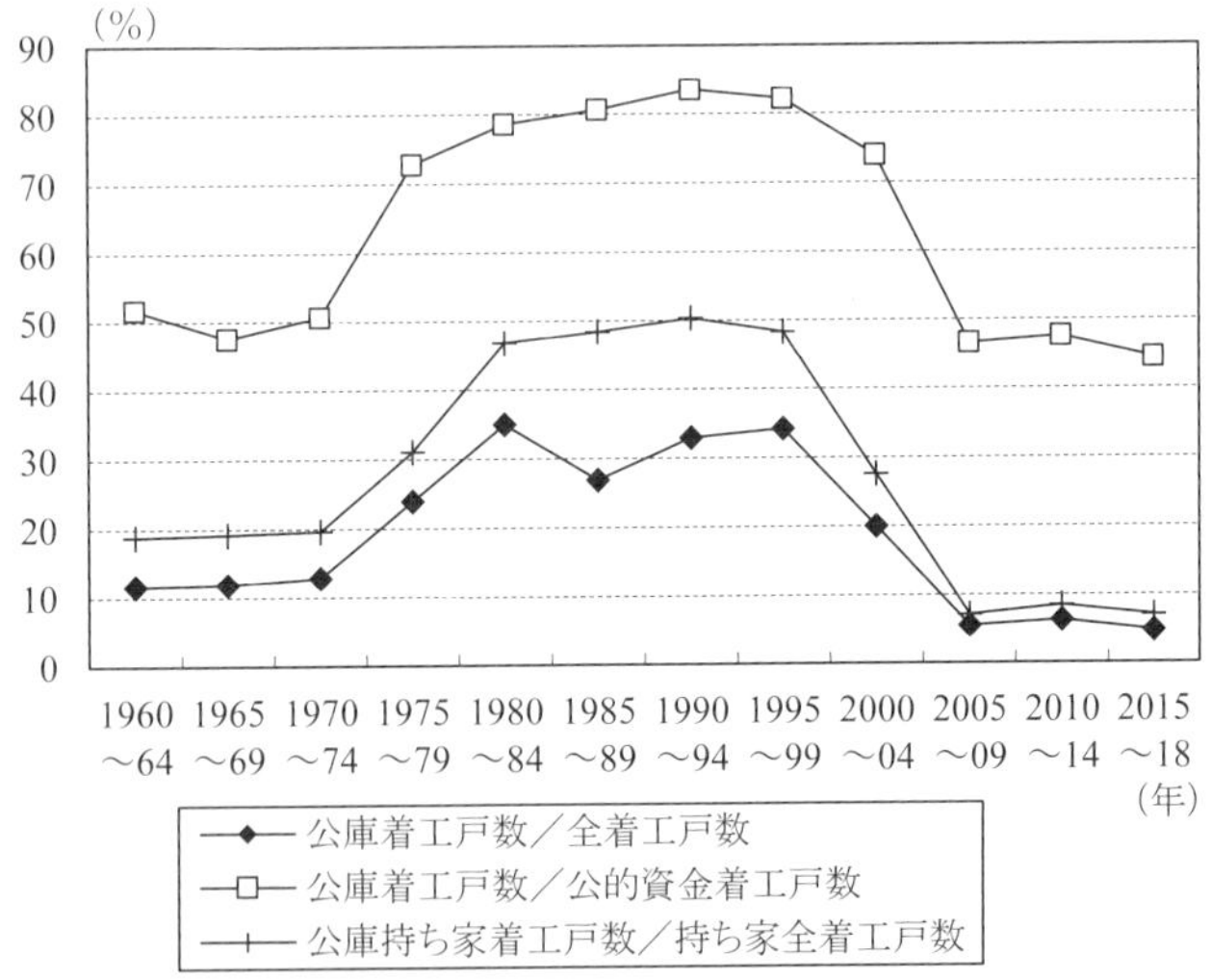

注）1）1972年以前は沖縄県を含まない。
　　2）住宅金融公庫は現在の住宅金融支援機構。
資料）『建築統計年報』より作成。

図４－３　住宅金融公庫の融資による新設住宅着工

に、八〇~八四年では三五・〇%、七八・六%まで上がった。公庫住宅の着工は、公的資金による住宅着工の大半を占めるにいたった。オイルショック以降、民間住宅の着工は不安定さを増し、大幅な増減を繰り返すのに比べ、公庫住宅の着工はおおむね増え続け、民間着工が落ちこむ時期では、住宅建設の全体量を下支えする役目をはたした。

住宅建設の推進は、「スクラップ・アンド・ビルド」方式にもとづき、住宅滅失の増大をともなった(平山 二〇〇九)。住宅ストックが増えたとはいえ、その質は低く、寿命は短かった(山﨑 二〇一二)。終戦直後に建った住宅の多くは、バラックまたはそれに近い建物でしかなかった。高度成長期になると、急増する住宅需要に向けて、粗雑な住宅

表4－3　住宅着工・滅失の推移

年	住宅増加数 A (戸)	着工戸数 B (戸)	滅失戸数 C=B-A (戸)	スクラップ率 =C/B (%)
1959～63	3,156,000	2,615,573	-	-
1964～68	4,501,200	4,643,437	142,237	3.1
1969～73	5,467,700	8,007,621	2,539,921	31.7
1974～78	4,391,600	7,253,852	2,862,252	39.5
1979～83	3,156,300	6,196,294	3,039,994	49.1
1984～88	3,400,500	7,146,907	3,746,407	52.4
1989～93	3,871,500	7,628,121	3,756,621	49.2
1994～98	4,367,200	7,269,157	2,901,957	39.9
1999～2003	3,644,900	5,929,401	2,284,501	38.5
2004～08	3,695,100	5,869,875	2,174,775	37.0
2009～13	3,042,600	4,298,475	1,255,875	29.2
2014～18	1,778,800	4,675,808	2,897,008	62.0

注）1）住宅増加数は、期間開始前年の10月から期間最終年の９月までの５年間における増加数。
2）1969～73年の住宅増加数は、沖縄県を含まない1968年10月から沖縄県を含む1973年９月の５年間における増加数。
3）着工戸数の1972年以前は沖縄県を含まない。
資料）『大都市住宅調査統計表』、『住宅調査結果報告』、『住宅統計調査結果報告』、『住宅統計調査報告』、『住宅・土地統計調査報告』、『建築統計年報』より作成。

建築が大量につくられた（三宅二〇〇六）。住宅ストックの戸数が増え、余剰が生じるなかで、滅失の大量化は、住宅需要の規模を維持し、あるいは増大させた。住宅着工戸数に対する滅失戸数の比率をスクラップ率と定義すると、その数値は、一九六九～七三年では三一・七％であったのに対し、七九～八三年では四九・一％、八四～八八年では五二・四％まで高まった（表4－3）。スクラップ率がたとえば五〇％ということは、二戸の住宅を建てる間に一戸が滅失するという状況をさす。住まいを建て、壊し、ふたたび建て、さらに壊し、という「スクラップ・アンド・ビルド」のすさまじい繰り返しのなかで、住宅建設を加速する政策が続いた。

金融化するマイホーム

住宅ローンの供給は、一九七〇年代から急増し、住まいの金融化を促進した。持ち家市場の拡大は、より多くの世帯が家を買うために必要な経済力をもつことを条件とする。住宅・土地価格は、高度成長期から低成長期にかけて、そしてバブル経済が破綻するまで、オイルショック直後の短い期間を除いて、上がり続けた。このインフレーションに対し、住宅ローンの供給は、人びとの住宅取得能力を引き上げ、持ち家需要を刺激する役割をはたした。持ち家の金融化によって、その生産・消費における住宅ローン・システムの支配力が増大した。

マイホームの金融化は、一九七〇年代から八〇年代にかけて、おもに住宅金融公庫によって担われた。公庫融資の増大に並行して、民間住宅ローンの市場もまた、成長しはじめた。国家の代理機関としての公庫が住宅ローンの供給・消費拡大をダイレクトに促進した点において、この時代の金融化を主導したのは、開発主義の政策であった。一方、金融化による持ち家の生産・消費促進は、新自由主義の住宅システムを構成する中心要素の一つである。新自由主義という言葉は、一九七〇年代の日本では、まだ使われていなかった。イデオロギーと政策形成における新自由主義の台頭がはっきり認識される以前から金融化による持ち家促進がスタートしていた点に注意する必要がある。住宅システムの金融化は、その初期段階では、国家の主導下に置かれ、新自由主義と開発主義の傾向を合わせもっていた。後述のように、一九九〇年代になると、住宅ローン供給の中心主体は、公庫から民間金融機関に移る。この段階では、住まいに関する「借金の民営化」が進展し、住宅システムの金融化における新自由主義の傾向がより鮮明になる。

持ち家取得のおもな手段は、「貯蓄」から「借金」にシフトした。高度成長期の住宅所有の増大は、「貯蓄」にリンクしていた。多くの世帯は、自己所有の住まいを得るために、預金を重ねた。日本住宅公団、住宅金融公庫の積立分譲制度は、家を買おうとする人たちに、積立預金の実績を求めた。これに比べ、低成長期の持ち家の特質は、「借金」との関連が深まった点にある。住まいの金融化によって、より多くの世帯がより大規模な住宅ローンを組み、家を買うために、「貯蓄」だけではなく、むしろ「借金」に依存する傾向を強めた。

前述したように、住宅システムの金融化が反映するのは、コリン・クラウチのいう「民営化されたケインズ主義」、マシュー・ワトソンが指摘した「住宅価格ケインズ主義」である（Crouch, 2011 ; Watson, 2010）。ヴォルフガング・シュトレークが述べたように、成長率の低下をくいとめるために、政府の借金によって公共事業を展開するだけではなく、個人に借金を背負わせ、それによって経済を刺激しようとする政策がとられた（Streeck, 2014）。個人債務の中心を形成したのは、住宅ローンにほかならない。政府は、一九七〇年代半ばから国債発行を増大させ、自身の債務を拡大すると同時に、持ち家促進のシステムを金融化し、多くの人びとを住宅ローンの借り入れに導くことで、経済危機をしのごうとした。

経済対策との関連を深める住宅政策のなかで、住宅金融公庫の位置づけは、さらに高まった。公庫は、住宅地の開発事業者に融資を提供した（住宅金融公庫 二〇〇〇a）。民間団地分譲住宅融資制度は一九七二年に創設され、民間ディベロッパーの分譲住宅建設に対する公庫融資を増大させた。この制度の実績は、とくに大都市で伸び、持ち家取得のために、注文建築を「建てる」のではなく、分譲住宅を「買う」世帯がいっそう増えた。さらに、同年創設の民間宅地造成融資制度のもとで、公庫は、民間ディベロッパーによる大都市圏の宅地造成に融資し、民間企業が保有する土地の宅地転換を促進した。

　住宅金融公庫の融資対象の中心は、持ち家を得ようとする消費者である。これに関し、講じられたのは、借入条件の不断の緩和によって、より多くの世帯を住宅購入に導く施策である（住宅金融公庫二〇〇〇a）。公庫融資の限度額は、しだいに引き上げられ、より少ない頭金でより大規模なローンを組むことが可能になった。元金均等方式であった返済方法は、一九七四年に元利均等方式となった。これは、返済当初の負担を下げる効果をもつ。加えて、ローン返済におけるボーナス払いの併用が認められた。公庫融資利用の条件の一つは、当初返済額の七倍以上の収入をもつことであった。この収入基準は一九七三年から五倍以上とされ、より低所得の世帯による公庫融資利用が可能になった。さらに、返済当初三年間の負担を軽減するステップ償還制度が一九七九年に導入された。この「当初三年」は一九八二年から「当初五年」に延びた。

　日本住宅公団は、一九五五年の発足当初より、個人向け分譲住宅の制度をつくっていた（日本住宅公団20年史刊行委員会　一九七五）。この普通分譲住宅制度は、融資返済の条件が厳しいことから、個人の利用は少なく、おもに社宅建設に使われた。しかし、持ち家促進の政府方針のもとで、公団は、特別分譲住宅制度、それを発展させた長期特別分譲住宅制度を、それぞれ一九六六年、七三年に創設した。新たな分譲制度での返済条件は、償還期間の延長、返済初期負担の軽減、政府の利子補給などによって、緩和された。公団賃貸住宅の建設は、先述のように、一九七二年に減りはじめた。分譲住宅事業は一九六〇年代後半から増加し、その戸数は七〇年代後半に賃貸建設戸数を上回った。

　政府セクターだけではなく、民間セクターによる住宅ローン供給が増大した。銀行などの民間金融機関は、戦後復興期から高度成長期にかけて、産業の資金需要への対応に集中し、住宅ローンなどの一般消費者向けリテイルにはほとんど取り組まなかった。しかし、民間住宅ローンは、一九六〇年代後半から増えはじめ、七〇年代の低成長期に入ると、産業資金需要の停滞を背景として、さらに増大した。民間住宅融資の限度額、返済期間などの借入条件は、しだいに緩和された。持ち家重視の傾向を強めた住宅政策は、民間住宅ローンの市場拡大を刺激した。住宅金融専門会社と呼ばれるノンバンク八社は、都市銀行、地方銀行、信託銀行、長期信用銀行、証券会社、生命保険会社、農林系金融機関などを母体とし、一九七一～七九年に設立された。ノンバンクの住専は、預金を扱わず、住宅ローン貸出の原資をもっていない。母体金融機関が住専に資金を貸し付け、住専が住宅ローンのリテイルを担うという仕組みがつくられた。住専は、大蔵省（現・財務省）の主導のもとでつくられ、住宅融資の新しいシステムを構成すると同時に、同省官僚の天下りの受け皿となった。

持ち家の金融化によって、住宅融資は、一九七〇年代から劇的に増えた。個人向け住宅ローンの新規貸出額は、一九七〇年度では一兆四八二億円にすぎなかったのに比べ、八〇年度では九兆三三一九億円に増え、バブル経済が破綻する直前の八九年度には二八兆二三四二億円にまで急増した（図4－4）。その貸出残高は、一九七〇年度の二兆七四三四億円から八〇年度の四五兆一二五五億円に増大し、八九年度では一〇六兆九〇一一億円にまで膨らんだ（図4－5）。住宅ローン貸出残高の対GDP比は、一九七〇年度での三・六％から大きく上昇し、八〇年度では一八・六％、九〇年度では二六・七％となった。この数字は、さらに上昇し、二〇〇〇年代では、三五％前後の水準で推移した。マクロ経済における住宅ローンの重要さが高まった。

住宅所有の金融化において住宅金融公庫がはたした役割は大きい（図4－4、5）。住宅ローン新規貸出の総額に占める公庫貸出額の比率は、一九七〇～七四年度では一四・四％であったのに対し、八〇～八四年度では二八・六％、九〇～九四年度では三四・〇％まで上がった。住宅ローン貸出残高総額に対する公庫貸出残高の割合は、一九七五年度の一八・七％から八五年度の三一・三％、九五年

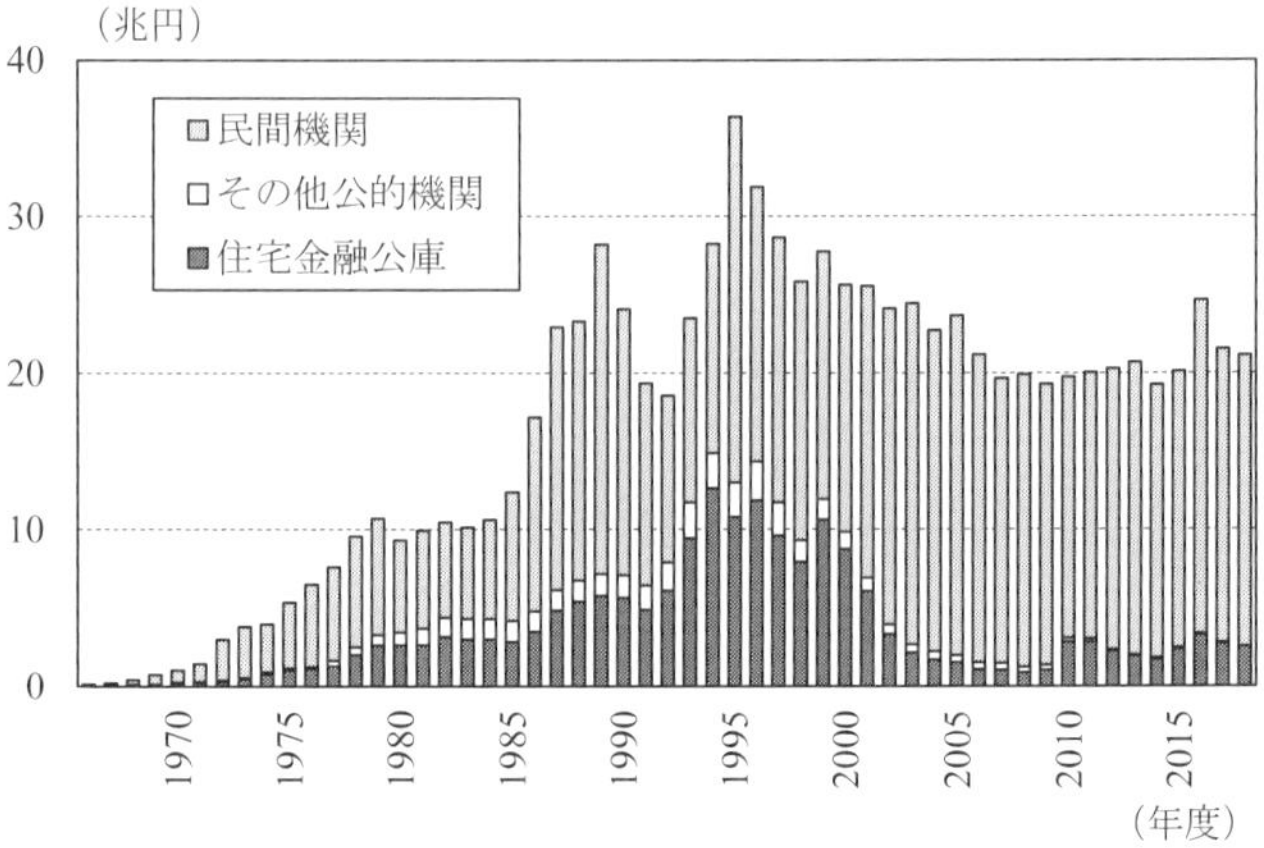

注）住宅金融公庫は現在の住宅金融支援機構。
資料）住宅金融支援機構資料より作成。

図４－４　個人向け住宅ローン新規貸出額の推移

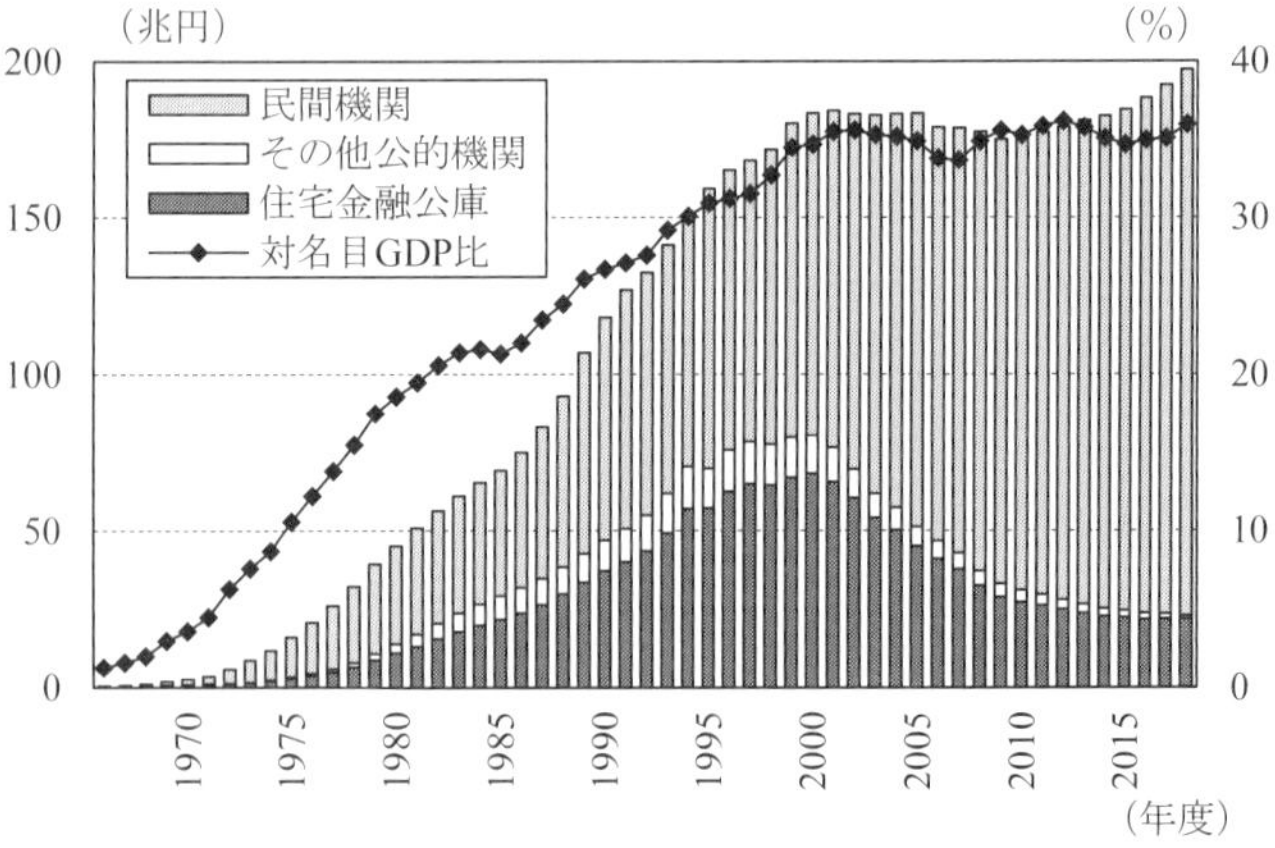

注）1）GDPは、1979年度以前は「2009年度確報（平成２年基準・68 SNA）」、1980～93年度は「2009年度確報（平成12年基準・93 SNA）」、1994年度以降は「2017年度年次推計（平成23年基準・2008NA）」の数値。
2）住宅金融公庫は現在の住宅金融支援機構。
資料）住宅金融支援機構資料、『国民経済計算』より作成。

図４－５　個人向け住宅ローン残高の推移

度の三五・九％に上昇した。

住宅システムの金融化にともない、マイホームのあり方は変化し、より大型の住宅ローンを組む世帯が増えた。持ち家取得の資金構成を示す重要な指標の一つであるＬＴＶ（Loan To Value）――建築・購入した住宅の市場価値に対する住宅ローン借入額の比率――は、しだいに上昇した。公庫融資の個人住宅建設資金利用者に関するデータによれば、建築工事費のうち借入金が占める割合は、一九六八年では五六・三％であったのに比べ、七五年には七二・七％まで上昇し、八〇年代を通じて七割弱で推移した（伊豆 一九七九、住宅金融公庫 二〇〇〇b）。

さらに、中高所得の人たちだけではなく、より低収入の世帯がマイホームを買いはじめた。この変化は、先述のように、住宅金融公庫が融資対象に低所得者を含めたことを反映する。戦後住宅政策の体系は、所得階層ごとに異なる対応手段を用意していたのに対し、一九七〇年代以降の政府は、ほとんどすべての階層を持ち家取得に導こうとした。公庫の個人住宅建設資金を利用した世帯について、収入五分位別構成をみると、低収入の第１分位と第２分位を合わせた比率は、一九七〇年度では三〇・六％であった。この値は、オイルショック直後の一九七四年度に二五・五％まで下がった後に上昇し、八二年度には五四・八％と過半になった。これ以降、バブル経済の拡大にともない、住宅購入に必要な経済負担が増え、公庫利用者における低所得者の比率は下がった。しかし、第１・２分位世帯率は、一九八〇年代を通じて、四割台～五割強と高い水準で推移した（伊豆 一九七九、住宅金融公庫 二〇〇〇b）。

住宅金融公庫が低利の住宅ローンを低所得者に供給することは、所得再分配を意味する。しかし、低収入グループにとって、住宅購入にともなう経済負担は重い（本間 一九八〇）。持ち家建設を拡大しようとする政策によって、より低所得の人たちがより高いＬＴＶの住宅ローンで持ち家を買うケースが増え、その結果、重い返済負担に苦しむ世帯が増加した。

持ち家促進を金融化するシステムが受けもったのは、住宅需要をつくりだす役目であった。後述のように、二〇世紀末から二〇〇〇年代にかけて、日本の人口・経済は〝成長後〟の段階に入る。人口と世帯は、一九七〇年代では、増えていたとはいえ、そのペースは七〇年代後半に下がりはじめ、都市に向かう移動は減った。さらに、オイルショックが高度成長を終わらせ、低成長の時代がはじまった。人口・経済変化にともない、住宅需要はしだいに縮小する。住宅数は世帯数を上回り、住宅余剰が増えはじめた。日本では、欧米の多くの国に比べ、住宅投資がより大規模で、それが経済成長を支えていた（鈴木 一九八四b）。住宅投資の対GNP比は、一九六五年から六九年にかけて、イギリスでは三・二〜三・八％、アメリカでは三・七〜四・五％であったのに対し、日本では五・九〜七・〇％と高い水準で推移した。しかし、この値は、一九七三年に八・七％というピークに達した後に、少しずつ下がった。低成長期に入った日本では、ポスト成長の新たな時代が近づいていることを示唆する人口・経済変化がすでに現れていた。この時期に、めざされたのは、住宅ローンの大量供給によって住宅需要を掘り起こし、住宅建設のボリュームを維持または拡大する方向であった。マイホームに対する需要とは、「生まれる」だけではなく、金融の力を使って「生みだす」ものとなった。

保守政治と住宅所有

自民党政権が持ち家促進の住宅政策を展開したのは、それが経済次元だけではなく、政治次元で役に立つとみなしたからであった。住宅を買い、所有する人たちは、有産階級として保守派を支持するという想定がある。高度成長期の池田勇人首相（一九六〇〜六四年）は、国民の所得を引き上げ、住宅事情を改善することで、政治を安定させようとし、持ち家促進をとくに重視した。池田政権下で一九六〇年に閣議決定となった「国民所得倍増計画」は、向こう一〇年間での所得倍増を目標とし、経済が力強く発展した時代を象徴した。この計画に書き込まれたのは、「『健康で文化的』な生活を営むに足る住宅をすべての世帯に与えることを目標とすべき段階に達している」という認識であった。続く佐藤栄作政権（一九六四～七二年）は、持ち家支援を充実させる方針を受けつぎ、住宅供給公社の分譲住宅事業などを推進した。

自民党政権の持ち家促進は、「保守の危機」の文脈のなかで理解される必要がある（下村 二〇一一、新川 二〇〇五）。経済の高度成長にしたがい、とくに大都市では、企業に雇用される勤労者が増大した。労働大臣を六回にわたって務めた石田博英は、人口・産業変化が保守政党に危機をもたらすと指摘し、勤労者階層の利益を増進する必要を論じた（石田 一九六三）。池田政権のもとで石田が手がけたのは、先述した財形制度の設計であった。勤労者に持ち家を中心とする財産を所有させることが、保守支持層の創出につながると考えられた。

都市の拡大は、物価の高騰、劣悪な住宅事情、公害の増大などをともない、一九六〇年代後半から七〇年代半ばにかけて、日本社会党、日本共産党の一方または両方を基盤とする多くの「革新自治体」が誕生した（岡田 二〇一六）。これに対抗し、勤労者を保守支持層に取り込むために、自民党は、持ち家促進をますます必要とした。同党の若手政治家であった宮澤喜一（宮沢 一九六五）は、次のように述べた。

わたしは勤労階級に、財産をどうやって持たせるかということだと思うのです。つまりマルクスが考えたような資本が労働を搾取するというのは労働者が労働しか売るものがないからでしょう。……勤労者階級が財産をもつ、たとえば家とか、土地とか証券とか、そういうものによって、マルクスの考えていた基本的テーゼをこわしてしまいたい、というのが、わたしのビジョンです。おそらく石田博英さんなんかが、勤労者の財産形成といいだしたのは、なかなかいい着眼だと思いますね。（六九）

低成長期を迎えた自民党政権は、住宅政策を持ち家促進に傾け、保守政治を安定させようとした。戦後住宅政策の展開において、自民党は住宅金融公庫の役割を重視したのに対し、社会党は公共賃貸住宅の充実を求めた。前述したように、社会党が一九五七年、六九年に提出した公営住宅法の改正案は、国庫補助率の引き上げなどを骨子としていた（平山 一九八八）。自民党からすれば、無産階級のための公共賃貸住宅は、革新政党の支持者を増やすだけであった。住宅政策の一九七〇年代初頭からの転換によって、持ち家取得に対する支援が増え、公共賃貸住宅の建設は減った。これは、経済上の目的に加え、住宅不動産を所有する有産階級を育成し、その利益を増進することで、保守支持層をより厚くしようとする政治上の企図を反映した。

田中内閣の「日本列島改造」構想とそれに続く開発政策の展開もまた、「保守の危機」を意識した取り組みであった。地方に公共投資を振り向ける政策によって、多くの地域で道路・工業基盤などが整備された。それは、農村の人たちを保守支持層に組み込む狙いをともなっていた。農村部での自民党支持率は、一九六〇年代では約三割にとどまっていたのに対し、七〇年代では六割まで上がった（カルダー 一九八九）。

高度成長期の終わり頃から一九七〇年代にかけて、「一億総中流」の言説が拡大したことは、保守支持層または資産保有層の増大を反映・促進した。政府は、「国民生活に関する世論調査」の実施において、一九五四年から「世間一般からみた生活程度」について質問し、回答者に「上」「中の上」「中の中」「中の下」「下」から答えを選ばせた。その結果によると、「中の上」「中の中」「中の下」を合わせた「中」の割合は、一九五四年では五五・四％であったのに比べ、六五年には八六・五％まで増え、七三年に九〇％を超えて以来、七〇年代の終わりまで、約九割を保った。ここから「一億総中流」という言葉がつくられ、流布した。これに関連して、経済学者の村上泰亮（一九八四）は、「豊かな社会」のもとで社会の階層構造が崩れ、巨大かつ均質な「新中間大衆」が出現したと論じた。世論調査の結果は、設問の仕方から影響を受ける。生活程度に関する質問では、選択肢の「上」「中」「下」のうち「中」だけが三分割され、それが「中」の回答を増やす一因になった。しかし、「中」が圧倒的に多いというデータは、「一億総中流」の言説を支えた。さらに、「中の中」の回答率は、高い水準で推移し、一九七〇〜七九年では六割前後を示した。

人びとの「中流意識」をどう説明するのかについて、幅広い議論があった（原 二〇〇八）。このなかで、住宅所有の普及から「中流意識」を説明しようとする論考は、ほとんどみられなかった。前述したように、社会階層に関する論者の大半は、その指標として、労働市場での地位をとくに重視した。ここには、生産場面でのポジションが社会階層を決めるという見方がある。しかし、持ち家セクターの拡大が消費場面に重要な変化を起こした点をみる必要がある。生産場面ではホワイトカラーとブルーカラーに分化している人たちが、消費場面では共通して持ち家資産を取得するといった状況が「中流意識」の拡大を支えたと考えられる。住まいの所有は、空間の私的占有と資産蓄積を可能にし、メインストリーム社会への帰属意識をつくりだした。自民党政権が持ち家促進を重視したのは、それが「中流意識」をもつ保守支持層を拡大する点で、政治次元の合理性をもつと評価したからであった。

財産所有民主社会の持ち家

住宅の政治関係をとらえるには、持ち家と民主主義の関係をどう理解すべきかという問いを検討する必要がある（e.g., Lundqvist, 1998）。保守派の見方によれば、民主社会の中心を構成するのは、住宅不動産などの資産を所有する市民である。イギリスの政治家であったノエル・スケルトンは、一九二〇年代に「財産所有民主社会」（property-owning democracy）というコンセプトを用い、「建設的保守主義」の展望を語った（Torrance, 2010）。この言葉は、戦後の保守派に受けつがれ、一九五五～五七年に首相を務めたアンソニー・イーデンは、四六年の演説のなかで、「生産手段の国有化」をめざす労働党と異なり、保守党は「資産の民主化」を重視すると述べた。より多数の人たちの財産所有によって民主社会が成り立つという考え方は、多くの国に波及し、保守派の住宅政策を根拠づけた。たとえば、スウェーデンの保守党は、一九六二年に「住宅所有の普及は、知的かつ活動的な市民を育成する」という見解を示した（Lundqvist, 1998）。イギリスの社会学者で、「住宅所有者の国」について考察したピーター・ソーンダースは、持ち家に住む人たちは、借家人に比べて、社会・経済変化と政策動向に利害関係と関心をもち、民主社会により積極的に参加すると指摘した（Saunders, 1990）。

これに比べ、ジム・ケメニーは、私有住宅の増大は私的なライフスタイルを普及し、福祉国家に対する人びとの関心と関与を減らすと論じた（Kemeny, 1981）。ケメニーによると、住宅テニュア（所有形態）の違いはライフスタイルの私的さの程度に対応し、民主社会を分断する原因になる。住宅・都市社会学を専攻するアメリカのアラン・ヘスキン、ピーター・ドライヤーらは、持ち家中心の同国では、資産をもたない借家人は民主社会の周縁に置かれ、その地位は心地よいとはいえないと述べた

（Dreier, 1982 ; Heskin, 1983）。オーストラリアの住宅・都市社会学者であるイアン・ウィンターは、ソーンダースに似て、社会・経済・政策の「ステイクホルダー」である住宅所有者はより積極的に社会に参加するといい、「ラディカルな住宅所有者」というコンセプトを提案した（Winter, 1995）。しかし、持ち家に住む「ステイクホルダー」の興味は、住宅ローン金利の変化、住宅市場の動向、不動産税制の改変などに集中し、福祉国家の社会政策には向けられない。住宅資産の所有者は、私有財産制度の保全を前提とした範囲内でしか「ラディカル」ではありえず、それどころか社会政策に対する税金使用の削減を「ラディカル」に求める傾向さえみせる。ケメニーは、人生のセキュリティについてのさまざまな困難に関し、住宅ローン返済の義務は、集合的活動ではなく、私的解決のライフスタイルに人びとを誘導すると示唆した（Kemeny, 1981）。同様に、まさしくラディカルな住宅・都市学者として知られるアメリカのピーター・マルキューズは、持ち家はその所有者を社会・政治領域の集合的活動から遠ざけると指摘した（Marcuse, 1987）。これらの議論が含意するのは、私有住宅の増大から生まれる「財産所有民主社会」とは「保守的な民主社会」にほかならないということである。

持ち家セクターが成長し、社会に埋め込まれる傾向は、経済・政策次元の変化を背景とするだけではなく、政治次元における持ち家支持のイデオロギーの台頭を反映し、促進した。このイデオロギーが担う任務は、住宅所有の「自然化」である。民主社会のなかで、持ち家に住む人たちは、家庭とコミュニティを大切にし、独立・自立と自由を尊重すると想定され、住まいの私有は、望ましく、適切で、そして「自然化」したテニュアとして構築された。イギリスの社会学者、クレイグ・ガーニーは、持ち家を「正常」とし、それ以外のテニュアを「異常」とみなす「誇りと偏見」の言説に関する議論を展開した（Gurney, 1999）。ミシェル・フーコー（一九七五［一九六一］一九七七［一九七五］）が「正常」と「異常」を構築する権力のあり方を論じたことは、よく知られているとおりである。ガーニーは、フーコーの権力論を用い、「良き市民」のホーム――物的な住宅ではなく、「自分の家」という意味でのホーム――が持ち家であることを「当たり前」と位置づける「正常化の言説」のメカニズムを分析してみせた。

マイホーム主義をどうみるか

持ち家と民主社会の関係についての論争は、日本では、〝マイホーム主義〟の検討という独特のかたちをとった。このマイホーム主義という言葉は、経済成長とそれにともなう大衆消費社会の生成にともなって使われ、中西茂行（一九八五）の整理によれば、生活のあり方に関する、私生活の重視、社会生活への無関心またはそこからの逃避、豊かな物質生活の追求という三つの傾向を意味した。高度成長期から一九七〇年代にかけて、マイホーム主義をめぐる議論が広がった。その中心を占めたのは、阪井裕一郎ら（二〇一二）が示したように、マイホーム主義が社会形成のあり方にどのように関係し、社会の民主化を促進するのか、それとも阻害するのかという問いであった。

マイホーム主義を否定的にとらえる論者の多くは、消費中心の私生活に没頭する「小市民」の増大が民主社会を侵食すると想定し、おしなべて厳しい言葉づかいの批判を展開した。社会学者の議論をみると、たとえば、濱島朗（一九六八）は、「自己をより大きな社会とか体制から切り離し、自分とか家族のからのなかに閉じこもって、ひたすら私生活を尊重し、私生活の快適化に狂奔し、片すみの幸福だけを追求しようとするのがマイホーム主義」と定義し、それが社会連帯を妨害するとみなした（四八～四九）。布施晶子（一九七三）は、「労働疎外からの逃避の一側面としてのマイホーム志向は消費財部門をになう独占資本と政府によってたくみに誘導される」といい、「マイホームという洞穴にとじこめられ、消費文化の担い手としてのみ積極的な存在価値をもつ健全な中産階級が育て上げられる」と述べた（四二〜四三：傍点著者）。マイホーム主義批判を大量に書いた山手茂（一九七四　一九七七　一九七九）によれば、「隣りの家庭が不幸でも、『わが家』さえ幸福であればよい、というマイホーム主義」のもとで、消費社会と企業社会に取り込まれた人たちは、「人間的連帯を信じようとしない利己的・競争的意識」をもち（一九七四：二〇四）、「政治からの逃避・政治的無関心」「マイホーム主義的な利己主義」の傾向をみせる（一九七九：七七〜七八）。

建築学者の西山夘三（一九八一）は、マイホーム主義の容器としての持ち家の普及に注目し、〝持ち家主義〟を「自民党のしかけたワナ」とみなした。西山によれば、低所得者の住宅購入が増え、その持ち家は低質であるにもかかわらず、「住宅を持って小所有者となることが、住宅問題だけでなく、社会的矛盾に対決しようとする心をにぶらせ、小市民的保守主義をそだてる」という状況が広がった（一三六）。さらに、西山（一九八三）は、「追い詰められて持ち家を持たされている」人たちを「ニセ持ち家層」と呼び、「〝ニセ〟であっても自分の家であるということで、問題を個人的な次元に入れてしまい、元来、不良資産の蓄積とか、非人間的な生活とかいうものは社会的につくり出されたものであり、これを解決するには社会的な問題として取り組むべきであるということについて、無知というか、そうした認識が国民の中にまったく欠けている」と述べた（七九）。西山（一九八五）によると、「ニセ持ち家層」は「不満を辛抱しているか、それを告白するのをためらっている」という「気の毒な状況」に置かれていた（一一一）。西山が人びとの住まいと日常生活について、それらを慈しむような、やわらかい筆致の多くのエッセイとスケッチを残したことは、少なくとも建築分野では、よく知られている。その西山は、住宅問題を論じるときは、マイホーム主義批判を展開した社会学者たちと同様に、厳しい言葉を選び、高い位置から人びとを啓蒙しようとした。

一方、民主社会育成の観点から、マイホーム主義に積極面を見いだそうとする社会学者の議論があった。松原治郎（一九六九）は、マイホーム主義批判に対する反批判として、「私生活を豊かにし、たいせつにして、幸福感にひたること自体は人間の正当な権利であり、自らそれを放棄する必要はないし、文化人や評論家といえどもそれに介入する資格はない」と指摘し、マイホームは「人間的条件を確保する、ほとんど唯一といってよいほどの砦であり、それを確保し、防衛することが、非難されたり、揶揄されたりするいわれはまったくない。確保は社会的にも連帯を生み出す心理的・動機的な母胎」になると述べた（三四）。ここには、先述した「保守的な民主社会」におけるマイホームの役割を肯定する見方がある。北川隆吉（一九六九）は、「たしかにマイ・ホーム主義といわれ、私生活埋没的思考といわれ、……私益中心主義があり、それが公事（益）とのかかわりをうしなっていることは事実である」と述べたうえで、「しかし同時にそれは、まったく私権を見失っているわけではなく、権利意識をすてきっているものではない。きわめて矮小化されたものとみる人があるにしても、そこには戦後民主主義があるとみてよい」と書いた（九五：傍点著者）。

さらに、国家に相対する市民社会の拠点としてのマイホームの役割を評価しようとする議論として、たとえば、庄司興吉（一九七三）は、「マイホーム主義は、民衆が国家の支配網から少なくとも意識の面では逃れ、権力の専横にたいしては利害関心から反射的に抵抗しうるようになったことの現れである」といい、「マイホーム主義とともに成立したのは大衆消費時代の消費者の生活主体性である」という見解を出した（二五四～二五五）。マイホーム主義を批判的に検討した布施（一九七三）でさえ、「『片すみの幸福』を大事にしたいという発想」から「何があっても自分たちの手で生命と暮らしの最低の基盤だけは守ってみせる、国家といえども自分たちのギリギリの生活にまでは立ちいらせないという意識がかたちづくられていく」と述べている（四三～四四）。

マイホーム主義に対する、以上のようなまったく異なった評価は、持ち家を買い、不動産資産をもつ「小市民」をどうみるかの違いに相関した。一方では、社会領域から自己を切り離す「小市民」は「マイホームの外で何が起ころうと、自己の家族生活がおびやかされない限りわれ関せずというエゴイズム」に陥る傾向をもち、民主社会の発展を阻害すると考えられた（宮城 一九七九：一一〇）。他方では、私生活を防衛する権利をもつ「小市民」たちが連帯し、民主社会を発達させる可能性が論じられた（玉水・福川 一九八二）。

そして同時に、マイホーム主義についての対立見解が似たような社会認識に立脚し、議論と評価の「土俵」を共有していた点に注目する必要がある。マイホーム主義とは民主社会のあり方との関連で検討すべき主題を構成するという考え方が、多くの議論展開に共通していた。相対立する一連の議論は、マイホーム主義の出現が私生活重視に傾く大衆消費社会のライフスタイルに関係するとみている点で同じ認識をもち、マイホーム主義を生みだし、マイホーム主義から生まれる社会は保守主義の傾向をもつと想定する点において一致した。

前章で述べたように、戦後住宅政策は、住宅所有者をコアとするメインストリーム社会の形成をめざす「社会プロジェクト」としてスタートした。終戦と復興に続いて、新たな社会をどのように建設するのかという問題において、持ち家促進の政策は重要な役割をはたすと考えられた。マイホーム主義についての論争に関係した多数の論者もまた、暗黙のうちに、マイホーム取得の促進を民主社会の行く末を左右する「社会プロジェクト」とみなしていた。しかし、住まいの金融化がさらに進み、バブル経済が発生・破綻するなかで、持ち家促進は「経済プロジェクト」と化し、その言説の舞台は社会、政治、イデオロギーなどの次元から経済次元に移っていく（Forrest and Hirayama, 2015）。そこでのマイホームに関する議論と評価の指標は、住宅市場動向、住宅ローン金利、不動産の資産価値などにシフトした。マイホーム主義が民主社会のあり方に関連づけられ、「社会プロジェクト」の展望についての問いをつくっていた時代は、住宅所有の歴史のなかで、特有の位置を占めていた。

留意すべきは、マイホーム主義をめぐる論争の多くが、マイホームの実態ではなく、むしろイメージにもとづいていた点である。私生活領域と消費社会、そしてマスメディアの拡大のなかで、ホームドラマ、商品住宅広告などがマイホーム・イメージを広範に流布させ、そこからマイホーム言説がつくられた（森 一九七五、山本 二〇一四）。たとえば、保守派の批評家として知られた会田雄次（一九六八）は、「家庭の幸福」の具体的な姿を「芝生の庭のある小さい家の休日。夫はベランダのトゥいすに腰かけ、ペーパーナイフで新刊の小説本のページを切る。紅茶のレモンのかおり、若く美しい妻は、その横でリンゴをむく。横の小さい寝台には赤ん坊が春の光を浴びて健康な寝息をたてている」（六〇）と描写したうえで、私生活重視の生き方を論じた。これに対し、映画評論家の佐藤忠男（一九六八）は「テレビのコマーシャルの見すぎである。そんな情景は週刊誌のグラビヤか東宝のホーム・ドラマに出てくるだけの虚像」にすぎないと揶揄し、会田の論旨を検討する以前に、それがイメージにしかもとづいていない点に注意を促した（一四〇）。

マイホーム主義についての論争は、実証をほとんどともなわないか、そうでなければ、まったくともなわず、イメージしか対象としないにもかかわらず、あるいは、イメージを対象とするがゆえに、対立点と共通の「土俵」を明確にする側面をもっていた。マイホームを批評する論者の大半は、マテリアルな住宅事情に関心を示さなかった。住まいの広さと値段、建築の形式とデザイン、所有者の職業と年収などの実態は把握されず、マイホーム主義に対する評価は、そのイメージから導かれた。マイホーム論者が構築した「小市民」像は、民主社会を支える主体であるにせよ、民主社会から自らを切り離す利己主義者であるにせよ、おどろくほどシンプルで、わかりやすいモデルであった。彼らの関心は、マイホームの実態それ自体ではなく、そのイメージを利用し、民主社会と「小市民」の将来を論じるところにあった。この意味で、マイホームのイメージには、社会のあり方をみるための〝レンズ〟としての役割が与えられていた。

日本型福祉社会の持ち家

低成長期の住宅政策が住宅所有を促進し、持ち家社会の形成を支えたことは、福祉レジームのあり方に影響し、〝日本型福祉社会〟を建設しようとする構想に関連した。日本型福祉社会とは、人びとの自助と互助に根ざし、国家ではなく、おもに家族と企業、さらに地域社会などが福祉供給を担う社会をさす。家族による福祉供給は、とくに重要な位置づけを与えられた。日本独自の福祉社会の建設をめざす政策は、人びとのセキュリティ形成に関し、西欧モデルの福祉国家とは異なる道筋を選ぶ国家方針を含意した。そこでは、住宅所有の普及は家族の安定を支え、日本固有の福祉レジームの基盤をつくると考えられた。

すでに述べたように、持ち家促進のシステムは、家族主義と企業社会に関係づけられ、保守主義の性質をもつ。この傾向は、日本型福祉社会の構想のなかで、より鮮明になった。一方、家族と企業を福祉レジームの中核にすえようとする政策は、住宅政策を含む社会政策の規模を縮小し、社会レベルでの所得再分配をさらに抑制する方向をめざす。この文脈では、日本型福祉社会をつくろうとする政策は、新自由主義の傾向を備える。日本型福祉社会の建設をめざした政策が新自由主義と保守主義の特性を合わせもつ点に注意する必要がある。

田中角栄首相は、一九七三年を「福祉元年」とし、高度成長の果実を社会保障の充実に振り向ける方針を示した。自民党政権は、産業・経済の発展を優先させる開発主義の政策をとっていた。それは、公害の拡大、住宅事情の悪化などをともない、革新自治体を台頭させた。この「保守の危機」は、自民党政権による政策の力点を「経済から福祉」に転換する要因となった。先述した石田博英の議論にみられるように、自民党には、勤労者グループの利益を重視する政策の必要についての認識が生まれていた。政策の重点領域を「経済から福祉」にシフトすることは、「日本列島改造」をめざした田中首相の信念には沿っていなかった。しかし、「保守の危機」を乗り越えるために、自民党政権は、社会保障を充実させる施策を必要とした。

オイルショックがまさに「福祉元年」に発生し、低成長の時代がはじまったことは、福祉重視の政策構想を瞬時のうちに解体した。この状況から現れたのが、欧州モデルの福祉国家ではなく、日本型福祉社会を建設しようとする方針であった。保守系匿名集団である「グループ一九八四年」(一九七五)は、「日本の自殺」と題した論説を一九七五年に発表し、そのなかで、福祉国家は人びとの勤労意欲を減退させ、福祉依存を強めると論じたうえで、日本における擬似民主主義としての戦後民主主義は大衆に権利ばかりを主張することを教える「自殺のイデオロギー」にほかならないといい、自律の精神と気概の喪失を代償とする福祉依存の恐ろしさを知る必要があると述べた。ここには日本における伝統的共同体のイメージの構築とそれへの憧憬が認められ、その価値は、それ自体の称揚だけではなく、福祉国家批判から構築された。

保守系知識人・学者は、自民党政権の政策形成を支えた。香山健一、村上泰亮、公文俊平、佐藤誠三郎らの学者と企業人が構成する「政策構想フォーラム」は、不安定で弱い個人を生みだしかねない北欧・イギリス型の福祉国家をモデルとするのではなく、日本独自の集団組織にもとづく福祉社会を建設する必要を一九七六年に論じた(菊池 二〇一六、新川 二〇〇五、田中 二〇一七)。村上(一九八四）が社会階層の構造崩壊とそれにともなう「新中間大衆」の形成を指摘したことは、先述のとおりである。これと同様に、「政策構想フォーラム」は、近代化を達成した日本の保守政治では、保守・革新の対立の枠組みが弱化し、「新しい中間階層」に対応する必要が高まるという考え方を示した。この「新しい中間階層」または「新中間大衆」を中心とする社会では、福祉国家、社会階層、保守／革新などのコンセプトではなく、日本独特の集団組織原理が重要になると考えられた。

大平正芳内閣（一九七八～八〇年）は、日本型福祉社会の建設をめざす政策をより明確に打ちだした。同首相が一九七九年一月の施政方針演説で述べたのは、「日本人のもつ自主自助の精神、思いやりのある人間関係、相互扶助の仕組みを守りながら、これに適正な公的福祉を組み合わせた公正で活力ある日本型福祉社会の建設に努めたい」という考えであった（堀 一九八一：三八）。これを受け、一九七九年八月に閣議決定となった「新経済社会七カ年計画」には、「欧米先進国へキャッチアップした我が国経済社会の今後の方向としては、先進国に範を求め続けるのではなく、このような新しい国家社会を背景として、個人の自助努力と家庭や近隣・地域社会等の連帯を基礎としつつ、効率のよい政府が適正な公的福祉を重点的に保障するという自由経済社会のもつ創造的活力を原動力とした我が国独自の道を選択創出する、いわば日本型ともいうべき新しい福祉社会の実現を目指すものでなければならない」と書き込まれた。

日本型福祉社会の枠組みのなかで、家族主義の福祉レジームは、一九八〇年代になると、より明確に制度化した。たとえば、年金制度の一九八五年の改革では、所得が一定未満で、夫に扶養される妻は「第三号被保険者」とされ、保険料を納付することなく基礎年金を受給する資格を与えられた。ここには、夫と専業主婦を中心とする〝標準世帯〟を優遇する方針がみられる。企業福祉による配偶者手当の供給などは、多くの場合、年金制度に準拠し、妻の所得が一定未満であることを要件とした。

家族／単身の「有利／不利」の差は、家族重視の福祉レジームのもとで、さらに広がった。

日本型福祉社会の文脈において、住宅政策には、家庭の安定を支える持ち家の供給が求められた。ここに示されたのは、家庭と持ち家を「私的社会保障」の中心にすえる方針である（Hirayama, 2010b）。戦後の住宅政策は、住まいの私的所有にもとづく人びとのセキュリティ形成を追求した。住宅施策の多くの手段は、家族世帯の安定を優先させ、単身者を排除した。持ち家促進の住宅政策は、日本型福祉社会の構想に整合し、そして逆に、日本型福祉社会をめざす方針は、住宅政策を持ち家支援にいっそう傾けた。大平首相は、政策構想のために、学者、文化人、省庁実務家などから構成される九つの政策研究グループを一九七九年につくった。その一つである家庭基盤充実研究グループは、日本社会では、欧米諸国とは異なり、家庭とその基盤が維持され、それゆえ社会崩壊が起こっていないとみなし、家庭基盤を支える住宅政策の必要を主張した（菊池 二〇一六）。

家庭形成に関し、とくに重視されたのは、三世代同居の促進である。家庭基盤充実研究グループは、国家の福祉供給ではなく、家族内の相互扶助に根ざすセキュリティを高く評価した。これが立脚したのは、「老親がまだ元気なうち（たとえば五〇～六五歳ぐらい）においては子ども夫婦にとって、出産育児の手伝いや援助を期待でき、さらに就労を希望する主婦にとっては、留守番や子どもの世話の一部をまかせることができる。次に老親がしだいに身体機能が衰える時期（たとえば七〇歳以上）においては子ども世帯による老親の介護が期待できる」という仮説であった（堀 一九八一：三九）。関連して、自民党（一九七九）がまとめた研究叢書は、福祉国家が発展したスウェーデンでは離婚が急増したのに対し、日本では三世代同居が老人介護問題を解決しているといい、家庭の福祉供給が優れていると主張した。欧州の福祉国家を非難し、三世代同居を賞賛するこれらの議論は、実証をほとんどあるいはまったくともなわず、空想にもとづいているかのようであった。戦後日本では、三世代同居は減少し、核家族が増大した。にもかかわらず、日本の伝統的共同体としての家族のイメージを構築し、政府ではなく、家庭を老人扶養などの中心主体として位置づける方針がとられ、住宅政策に期待されたのは、三世代同居を支える「私的社会保障」としての住宅所有の促進であった（Hirayama, 2010b）。

行政改革と住宅政策

低成長期の経済を刺激し、支えるために、景気対策が講じられた。しかし、成長率が回復せず、低いままであれば、政府の財政事情は悪化する。第二次オイルショックは、一九七九年に発生し、ふたたび深刻な経済打撃をもたらした。公債発行が拡大したにもかかわらず、経済は安定せず、財政はしだいに硬直化した。ここから行政改革による財政再建が課題とされ、「大きな政府」を削減し、「民間活力」の領域を広げようとする新自由主義の政策方針が出現した。

日本型福祉社会の建設をめざした大平政権の構想は、首相死去のために、鈴木善幸政権（一九八〇～八二年）に受けつがれた。行政改革を検討するために設置された第二次臨時行政調査会は、経済団体連合会元会長の土光敏夫を会長とし、一九八一年七月に第一次答申をまとめた。臨調は、一九六〇年代に設けられたことがあるため、土光臨調は第二臨調と呼ばれる。その第一次答申は、「活力ある福祉社会の実現」と「国際社会に対する貢献の拡大」を理念とし、行政改革の方策として、政府支出の削減による「増税なき財政再建」の必要を強調した（臨時行政調査会 一九八一）。福祉社会について書かれたのは、「家庭、地域、企業等が大きな役割を果たしてきた我が国社会の特性は、今後もこれを発展させていくことが望ましい」、「個人の自立・自助の精神に立脚した家族や近隣、職場や地域社会での連帯を基礎としつつ、効率の良い政府が適正な負担の下に福祉の充実を図ることが望ましい」という日本型福祉社会論を受けつぐ方針であった。

これに続く政権を率いた中曽根康弘首相（一九八二～八七年）は、イギリスのサッチャー首相、アメリカのレーガン大統領がスタートさせた新自由主義の政策に共鳴し、その影響を受けていたといわれる。第二臨調は、一九八三年三月に「増税なき財政再建」の必要をあらためて強調する第五次答申（最終答申）を出し、終了した（臨時行政調査会 一九八三）。その直後、中曽根首相は、土光を会長とし、日本経営者団体連盟会長の大槻文平を会長代理とする第一次臨時行政改革推進審議会を立ち上げた。第二臨調と第一次行革審での議論をもとに、中曽根政権は、「大きな政府」の縮小に向けて、新自由主義の政策形成に踏み込んだ。

とくに重要なのは、三公社の民営化であった。日本電信電話公社、日本専売公社および日本国有鉄道は、一九八〇年代半ばに相次いで民営化された。この民営化は、左派労働勢力を弱体化する意図と効果をもっていた。革新自治体は、一九六〇年代後半から増加した。低成長の時代を迎え、地方財政の運営は、より困難になった。景気が後退すれば、財政事情は悪化せざるをえない。この状況下で、自民党は、経済変化ではなく、革新政党の「ルーズ」な自治体運営が地方財政を危機に陥らせたと非難した。この言説は、マスメディアを通じて、広く普及し、革新自治体の財政管理能力について、多くの人たちに疑問をもたせた（新川 二〇〇五）。東京都、大阪府、京都府、沖縄県などの主要な革新自治体は、一九七〇年代後半には、相次いで崩壊した。革新勢力の退潮のなかで、中曽根政権による三公社の民営化は、幅広い支持を集めた。多くの人びとは、公務労働者の組合活動に冷淡であった。民営化政策によって、とくに戦闘的であった国鉄労働組合を中心とする左派労働勢力は、解体に追い込まれた。

行政改革は、住宅政策のあり方に影響した。日本住宅公団は、一九八一年に宅地開発公団と統合され、住宅・都市整備公団となった。そして、特殊法人である住宅金融公庫、住宅・都市整備公団の事業縮小が重視され、これは後年の特殊法人改革に結びついた。第二臨調が一九八二年に出した第三次答申（基本答申）には、「住宅金融公庫等公的住宅金融については、民間金融との適切な役割分担の下で安定的な事業規模の設定を行う」と書かれた（臨時行政調査会 一九八二）。第一次行革審による一九八六年の答申は、「住宅・都市整備公団については、住宅不足が量的には充足され、かつ民間の住宅供給力が質的にも充実していることにかんがみ、事業を住宅の新規供給から都市の再開発事業に重点を移行し、かつ、その実施に当たっては、地方公共団体及び民間の能力の活用を一層図る」ことを提案した（臨時行政改革推進審議会 一九八六）。行政改革の文脈における住宅システムのあり方として、公庫・公団による事業を減らし、民間セクターの領域を拡張する方向が打ちだされた。

ここで重要なのは、住宅金融公庫、住宅・都市整備公団（旧・日本住宅公団）の経営が悪化し、それが住宅政策の方針それ自体に起因していた点である。オイルショックが発生し、低成長期に入って以来、持ち家促進に傾いた政府は、景気後退のたびに、公庫の住宅ローン供給を増大させた。この結果、公庫融資利子と財投利子の差を埋めるための一般会計からの補給金が累増した（住宅金融公庫 二〇〇〇a）。同様に、公団の住宅事業では、財投金利と回収金利の差を補てんする補給金の供給が一九七〇年代後半から急増した（金子 二〇〇二）。さらに、公団事業が未入居空き家、未利用地の増大をともなったことは、財政危機を深刻にした（本間 二〇〇四、山口 二〇〇三）。住宅政策を運営する政府は、建設戸数主義をとっていた。住宅建設計画によって、公団には建設すべき戸数が割り当てられた。景気刺激のために持ち家促進に力を入れる政策のもとで、公団は分譲住宅事業を拡大した。一方、一九七〇年代には、住宅不足は緩和し、住宅需要の圧力は減りはじめた。地価が上がるなかで、建設戸数を確保しようとする公団は、住宅事業に必ずしも適しているとはいえない土地を買い、高家賃・狭小・遠隔立地の住宅を建てた。ここから未入居空き家と未利用地が増大した。

特殊法人の経営悪化は、その縮小または解体を求める行政改革の根拠になる。にもかかわらず、景気対策としての住宅政策は、建設拡大をめざし、住宅金融公庫、住宅・都市整備公団の経営基盤を傷つけた。この矛盾はしだいに拡大し、後述のように、戦後住宅政策を解体に導いていく。新自由主義のイデオロギーと行政改革は、住まいに関する「大きな政府」に対し、〝外側〟から攻撃を強め、そして同時に、住宅政策のあり方それ自体が、それ自身を〝内側〟から壊しはじめていた。

テニュア・ディバイド

低成長期の政府は、持ち家建設を推進した。この政策は、経済を刺激し、保守政治を安定させ、さらに日本型福祉社会を支えようとする複合目的をもっていた。これに加え、持ち家促進は、中間層の拡大を反映・促進し、社会の階層化を緩和すると考えられていた。住宅所有が普及し、多くの人たちが住まいの「はしご」を登っているのであれば、それは持ち家重視の住宅政策を根拠づけると考えられた。住宅需要に関するさまざまな調査は、大多数の世帯が持ち家志向をもつことを示していた。中間層が増え、「一億総中流」の言説が流布したことは、持ち家の大衆化を反映した。

しかし、住宅所有の促進に傾くデュアリズムの住宅システムのもとで、持ち家と借家の居住条件の差は拡大し、住宅テニュアを変数とする社会分裂が進んだ。多くの世帯が住まいの「はしご」を登ったとはいえ、持ち家取得に達しない人たちがいた。賃貸セクターの居住条件は低劣なままであった。借家に住むことを家を買うまでの一時的な状態とみなし、それを根拠として、賃貸居住の条件の悪さを正当化する考え方があった。持ち家を近い将来に購入する予定の世帯にとって、短期間の借家居住を我慢することは、それほど困難ではない。しかし、住まいの「はしご」をなかなか登れない多数の世帯が存在し、そのグループは長期にわたって低質住宅に耐えるしかない状況に置かれた。低成長期の住宅政策は、持ち家の大衆化に力点を置き、それによって社会の階層化を緩和しようとし、同時に、持ち家／借家セクターのテニュア・ディバイドを生み、人びとを階層化するという矛盾にとらえられていた。

賃貸セクターの中心は民営借家で、そこでは木賃アパートの劣悪さが住宅問題のハードコアを構成した（三宅 一九七三a、三宅ほか 一九七一a b c d、西山 一九七五）。高度成長期の大都市では、台所・トイレ設備が共用の一室アパートが増え、続いて、設備専用の二室アパートが急増した。これらの木賃住宅は、大都市に流入する人びとに住む場所を提供した。しかし、狭小な住戸、過密な住環境、日照・通風の不足は、入居世帯を苦しめた。木賃アパートの経営は、零細であった。入居者からすれば、家賃負担は重い。しかし、家主からすれば、家賃収入は、健全な住宅経営に必要なレベルにはほど遠かった。木賃アパートの物的状態は、不十分な管理・修繕のために、急速に劣化した。住宅問題研究の領域では、木賃アパートは重要な分析対象となった。いいかえれば、木賃住宅の劣悪さは、住宅問題に関する研究発展を刺激した。たとえば、建築分野の住宅学者であった三宅醇（一九七三b）は、木賃アパートの調査を重ね、それを通じて、住宅需給の構造を解明しようとした。

住宅統計調査によると、木賃住宅（木造・共同建て・民営借家）は、一九六三年では一六二万戸であったのに対し、七八年に三三三万戸まで増大した（専用住宅のデータ）。借家戸数に対する木賃住宅の割合は、一九六八年から七八年にかけて、二六・三〜二八・三％を示し、それが主要な住宅類型の一つであることを表した。大都市では、木賃アパートが大量に集積した（表4-4）。東京都、大

表4－4　木賃住宅数の推移

年	東京都			大阪府		
	木賃住宅数（戸）	対借家総数比（%）	対住宅総数比（%）	木賃住宅数（戸）	対借家総数比（%）	対住宅総数比（%）
1968	880,010	53.8	33.9	416,170	40.0	25.8
1973	1,072,400	50.5	30.6	493,200	36.2	21.5
1978	1,050,300	47.1	27.6	448,500	32.2	17.9
1983	928,200	41.5	23.0	359,400	27.1	13.6
1988	812,600	34.9	18.9	301,300	21.6	10.6
1993	717,000	28.1	15.4	239,500	15.7	7.8
1998	693,700	25.3	14.0	197,300	12.4	6.0
2003	554,600	20.4	10.2	134,800	8.6	3.9
2008	456,800	15.7	7.7	93,200	5.9	2.5
2013	468,100	15.1	7.2	74,500	4.5	1.9
2018	466,300	13.9	6.9	57,600	3.5	1.5

注）1）木賃住宅は、木造共同建ての民営借家。
2）1968年は専用住宅について集計。　3）不明を除く。
資料）『住宅統計調査報告』、『住宅・土地統計調査報告』より作成。

阪府の木賃住宅は、一九七三年に一〇七万戸、四九万戸で、借家戸数の五〇・五％、三六・二％におよんだ。東京と大阪では、木賃開発のあり方に違いがあった。東京では、家主が自身の住んでいる土地に「庭先木賃」を建てるケースが多く、大阪の家主の多くは、建て売りアパートを購入・経営した（首都圏総合計画研究所 一九八二）。東京・大阪双方に木賃アパートの密集地帯が形成された。東京では、山手線の西側沿線に大量の木賃アパートが集積する「木賃ベルト地帯」が出現した。警視庁の資料によれば、一九六九年の巣鴨・池袋・戸塚・新宿・原宿・品川管区では木賃アパートが住宅数の四割以上を占めていた（東京都住宅局 一九七一）。大阪では、大阪市内だけではなく、門真・寝屋川市などの周辺都市に木賃開発が増え、道路基盤が未整備のままのアパート集中地帯が生成した。

木賃アパートの多くは、住まいの「はしご」の初期段階に位置づけられ、地方から大都市に流れ込む若年層を受けとめた。都市には、就学、就労、人間関係などに関する多様なライフチャンスがある。若い人たちは、木賃アパートを確保するところから大都市での生活をスタートさせ、そこから家族をもち、収入を増やし、いずれ持ち家を取得すると想定された。しかし、三宅らの調査研究が示したように、木賃アパートでは、中高年世帯が必ずしも少ないとはいえず、転出の希望をもちながら、それが困難な入居者がみられた（三宅ほか一九七一ｂ ｃ）。木賃アパートを一時的な住まいとし、「はしご」を登る多数の世帯が存在する一方、そこに長く住まざるをえない人たちがいた。

都市の拡大は、高度成長期に加速し、郊外住宅地とニュータウンの開発をともなった。この都市拡張では、土地利用における用途純化をめざす近代都市計画の理念を反映し、職場と住宅地が切り離された。これに対し、建築分野の牛見章（一九七三 一九七四）が〝居住立地限定階層〟の形成を指摘したことは、知られているとおりである。牛見は、戦後の都市開発が職住分離を推進したにもかかわらず、二四時間勤務型・交代制勤務（夜勤）型・早朝出勤（かつ常時残業）型・夜間営業勤務型の労働者階層、零細事業主、家族労働型労働者階層など、職住を分離できない分厚い階層が存在することを示し、郊外・ニュータウン建設を重視する政策の限界を示唆した。近代都市計画の理念がどのようであるかにかかわらず、居住立地限定階層の形成という実態は、職住が近接・混合するエリアの生成を必然化した。居住立地限定階層には、持ち家だけでなく、賃貸住宅、寄宿舎を住まいとする世帯、さらに、住み込みの人たちが多い。木賃アパートをはじめとする民営借家は、居住立地限定階層を支える住宅となった。しかし、この階層の人たちが住む民営借家の多くは、物的に劣悪で、狭く、老朽していて、専用台所・トイレをもっていなかった（牛見 一九七四）。

持ち家促進に集中する住宅システムは、持ち家／借家グループを分裂させるだけではなく、持ち家グループそれ自体を階層化した。持ち家セクターでは、賃貸セクターに比べ、良質の住宅が多い。戦後の住宅事情は、広さ、構造、設備、環境などの面で、少しずつ改善した。この改善をけん引したのは、持ち家建設であった。しかし、住宅政策が住宅購入ばかりを促進したことから、より低収入のグループでさえ自己所有の住宅を得ようとした。この結果、良好とはいいがたい条件の持ち家を買う世帯が増えた（本間 一九八〇）。西山夘三が「ニセ持ち家層」という言葉を使ったことは、先に述べたとおりである。多くの人たちが住宅所有を欲したのは、それが人生のセキュリティを形成するとみなしたからであった。しかし、人びとを住宅所有にかりたてるデュアリズムの政策のもとで、持ち家取得がセキュリティに結びつくとは限らず、むしろさまざまなリスクをともなう度合いが高まった。

たとえば、三宅醇、大本圭野らは「低水準建売住宅」に対するアンケート調査を一九七四年に実施し、その問題状況をあぶりだしている（三宅ほか 一九七五a b）。ここでの「低水準」とは、敷地が狭小（一〇〇㎡未満）であることをさす。調査データによると、多くの回答者は、持ち家を買ったにもかかわらず、それが「低水準」であるがゆえに、「敷地が狭い」（五八％）、「家が狭い」（三六％）と不満を表明し、さらに、「病院などの施設が少ない」（三九％）、「日常の買物の不便」（二八％）、「通勤・通学に不便」（二六％）など、立地・環境の悪さを指摘した。住宅購入年が新しいほどLTV（Loan To Value）が高く、住宅ローン返済の負担が重い。購入が一九六六〜六八年の世帯では、平均LTVが四二％、平均返済負担率（返済額対月収比）が一四％であったのに対し、七三年購入のグループでは、それぞれ六〇％、二九％におよんだ。住宅ローン返済について、「返済が大変」、「きわめてきびしい負担」、「家計全般を切り詰める」と回答した世帯は、返済負担率が四〇％以上の世帯では、それぞれ六九％、四六％、六三％に達した。持ち家促進の住宅政策のもとで出現・増加したのは、より低収入の世帯が、より重い負債をかかえ、より低い水準の住宅を買うというパターンであった。

居住水準について

住宅政策の課題は〝量から質〟に移行したといわれた（住田 一九八二）。終戦から高度成長期にかけて、厳しい住宅不足が続いた。これを背景とし、住宅建設五箇年計画の第一期（一九六六～七〇年度）では、「一世帯一住宅」が目標となった。続いて、第二期（一九七一～七五年度）の計画は、過密居住の緩和・解消をめざし、「一人一室」を目標にかかげた。第一期と第二期では、住宅需要の計測のために、「住宅難」が使われた（三宅 一九七九）。これは、終戦直後の極度に厳しい住宅事情の測定のための指標で、「非住宅」（工場・倉庫などの居住用途利用）「同居」「老朽」「狭小過密」をさした。このうち住宅需要の算出におもに使われた「狭小過密」は、第一期では、二～三人世帯で九畳未満、四人以上世帯で一二畳未満といった極限状態を意味した。しかし、住宅建設が旺盛に進んだ結果、低成長期に入った頃には、すべての都道府県で住宅数が世帯数を超えた。住宅難世帯は、一九五五年では、全世帯の二六・二%におよんだのに対し、七八年には四・七%まで減った（住宅政策研究会 一九八二）。

この文脈から、居住水準を設定し、より良質の住宅の建設を誘導することが、新たな政策課題となった。第三期住宅建設五箇年計画（一九七六～八〇年度）は、「最低居住水準」および「平均居住水準」という指標を導入し、一九八五年を目途にすべての世帯が最低居住水準を達成し、平均的な世帯が平均居住水準を確保することを目標とした。これ以前に住まいの基準を定める政策は存在した。たとえば、公営住宅建設三箇年計画の策定は、住宅の広さの基準をともなっていた。これに対し、住宅建設計画における最低・平均居住水準の設定は、全住宅を対象とし、体系性を備える点で、画期的であった。

居住水準が表したのは、住まいの「規範」である。それは、「住宅」ではなく、「住まい方」を対象とし、居住室・設備・住宅環境などの条件を満たす住戸の規模目標を世帯人員数ごとに定める形式をもつ。住戸平面はDK型またはLDK型とされた。居住室については、夫婦独立寝室の確保、満六～一七歳の子どもと夫婦の別室就寝、満一八歳以上での個室確保などが条件となった。寝室、食事室、水回りなどの必要面積の積み上げから住戸規模の目標が決められた。居住水準を設定する政策は、DK型・LDK型平面の採用、適切な就寝パターンの想定などによって、「住宅」の面積を示すだけでなく、人びとの「住まい方」を〝近代化〟しようとした。ここに居住水準の規範的性質が表れている。最低居住水準と平均居住水準の違いは、前者がDK型、後者がLDK型を想定した点にある。居住水準の設定は、建築計画学の成果、公的住宅設計の経験をふまえ、さらにIFHP（International Federation for Housing and Planning）のケルン基準と呼ばれる住宅基準を参照したもので、住宅改善をめざした建築関係者による研究・実践の積み重ねの結晶であった（本城 一九九一）。

住宅政策の立案では、居住水準の目標を定めるというパターンが定着した（住宅法令研究会 二〇〇六、住宅政策研究会 一九八二 一九九二 一九九六 二〇〇二）。第四期（一九八一～八五年度）の住宅建設五箇年計画では、居住水準に加え、住環境水準が新たに設定された。第五期（一九八六～九〇年度）の計画は、平均居住水準に代えて、「誘導居住水準」を導入した。この指標には、都市の中心および周辺の共同住宅を想定した都市居住型、郊外および地方の一戸建て住宅を想定した一般型の二種類がある。政府は、全世帯の約半数が二〇〇〇年までに誘導居住水準を確保することを目標とした。

後述のように、住宅建設計画法は二〇〇六年に廃止され、住まいに関する新しい法律として、住生活基本法が同年に創設された。この基本法にもとづく住生活基本計画は、旧来の居住水準をふまえた

「居住面積水準」を導入した。

居住水準という規範の形成は、住まいの改善に大きな役割をはたした。居住水準の設定に対する批判の一つは、その目標達成を担保する政策手段が用意されていない点に向けられた。しかし、少なくとも公的資金を用いる住宅事業では、最低居住水準の達成が必須となった。たとえば、公営住宅の新規建設では、その住戸面積は、最低居住水準を満たす必要があることから、急速に改善した。

一方、戦後日本の住宅政策は「中間層」「家族」「持ち家」に援助を集中し、「低所得」「単身」「借家」世帯に対する支援を少量にとどめたことから、テニュア・ディバイドが深まった。この点は、居住水準のあり方に関係した。居住水準を設定する施策は、人びとの住宅の「実態」をふまえ、さらに、住宅政策の「方針」を反映する。住まいの実態からかけ離れた高いレベルに居住水準の目標を設ける方針は、その達成の可能性がほとんどないため、意味をもたない。どういう実態の住宅の水準をどこまで上げようとするのかに関する住宅政策の方針が居住水準設定の仕方に表れる。

平均居住水準が誘導居住水準に変わったとき、面積条件は大幅に引き上げられた。たとえば、四人世帯についていえば、平均居住水準での居住面積は八六㎡であったのに対し、誘導居住水準の住戸専用面積は、都市居住型で九一㎡、一般型で一二三㎡となった。これは、「中間層」「持ち家」の改善という「実態」をふまえ、その水準をさらに向上させようとする「方針」を反映した。平均居住水準以上の世帯比率は、テニュア・ディバイドを鮮明に表した。その数値は、一九七八年での四一・六％から八三年での四八・九％に上昇し、住宅事情の改善を表すと同時に、八三年の持ち家、借家では、それぞれ六三・九％、二三・九％ときわだった差をみせた（表4-5）。同様に、誘導居住水準を満たす世帯は、一九八八年の三二・〇％から二〇〇三年の五四・八％に順調に増えたが、〇三年の持ち家では六六・〇％、借家では三五・六％と大きな違いを示した。全世帯での平均居住水準・誘導居住水準以上の世帯比率が上がったのは、持ち家の面積が拡大したからであった。

最低居住水準の内容にほとんど変化がなかったのは、「低所得」「借家」の「実態」が改善しないうえに、政府がこのグループの居住に関する最低レベルを上げる「方針」を少なくとも積極的にはもっていないからであった。たとえば、四人世帯の最低居住水準における面積要件は、長年にわたって、五〇㎡という低いレベルのままですえおかれた。最低居住水準未満の世帯は、一九七八年の一四・八%から二〇〇三年の四・四%に減った（表4－5）。しかし、この数値（二〇〇三年）は、持ち家では一・一%、借家では一〇・〇%と著しい差をみせ、大都市の賃貸セクターではより高く、たとえば、東京都の借家では、一六・〇%におよんだ。

さらに、「単身」と「家族」に対する政策対応の差が居住水準のあり方に影響した。すでに述べたように、住宅政策の手段の多くは、単身者を対象から除外した。住宅建設五箇年計画では、単身者の最低限の専用面積は一六㎡（第七、八期では壁芯一八㎡）という低いレベルに設定された。最低居住水準は専用浴室の確保を条件としたにもかかわらず、単身者についてはその限りではないとされた。専用浴室に関する単身者と二人以上世帯の区別の根拠は、不明確であった。第五期（一九八六〜九〇年度）の最低居住水準設定では、新たに設けられた中高齢単身というカテゴリーのグループには専用浴室の確保が必要とされ、それを可能にするため、住戸面積水準が二五㎡に引き上げられた。しかし、中高齢以外の単身居住については、依然として、専用浴室は不要とされた。専用浴室設置の必要を単身者全体に適用したのは、第七期（一九九六〜二〇〇〇年度）になってからであった。住生活基本計画（二〇〇六年）の最低居住面積の設定では、単身者（全年齢層）のための水準がようやく少し向上し、二五㎡となった。

表4－5　居住面積水準達成の状況

年		1978	1983	1988	1993	1998	2003	2008	2013	2018
〈最低居住水準未満世帯率〉										
全世帯	(%)	14.8	11.4	9.6	8.0	5.2	4.4	6.9	7.3	6.8
持ち家	(%)	6.2	4.6	2.7	2.4	1.3	1.1	0.7	0.9	1.0
借家	(%)	28.0	22.7	20.9	16.6	11.4	10.0	17.4	18.4	16.7
公営借家	(%)	38.1	35.3	28.3	20.3	13.7	9.5	8.9	8.5	8.6
公団･公社の借家	(%)		27.8	25.1	21.3	15.6	10.5	9.4	7.1	7.1
民営借家	(%)	27.2	21.4	20.4	16.6	11.3	10.2	20.8	21.5	19.3
給与住宅	(%)	18.0	13.6	11.8	11.4	7.2	8.0	14.3	15.9	13.6
〈平均居住水準（1983年以前）、誘導居住水準（88年以降）以上世帯率〉										
全世帯	(%)	41.6	48.9	32.0	41.3	47.6	54.8	55.8	58.2	59.1
持ち家	(%)	57.7	63.9	-	52.6	58.7	66.0	72.0	74.3	74.1
借家	(%)	17.0	23.9	-	23.7	30.1	35.6	28.1	30.4	33.3
公営借家	(%)	8.6	15.6	-	19.7	27.7	35.8	35.9	41.7	44.4
公団･公社の借家	(%)		13.6	-	18.9	27.7	38.4	38.6	44.7	46.5
民営借家	(%)	18.7	25.8	-	23.4	29.7	34.6	23.8	26.3	29.6
給与住宅	(%)	20.2	28.2	-	30.9	36.8	41.5	36.1	35.8	38.2

注）1）各世帯が居住水準を確保しているか否かの判定は、1993年以前では居住室の構成と規模および世帯人数別住宅規模、1998年以降では世帯人数別住宅規模を基準とする。
2）1988年の住宅統計調査では誘導居住水準以上の世帯数が公表されておらず、その比率を算出できない。同年の全世帯の数値は、国土交通省が同調査を独自に集計した推計値にもとづく。
3）主世帯について集計。　4）公団は現在の都市再生機構。
5）不明を除く。

資料）『住宅統計調査報告』、『住宅・土地統計調査報告』、国土交通省資料より作成。

住宅バブルをつくる

バブル経済の発生・破綻は、住宅システムの条件を大きく変えた。バブル期に異様に高騰したのは、おもに株式と不動産であった。消費者物価に大きな変化はみられず、資産価格の上昇がバブル経済を特徴づけた。東京からはじまった地価高騰は、大阪、名古屋などの大都市に波及し、さらに全国におよんだ。バブル期以前では、一九六一～六二年、七三～七四年に地価が高騰した。これらの地価上昇は、全国の多数の地域で同時に発生し、短期間で収束した。バブル期の地価高騰は、東京からスタートし、長期におよんだ点に特徴があった。地価公示によれば、住宅地での前年比上昇率は、一九八七年の東京都区部で七六・八％、八九年の大阪市、名古屋市で三六・四％、二五・二％に達した。国土庁（現・国土交通省）によると、三大都市圏の住宅地では、一九八三年の地価に比べ、九一年のそれは二・六二倍になった（住宅金融公庫 二〇〇〇a）。首都圏に関する不動産経済研究所のデータは、一九八〇年から九〇年にかけて、マンションの平均価格が二四七七万円から六一二三万円、建売住宅の平均価格が三〇五一万円から六五二八万円に上がったことを示した。住宅価格の対年収倍率は、一九八〇年のマンションでは五・〇倍、同年の建売住宅では六・二倍であったのに対し、それぞれの値は、九〇年には八・〇倍、八・五倍となった（住宅政策研究会 一九九六）。バブル時代の住宅価格は、異常といってまったく過言ではないレベルにまで高騰した。

不動産バブルは、経済上の「自然現象」ではなく、政策次元の構築物としての側面を多分にもつ。バブル形成の主因の一つは、金融緩和である。日本経済は、一九七〇年代から輸出主導の傾向を強め、欧米諸国、とくにアメリカとの経常収支の不均衡から貿易摩擦を招いていた。アメリカは、貿易赤字の原因としてのドル高の是正を求めた。先進五カ国の蔵相・中央銀行総裁が一九八五年九月にニューヨークのプラザホテルで開催した会議は、為替市場への協調介入によってドル安誘導をめざす「プラザ合意」にいたった。この直後から、円高が急激に進み、不況拡大が懸念された。これに対し、日本銀行は一九八六年一月から五回にわたって公定歩合を引き下げ、八七年二月から八九年五月まで、その時点での史上最低水準（二・五％）を保った。一方、金融機関に対する資金需要は減っていた。オイルショックを契機として、成長率が下がったうえに、大企業は、銀行の間接金融ではなく、株式・社債などのエクイティ・ファイナンスの直接金融によって資金を調達しはじめた。金融緩和のもとで、資金余剰基調にあった金融機関は、不動産市場に大規模な融資を流し込み、バブルを膨らませた。

不動産バブルのもう一つの主因は、内需拡大のための公共投資の増大である。中曽根首相の私的諮問機関で、前川春雄元日本銀行総裁を座長とする研究会（国際協調のための経済構造調整研究会）は、一九八六年四月に国際協調型の経済構造への転換を提言する報告書をまとめた。この「前川レポート」は、経常収支の不均衡を危機状況と認識し、国際協調のために日本市場を開放すると同時に、内需拡大を進める必要を主張した。これに沿って、経済対策閣僚会議は、外需主導型から内需主導型への日本経済の転換をめざすことを五月の経済構造調整推進要綱で決めた。内需拡大に向けて金融が緩和され、そこにさらに公共投資が重なったことで、不動産バブルが拡大した。

関連して、中曽根政権は、東京を中心とする大都市の再開発に「民間活力」を導入し、都市改造を推進するアーバンルネッサンス政策を一九八三年にスタートさせ、それによって、内需を拡大しようとした（Hayakawa and Hirayama. 1991）。経済のグローバル化は一九八〇年代に急速に進展し、この枠組みのなかで、東京を「世界都市」として再編する方針が示された（平山 二〇〇六、町村 一九九四）。おもな政策手段は、都市計画・建築規制の緩和と国有地売却であった。グローバル経済に連結する東京では、ビジネスサービス、金融、不動産などの産業が成長し、オフィス需要が増えるといわれた。そして、「世界都市」の言説とイメージは、再開発投資を刺激した。アーバンルネッサンス政策を下地とし、金融緩和で行き場を求める資金が開発事業に流れ込むことで、東京に不動産バブルが発生した。

中曽根首相が新自由主義の政策展開をめざし、行政改革に取り組んだことは、先述のとおりである。しかし、政策形成における開発主義の伝統が消失し、新自由主義に置き換わったとはいえない。首相は、行政改革に続いて、拡大するグローバル経済のなかで、金融システムの規制緩和と市場開放を検討し、政策展開の新自由主義化を次の段階に進めようとした。これに対し、開発主義の枠組みでの公共投資から利益を得てきた財界の主流は、既存の経済システムを壊すことにあらがった。「前川レポート」は、市場アクセスの改善、金融の自由化と国際化、世界経済への貢献を提言し、新自由主義の方針を打ちだすと同時に、内需拡大の必要を主張し、開発主義を受けつぐ側面を有していた。中曽根政権の行政改革では、財政再建が優先課題とされた。しかし、内需刺激の必要を強調する新たな政策は、財政再建を後回しにし、公共投資の増大を容認する意味をもっていた。建設・鉄鋼業界などの企業・団体が構成する任意団体のＪＡＰＩＣ（日本プロジェクト産業協議会）は、都市再開発の推進を政府に働きかけていた（平山 二〇〇六）。このグループは、一九八三年に通商産業省（現・経済産業省）、建設・運輸省および国土庁（現・国土交通省）の共管で社団法人化し、政策提言にいっそう精力的に取り組んだ。政府のアーバンルネッサンス政策がＪＡＰＩＣを支え、ＪＡＰＩＣの政策提言が再開発政策を後押しするという関係がつくられた。ここには、公共・民間セクターの一体化を特徴とする開発主義の枠組みの持続が認められる。バブル経済をつくったのは、開発主義と新自由主義の方針を合わせもつかのような政策展開――金融の自由化方針、公共投資の増大、政官財の密着関係――

であった。

内需拡大策としての持ち家促進は、住宅バブルの形成において、中心的な役割を担った。オイルショック以降の政府は、住宅建設を景気対策の中心手段とし、住宅金融公庫のローン供給による住まいの金融化を進めた。この傾向は、一九八〇年代にさらに強まった。第二次オイルショックは一九七九年に発生し、厳しい不況をもたらした。続いて、一九八五年のプラザ合意から円高不況が起こった。金融緩和と内需拡大の文脈のなかで、政府は、景気対策としての持ち家促進にさらに注力した。「前川レポート」は、住宅対策を内需拡大策の柱とした。

住宅バブルは「自然現象」でなく、持ち家に関する金融化とインフレーションのサイクルからつくられた。住宅ローン供給の拡大は、持ち家需要を刺激し、住宅価格を押し上げる。住宅インフレーションは、持ち家購入をより困難にする。住宅取得能力が下がると、その回復のために、住宅ローン供給をさらに拡大する施策が打たれる。持ち家取得の金融化は、住宅の値段を上昇させ、その結果、さらなる金融化が必要になる。このサイクルの果てに住宅バブルが発生した。バブルが膨張すると、公庫の住宅ローン供給が増えるだけでなく、それ以上の速度で、民間金融機関による住宅ローン販売が拡大した。持ち家のインフレーションがその担保力を引き上げ、銀行などの住宅ローン販売を促進するためである。

持ち家促進の政策が幾度となく講じられた。経済対策閣僚会議は、第二次オイルショック後の長引く不況に対処するために、内需拡大をめざす「総合経済対策」を一九八二年一〇月に策定し、住宅金融公庫による住宅ローン供給の追加を決めた。続く一九八三年一〇月の新たな「総合経済対策」には、公庫融資の追加が盛り込まれた。同会議は、プラザ合意後の円高対策のために、一九八五年一〇月に「第一次内需拡大策」を決定し、「円レートの動向と国内経済に及ぼす影響に注意しつつ弾力的な政策運営を行うとともに、民間活力を最大限に利用して内需拡大を図る」方針を出した。これに沿って、公庫融資の特別割増融資制度が創設され、さらに、追加供給と受付期間延長が決まった。同会議による一九八五年一二月の「第二次内需拡大策」では、公庫ローンに関し、融資対象面積区分の引き上げ、リフォーム融資限度額の引き上げ、賃貸住宅向け融資の敷地条件の緩和、特別割増融資制度による次年度予算戸数の追加などが決定した（本間 二〇〇四、住宅金融公庫 二〇〇〇a）。

なお、「第二次内需拡大策」は、持ち家促進の新たな手段として、住宅ローン減税を拡大する方針を示した。住宅取得控除制度は、一九七二年に創設され、一定条件を満たす新築住宅について、住宅ローンを使ったかどうかにかかわらず、小規模な税額控除を認めていた。続いて、住宅ローンの返済額をもとに減税額を算定する仕組みが一九七八年に導入された。これに比べ、内需拡大の方針にもとづき、一九八六年にスタートした住宅取得促進税制では、住宅ローン残高から減税額が算出され、控除額の最大値は、八六年では六〇万円であったのに対し、しだいに増え、九七～九八年では一八〇万円となった。

住宅金融公庫の住宅ローン供給を拡大する政策は、さらに続いた。経済対策閣僚会議は、一九八六年四月、九月に策定した第三次と第四次の「内需拡大策」（総合経済対策）で、公庫融資について、追加供給、受付期間の繰り上げ・拡大、金利引き下げ、特別割増融資の増額、融資対象住宅の面積上限の引き上げ、分譲住宅の譲渡価格の上限引き上げ、賃貸住宅の非住宅部分への融資実施などを決めた。同会議が策定した一九八七年五月の「第五次内需拡大策」（緊急経済対策）は、大型の財政措置をともない、公共投資の追加、減税、政府調達の緊急輸入に加え、公庫による住宅ローン供給の拡大を柱とした。公庫融資に関して、追加供給、金利引き下げ、融資限度額引き上げ、個人住宅建替えに対する割増融資、分譲住宅向け特別割増融資の増額、分譲住宅の譲渡価格の上限引き上げ、住宅改良の制度拡充、民間賃貸住宅へのステップ償還制度の導入などが実施された（本間 二〇〇四、住宅金融公庫 二〇〇〇a）。

バブル経済の拡大につれて、とくに大都市地域では、持ち家取得がますます困難になった。これに対応するため、東京・大阪圏での分譲住宅購入に住宅金融公庫の割増融資を供給する大都市加算制度が一九九〇年に創設された。多くの世帯にとって、持ち家をはじめて取得する「一次取得者」となることは、大都市ではほぼ絶望的なまでに難しくなった。このため、東京・大阪圏および名古屋圏の「一次取得者」（過去五年住宅非所有者）による共同住宅購入に公庫融資とそれへの加算を提供するはじめてマイホーム加算制度が一九九一年にスタートした。

内需拡大政策の文脈のなかで、住宅金融公庫の住宅ローン供給は、景気刺激の「エンジン」としての位置づけをいっそう強められ、融資増量と借入条件の緩和がたたみかけるように繰り返された。この結果、バブル経済のピークに向けて、住まいはいっそう金融化し、持ち家建設に対する公庫融資の影響力がさらに高まった。

住宅着工は、バブル期に増え、一九八五年では一二四万戸であったのに対し、九〇年には一七一万戸に達した（前掲図3－1）。とくに増えたのは、賃貸住宅の建設であった。その一因は、地価高騰のもとで、相続税対策として賃貸住宅を建てる世帯が増えた点にある。一方、持ち家の建設量は伸びていたが、増加の程度は、賃貸セクターに比べると、小幅であった。住宅着工戸数に対する公庫住宅戸数の比率は、一九八〇～八四年に三五・〇％まで上がっていたのに対し、八五～八九年では二六・九％に下がった（前掲図4－3）。しかし、持ち家セクターのなかでは、公庫融資の影響力は上昇した。持ち家着工戸数に占める公庫持ち家の割合は、一九七〇～七四年では一九・六％であったのに比べ、七五～七九年では三一・〇％まで増え、八〇年代では五割近くの水準で推移した。さらに、公的資金による住宅着工では、公庫住宅戸数の比率が増え続け、一九八五〜八九年に八〇・七％におよんだ。住宅政策の枠組みのなかで公庫融資は突出して重要な位置を占め、それが持ち家市場を左右する力が強まった。これに関連して、バブル期では、内需拡大のために、機動力をもつ財政投融資が重視され、その対一般会計比は、一九八九年度に五三・四％まで上がった（前掲図4－1）。財投計画（当初）の使途別資金構成では、住宅が大きな位置を占め、その割合は、一九八〇年代を通じて、二三・一％〜二六・四％で推移した（前掲図4－2）。

破綻の果てに

バブル経済は、一九九〇年代初頭に破裂した。株価は、一九九〇年大発会で下落し、それ以降、大幅に下がった。続いて、同年秋頃から、地価が低下しはじめた。地価バブルが東京からはじまり、他の大都市、そして全国に広がったように、バブル破綻もまた、東京からスタートし、他地域におよんだ。地価公示から住宅地での対前年度比をみると、東京都区部では、一九八九年に五・二％の下落を示し、九〇年と九一年にわずかなプラスに転じた後に、九二年、九三年に一三・三％、二二・二％の低下を記録し、大阪市、名古屋市では、一九九二年にマイナスに転じ、それぞれ一八・六％、一三・二％の下落となった。ひとたび低下しはじめた地価は、長期にわたって下がり続けた。

バブルは、経済条件の実態から分離した異常な水準に資産価格を押し上げる。バブルが膨らんでいるときは、資産価格の高騰が経済条件から説明がつくのかどうかはわからない。バブルは、それが破裂してはじめて、バブルであったと認識される。経済企画庁（現・内閣府）による一九九三年七月の年次経済報告（経済白書）には、「今でこそ当時バブルが発生していたということは常識化しているが、現にバブルの渦中にあった時は、それがバブルであるという認識が定着していたわけではなく、その経済的諸影響についても様々な議論があった。しかし、九〇年以降の資産価格下落は、それに先立つ資産インフレの姿を改めて浮き彫りにする結果となった」と書かれた。

不動産バブルを破裂させた直接の力は、金融面での政策対応であった。地価の異様な高騰に対処するため、一九八七年一〇月に閣議決定となった緊急土地対策要綱では、投機的土地取引に対する金融機関の融資自粛などが定められた。大蔵省(現・財務省)は、投機的融資を排除するために、金融機関に特別ヒアリングと指導を実施した。しかし、土地関連融資の伸びは、貸出総量の伸びを上回ったままであった。このため、大蔵省は、土地関連融資の「総量規制」を実施する通達を一九九〇年四月に出し、不動産業向け融資の伸び率を貸出総量のそれ以下にすることを金融機関に要請した。この規制は、翌年一二月まで続けられた。一方、日本銀行は、一九八九年五月から九〇年八月にかけて、公定歩合を五回にわたって引き上げた。不動産融資はバブル経済の「燃料」であった。金融緩和によって不動産融資が増え、バブルが膨れあがった。土地関連融資の「総量規制」と金利引上げによって、「燃料」供給は途絶し、バブルはひとたまりもなく崩壊した。

不動産バブルの破綻が金融システムにはかりしれないダメージを与え、厳しい不況をもたらしたことは、知られているとおりである。バブル期の金融機関は、土地価格の上昇を条件とし、不動産担保融資を大量に供給した。バブル破綻後の地価下落は長期におよび、膨大な債権が回収困難となった。前代未聞の規模に膨れあがった不良債権は、金融機関の破綻の連鎖を招いた。信用収縮によって資金調達がより難しくなったことから、企業倒産と失業が増え、雇用と収入はより不安定になった。労働力調査の結果によれば、一九九〇年に二・一%であった完全失業率は、二〇〇二年に五・四%まで上がった。

ポストバブルの住宅価格は下がり続けた。これは、住宅所有の経済条件を根本から転換する意味を有していた。戦後の住宅価格はほぼ一貫して上昇し、持ち家は含み益を生んでいた。住宅インフレーションは、多くの世帯を持ち家市場に入らせる要因となった。これに比べ、ポストバブルの住宅価格はデフレーションに見舞われた。持ち家は膨大な含み損をもたらし、その資産価値の安全は損なわれた。住宅価格の低下は持ち家購入をより容易にするという想定がありえる。しかし、ポストバブルの雇用・収入の不安定化のために、多くの世帯にとって、持ち家取得の経済条件は改善しないどころか、さらに悪化した（Hirayama, 2010a）。

金融不安は、一九九〇年代半ばから拡大し、東京協和信用組合と安全信用組合の破綻（九四年）、コスモ信用組合と木津信用組合に対する業務停止命令（九五年）、さらに、戦後初の銀行破綻となった兵庫銀行（第二地方銀行）の破綻（九五年）、阪和銀行（第二地方銀行）に対する業務停止命令（九六年）をともなった。続いて、一九九七年には、都市銀行の北海道拓殖銀行、四大証券会社を構成していた山一證券、準大手証券会社の三洋証券、さらに、第二地方銀行の徳陽シティ銀行が破綻にいたった。都市銀行と四大証券会社の一角までが破綻したことは、戦後経済の重大な変化を意味し、社会に衝撃を与えた。この状況に対し、金融機能早期健全化法（金融機能の早期健全化のための緊急措置に関する法律）および金融機能安定化法（金融機能の安定化のための緊急措置に関する法律）が一九九八年に制定され、破綻危険のある金融機関に対する公的資金の注入を可能にした。長期信用銀行であった日本長期信用銀行と日本債券信用銀行は、大量の不良債権をかかえ、経営破綻に陥ったことから、一九九八年制定の金融再生法（金融機能の再生のための緊急措置に関する法律）にもとづき、特別公的管理銀行として一時国有化となった。

先述のように、一九七〇年代に設立された住宅金融専門会社は、母体金融機関からの融資をもとに住宅ローンを販売したノンバンクである。銀行などは、一九八〇年代頃から、大企業からの資金需要が減ったことから、自身の住宅ローン販売を拡大した。住専は、母体銀行に比べ、高金利の融資しか供給できないため、住宅ローン市場で不利な位置に追いやられた。この結果、住専のおもな事業は、オフィスなどの不動産に対する融資にシフトした。住宅金融公庫の融資拡大もまた、住専を住宅ローン市場から排除する効果をもっていた。住専の母体金融機関は、優良な顧客には自身で融資し、住専には優良とはいいがたい顧客を扱わせた。不動産融資の「総量規制」は住専を対象外とし、関連する行政指導の対象から農林系金融機関は除外された。このため、不動産バブルがピークに達し、「総量規制」がはじまった時期になってなお、農林系金融機関から住専、そして不動産へと資金が流れ込んだ。これらの要因から、バブル破綻に続いて、住専八社のうち七社の不良債権が大規模に膨れあがった。その処理のための法律は、一九九六年に制定された。大蔵省（現・財務省）の天下り機関であった住専は、ずさんな融資・経営から破綻し、その処理は公的資金を使用することから、激しい非難を浴びせられた。

ポストバブルの不況に対応するため、一連の経済対策が打たれた。そこでは、住宅金融公庫のローン供給が中心手段となった。バブルが拡大しても、破綻しても、公庫融資が経済施策の中心となった。日本銀行は、一九九一年七月に金融緩和に転じた。公定歩合は、九回にわたって下げられ、一九九五年九月には、とうとう〇・五％という歴史的に低い水準となった。これ以降、超低金利の時代が続いた。

経済対策閣僚会議は、一九九二年三月に「緊急経済対策」を決定した。これは、先述の「第五次内需拡大策」が円高不況対応として一九八七年五月にまとめられて以来、約五年ぶりに決まった経済対策であった。住宅金融公庫の住宅ローンについては、特別加算額引き上げ、大都市加算額引き上げなどが講じられた。これを皮切りとし、政府は一一度におよぶ経済対策を打ち、公庫融資の供給拡大と条件緩和を繰り返した。たとえば、公庫の住宅ローンについて、「総合経済対策」（一九九二年八月）では、追加供給、受付期間延長、特別加算額引き上げ、融資対象住宅の面積上限引き上げなど、「新総合経済対策」（九三年四月）では、追加供給、受付期間延長、マンション・建売住宅の融資常時受付、一定規模以上の住宅に対する基本融資額引き上げ、特別加算額引き上げなど、「緊急経済対策」（同年九月）と「総合経済対策」（九四年二月）では、供給追加が決められた。アメリカ経済の停滞を背景とする為替レートの変動によって、急激な円高が進み、一九九五年四月に対ドル円の史上最高値（一ドル＝七九円）が記録された。後述のように、一九九五年一月に起こった阪神・淡路大震災は、甚大な住宅被害をもたらした。この状況のもとで、公庫融資に関して、「緊急円高・経済対策」（一九九五年六月）は災害復興関連の事業追加、「経済対策」（同年九月）は追加供給、リフォーム限度額引き上げなどを決定した。続いて、公庫ローンのあり方について、「二一世紀を切りひらく緊急経済対策」（九七年一一月）では、特別加算額引き上げ、返済能力の十分な者に対する融資限度割合の臨時撤廃など、「総合経済対策」（九八年四月）では、追加供給、民間賃貸住宅の敷地規模下限引き下げなど、「緊急経済対策」（同年一一月）では、土地費融資拡充など、「経済新生対策」（九九年一一月）では、追加供給、ファミリー賃貸住宅融資への土地費融資の導入、修繕工事融資の限度額引き上げなどが矢継ぎ早に実施された（本間 二〇〇四、住宅金融公庫 二〇〇〇a）。

一方、景気対策の範囲を越える政策文脈のなかで、持ち家促進にもとづく経済施策が展開した。アメリカとの貿易不均衡の削減を主題とする日米構造問題協議は一九八九～九〇年度に開催され、社会資本整備促進のための公共投資基本計画が九〇年六月に閣議了解された。その目標の一つは、住宅ストックの規模拡大で、二〇〇〇年を目途に平均延床面積を一〇〇㎡程度まで上げるとされた。これは、第六期住宅建設五箇年計画（一九九一～九五年度）の内容に反映した（住宅政策研究会 一九九二）。さらに、持ち家水準の改善に向けて、大都市加算制度を廃止したうえで、それに比べ、加算額を増やし、東京・大阪圏に名古屋圏を対象に加えたゆったりマイホーム加算制度が一九九三年に設けられた。宮澤喜一内閣（一九九一～九三年）では、「生活大国」への変革をめざす生活大国五か年計画が一九九二年六月に閣議決定され、大都市圏の勤労者による年収五倍程度の負担での持ち家取得を可能にしようとする対策が図られた。具体策の一つとして、住宅金融公庫のステップ償還制度を拡充し、当初五年間の返済負担をさらに引き下げるゆとり返済制度が一九九三年につくられた。

小渕恵三内閣（一九九八～二〇〇〇年）が一九九九年一月に閣議決定した生活空間倍増戦略プランは、長期化する経済停滞と金融システムの不安定さを乗り越えるために、生活空間の倍増に投資する方針を示し、住まいについては、向こう五年で一人当たり床面積を欧州並みの水準（四〇㎡）に引き上げることを目標とした。住宅関連の具体策は、住宅金融公庫ローンの借入条件の緩和、住宅ローン減税の拡充とされた。同戦略プランの検討が進んでいた一九九八年一〇月に「住宅金融公庫等の融資に関し緊急に講ずべき対策について」が閣議決定され、金利引き下げとともに、生活空間倍増緊急加算の実施が決定した。さらに、住宅取得促進税制を改変した住宅ローン税額控除が一九九九年一月から二〇〇一年六月まで実施され、その最大控除額は五八七・五万円にまで大規模化した（佐藤ほか二〇一〇）。

ポストバブルの経済を刺激するために、持ち家促進の施策が続いた。この結果、持ち家市場に対する住宅金融公庫の影響力はさらに高まった。公庫住宅の着工戸数は、一九九四年に史上最高の約六七万戸に達した。持ち家着工のなかで、公庫着工戸数はほぼ半分を占め、その割合は、一九九〇～九四年では五〇・四%を示し、九五～九九年では、少し下がったとはいえ、四八・四%と高い水準を維持した（前掲図4－3）。公庫住宅の着工戸数が公的資金着工に占める割合は、一九九〇～九四年では八三・五％、九五～九九年では八二・二％と八割を超えた。これは、住宅政策と公庫融資がほとんど同義になったことを意味した。

ポストバブルの経済対策では、生活大国五か年計画、日米構造問題協議などの文脈から社会資本整備が拡大し、財政投融資の対一般会計比は一九九五年度に六七・九％まで上がった（前掲図4－1）。この枠組みのなかで、公庫住宅建設を中心とする住宅対策が重視され、財投計画（当初）の使途別資金構成では、住宅の比率がさらに上昇し、一九九五年度では二九・五％、翌九六年度では二九・四％とほぼ三割になった（前掲図4－2）。

資本主義経済の危機に対応しようとする先進諸国の多くは、政府だけではなく、個人に債務を負わせる方針をとる（Streeck, 2014）。この傾向は、ポストバブルの日本に鮮明に現れていた。個人債務をつくったのは、おもに住宅ローンである。バブル破綻の果ての日本では、多数の人びとを住宅ローン利用に導き、マイホーム購入を促進することで、経済回復を刺激しようとする政策が執拗に続けられた。住宅金融公庫の融資拡大をめざす施策のリストは、同じような内容――融資の追加供給、融資限度額引き上げ、金利引き下げ、融資要件緩和、募集期間延長……――を繰り返し掲載し、異様に長くなった。それは、「民営化されたケインズ主義」および「住宅価格ケインズ主義」にもとづく政策アイテムの一覧であった（Crouch, 2011 ; Watson, 2010）。これらの政策は、経済衰退をくいとめることを期待された。しかし、他方で、暗黙のうちに、少しずつ重要になっていたのは、住まいを金融化し、持ち家取得をひたすら促進するシステムは維持可能なのかどうか、もうすぐ壊れるのではないか、という問いであった。

第5章　市場化する社会、その住宅システム

――一九九〇年代半ば～

ワシントン村、兵庫県三田市（1997年10月撮影）

住宅システムの第三期を特徴づけたのは、新自由主義の影響の増大である。住まいの政策・制度を変化させるイデオロギーの力は、それ自体として成り立つのではなく、マテリアルな条件の変容に関連づけて理解される必要がある。住宅システムの第二期において、その「日本型」の特質――国家介入による持ち家促進とその金融化、経済対策の手段としての住宅政策の位置づけ、メインストリーム社会のための住宅改善の重視、家族・企業・持ち家を基盤とする〝日本型福祉社会〟との密接な関係、低所得者向け住宅対策の残余化――は、より鮮明になった。そして同時に、戦後住宅システムを支えていた人口・経済条件は、しだいに失われた。人口と世帯の増加幅は縮小し、成長率は下がった。持ち家建設が景気を刺激し、中間層を安定させる力は弱まった。不動産バブルの発生・破綻によって、住宅政策の旧来の経済環境は崩壊した。「日本型」の住宅システムが成立し、同時に、その条件が解体しはじめたことが、住まいに関する政策・制度の転換のあり方に対する新自由主義の影響力を高める効果を生んだ。

政府は、一九九〇年代半ばから、経済・社会政策の運営について、新自由主義にもとづく方針をより明確に打ちだし、市場経済の拡大と規制緩和、競争関係の強調、「大きな政府」の削減と地方分権などをめざす改革を推進した。この枠組みのなかで、住宅政策は大幅に縮減され、住宅金融公庫法（一九五〇年）、公営住宅法（五一年）および日本住宅公団法（五五年）による住宅供給の伝統的な「三本柱」はあらかた解体した（平山 二〇〇九：Hirayama, 2007a, b, 2014a: 本間 二〇〇四）。住宅システムは急速に市場化し、住宅と住宅ローンの大半は市場メカニズムにゆだねられた。新たな住宅政策を運営する政府は、住まいの私有化、商品化、金融化、そして市場化を推進し、低所得者向け住宅供給をさらに縮小した。この章では、住宅システムの大胆な転換がどういう内容をもち、住まいの戦後史をどのように分節したのかをみる。

危機と改革

新自由主義の台頭は、資本主義社会の危機に対する反応としての側面を多分にもつ。先進諸国では、一九七〇年代初頭のオイルショックなどの一連の危機から経済が停滞し、ケインズ主義の政府介入と福祉国家に対する批判から新自由主義を支持する勢力が拡大した。この延長線上で、イギリスのサッチャー首相、アメリカのレーガン大統領は、大がかりな政策改革を一九八〇年代に推し進めた。日本では、一九七〇年代から八〇年代にかけて、成長率が下がったとはいえ、欧米諸国に比べれば、相対的に強い経済が保たれた。そこでの政策実践は、新自由主義の傾向をみせはじめていたが、同時に、開発主義の伝統の枠組みのなかに位置したままであった。中曽根政権は三公社を民営化し、行政改革を進めようとした。その一方、内需拡大に向けて公共投資を拡大し、住宅建設を推進する政策が続いた。バブル破綻は金融システムをぐらつかせ、経済変化の分水嶺となった。これに対し、政府は、公共投資と住宅建設の促進という伝統手法による景気対策を講じた。

しかし、ポストバブルの経済・政治危機は、旧来の経済対策に対する信頼を低下させ、市場重視の政策形成を刺激した。経済の不安定さは、一九九〇年代後半の金融危機によって、かつてなく深刻になった。東南アジア諸国と韓国に大規模な経済混乱をもたらした一九九七年のアジア通貨危機が日本に与えた直接の影響は限られていた。しかし、この危機は、日本の金融・経済環境をさらに不安定にした。政府の財政事情は、悪化し続けた。国債発行は、一九七〇年代半ばから増大し、八〇年代に減りはじめたが、しかし、九〇年代には、ふたたび増加した。建設国債の発行は減少または停滞したのに対し、特例国債（赤字国債）の発行規模が拡大した。この結果、一九九五年度では、公債残高は二二五兆円、その対GDP比は四三・六％であったのに対し、それぞれの数字は、二〇一八年度には、八八三兆円、一五六・四％にまで増大した。自由民主党は、結党以来はじめて一九九三年に政権を失い、日本新党の細川護熙、続いて新生党の羽田孜が率いる連立政権が成立した。翌一九九四年の自民党の政権復帰は日本社会党、新党さきがけとの連立にもとづき、社会党の村山富市が首相となった。自民党は、新自由クラブとの連立をつくった第二次中曽根内閣の時期を除けば、単独で長期政権を担ってきた。このパターンの崩壊は、政治構造の再編がはじまったことを表した。東アジア諸国は急速な経済発展をとげ、東欧諸国と旧ソ連では、社会主義体制が崩壊し、市場経済が導入された。資本主義経済のグローバル化につれて、新自由主義のイデオロギーはより広域に普及し、日本の政策形成に影響した。

経済・政治危機のなかで、細川首相は、政策改革の検討のために、臨時行政改革推進審議会に代わる諮問機関として、経済団体連合会会長の平岩外四を座長とする経済改革研究会を一九九三年九月に組織した。この研究会による同年一二月の中間報告書「規制緩和について」（通称「平岩レポート」）は、「経済的規制」を緩和し、市場経済の原則を適用する領域を拡大すると同時に、国民の生命、健康、財産などに関連する領域については、「社会的規制」を最小限にし、自己責任を原則とする政策形成を提案した。さらに、この報告書は、公的規制に関連する既得権益を排除し、規制緩和に対する官僚機構の抵抗を除去する必要を主張した。

橋本龍太郎首相の第二次内閣は、連立政権を組んでいた社会民主党と新党さきがけの離脱によって、一九九六年一一月にスタートし、「橋本六大改革」——行政改革、経済構造改革、金融システム改革、社会保障構造改革、財政構造改革、教育改革——に取り組んだ。ここで多用された「構造改革」という言葉は、日本では、新自由主義の改革を含意する。橋本首相は、政権設立の直後に組織した行政改革会議と、すでに設立されていた行政改革委員会、地方分権推進委員会を運営し、新たな政策づくりを推進した。行政改革の領域では、中央省庁の再編、公務員の削減、公的機関の独立行政法人化などの重要事項が迅速に決定した。新自由主義の政策改革を構成する中心要素の一つは、金融システムの自由化である。イギリスのサッチャー首相は、〝ビッグバン〟と呼ばれる証券制度改革を一九八六年に実施した。橋本政権は、拡大するグローバル経済のもとでの日本経済の再生をめざし、日本版ビッグバンによる金融システムの規制緩和に着手した。

新自由主義の政策改革は、一直線に進展したのではない。ポストバブルの金融不安と経済衰退、雇用・収入の不安定化のなかで、市場経済の規制を緩め、ケインズ主義の景気対策を減らすことは、人びとのセキュリティを傷つけ、社会安定を損なうと考えられた。市場領域を拡張しようとする政策は、そこに参加できないグループの困窮に対応する必要に直面せざるをえない。ここから生成するのは、新自由主義の社会・経済秩序を整えるための国家介入の必要についての認識である。市場領域を拡大し、自由化する一方で、景況を下支えし、社会のセーフティネットをつくる施策の立案・実践が政府に新たに期待された。

この点は、一九九八年七月に成立した小渕恵三内閣の時期からより明確になった。財政構造改革法(財政構造改革の推進に関する特別措置法)は、橋本政権のもとで一九九七年に制定され、財政健全化のために、赤字国債の発行を制限した。しかし、山一證券などが破綻する異様な状況のなかで、小渕内閣は、同法を凍結し、大規模な景気対策を打たざるをえなかった。首相は、経済危機を突破する方策の検討のために、経団連副会長の樋口廣太郎を議長とする経済戦略会議を一九九八年八月に設置した。その答申「日本経済再生への戦略」は一九九九年二月に出され、「健全で創造的な競争社会」を形成する必要を主張し、具体策として、不良債権処理、金融システム改革、国際競争力のある産業の再生、インフラストラクチャへの投資と地域再生などを求めた。ここには、市場競争の規制を緩和し、経済再生を実現するために政府は重要な役割を受けもつという考え方が表れている。住宅金融専門会社の処理に浴びせられた強い批判が示唆するように、不良債権をかかえた金融機関に対する公的資金の注入は、政治リスクをともなった。しかし、小渕内閣のもとで、多くの銀行に大規模な公的資金が投入された。

新しい世紀に入り、二〇〇一年四月に発足した小泉純一郎内閣は、「聖域なき構造改革」を目標にかかげ、新自由主義の政策転換をより強力に推進しようとした。橋本政権下の行政改革会議は、内閣機能の強化のために、内閣全体の観点から政策立案を調整する新たな合議制機関として、経済財政諮問会議の設置を決め、その運営は、森喜朗内閣（二〇〇〇〜〇一年）の時期からはじまっていた。小泉首相は、この会議を用い、「骨太の方針」（二〇〇一年の「今後の経済財政運営及び経済社会の構造改革に関する基本方針」、〇二年以降の「経済財政運営と構造改革に関する基本方針」）の策定によって、トップダウンの政策改革を迅速に展開した。小泉首相の主導力を首相個人の力量に関連づける見方があった。しかし、その力が立脚したのは、行政改革が用意した新たな制度にほかならない。小泉内閣の政策実践は、特殊法人改革から政策金融機関再編、規制改革、地方分権に関連する財政改革、郵政事業の民営化にいたるまで、広い範囲におよんだ。しかし、新自由主義の政策実践は、一気には進まなかった。財政健全化のために、最初の「骨太の方針」は国債発行の抑制を目標とした。しかし、長引く経済停滞のなかで、景気刺激のための政策介入が要請され、経済財政諮問会議は補正予算を認めざるをえなかった。不良債権処理は重要課題とされた。これに関し、りそな銀行に公的資金が注入され、破綻の危険をかかえる銀行を救済する措置がとられた。

世界金融危機は二〇〇七〜〇八年に発生し、グローバル化した金融システムのメルトダウンは多くの国に深刻な不況をもたらした。新自由主義の住宅システムは持ち家の金融化を促進し、不動産バブルの発生・破綻をともなう。バブル依存のサブプライム・ローン販売が増えていたアメリカでは、バブル破綻がサブプライム・グループの債務不履行に直結した。サブプライム・ローンの大半は証券化され、他の金融商品との混ぜ合わせによって、複合証券に加工されていた。住宅ローンの市場は、その証券化によって、金融市場一般に統合される。サブプライム・ローン関連証券はグローバルに拡散していたことから、アメリカのバブル破綻の影響は、国内にとどまらず、多数の国におよび、住宅ローン市場の範囲内ではおさまらず、より広域の金融市場に波及した。

世界金融危機は、新自由主義の金融・経済と国家介入の関係についての再考を不可避にした。多数の国において、危機に対処するために、中央銀行が金融市場に介入し、政府は経済対策に取り組んだ。金融・経済の自由化は、野放しでは成り立たず、国家の制度フレームを必要とするという見方が強まった。新自由主義の政策実践に対する批判は拡大した。しかし、新自由主義に代わる新たなイデオロギーは現れず、その「奇妙な不死」(Crouch, 2011) のもとで、金融・経済と国家の新たな関係が模索された。

日本の経済・政治は、さらに不安定になった。日本では、住宅ローン証券化は発展途上で、小さな市場しか形成していなかったことから、サブプライム・ローン破綻の直接のインパクトは限られていた。しかし、世界金融危機による欧米の不況は、日本の輸出経済を直撃した。これを背景とし、二〇〇九年八月に民主党政権が成立し、自民党は下野した。民主党政権には、新自由主義の傾向が明確に認められた。この政権が制度化した農業者戸別所得補償、子ども手当などが社会民主主義を反映するととらえる見方があるとすれば、それは的確ではない。これらの制度は、農業市場、労働市場などの自由化を進めるためのセーフティネット形成を意味した。

第一次内閣（二〇〇六年九月～〇七年九月）が短命に終わった安倍晋三首相は、第二次内閣を二〇一二年一二月に構成し、金融緩和、財政支出、成長戦略の「三本の矢」による「アベノミクス」を開始した。これに沿って、日本銀行は、金利引き下げが限界に達していたことから、資金供給量を増大させる量的緩和のスケールを引き上げ、さらに、長期国債、上場投資信託などのリスク性資産を大量に買い入れる質的緩和に踏みきった。安倍政権の経済政策は、市場経済の拡大をめざす点で、新自由主義の傾向をみせる。しかし、「アベノミクス」の内容は、非伝統的な「量的・質的金融緩和」と財政出動という大規模な国家介入のもとでしか金融・経済が成り立たない状況を反映した。この意味で、ポストバブルの危機から台頭した市場重視の政策は、危機を克服したとはとうていいえず、むしろ新自由主義の改革が大がかりな国家介入を必要とすることを明らかにした。

人口・経済の転換

前世紀の末頃から〝成長後〟の段階に入った日本では、人口の減少・高齢化、経済の長い停滞によって、持ち家社会の旧来の条件が失われた（Hirayama and Izuhara, 2018）。この危機は、住宅システムの運営を新自由主義の方向に傾け、同時に、新たな住宅システムを脆弱なままで推移させた。持ち家促進を重視する住まいの戦後システムは、人口が増え、経済が発展し、中間層が増え、持ち家需要が拡大し、住宅建設が経済をさらに刺激するというサイクルにもとづいていた。このサイクルの消失によって、持ち家社会は不安定化し、そこに新たなイデオロギーが引きよせられた。イデオロギーの力は、それ自体として増大するのではなく、社会が直面する何らかの危機を触媒として拡大する。そして同時に、人口・経済条件の変化は、新しい住宅システムの発展をはばんだ。新自由主義の住宅システムは、住まいの商品化と金融化、そして市場化をめざしたが、しかし、人口・経済の転換は、住宅と住宅ローンの市場拡大をより困難にした。

さらに、住宅システムの市場化は、住まいのあり方を変数とする社会の再階層化を促進した。戦後日本の政府は、持ち家取得に支援を集中するシステムを組み立て、住宅所有に到達するグループと賃貸セクターにとどまるグループを階層化すると同時に、より多くの世帯を住宅所有に導くことで、中間層を核とするメインストリーム社会を膨らまし、人びとの階層化を緩和しようとした。しかし、人口・経済が成長後の段階に入った社会では、住まいと住宅ローンを市場経済にゆだね、住宅関連の公的支援を減らす政策は、社会を再階層化に向かわせる。

日本の人口は、二〇〇八年に一億二八〇八万というピークに達し、微減・微増の後、一一年から減り続けている。人口増の幅は、一九七〇年代半ばからすでに縮小に向かっていた（前掲図3-3）。過去五年での人口増は、一九七五年では七二七万に達していたのに比べ、八五年では三九九万、九五年では一九六万と急減し、二〇〇五年に八四万まで減った後に、一五年ではマイナス九六万となった。世帯数は、依然として増えているとはいえ、増加幅は縮小した。その過去五年での増加数は、一九九五年では三〇七万であったのに対し、二〇一五年では一五〇万まで減った（前掲図3-3）。

少子化は、人口減の直接の原因となった。合計特殊出生率は、一九七〇年代半ばから下がり続け、八九年には、それまでの最低値である一・五七を記録し、社会に「一・五七ショック」をもたらした。この数字はさらに低下し、二〇〇五年に史上最低の一・二六となった。その後、出生率は少し上昇したが、一四年では一・四二、一五年では一・四五と低い水準で推移した。人口変化は、高齢化をともなう。超高齢社会とは、高齢者人口の比率が二一%を超える社会をさす。日本は、二〇〇七年に超高齢の段階に入った。高齢者人口率は上がり続け、二〇一八年には二八・一%となった。将来に向けて、

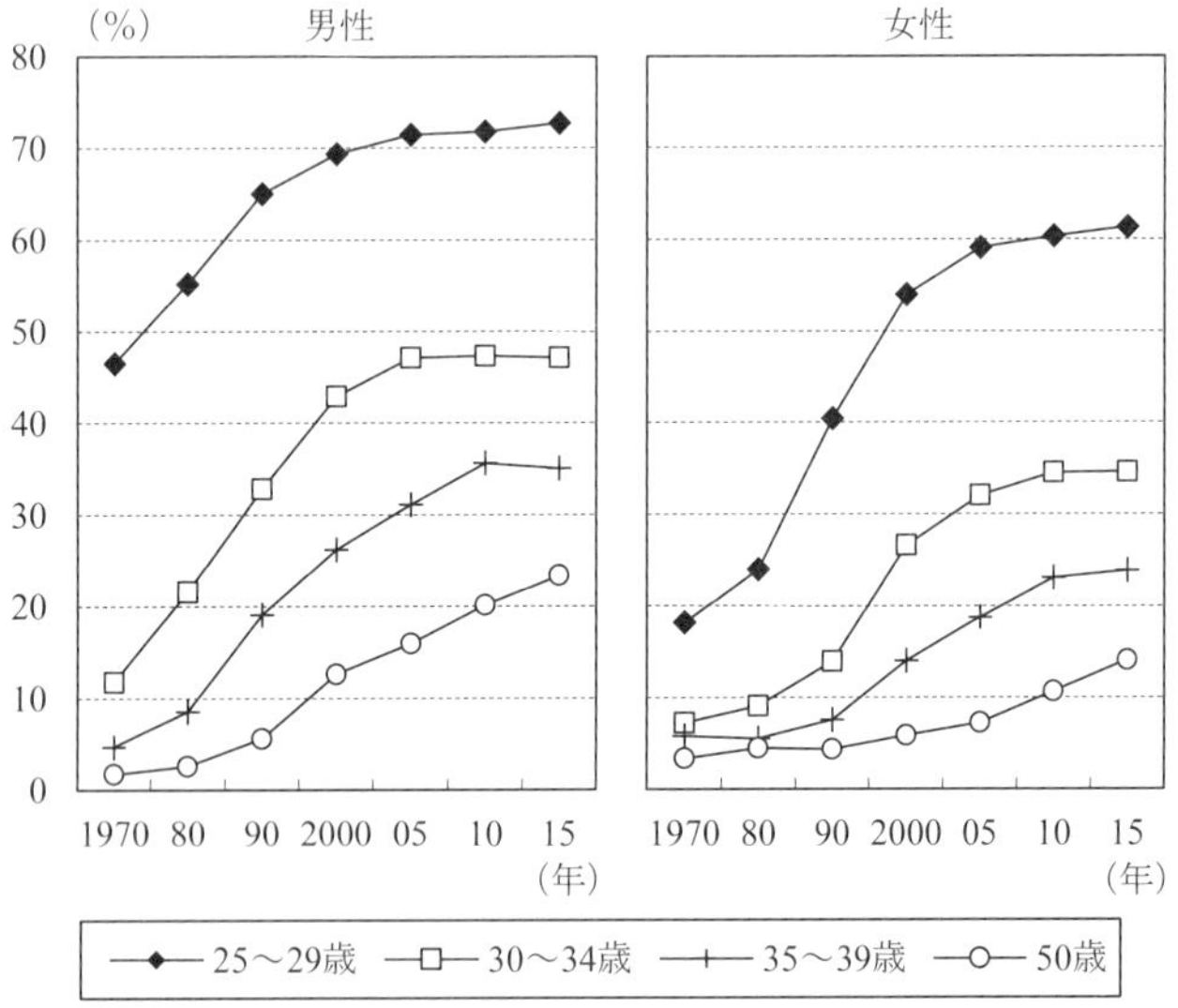

注）1）50歳の未婚率は、45～49歳と50～54歳の未婚率の平均（両者を足して２で除した）値。
2）不明を除く。
資料）『国勢調査報告』より作成。

図５－１　性・年齢別　未婚率の推移

人口はさらに減少し、高齢化がさらに進むと予測されている。国立社会保障・人口問題研究所の二〇一七年の推計（出生・死亡中位推計）によると、二〇六五年には、人口は八八〇八万まで減少し、高齢者の割合は三八・四％に上がる。同研究所は、世帯数は二〇二三年から減りはじめると一八年に予測した。

人口変容に並行して、結婚と世帯構成が変化した。国勢調査によると、若いグループの未婚率が上昇し、たとえば三〇～三四歳での未婚率は、一九八〇年から二〇一五年にかけて、男性では二一・五％から四七・一％、女性では九・一％から三四・六％に上がった（図5－1）。同一年齢層の男女を比べると、女

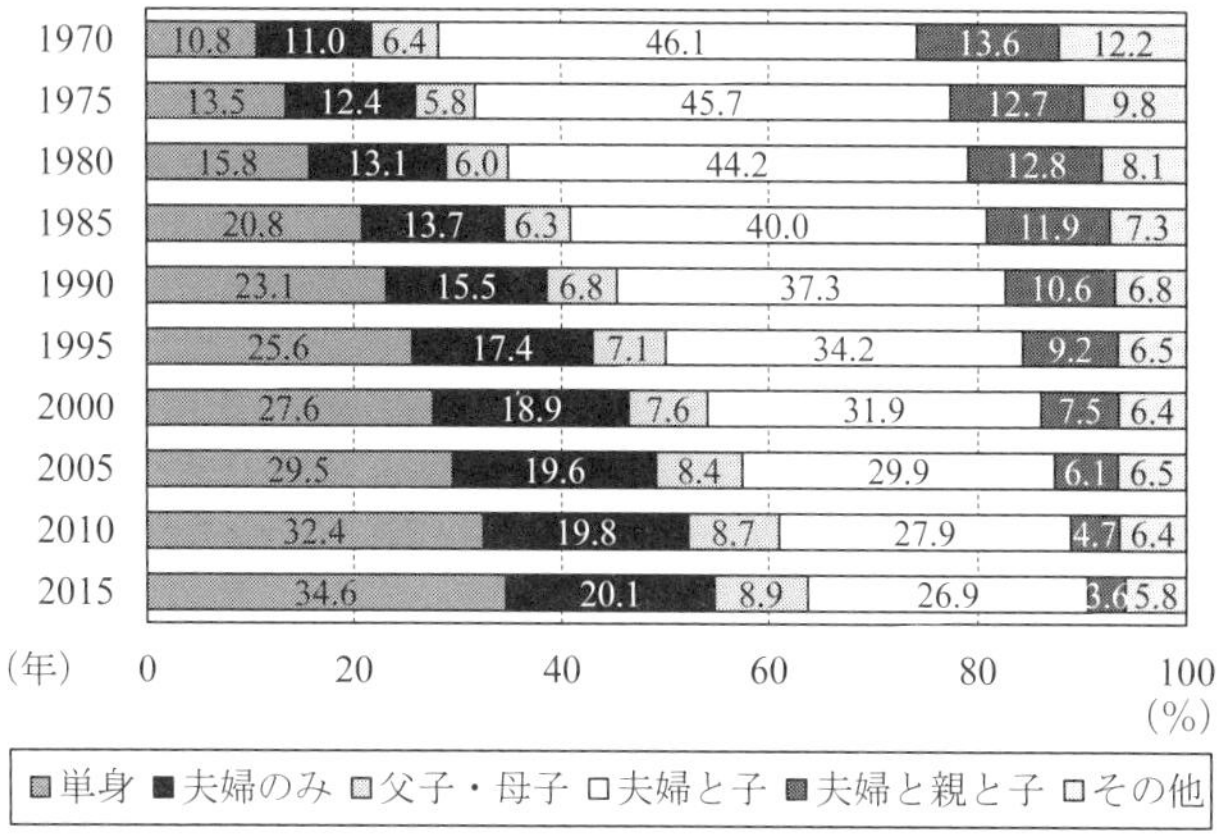

注）1）1980年以前は普通世帯、1985年以降は一般世帯について集計。
2）不明を除く。
資料）『国勢調査報告』より作成。

図５－２　家族類型の推移

性より男性の未婚率が高い。日本では、婚外子が少なく、結婚の減少は少子化の主因となった。若年層の未婚率は、二〇〇〇年代に入ると、上昇速度を下げ、高い水準のままで安定しはじめた。一方、生涯未婚の人たちが増加した。日本の統計システムでは、五〇歳時の未婚率（四五〜四九歳未婚率と五〇〜五四歳未婚率の平均値）が「生涯未婚率」とされる。その二〇一五年の値は、男性では二三・四％、女性では一四・一％まで上がった（図5－1）。結婚の減少は、世帯構成の変化に結びつく。全世帯のうち夫婦と子世帯が占める割合は、一九八〇年から二〇一五年の間に、四四・二％から二六・九％に減り、同じ期間に、単身世帯は一五・八％から三四・六％に増えた（図5－2）。国立社会保障・人口問題研究所は、生涯未婚率、単身世帯率はさらに増え、夫婦と子世帯はさらに減ると予測している。過去の若年層における未婚率の上昇は、近い将来の生涯未婚率の増加に反映する。

経済成長は、しだいに小幅になった。実質GDPの平均成長率は、高度成長期では一〇%におよんでいたのに対し、一九七〇年代では五%強、八〇年代では四%強に下がった。この値は、さらに低下し、一九九〇年代では二%に届かず、二〇〇〇年代には一%を下回った。経済の将来予測は、多くの因子を考慮に入れる必要があるため、人口予測などに比べて、はるかに難しい。しかし、予測者の多くは、おおむね共通して、高度成長が再現する確率は低いとみている。

減少する住宅需要

成長後の社会では、人口・経済変化のために、住宅需要は必然の縮小に向かい、住宅建設と経済拡大が刺激し合うサイクルの維持は、ほぼ不可能になる (Hirayama and Izuhara, 2018)。ポストバブルの住宅着工は、増減を繰り返しながら、しだいに縮小した (前掲図3-1)。その一年当たり戸数は、一九九〇~九四年での平均一五一万から二〇一〇~一四年の平均八八万に激減した。住宅ストックは増え続け、空き家が増大した。空き家率は、一九七八年の七・六%から九八年の一一・五%に増え、二〇一八年では一三・六%に上がった。戦後の住宅システムは、前述したように、「スクラップ・アンド・ビルド」方式にもとづいていた。住宅着工戸数に対する滅失戸数の比率であるスクラップ率は、一九七〇年代末から九〇年代初頭にかけて、五割前後という異様に高い水準で推移した。しかし、住宅ストックはしだいに安定し、大量の住宅滅失から住宅着工を拡大するというシステムは持続しなくなった。スクラップ率は低下し、一九九九~二〇〇三年では三八・五%、〇九~一三年では二九・二%となった (前掲表4-3)。結婚と世帯構成の変化によって、持ち家需要は減少する。日本では、大半の人たちは、結婚までマイホームを買おうとしない。持ち家取得と家族形成の強い結びつきが、

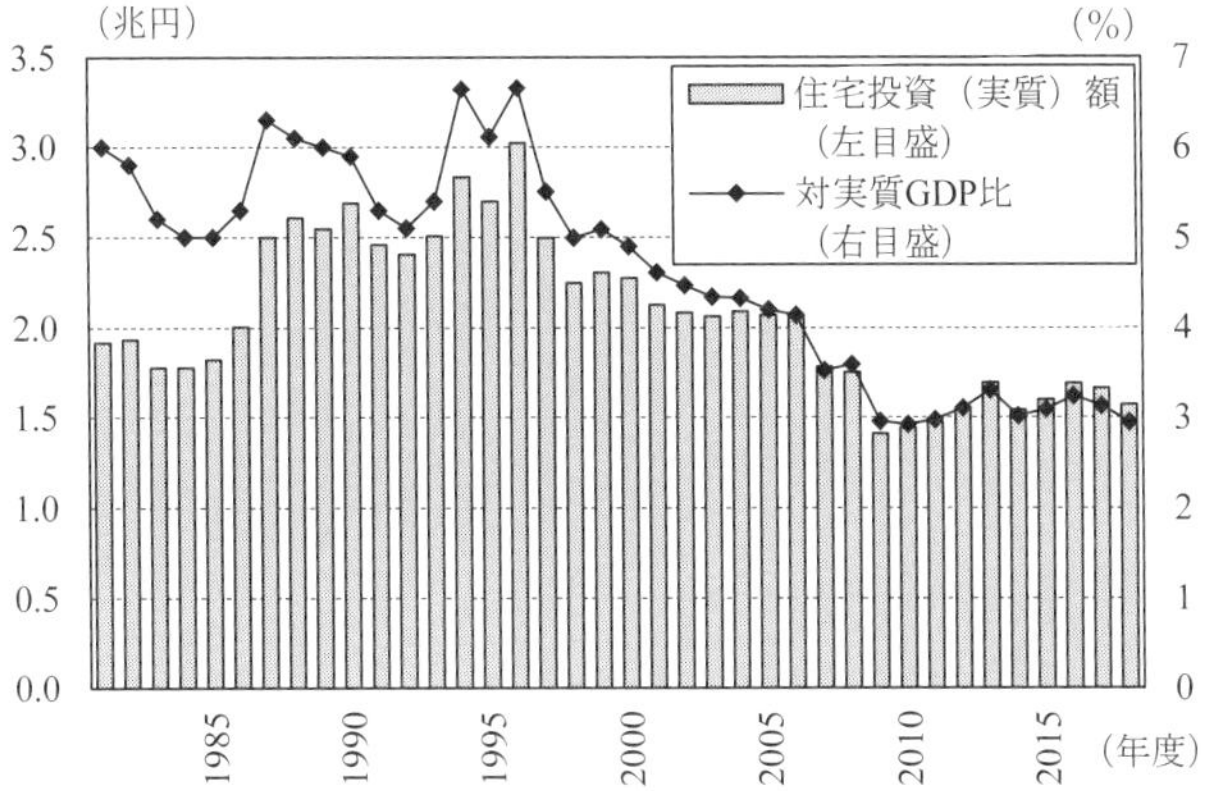

注）1）住宅投資額とGDPは、1993年度以前は「2009年度確報（平成12年基準・93SNA）」、1994年度以降は「2017年度年次推計（平成23年基準・2008NA）」の数値。
資料）『国民経済計算年報』より作成。

図５－３　住宅投資（実質）額の推移

日本の持ち家社会の特徴である（Hirayama and Izuhara, 2008）。このため、結婚が減ることは、住宅を購入しようとするグループの縮小を意味した。

なお、住宅の滅失戸数、スクラップ率は、一九九〇年代頃から減り続けていたが、二〇一四～一八年に急増し、それぞれ二八九万七〇〇〇、六二・〇％となった（前掲表４－３）。これらの値の変化は、近い過去の変化を反映せず、いわば唐突で、何を原因とするのかは明確にはわからない。しかし、空き家の大量化が住宅除却の再増大に結びついた可能性はある。住宅滅失とスクラップ率のこれからの推移に注目し、トレンドが変わったのかどうかをみていく必要がある。

住宅需要が減少し、空き家が増え、住宅着工が減ったことは、住宅投資の減退を反映・促進した。住宅投資額は、高度成長期では、高い水準で推移したのに対し、一九九〇年代半ばから減り続け、その対ＧＤＰ比は、一九九六年度の六・七％から二〇一〇年度の二・九％に下がった（図5－3）。戦後日本の政府は、住宅政策を経済刺激の手段として位置づけ、住宅建設の推進に注力した。ここには、住宅の新規建設から経済効果が生じるという想定があった。その一方、既存住宅の流通市場を育成する施策はほとんど打たれなかった。このため、住宅建設の減少が住宅投資の縮小に直結した。人口一〇〇〇人当たり住宅着工戸数（二〇一七年）をみると、アメリカでは、三・七、イギリスでは三・〇、フランスでは六・六であったのに対し、日本では七・六とより多かった。住宅建設が減りはじめたとはいえ、日本の住宅着工は欧米のそれより依然として大量であった。しかし、人口一〇〇〇人当たりの住宅投資額（二〇一六年）は、アメリカでの二一九万ドル、イギリスでの一五一万ドル、フランスでの二二九万ドルに比べ、日本では一二七万ドルと低かった（国土交通省住宅局住宅政策課　二〇一八）。欧米諸国では、既存住宅のリフォームに対する投資が大きく、それが住宅投資総額を高い水準に押し上げているのに対し、既存住宅市場が小さく、住宅ストック改善のための投資量が小規模なままの日本では、住宅建設が相対的に多いにもかかわらず、住宅投資総量は低水準になった。

ポスト成長社会では、「負の需要」の増大が住宅システムの新たな条件になる。三宅醇は、住宅需要と人口構造の関係を追究した建築分野の住宅学者として知られる。三宅（一九九一　一九九六）が人口・住宅の統計分析から発見した「負の需要」は、住宅市場の動態についての理解を発展させた。住宅システムの運営は、「正の需要」に対応する必要に根ざしていた。しかし、三宅は、何らかの年齢層の人口が減るとき、その年齢層に対応する型の住宅に関し、「負の需要」が発生し、空き家が多発すると指摘した。たとえば、前章で述べたように、公団賃貸住宅では、一九七〇年代に未入居空き家が増大した。これは、高家賃・狭小・立地不便の住宅が増えたためと説明された。これに加え、三宅は、公団賃貸住宅への需要を生む年齢層の縮小によって、「負の需要」が未入居空き家を増加させたという新たな説明を出した。住まいの「負の需要」は、成長後の時代では、より多くの年齢層、より多数の住宅型で増大し、より広範な住宅市場を停滞させる要因になる。

住宅システムの危機は、住宅所有にいたる「はしご」のぐらつきを反映・促進した。この点は、持ち家関連の住み替えの観察から把握される（前掲図3－2）。高度成長期では、「借家から持ち家」に移る世帯が増えた。その大半は、持ち家をはじめて建築・購入する「一次取得者」である。しかし、低成長期に入った一九七〇年代からバブル期にかけて、持ち家の一次取得は減った。「借家から持ち家」に移転した世帯は、一九七四～七八年での二一九万をピークとして減りはじめ、八九～九三年では一六六万となった。関連して、「親族の家から持ち家」に移った世帯の数は、ピークであった一九六九～七三年の五四四万から八九～九三年の二九万に減った。持ち家の一次取得が減少したのは、世帯増が小幅になったからである。さらに、住宅価格が上がり続け、バブル期に異様に高騰したことは、一次取得希望者の多くを持ち家市場から排除した。

ポストバブル期に入ると、持ち家の一次取得は増え、一九九九～二〇〇三年の「借家から持ち家」世帯、「親族の家から持ち家」世帯は、それぞれ二二四万、四三万となった。これは、ポストバブルの住宅価格が下がったうえに、大規模なコーホートである第二次ベビーブーマー（一九七一～七四年生まれ）が独立した世帯をつくる年齢に達したからであった。しかし、第二次ベビーブーマーは最後の大規模グループで、これに続くコーホートは小規模になった。世帯の増加幅は縮小し、経済停滞が続いたことから、「借家から持ち家」世帯と「親族の家から持ち家」世帯は、二〇〇〇年代には減少しはじめ、一四～一八年には一七四万と三〇万になった。

持ち家を取得した世帯の一部は、「はしご」のさらに上段をめざし、マンションから一戸建て住宅、小さな住宅から大きな住宅に住み替えようとする。バブル破綻までの持ち家は含み益をともない、その売却がもたらすキャピタルゲインは、より良質の持ち家への移転を可能にした。しかし、ポストバブルの住宅価格は低下し、持ち家の含み損が増大した。住宅資産の目減りは、「はしご」の上段への移動をさまたげた。キャピタルゲインは「はしご」登りの燃料であったのに対し、含み損は「はしご」途上の障害物となった。より高い水準の持ち家への移転を意味するケースが多い「持ち家から持ち家」の住み替えは、高度成長期に増え続けたが、しかし、一九七九〜八三年での一〇七万世帯をピークとして減少に転じ、バブル経済のピーク時に少し増加した後に、二〇〇九〜一三年には六三万世帯まで減った。この値は、二〇一四〜一八年では六六万世帯に増えたが、増加幅は小さい。

さらに、「持ち家から借家」に移転した世帯がバブル破綻まで増え続けた点が注目される。この現象は、住まいの「はしご」を「登る」のではなく、「降りる」世帯の増加を意味する。住宅ローンによる持ち家取得は、一九七〇年代から増大した。持ち家を金融化し、その取得を促す政策のもとで、より低収入の世帯がより大規模な住宅ローンを組んだ。これを反映し、取得した持ち家を維持できず、手放す人たちが増加したと推測される。バブル期では、高騰した住宅を買うために、大型の住宅ローンを借り入れ、その返済が困難になった世帯が増えた。「持ち家から借家」世帯は、一九六四〜六八年では二九万にすぎなかったのに対し、八九〜九三年では一一五万まで増大した。ポストバブル期になると、「持ち家から借家」への移転は減った。しかし、その世帯数は、二〇一四〜一八年では六六万と依然として多い。バブルが破綻してから二〇〇九〜一三年まで、「持ち家から持ち家」より「持ち家から借家」が多い時期が続いた。持ち家を起点とする住み替えのなかで、着点が持ち家より借家が多いという実態は、住まいの「はしご」が機能不全に陥ったことを表した。

人口・経済がポスト成長の段階に入った社会において、市場化する新たな住宅システムが人びとの再階層化を推し進めることは、「はしご」登りの変化によく表れている。人口と世帯が増え、経済が成長していた時代では、「借家から持ち家」に移る一次取得者が増大し、「持ち家から持ち家」へと持ち家を買い換える世帯が増えた。人びとを住宅所有に向かわせるシステムは、中間層を育成し、メインストリーム社会を膨らませることで、社会の階層化の程度を減らす意味をもっていた。しかし、人口・経済成長の停滞にともない、持ち家の一次取得は増えず、住まいを買い換える世帯が減る一方、「持ち家から借家」に移る人たちが増加した。住まいの「はしご」はぐらつき、「はしご」を登る／登らない／降りるグループの分裂が社会を再階層化する新たな要因となった。

住宅政策から住宅市場へ

社会政策の変化をみると、新自由主義にもとづく改革は多くの分野におよぶ一方、その影響の程度と速度は均一ではなかった。社会保障、医療、教育などの分野では、新自由主義の影響がみられた。年金の支給開始年齢は引き上げられ、医療費の患者自己負担が増えた。しかし、社会保障にせよ、医療にせよ、あるいは義務教育にせよ、制度の枠組みそれ自体は存続した。これに比べ、労働政策と住宅政策の分野では、市場化への改革が急速かつ大幅に進んだ。

労働政策の転換は、新自由主義の政策改革のなかで、中心的な位置を占めた。財界は、グローバル化する経済のなかで企業競争力を高めるには、労働力の流動性を高め、コストを下げる必要が大きいといい、これに反応した政府は、労働市場の規制緩和を推し進めた。日本経営者団体連盟は、「雇用システムの見直しに取り組む「新・日本的経営システム等研究プロジェクト」を一九九三年一二月に発足させ、その最終報告書を一九九五年五月にまとめた（新・日本的経営システム等研究プロジェクト一九九五）。ここに示されたのは、旧来の長期雇用社員を「長期蓄積能力活用型」として位置づけると同時に、有期雇用の専門職である「高度専門能力活用型」、同じく有期雇用で、販売・技能職などを想定した「雇用柔軟型」という新たなカテゴリーを設け、被用者を三つのグループに分ける方針であった。この提案は、長期雇用の伝統を適用する被用者の範囲の縮小を意味し、幅広い注目を集めた。政府は、財界の要望に沿うかたちで、とくに派遣労働の規制を緩め、雇用システムの再編を加速した。労働者派遣法（労働者派遣事業の適正な運営の確保及び派遣労働者の就業条件の整備等に関する法律、二〇一二年から労働者派遣事業の適正な運営の確保及び派遣労働者の保護等に関する法律）は、一九八五年に制定され、派遣可能な業種などを規制していた。しかし、同法の一九九九年、二〇〇三年の改正は、派遣先と対象業務の拡大などによって、労働者派遣の自由化を進めた。

労働政策に加え、住宅政策の領域では、新自由主義の傾向が明瞭に現れた。そのおもな原因は、住宅政策が福祉国家の「ふらつく柱」としての位置づけしかもっていなかった点にある。前述のように、社会政策の多くの領域のなかで、社会保障、医療などに比べ、住宅生産・消費の多くは市場メカニズムにゆだねられ、したがって、人びとの住宅確保に対する政府の責務は明確とはいえなかった（Torgersen, 1987）。日本の住宅政策は、社会政策としての側面をもつ一方、それ以上に、経済政策の手段として使われた。この経緯の延長線上で、新自由主義の台頭にともない、住宅政策の市場化が急進した。

住宅宅地審議会は、住宅建設計画の策定に関連して、住宅政策のあり方を検討し、建設大臣（現・国土交通大臣）に答申する役目を担っていた。その一九八〇年の答申は、「住宅は、本来、市場で供給・配分される財・サービスであるものの、市場メカニズムにまかせていたのでは、そもそも市場が成立しない場合や市場が十分に機能しない場合など、……さまざまな問題を生ずる。このため、政府は国民生活の安定・向上を図るため、これを阻害するような問題があれば、その解消に努めるべきとの視点から、住宅の供給・配分などに適切に政策介入する必要がある」と指摘し、「市場の失敗」に対する政府介入の必要とその根拠を説明した（住宅宅地審議会 一九八〇）。

これに対し、一九九五年の答申では、「市場」に根ざす住宅政策の構築が提案され、さらに「ストック」を重視する必要が主張された（住宅宅地審議会 一九九五）。答申は、住宅・宅地を取り巻く社会経済情勢の動向として、近い将来の人口減少、経済・社会の成熟、ライフスタイルの多様化などをあげたうえで、「住宅サービスは私的に消費されるものである。すなわち、住宅サービスに対するニーズは、……千差万別である。どの程度の支出によりどのような住宅サービスを享受するかは、第一義的には個人の選択に委ねるべきものである」と述べ、住宅を私的消費の対象として位置づけた。ここには、政府と市場の関係についての認識の変化が表れている。そして、住宅政策の新たなあり方として、「より広く自由な市場の機能」を用い、「形成されたストックを適切に保全・改良し、住み替え等により有効活用する」方向が示された。戦後の住宅政策は、「建設」の「計画」に関する住宅建設計画法にもとづいていた。答申が提案したのは、住宅政策の焦点を「計画」から「市場」へ、「建設」から「ストック」に移す方針であった。

続いて、二〇〇〇年の答申は、「成熟社会」の住まいに関する新たな政策として、「市場重視」と「ストック重視」をより明確に打ちだした（住宅宅地審議会 二〇〇〇）。その提案は、住宅政策の役割を市場との関係において設定し、「市場の環境整備」「市場の誘導」「市場の補完」に限定することを骨子とした。政府セクターに求められるのは、「市場の失敗」に対する介入ではなく、市場機能を下支えする仕事とされた。住宅システムの中心を住宅政策から住宅市場に移し、政府と市場の役割を再定義することが、答申の主眼であった。

新自由主義の政策改革によって、住宅政策は縮小し、市場化した。橋本政権下の行政改革会議の最終報告に沿って、中央省庁の再編が検討され、森政権のもとで、二〇〇一年に実施された。住宅政策を所掌していた建設省は、運輸省、国土庁および北海道開発庁とともに、国土交通省を新たに構成した。建設省の政策体系のなかで、住宅政策は中心領域の一つとしての位置を占めていた。新しい国土交通省では、住宅システムを市場化する方針を反映し、住宅関連施策の位置づけは下がった(本間二〇〇四)。

住宅政策を検討する場は、住宅宅地審議会から社会資本整備審議会に移った。その二〇〇五年の答申は、「歴史転換点にある住宅政策の制度的枠組み」として、「市場」と「ストック」を重視する新たな計画体系の必要を提起し、一九九〇年代半ばから重ねられた政策検討の集大成となった(社会資本整備審議会 二〇〇五)。これにもとづき、住宅領域の政策フレームをつくっていた住宅建設計画法の役割は、第八期五箇年計画を最後の計画として二〇〇五年度に終わった。この計画では、公的資金による住宅建設の計画達成率は、住宅政策の縮小がすでにはじまっていたことから、きわめて低くなった(前掲表4-2)。

住宅政策は画期を迎え、住まいの新たな法律として住生活基本法が二〇〇六年に制定された。この法律は、住宅システムの中心手段を政府主導の建設促進から市場利用に転換する方向を示した。住宅建設計画法は、政府と地方公共団体の責務を定め、建設推進を基軸とする住宅政策の根拠を形成した。新しい住生活基本法は、「住生活の安定の確保および向上の促進」を目標とし、政府・地方公共団体だけではなく、民間の住宅関連事業者の責務を定め、住宅市場の整備と消費者保護を重視した。住生活を安定・向上させるために、政府は住生活基本計画(全国計画)を示し、これに即して、都道府県は住生活基本計画(都道府県計画)を策定するとされた。

住宅システムの市場化は、市場の自由放任を意味するのではなく、国家介入を必要とする。政府は、住宅政策を縮小する一方で、住宅市場の枠組みを整える新たな仕事を与えられた。住宅市場の整備に関連する住宅品質確保法（住宅の品質確保の促進等に関する法律）は一九九九年に制定された。これは、住宅性能表示、紛争処理、瑕疵担保責任などに関する規定をもち、消費者保護を目的とした。住宅ストックの利用を重視する政策方針のもとで、既存住宅の流通市場を拡大するために、幅広い方策が検討され、実施に移された。たとえば、二〇〇八年制定の長期優良住宅法（長期優良住宅の普及の促進に関する法律）にもとづき、一定要件を満たす長期優良住宅の認定とそれへの税制支援が実施され、さらに、既存住宅の長寿命化、省エネルギー化などに補助金を供給する長期優良住宅化リフォーム推進事業が展開した。

特殊法人改革と住宅政策

住宅政策を市場化する方向のなかで、住宅供給の「三本柱」の大部分は解体した。政府セクターの住宅政策の圧縮は、住宅生産・消費の市場領域を拡張し、民間セクターの住宅ビジネスの拡大に結びつくと考えられた。住宅対策の「三本柱」のうち、住宅金融公庫と住宅・都市整備公団（旧・日本住宅公団）は特殊法人改革の対象となった。前章で述べたように、一九八〇年代の行政改革において、第二次臨時行政調査会および第一次臨時行政改革推進審議会は、公庫・公団の事業を減らし、民間住宅事業者によるビジネスの領域を拡張する必要を提起していた。

ポストバブルの経済・政治危機は、特殊法人改革を加速した。第三次行革審は一九九〇年七月に発足し、九三年一〇月の最終答申では、特殊法人に関して、廃止を含めた見直しを求めた。これを受けて一九九五年二月に閣議決定された「特殊法人の整理合理化について」では、住宅・都市整備公団は

「分譲住宅については、民間でも実施可能なものからは撤退し」、住宅金融公庫は「民間金融を質的に補完する機関としての役割を明確に」するとされ、翌九六年一二月に閣議決定となった「行政改革プログラム」は、特殊法人の整理・合理化をさらに検討するとした。これに関連して、住宅宅地審議会の一九九五年答申は、公庫融資の見直しの方向の一つとして、「民間ローンと協調しうる融資とすること」をあげ、公団事業について、「地方公共団体、民間では対応が困難であるものについて事業を実施することを基本と」する方向を示した（住宅宅地審議会 一九九五）。

第二次橋本内閣の時期に、与党は、政府に対し、特殊法人の廃止を含めた整理合理化方針を申し入れた。これに対応した一九九七年六月の閣議決定「特殊法人等の整理合理化について」は、住宅・都市整備公団を含む六つの特殊法人などの廃止を決めた。さらに、同年九月の同タイトルの閣議決定は、政府系金融機関を民間金融の補完として位置づけ、住宅金融公庫について、特別割増融資を段階的に縮小し、融資残高の増大を抑制することとした。住宅・都市整備公団は、一九九九年に都市基盤整備公団に再編された。新しい公団は分譲住宅事業から撤退し、その賃貸住宅の家賃は原則として市場家賃となった。構造改革をめざす小泉内閣のもとで、特殊法人等改革基本法が二〇〇一年六月に制定され、同年一二月の閣議決定「特殊法人等整理合理化計画」は、住宅金融公庫と都市基盤整備公団の廃止を決めた。

分譲住宅事業から撤退した都市基盤整備公団は、地域振興整備公団とともに、二〇〇四年に都市再生機構に転換した。新しい再生機構は、住宅事業をさらに減らすために、賃貸住宅の新規建設を原則として取りやめ、ニュータウン開発事業を廃止した。その仕事の中心は、市街地での再開発支援、賃貸住宅ストックの管理とされた。日本住宅公団から住宅・都市整備公団、都市基盤整備公団、そしてさらに都市再生機構へと変化した名称は、これらの機関の事業対象の重点が「住宅」から「都市」の基盤整備に移ったことを表している。住宅事業を担う中心主体は民間ディベロッパーとされ、その下支えのための基盤整備が再生機構の任務となった。住宅金融公庫は、二〇〇二年から住宅ローン供給を段階的に縮小し、そして、〇七年に廃止された。後継機関として設立された住宅金融支援機構は、直接融資一般から原則として退き、直接融資の対象を民間住宅ローンの調達が困難な人たちに限るとともに、住宅ローン証券化支援事業に取り組むとされた。

特殊法人改革によって、住宅と住宅ローンの商品・市場化が進んだ。住宅・都市整備公団と都市基盤整備公団は、まず分譲住宅事業、次いで賃貸住宅の新規建設、ニュータウン開発事業から撤退し、住宅事業を手がける民間ディベロッパーは、公共ディベロッパーとの競争から解放された。住宅金融公庫は、持ち家促進の住宅政策の体系のなかで、とくに重要な位置を占めていた。その廃止によって、公庫住宅が持ち家市場の中心を占める時代は終わった。

特殊法人改革に密接に関係する財政投融資の制度改革をみる必要がある。住宅金融公庫と日本住宅公団(と後継組織)は、財投機関として、財投制度から有償資金を調達していた。しかし、市場メカニズムの外に位置する財投は、資金需要とは無関係に郵便貯金などの大量の資金を自動的に集め、その貸出先である財投機関の事業を拡大することで、民間セクターのビジネスを圧迫するという批判が強まった。これを背景とし、財投制度は、二〇〇一年の大規模な改革によって、金融市場との関連を深める方向に転換した(杉本 二〇〇五)。郵便貯金などを自動的に資金運用部に預託する仕組みは廃止され、郵便貯金などは金融市場で運用し、財政融資資金は財投債の発行により金融市場から調達するとされた。特殊法人などの財投機関もまた、財政融資資金を得るだけではなく、資金調達のために、財投機関債を発行することとなった。財投の規模は急激に縮小し、その対一般会計比は、一九九五年度では、六七・九%に達していたのに対し、二〇〇一年度に三九・四%、〇八年度では一六・七%となった（前掲図4－1）。特殊法人の公庫・公団は、財投制度の枠組みのなかで、長年にわたって住宅事業を展開した。このメカニズムは、特殊法人改革と財投改革によって、廃止にいたった。財投計画（当初）の使途別資金構成をみると、住宅は二〇〇〇年度に二九・二％を占めていたのに比べ、その値は、一〇年度では三・三％、一五年度では五・一％に急減した（前掲図4－2）。

自壊する住宅政策

住宅供給の中心手段であった住宅金融公庫と住宅・都市整備公団（および後継の都市基盤整備公団）のシステムを解体したのは、新自由主義のイデオロギーだけではなく、システムそれ自体の破綻である。イデオロギーの力は、それ自体として生成するのではなく、既存政策・制度の危機を触媒とする。住宅システムは、それ自身の〝内側〟から壊れはじめ、台頭する新自由主義は、その危機に向けて、〝外側〟から介入した。

住宅システムの自壊の原因は、人口・経済拡大の程度がしだいに低下し、成長後の時代がはじまったにもかかわらず、経済刺激を求める政府が住宅建設と持ち家取得を推進し続けた点にある。この政策のもとで、住宅金融公庫と住宅・都市整備公団の経営は悪化し、そこへの財政支援はより大規模になった。公庫・公団が一九七〇年代から経営上の困難に直面していたことは、すでに述べたとおりである。バブル期からポストバブル期にかけて、公庫・公団の経営状態は、さらに深刻になった。より大量の住宅建設をめざした公庫・公団は、より大量の財政支援を必要とし、その結果、「大きな政府」の縮小をめざす行政改革の文脈のなかで、特殊法人改革の対象となった。

住宅政策の拡大のために一般会計からの財政支出の増大を容認するという考え方はみられない。既述のように、戦後日本の住宅政策は、とくに住宅金融公庫、日本住宅公団（および後継組織）に関し、財投の有償資金、民間資金、家計支出に依存する資金構造を備え、財政支出を限定してきた経緯をもつ。これを反映し、住宅政策に対する財政支援の大規模化は、政府の景気対策のためであったにもかかわらず、批判を浴びせられ、公庫・公団のシステムを解体しようとする力が強まった。

住宅金融公庫は、その住宅ローンの金利と財投金利の差に関し、一般会計から補給金を受けていた。政府は、景気対策として、公庫融資を拡大し続け、補給金の膨張を招いた。財投金利は、一九七二年九月から市場金利変化に応じて変動するとされ、金融引き締め期に引き上げられ、八〇年では八・五％となった。公庫基準金利の法定上限である五・五％と財投金利の差が広がったうえに、公庫融資が増大したことから、八一年度には、補給金の予算化が困難となった。このため、翌一九八二年の公庫法改正によって、補給金を部分的に後年度に繰り延べる特例措置として特別損失金制度がつくられた。特別損失金の整理には、交付金などが使われる。一般会計からの補給金と交付金の総計は、一九八二年度では二八一四億円であったのに対し、八八年度では三四四〇億円に増大した。この数値は、特別損失金累計の一括整理のために、一九八九年度に九五三三億円に達し、翌九〇年度では三五四〇億円に減ったが、しかし、そこからふたたび増え、九八年度に五六〇〇億円となった（住宅金融公庫 二〇〇〇b）。

公庫融資の大量化のもとで、延滞と繰上返済が補給金をいっそう増大させた。ポストバブルの経済衰退のなかで、公庫融資を拡大する政策が続いたことから、住宅ローン返済が困難になる世帯が増大した。事業向け融資に比べれば、持ち家融資が不良債権化するリスクは小さい。しかし、長い不況による雇用・収入の不安定化は、住宅ローンの信用リスクを高めた。公庫融資における六カ月以上の返済滞納は、一九九〇年度から二〇〇六年度にかけて、三三四〇件から五万四一七件に増大し、その滞納総額は一九二億円から六七一四億円に跳ね上がった（平山 二〇〇九）。

住宅金融公庫のリスク管理債権は、世界金融危機の頃のピークに達するまで増え続けた。リスク管理債権とは、破綻先債権、延滞債権および貸出条件緩和債権をさす。これらの債権の総額は、二〇〇〇年度では一兆三四九二億円であったのに対し、〇七年度では三兆五六八六億円におよび、それ以降、ようやく減少に向かった。貸付残高に対するリスク債権額の比率は、二〇〇七～一〇年度では八％を上回っていた。

公庫融資の延滞を増大させた要因の一つは、ゆとり返済制度にある。この制度を使ったグループでは、住宅ローン返済額が低い当初五年の終了直後に負担が急増し、しかし、不況のために収入は伸びず、延滞状態に陥る世帯が増加した。住宅ローン利用を過度に促すと批判を浴びたゆとり返済制度は、一九九八年一〇月の閣議決定で「住宅ローン返済が困難な者を生じさせないよう」運用することとされ、二〇〇〇年に廃止された。これに加え、公庫融資の返済が難しくなった世帯に対し、返済相談の体制を強化するとともに、返済期間延長を中心とする返済条件の変更を認める措置が一九九八年にはじまった。不況の克服をめざし、住宅建設を推進するために、ゆとり返済制度の創設をはじめとする住宅ローン供給を拡大する政策が展開し、その結果、延滞が増え、それへの新たな対応が必要になるという矛盾がみられた。この意味で、公庫融資の延滞は、経済次元だけではなく、政策・制度次元の現象としての性質を多分に有していた。

住宅金融公庫のローンに関する繰上返済の増大は、公庫が得る予定であった利息収入を減少させ、補給金の規模をさらに膨らませた。後述のように、一九九四年の民間住宅ローンの規制緩和によって、低金利の住宅融資商品が開発・販売された。この結果、一九九五年頃から、公庫金利が民間住宅ローン金利を上回る期間が続き、公庫融資の任意繰上返済が一九九四年度の三兆三九九四億円から九五年度の九兆八七一六億円に急増し、九六年度では、減ったとはいえ、五兆五五六〇億円に達した（住宅金融公庫 二〇〇〇a）。繰上返済の増大は、補給金の必要量を膨張させ、既往の特別損失金制度では対応できない損失を生むと予測された。このため、繰上返済に起因する損失を新たな特別損失として整理する措置がとられた。

公庫融資の延滞と繰上返済が増えたことは、持ち家購入に関する人びとの階層化を示唆する。公庫融資を利用し、マイホームを買った人たちは、均質とはいえず、一方では、繰上返済によって、より有利な民間ローンに借り換え、持ち家を保有し続ける安定した世帯が存在し、他方では、勤務先の倒産、失業、収入減などによって、ローン延滞に陥る人たちが増えた。経済条件がポスト成長の段階に入ったにもかかわらず、公庫融資を拡大する政策が続き、それは、〝延滞グループ〟と〝繰上返済グループ〟を分裂させる結果を招いた。

住宅・都市整備公団の経営状態は、バブル期とポストバブル期の土地買収によって悪化した（本間二〇〇四、金子 二〇〇二、坂庭 二〇〇五、山口 二〇〇三）。公団事業の中心は、住宅建設から都市基盤整備に移された。政府は、バブル期では、住宅供給の不足が地価高騰をもたらすとみなし、公団は、地価が上がるにもかかわらず、用地取得を拡大した。公団の一年当たりの用地取得は、一九八五〜八八年では三二・二〜六一・六haであったのに比べ、バブル・ピークの八九年では二八七・七ha、九〇年では一九五・五haにおよんだ（本間 二〇〇四）。バブルが崩壊すると、政府は、地価と景況の下支えのために、公団に用地取得を続けさせた。公団が一九九一年から九五年にかけて取得した土地は、総計一二一五・一haに達した。バブルが拡大しても、破綻しても、公団の用地買収が続いた。

そして、バブル経済の崩壊によって、住宅・都市整備公団が買った大量の土地の事業化は困難になった。公団の経営構造の特徴は、自己資本が少なく、財投と民間セクターからの借り入れ、さらに債券発行に依存する度合いが高い点にある（坂庭 二〇〇五、山口 二〇〇三）。自己資本比率は、一九九〇年代半ばでは、二％を下回っていた。この値は、二〇〇一年度では約四％まで上がった。これは、都市基盤整備公団の設立時に政府が出資金を出したためである。しかし、自己資本が依然として少ないままである点に変わりはない。長期借入金は、一九九五年度では九兆六二〇八億円であったのに比べ、二〇〇一年度では一二兆三三三〇億円に増えた（坂庭 二〇〇五）。大量の用地を借金で買った公団は、それを事業化し、販売できないのであれば、元利償還のために、他の事業からの収入を用いるか、新たな借り入れを起こさざるをえない。さらに、バブル・ピークの頃に公団が買った土地の市場価値は下がり続け、含み損が膨れあがった。バブルの発生・破綻という異様な経済条件のもとで、政府は景気刺激を求め続け、その方針下の公団は、土地を買い続けることで、自身の経営を苦境に陥らせた。

金融化を市場化する

新自由主義の住宅システムを構成する中心要素の一つは、住宅ローン市場の自由化による住宅の金融化である（Aalbers, 2016 ; Forrest and Hirayama, 2015 ; Fuller, 2019）。欧米諸国の多く、とくにアングロサクソン諸国では、金融システムの規制緩和は、より多様な住宅ローン商品の開発と販売競争を促進し、借入コストを下げることで、人びとの住宅購入を刺激した。一方、住まいの金融化の推進は、住宅バブルの発生・破綻をもたらした。アメリカでは、一九八〇年代に金融システムの規制が緩和され、住宅ローンの証券化が進んだ（e.g. Stone, 2006）。不動産担保証券の市場は、一九九〇年代にいっそう拡大した。ノンバンクのモーゲージ・カンパニーは、住宅ローンを発行し、その証券化を手がける機関に債権を売却することから、信用リスクから解放され、より低い収入のグループに対する貸し付けを増やした。これを下地として、住宅バブルの拡大がサブプライム・ローンの販売を促進し、そして、バブルが崩壊すると、サブプライム・グループのローン破綻が二〇〇七〜〇八年の世界金融危機にまで発展した。

日本では、住宅の金融化は、国家の主導のもとで進展した。政府は、住宅政策を経済対策として展開する方針を一九七〇年代に立て、それ以降、住宅金融公庫のローン供給を拡大した。持ち家促進を重視する国家政策は、人びとを住宅ローン利用に誘導し、一九八〇年代後半の住宅バブルを形成する主因となった。その一九九〇年代初頭の破裂は、経済・政治の危機をもたらし、新自由主義の政策改革に結びついた。国家の代理機関であった住宅金融公庫は廃止され、住宅ローン市場の拡大と自由化が進んだ。住宅システムの第二期では、持ち家が金融化し、この金融化の市場化が第三期に進んだ。欧米諸国では、住宅ローン市場の自由化が人びとの持ち家取得を刺激し、住宅バブルの原因となった。日本では、国家の住宅ローン供給が住宅バブルを膨張させ、それが破裂した後に、住宅ローン市場が自由化した。バブル発生・破綻と住宅ローン自由化の順序が欧米と日本で異なっていた。

住宅金融公庫の廃止によって、銀行は巨大な住宅ローン市場を手に入れ、人びとの住まいに関する「借金の民営化」が進んだ。民間金融機関による個人向け住宅ローンのデータをみると、貸出残高は、二〇〇〇年度では一〇三兆円であったのに比べ、一四年度では一五八兆円に急増し、それが住宅ローン総貸出残高に占める割合は、同じ期間に、五六・一%から八六・二%に上がった。公庫の住宅ローン貸出残高、その対総貸出残高比は、二〇〇〇年度の六八兆円、三七・二%から一四年度の二二兆円、一二・四%に減った（前掲図4-4、5）。住宅市場では、公庫住宅の影響力は急減した。住宅着工戸数に対する公庫住宅の比率は、二〇〇〇〜〇四年に二〇・〇%まで低下し、〇五年以降では五%前後に下がった。持ち家着工における公庫持ち家の戸数割合は、二〇〇〇〜〇四年では二七・六％に減少し、そこからさらに減り続け、一〇〜一四年では八・四％となった（前掲図4－3）。国家の代理機関が主導する持ち家促進のシステムは解体し、銀行が住宅ローン商品の市場を支配する時代がはじまった。

住宅金融公庫の廃止に先立ち、民間住宅ローンの自由化が進んだ。大蔵省（現・財務省）の銀行局長による一九八三年四月の通達によって、多くの民間金融機関における変動金利型住宅ローンの金利は、長期プライムレートを基準とし、同一となっていた。しかし、一九九四年七月の閣議決定では「住宅ローンの金利及び商品性が自由であることの明確化を図る」とされ、銀行局長の一九八三年通達は廃止された。民間住宅融資の金利は自由化し、これを受けて、銀行は、短期プライムレートに連動する「変動金利型住宅ローン」、一定の固定金利期間の後に変動または固定金利に移行する「固定金利期間選択型住宅ローン」などの商品を開発した。これらの商品の金利は、長期プライムレートにもとづく旧来の住宅ローンの金利より低い。ポストバブルの低金利が続くなかで、民間住宅融資の金利が公庫融資より低くなったことから、公庫ローンの任意繰上償還が増大した。先述のように、民間住宅ローン金利の自由化は、公庫の経営を悪化させる原因となった。

持ち家の金融化は、一九七〇年代から八〇年代にかけて、国家の保護を受けていた。住宅金融公庫は、固定・低利の住宅ローンを供給することで、利用者を金融市場の変動から隔離し、守っていた。金利上昇のリスクは、公庫融資の利用者ではなく、公共セクターが引き受けた。財投金利が上がっても、公庫の基準金利には法定上限が設定され、両者の差を埋めるために、補給金が供給された。しかし、一九九〇年代にはじまった住宅ローンの市場化は、融資利用者を金融市場の変動のなかに置いた。民間住宅ローンの中心は、変動金利型の商品である。公庫融資の利用者と異なり、変動金利型住宅ロ

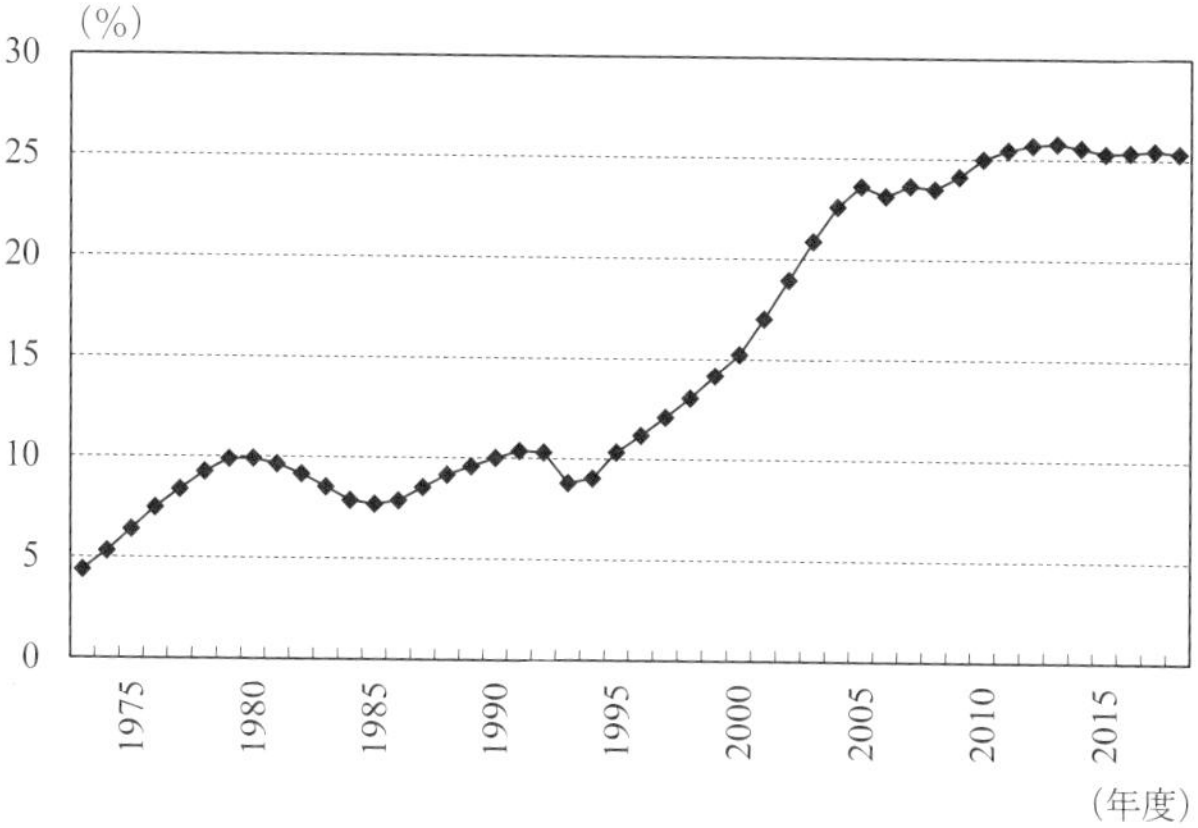

注）国内銀行の銀行勘定・信託勘定・海外店勘定（国内向け）について集計。
資料）日本銀行資料より作成。

図５－４　銀行による個人向け住宅ローン残高の対総貸出残高比

ーンを銀行から調達する世帯は、金利変動のリスクにさらされた。

銀行セクターにとって、住宅ローン商品の販売はコア・ビジネスとなった。経済停滞が続くなかで、企業向け融資は減少した。住宅ローンの延滞が増えたとはいえ、その信用リスクは、産業向け融資より低い。住宅金融公庫が二〇〇〇年代初頭から融資を減らし、〇七年に廃止となったことから、民間の住宅融資市場は急速に拡大した。住宅ローン販売の市場競争は、より多様な商品開発に結びつき、住宅融資ビジネスを成長させた。たとえば、信用リスクの計量・評価にもとづき、物件の担保価値を超える規模の融資を販売する手法が考案された。さらに、勤務先の倒産などに対応し、一定期間の返済を支援する保険の付いた住宅ローン商品が開発された。銀行の貸付残高に占める個人向け住宅ローン残高の比率は、一九八〇年代から九〇年代半ばにかけて、一割前後で推移していたのに対し、二〇一〇年度には二五・〇％まで上がった（図５－４）。

住宅金融公庫とその後継機関である住宅金融支援機構は、住宅ローン証券化支援に取り組んだ。変動金利型の住宅ローンは、固定金利型のそれに比べ、借入時点の金利が低いという利点をもつ一方、将来の金利変化が不明であることから、利用者にリスクをもたらす。固定金利型のローンの借り入れでは、返済計画の明確化が可能という意味で、リスクが相対的に小さい。しかし、民間金融機関は長期・固定金利の住宅ローン供給にともなう金利変動リスクに耐えられず、その住宅ローン商品の多くは変動金利型になる。

これに対し、住宅金融公庫が二〇〇三年に開始し、住宅金融支援機構が受けついだ住宅ローン証券化事業は、銀行による「全期間固定金利型住宅ローン」の販売を可能にした。この商品は「フラット35」と呼ばれ、買取型と保証型に大別される。買取型のシステムでは、支援機構は、民間金融機関の住宅ローン債権を買い取り、信託銀行などに信託したうえで、それを担保としてMBS（Mortgage Backed Securities: 住宅ローン担保証券）を発行し、債券市場の投資家から資金を調達する。民間金融機関は、固定金利の住宅ローンを販売し、その債券をただちに手放すことで、金利変動・信用リスクを支援機構と投資家に転嫁する。この枠組みでは、預金を集めず、住宅ローンの貸出原資をもたないノンバンクのモーゲージ・バンクが「フラット35」を扱うことが可能になる。住宅ローン証券化事業は、モーゲージ・バンクを増加させた。先述のように、財投制度改革によって、財投機関は、財政融資資金だけではなく、財投機関債の発行から資金を調達するとされた。公庫に比べ、支援機構では、財政融資資金の調達は大幅に減少し、財投機関債としてのMBSの発行による金融市場からの資金調達が増大した（住宅金融支援機構　二〇一八）。保証型のシステムでは、民間金融機関が販売する全期間固定金利の住宅ローンに対し、支援機構が住宅融資保険を引き受け、そのローンを担保として発行されるMBSについて、投資家に元利支払いを保証する。

日本では、住まいの金融化はどこまで進んだのか。住宅ローン貸出残高の対GDP比は、先述のように、一九七〇年代から上昇し、二〇〇〇年代前半には、三五％前後に達した（前掲図4－5）。しかし、これ以降、住宅ローン市場の規模に大きな変化はみられない。住宅ローン貸出残高に関する欧米・東アジア諸国との比較によれば、二〇〇〇年代前半において、日本での対GDP比は、フランス（二六％）、オーストリア（二〇％）、イタリア（一五％）、韓国（二一％）より高いとはいえ、オランダ（一一一％）、イギリス（七五％）、アメリカ（四五％）、シンガポール（六〇％）に比べれば、大幅に低い（OECD, 2004 : Warnock and Warnock, 2008）。これは、日本がポスト成長の段階に入ったことに関係するとみられる。日本では、新自由主義の政策改革のもとで、住宅ローンを市場化し、持ち家経済を刺激する政策がとられた。しかし、人口の高齢化は住宅需要を減少させ、経済停滞は住宅購入を困難にする。住宅金融システムの自由化にもかかわらず、成長後の人口・経済条件は、「負の需要」を拡大し、住宅ローン市場の成長を抑制した。逆にいえば、人口・経済がポスト成長の段階に入ったにもかかわらず、住宅ローンの自由化によって、その市場規模が保たれたという見方がありえる。

解体する公共賃貸セクター

新自由主義の住宅政策は、住宅と住宅ローンの市場拡大をめざす一方、低所得者などの住宅困窮者を対象とする社会賃貸セクターに対する支援を縮小した（Glynn, 2009 : Madden and Marcuse, 2016 : Rolnik, 2013）。前述のように、社会賃貸住宅とは、市場より低い家賃で供給され、自治体などの公共セクターが入居者を選定する住宅をさす。イギリスのサッチャー首相は、一九八〇年に公営住宅を入居者に払い下げる大規模な政策を開始した。借家人には購入権（Right To Buy）が与えられた。この

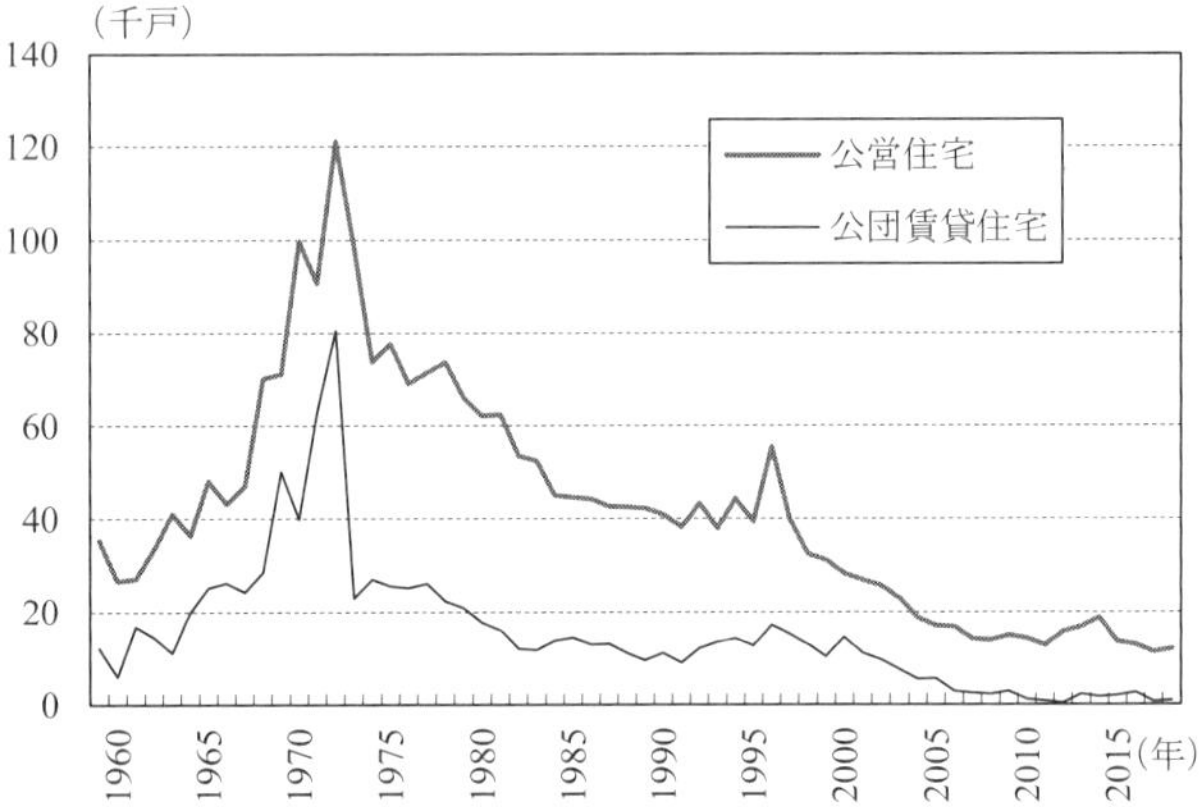

注）1）1972年以前は沖縄県を含まない。
2）公団は現在の都市再生機構。
資料）『建築統計年報』より作成。

図５－５　公営住宅、公団賃貸住宅の着工戸数の推移

払い下げ政策は、「福祉国家の売却」を象徴し、公営住宅減少と持ち家増大を同時に促進した（Forrest and Murie, 1988）。公営住宅を借家人に譲渡する手法は、東欧諸国、中国などに波及し、そこでは、社会主義国家が建設した大量の公営住宅が借家人であった人たちの私有物に転換した。アメリカなどのアングロサクソン諸国では、社会賃貸住宅は残余的な位置しか与えられず、新自由主義の政策改革によって、さらに周縁化した。西欧諸国の住宅システムでは、社会賃貸セクター向け公的支援は重視されていたが、市場重視に向かう政策転換のもとで、しだいに縮小した。

日本では、社会賃貸セクターのほぼ全部を公共賃貸住宅が構成し、民間所有の社会賃貸住宅はほぼ皆無である。公共賃貸セクターは、地方公共団体の公営住宅、日本住宅公団から都市再生機構まで受けつがれた公団賃貸住宅（機構住宅）を中心とし、それ以外に地方住宅供給公社の賃貸住宅などを含んでいた。オイルショック

などを契機として、住宅政策は持ち家促進に傾斜し、公共賃貸セクターはいっそう残余化した。公営住宅、公団賃貸住宅の着工戸数は、一九七二年の一二万一一六〇、八万五四六をピークとし、一九八〇年代半ばには、それぞれ年間約四万五〇〇〇、約一万三〇〇〇に減った（図5-5）。この着工量は、一九九〇年代半ばまで、おおむね維持された。しかし、住宅政策を市場化する方針が一九九〇年代半ばに示され、公共賃貸セクターの建設はさらに減った。公共賃貸住宅の着工の大半は、建替え関連の着工となった。都市基盤整備公団の分譲住宅事業からの撤退に続き、都市再生機構は賃貸住宅建設を取りやめた。新たな用地取得をともなう公共賃貸セクターの建設プロジェクトは、ほとんどなくなった。公営住宅、公団賃貸住宅の着工戸数は、二〇一八年では一万二一五五、九一九まで減少した。

さらに、公共賃貸セクターでは、ストックさえ縮小しはじめた。公共賃貸住宅の建設戸数が減ったとはいえ、ストックは少しずつ増えていた。しかし、公営住宅、公団賃貸住宅の管理戸数は、それぞれ二〇〇五年度の二一九万一八七五、〇六年度の七六万九〇〇〇をピークとし、そこから減少に向かった。団地の建替え、複数団地集約における住戸数削減と敷地の一部売却、団地全体の売却などのケースがみられ、公共賃貸住宅を減少させる要因となった。

公共賃貸セクターについて、その量の減少に加え、質の変化をみる必要がある。公団賃貸住宅は、事業収支の改善のために、家賃が市場水準まで引き上げられ、その意味で、市場化した。一方、公営住宅は、より低い収入の階層を対象化する方向に変化し、さらに残余化した。公共賃貸住宅の供給は、戦後住宅政策のなかで、持ち家促進に比べれば、小規模な施策であったとはいえ、借家を必要とする人たちの一部を支えるうえで、重要な役割をはたしていた。しかし、新自由主義の政策改革のもとで、公共賃貸セクターは、市場化と残余化によって、いわば引き裂かれ、ほとんど解体した。

原価主義にもとづいていた公団家賃は、住宅・都市整備公団が都市基盤整備公団に再編された一九九九年から、市場家賃（近傍同種家賃）に転換した。社会賃貸住宅の定義の一つは、市場家賃以下の家賃の設定である。したがって、公団賃貸住宅は社会賃貸セクターから離脱したとみなされる。それは、〝公的な市場家賃住宅〟という奇妙なタイプの住宅となった。住宅の国際統計では、公団賃貸住宅は社会賃貸住宅としてカウントされなくなった。

公団家賃は、市場家賃化の以前から、繰り返し値上げされていた。最初の値上げ（一九七八年）はとくに大幅で、法廷闘争を招いた（多和田 二〇一七）。建設原価から算定される家賃は、原価が不変であるため、原理的には、値上げされない。しかし、地価上昇などのために、建設年の新旧による家賃水準の差が生じた。日本住宅公団は、家賃値上げから得られる資金によって、新しい住宅の家賃を抑制し、新旧家賃の不均衡を是正するという論理を組むことで、家賃改定に踏みきった。この最初の値上げを含め、市場家賃化までに、五次にわたる値上げが実施された。原価家賃を市場家賃レベルに一気に引き上げることは、大規模な摩擦を引き起こし、実行可能性をともなわない。家賃値上げを繰り返す一九七〇年代末からの施策は、公団家賃を近傍同種家賃にしだいに近づけ、九九年の市場家賃化を可能にした。

都市基盤整備公団が設立され、公団家賃が市場家賃となってから、また、都市再生機構の創設以降も、公団家賃と近傍同種家賃をすり合わせる作業が定期化し、家賃値上げが繰り返された。政府は、再生機構の経営改善を重要課題とした。バブル・ピークとその前後での公団の土地購入は、経営悪化の深刻な原因となった。ニュータウン事業などは赤字部門であった。再生機構の収益の中心は賃貸住宅経営から得られた。再生機構は、経営改善の観点から、団地を売却し、利益を得たが、しかし、賃貸ストックの削減は、家賃収入を減少させた。これらの点から、再生機構は、残存する賃貸ストックの家賃値上げを重視した（坂庭 二〇一六）。家賃上昇による収益は、家賃を支払う入居者のための住宅管理の改善に結びつくとは限らず、負債削減などの経営改善に使われた。公団賃貸住宅の家賃改定の繰り返しは、過去の事業・経営失敗のコストを入居者に転嫁する意味をもつ。

低所得者向け公営住宅は、日本の社会賃貸セクターを構成するほぼ唯一のタイプとなった。しかし、住宅システムにおける公営住宅の役割は、新自由主義の文脈のなかで、ますます残余化した。公営住宅法は、一九九六年に大規模に改正された。前述のように、入居収入基準のカバー率は、一九七〇年代前半に三三%まで低下していた。この値は、一九九六年法改正によって、二五%まで下げられた。公営住宅の戸数は少なく、入居希望は多い。これに対し、需給関係の「実態」を調整するのではなく、供給対象を絞り込み、「制度」上の需給関係を操作する技法が使われたことは、すでに述べたとおりである。入居収入基準の引き下げは、公営住宅需要を制度操作で減少させる端的な手法であった。

ポストバブルの経済は長く停滞し、低所得者が増えたことから、公営住宅への入居希望が増大した。応募倍率は上昇し、二〇〇五年度では、全国で九・九倍、東京都で三二・一倍、大阪府で一五・七倍に達した。入居収入基準は一定に保たれていたことから、低所得者が増えるにつれて、カバー率は上昇し、二〇〇五年に三六%となった。このため、政府は、二〇〇七年の公営住宅法施行令改正にもとづき、入居収入基準を下げ、カバー率を二五%に戻した。公営住宅に対する需要の増大という「実態」に対し、「制度」上の需要を減らす施策がとられた。

公営住宅のシステムは、一九九六年法改正によって、大きく変わった。その家賃制度では、建設原価から補助金を控除した額をもとに家賃限度額を設定する方式は廃止され、新たに応能応益方式が導入された。新しい方式の家賃は、入居者の収入に応じて変わる「応能」と、住宅の規模・立地・老朽程度などの便益によって変化する「応益」の二つの側面から決まる。公営住宅には、一種と二種が設けられ、より低収入の世帯が入居する二種住宅では、建設費に対する補助金の割合が高く、家賃はより低廉であった。新しい家賃制度では、建設費の補助率は一律に二分の一とされ、そのうえで、応能応益家賃と近傍同種家賃の差を支援する家賃対策補助がつくられた。新たな家賃制度の「応能」部分は、より低収入の世帯の家賃をより低くする点で、所得再分配の機能を有し、その一方、「応益」部分は、市場メカニズムの導入を含意した。

公共賃貸セクターは、公営住宅、公団住宅(機構住宅)以外に、雇用促進住宅を含んでいた。そのストックは、特殊法人改革の文脈のなかで処分された。雇用促進住宅は、労働省(現・厚生労働省)所管の特殊法人である一九六一年設立の雇用促進事業団が建設し、炭鉱・造船業などの衰退産業からの移転就職者を受け入れていた。同事業団は、一九九九年に厚生労働省所管の独立行政法人、雇用・能力開発機構に再編された後、二〇一一年に廃止され、同機構の住宅関連業務は高齢・障害・求職者雇用支援機構に移管された。先述のように、二〇〇一年一二月の閣議決定「特殊法人等整理合理化計画」では、住宅金融公庫と都市基盤整備公団の廃止が決まった。この閣議決定は、さらに、雇用促進住宅を「できるだけ早期に廃止する」とした。厚生労働省は、雇用促進住宅の譲渡・廃止を進めることを二〇〇七年に発表した。この時点で、一四万一七二二戸のストックが存在していた。民間事業者への売却、地方公共団体への譲渡、用途廃止などによって、雇用促進住宅は着実に減った。加えて、二〇一六年に西日本の五万九八八四戸、翌一七年には東日本の四万六四〇五戸が、一般競争入札によって、一括売却された。国土交通省が所管する住宅政策についての議論では、旧労働省所管の雇用促進住宅は見おとされることが多い。しかし、雇用促進住宅の処分は、公共賃貸セクターの解体の一部を占めていた。

新自由主義の影響下の多くの先進諸国では、社会賃貸セクターに対する公的支援が減った。しかし、政策転換のインパクトの程度と内容は、けっして均質ではない(Forrest and Hirayama, 2009)。社会政策の体系のなかで、たとえば所得保障の施策は、現金フローを供給するのに対し、住宅施策は、物的ストックを生産し、蓄積する。住宅政策の重要な特質は、過去の成果物が存在し続け、現在と未来の住宅事情に影響する点にある（Hirayama, 2010c, 2014b）。住宅領域における新自由主義の改革は、国ごとの政策経緯と住宅ストックの実態に応じて異なる結果を生んだ。

西欧諸国の多くは、一九六〇年代頃まで、社会賃貸住宅を大量に建設し、そのストックを蓄積した。そこでは、二〇世紀末から住まいの市場化が進む一方、社会賃貸ストックの多くが依然として残っているケースがある。たとえば、二〇一〇年代前半のデータによれば、全住宅戸数に占める社会賃貸住宅の割合は、オランダでは三四・一％、デンマークでは二二・二％、フランスでは一八・七％におよんだ（OECD, 2016）。過去に大量の公営住宅が建ったイギリスでは、サッチャー政権以降、売却政策が続く一方で、ストックが多く残り、さらに非営利住宅協会の賃貸住宅が存在し、両者を合わせると、一七・六％を占めた。日本では、公共賃貸住宅の建設は、一九七〇年代初頭から減少し、残余化に向かっていた。そこに新自由主義の政策改革が加わることで、日本の社会賃貸セクターは徹底的に弱体化した。公団住宅が市場家賃化したことから、社会賃貸セクターを構成するのは、ほぼ公営住宅のみで、その比率は、二〇一八年の住宅・土地統計調査によると、三・六％にすぎない（前掲表3－1）。

家賃補助制度について

住宅政策における補助金供給の手法は、住宅建設を支援する「対物補助」と家賃補助などの「対人補助」に大別される。欧米諸国では、低所得者向け住宅施策の重点は、「対物補助」から「対人補助」に移された。終戦から一九六〇年代頃にかけて、住まいの不足と劣悪さが深刻であったことから、住宅政策の中心課題は、住宅の量を増やし、質を改善する点にあった。住宅建設の進捗につれて、住宅不足は解消し、住宅水準は向上した。しかし、一九七〇年代から、より不安定な雇用、より低所得の世帯、より貧困な高齢者が増え、住宅確保の困難な人たちが増えた。住まいの問題状況の核心は、住宅の不足と低質さではなく、住居費負担力の低さにあるという見方が支配的になった。この文脈のもとで、多数の国の政府は、住宅に関する政策手段の中心を「対物補助」から「対人補助」にシフトした。さらに、住宅政策の不公平の緩和が新たな政策課題として重要になった。社会賃貸住宅に入居する世帯が存在する一方、民営借家に住み、公的援助を得られない低所得者が存在する。この不公平に対処するうえで、家賃補助の供給は有力な手段になると考えられた。家賃補助制度があれば、民営借家の低所得者に対する政府支援が可能になる。これに加え、家賃補助などの施策は、新自由主義の政策方針に適合する側面をもつ（Kemp, 2007）。欧米諸国の住宅政策は、一九八〇年代頃から市場による住宅供給を促進しはじめた。政府セクターが公営住宅などの「現物」を所有・配給する手法に比べ、民営借家の市場を利用する家賃補助制度は、新たな政策方針に沿う部分を有していた。

公的住宅手当を受けている世帯の割合は、二〇一〇年代前半のデータによると、フランスでは二一・一%、デンマークでは一六・六%、イギリスでは一五・〇%、オランダでは一三・九%を示した（OECD, 2016）。住宅手当は、借家人に対する家賃補助を中心とし、持ち家世帯向け住居費補助を含む。その供給量と制度内容は、国ごとに異なる。しかし、欧米の多くの国で、住宅手当は、低所得者の住宅確保を支援する一つの手段として確立されてきた。

日本では、公的家賃補助の支給は、ほぼ皆無といってよいほど少量である。国土交通省が所管する住宅政策の領域において、地域優良賃貸住宅、後述する住宅セーフティネットなどの制度は、家賃低廉化助成の仕組みをともなっているが、その実績はきわめて少ない。家賃低廉化の補助は、物的住宅の整備を条件とし、借家人ではなく、家主に供給される。住宅政策は、社会資本整備の枠組みのなかに位置づけられ、対物投資に力点を置く一方、所得再分配の機能を少ししかもっていない。このため、低所得者の家賃負担を軽減する施策は、住宅政策の周縁に置かれ、住宅の物的整備に関連する限りにおいてでしか供給されない。低所得者が家賃補助を受け、市場のなかで入居可能な住まいを選ぶという方式の制度は存在しない。一方、厚生労働省が所管する生活保護制度は、住宅扶助のシステムを備える。しかし、住宅扶助は、生活扶助などの他の扶助と合わせて供与され、単独では支給されない。その受給世帯は少なく、全世帯の二％程度と推計される。厚生労働省所管の家賃補助には、住宅扶助以外に、離職者向けの住居確保給付金があるが、その供給はきわめて小規模である。家賃負担軽減のための厚生労働省の制度は、国土交通省の制度に比べ、所得再分配の観点に立脚する一方、住宅の物的改善を促進する機能はもっていない。

日本の住宅システムにみられる特徴の一つは、政府ではなく、企業が家賃補助を供給する点にある。前述のように、保守主義の住宅システムは、企業、家族などの人びとの「所属単位」ごとに住宅事情を改善する方式を重視した。企業の家賃補助は、社員の住宅安定を確保する役割をはたす。しかし、企業福祉の枠組みのもとでの住宅制度の水準は、大企業／中小企業、正規雇用／非正規雇用によって大きく異なる。大企業の正社員は、民営借家に住むのであれば、勤務先から家賃補助を支給されるのに比べ、中小企業は家賃補助制度を備えず、あるいは、備えていても、少量の助成しか供給しない。非正規雇用の人たちの大半は、企業福祉の対象に含まれない。住宅関連の再分配を社会レベルではなく、企業レベルで進める政策は、人びとの住宅事情を「所属単位」ごとに差異化した。

公的家賃補助の導入についての検討の必要は指摘されてきた。住宅宅地審議会（一九九五）の一九九五年答申は、「家賃補助については、公共住宅の施策対象者であってこれに入居できない人々について一般的に導入すべきとの議論もあるが、……良質な賃貸住宅が不足している現状では、居住水準の改善に寄与しないという恐れもあり、また、財政上の負担も無視できない。このため、施策対象者で公共住宅への入居を希望する者に対して極力これに応じることができるよう供給方式の多様化等に努めることを基本とし、一般家賃補助の導入については、引き続き検討が必要」とした。公共賃貸住宅に入居する／しない世帯の不公平の存在についての認識は示されたが、しかし、物的住宅の整備を重視し、家賃補助の制度化は検討にとどめる方針が述べられた。ここには、社会資本整備のための住宅政策が「対人補助」ではなく、「対物補助」を中心手段としてきた経緯が反映した。

社会資本整備審議会（二〇〇五）の二〇〇五年の答申では、後述する住宅セーフティネットの機能向上に向けた賃貸住宅市場の整備に関し、「公営住宅における入居者・非入居者間の不公平の存在、コミュニティバランスの低下など、現行制度が抱える問題点を抜本的に解消するためには、民間住宅を活用した家賃補助が効率性の高い政策手段である」と指摘し、家賃補助の機能を高く評価する一方、「国の制度として家賃補助を導入することに関しては、生活保護との関係、財政負担、適正な運営のための事務処理体制、受給者の自助努力を促す方策のあり方など整理すべき課題も多い」とした。これらの議論の延長線上で、住宅セーフティネットのシステムは、物的住宅の改善に関連づけるかたちでの家主向け家賃低廉化助成の制度を備えた。しかし、社会資本整備の手段としての住宅政策の枠組みのなかで、家賃補助については、さまざまな課題の検討ばかりが続き、その供給が皆無に近いままとなっている点に変わりはない。

すでに述べたように、賃貸住宅政策の型をデュアリズムとユニタリズムに大別するジム・ケメニーの類型論を用いると（Kemeny, 1995）、戦後日本の賃貸セクターはデュアリスト・モデルにおおむね合致する（平山 二〇〇九 二〇一一 a、佐藤 一九九九 二〇〇九）。政府は、賃貸住宅の改善に対する公的支援を少量にとどめた。公営住宅は残余化し、公的家賃補助の供給はほぼ皆無のままとなった。これに対し、企業による給与住宅の供給、借家法による借家人保護は、デュアリズムの住宅政策における賃貸居住の劣悪さを緩和する機能を担った（佐藤 一九九九 二〇〇九；Sato, 2007）。脱商品化した賃貸住宅の供給に関し、政府が公的支援を拡大せず、企業の社宅供給を促し、民間家主に負担を求めたことは、日本特有のデュアリスト・システムを構成した。

しかし、新自由主義の政策改革が進むなかで、日本の住宅システムはより純粋なデュアリスト・モデルに近づき、賃貸セクターでの住宅確保の困難を緩和する独特のメカニズムはしだいに衰退した（平山 二〇一一 a）。公営住宅制度が残余化したうえに、給与住宅と借家法のあり方が変化したことは、脱商品化領域の住宅供給を減らす結果をもたらした。

ポストバブルの企業社会の変化のもとで、企業福祉の住宅制度は縮小し、それは、賃貸セクターのデュアリズムの純化を含意した。就労条件総合調査などによると、企業が負担する常用労働者一人・一カ月当たり平均の名目住宅費用は一九九六年の六三三〇円をピークとして減少し、二〇一六年に三〇九〇円となった。企業は、労働力を確保し、長期にわたって育成・利用するために、住宅制度を運営した。しかし、労働市場が流動化し、長期雇用の慣行は弱まったことから、住宅制度が企業にもたらすメリットは減った。社宅とその土地の保有は担保力を高め、間接金融による資本調達に役立っていた。しかし、地価が下落し、直接金融の資本調達が拡大したことから、不動産所有の担保力を重視する企業は減少した。ポストバブルの不況は企業のバランスシートを悪化させ、その改善のための土地売却が増大した。多くの企業は、二〇〇〇年代半ばから固定資産に関する減損会計を適用された。この会計処理は固定資産の価値下落を損益計算書に反映することから、市場価値の下がった多くの社宅不動産が処分された。福利厚生費のなかで社会保険費などの法定福利費は増え続け、退職関連費もまた増加した。これらの負担は回避できないため、企業の多くは住宅関連費を含む法定外福利費の支出を圧縮した。

新自由主義の政策改革は、住まいの商品化を推進した。この枠組みのなかで、賃貸住宅に関する一九九九年制定の法律（良質な賃貸住宅等の供給の促進に関する特別措置法）によって、借地借家法の一部が改正され、定期借家制度が導入された。この制度における賃貸借は、契約で定めた期間の満了によって、更新されることなく、確定的に終了する。したがって、定期借家制度の利用は、より明確な収益予測を可能にし、経済合理性に立脚した賃貸住宅経営を促進する。家主の利益に配慮する定期借家制度は、借家人保護を重視してきた旧来の借家法とは異なる性質をもつ。賃貸住宅市場では、空き家が増大し、ポストバブルの不況によって、住宅需要は停滞した。このため、民営借家の家主の多くは、入居者を確保する必要に迫られ、借家人不利の定期借家制度を利用する状況にはなかった。しかし、定期借家制度の導入は、住宅システムの市場化を推進し、デュアリズムを純化する方向の改革を構成した。住宅・土地統計調査は、一九八八年、九八年、二〇〇三年の三回に関し、民営借家を個人所有と法人所有に分けていた。これによると、民営借家の大半は個人所有であった。しかし、民営借家（専用住宅）戸数のうち法人所有が占める割合は、九・一％（一九八八年）から一二・八％（九八年）、一五・四％（二〇〇三年）へと少しずつ上がった。これは、収益をより重視する企業的経営にもとづく賃貸住宅の増加を示唆する。

借家法における「正当事由」「相当賃料」などの概念は、明確な定義を備えていなかった。この

「あいまいさ」のもとで、借家人と家主の利害に関する裁判所の裁量的な調整によって、家主による契約解除、家賃値上げなどが規制され、借家人の住宅安定が図られた（佐藤 一九九九）。これに比べ、定期借家制度は、民間賃貸セクターを市場メカニズムにゆだねる方針にもとづき、より明快な規範と内容をもつ。定期借家制度の導入の必要を主張した論者は、その根拠として、借家法の「正当事由」「相当賃料」による借家人保護の規制が借家経営の誘因を減退させる点をあげた（阿部ほか 一九九八）。家主にとって、「継続賃料」の引き上げは難しい。新規入居者から市場家賃レベルの「新規家賃」を得るために、現入居者との契約を解除することもまた、困難であった。入居者の短期での入れ替わりが期待される単身者向け借家に比べ、居住期間が長いケースが多い家族向け借家の供給はとくに避けられた。これらの点から、借家法の不透明さを取り除き、賃貸セクターを商品・市場化する制度の構築は借家投資・経営の誘因を形成すると主張された。

しかし、賃貸住宅市場は、低所得者が入居可能な良質の住宅を産出しない。欧州諸国の多くは、市場での借家確保が困難なグループのために、社会賃貸セクターを育成し、公的家賃補助の制度をつくった。ここでは、賃貸セクターの安定は、社会賃貸住宅と公的家賃補助を供給する施策と市場の組み合わせから成り立つと考えられている。換言すれば、民営借家の家賃を負担できない低所得者には公的施策が対応するという前提のもとで、賃貸住宅市場が形成される。戦後日本の政府は、公営住宅を少ししか建設せず、公的家賃補助をほとんど供給しなかった。この状況下で、借家法の「あいまいさ」は、民営借家における家主・借家人の利害についての裁判所の裁量的な調整を可能にし、家主負担によって借家人を安定させる仕組みを成立させていた。この点に、日本のデュアリスト・システムの特徴があった。賃貸セクターに対する政府支援を低水準にとどめたままで、その商品・市場化と規制緩和を推し進め、住宅政策のデュアリズムを純化するとすれば、それは、低所得者の住まいの確保をより困難にするリスクをともなう。

ネオリベラル・セーフティネット

新自由主義の政策改革は、市場経済の自由化を推進し、社会政策を縮小することによって、社会安定を傷つけることから、セーフティネット形成を必要とする。住宅政策の新たな枠組みとなった住生活基本法は二〇〇六年に制定され、これにもとづく住生活基本計画が策定された。この法律は、住宅市場の環境整備を重視すると同時に、住宅困窮者に対する住宅セーフティネットを構築する方向を示した。これに関連して、翌二〇〇七年には、住宅セーフティネット法（住宅確保要配慮者に対する賃貸住宅の供給の促進に関する法律）が成立した。住生活基本計画は、おおむね五年ごとに見直される。その二〇一六年の策定に続いて、住宅セーフティネット法は翌一七年に改正された。住宅セーフティネット政策は、それ自体として自立・完結するのではなく、住宅政策の全体の転換に関連づけられ、新自由主義の政策改革のなかに位置する。

新たな住宅政策は、原則として、人びとに市場住宅の確保を求め、それが困難な人たちのためにセーフティネットを用意するという枠組みをもつ。そして、この枠組みは、矛盾から逃れられない（平山二〇一一a 二〇一七：Hirayama, 2010c, 2014b）。住宅の市場領域が拡大するにしたがい、市場住宅を得られない人たちが顕在化する。住宅政策の運営は、この事実から無関係ではありえない。しかし、市場重視の政策は、住宅セーフティネットに周縁的な位置づけしか与えない。政府は、市場のなかで住まいを確保できない世帯が存在することから、セーフティネットを用意せざるをえず、そして同時に、市場領域を拡張するために住宅セーフティネットの役割を限定する、という矛盾した政策をとる。

住宅セーフティネット法は、低所得者、高齢者、障害者などを「住宅確保要配慮者」と定義し、このグループに対する賃貸住宅供給を促進するために、公共賃貸住宅を利用し、さらに民営借家を活用するとした。しかし、公共賃貸セクターは残余化し、縮小した。民間賃貸セクターに対する政策支援は少量で、成果をほとんどあげなかった。住宅セーフティネットの対象を表す「住宅確保要配慮者」という言葉は、「政府は配慮し、しかし責任はもたない」ことを示唆しているようにみえる（平山 二〇一七）。

改正住宅セーフティネット法（二〇一七年）では、民営借家の空き家利用に政策の重点が置かれた。民間賃貸セクターでは、空き家が増大した。しかし、空き家の家主は、高齢者、障害者、母子世帯などの入居を拒む傾向をみせる。家主にとって、たとえば、高齢者の受け入れは、家賃滞納、死去対応などに関連するリスクをともなう。この文脈において、住宅確保要配慮者の入居を受け入れる民営借家を都道府県などに登録し、登録住宅の改修補助、入居者の負担軽減のための家賃低廉化などの経済支援を供給することで、増大する空き家を高齢者などに配分しようとする手法がつくられた。しかし、改正住宅セーフティネット法にもとづく政策展開と成果は小規模にとどまった。住宅改修などのための公的補助は小規模で、住宅確保要配慮者の入居に付随するリスクへの政策対応が皆無に近いため、登録住宅は少ないままとなった。

低所得者向け住宅施策の展開に関し、政府が民営借家の家主に負担を求め、公営住宅の直接供給を避ける傾向をもつことは、すでに述べたとおりである。罹災都市借地借家臨時処理法、地代家賃統制令、借家法などは、民間家主の負担によって低所得者の住まいを安定させようとするシステムをつくっていた。この経緯は改正住宅セーフティネット法に反映し、政府は、自身で低所得者に住宅をダイレクトに供給するのではなく、空き家をかかえる民間家主を活用しようとした。

フランスの哲学者、ピエール・ダルドと社会学者、クリスチャン・ラヴァルによれば、新自由主義のイデオロギーは、対抗政治力との対決の段階を終え、社会のすみずみにすでに浸透・定着し、〝ネオリベラル社会〟を生みだしている（Dardot and Laval, 2013）。そこでは、「競争と企業家精神」を社会原理とし、経済・政策の市場化と金融化を進めることが「自然化」し、それへの異論はしだいに弱化する。マーガレット・サッチャーとロナルド・レーガンは、新自由主義の政策を実践するために、対抗勢力に政治対決を挑んだ。しかし、イギリスのトニー・ブレア首相（労働党）、アメリカのビル・クリントン大統領（民主党）、ドイツのゲアハルト・シュレーダー首相（社会民主党）らが「競争と企業家精神」を促進する政策を受けついだことは、ネオリベラル社会が「自然化」の段階に入ったことを含意する。イデオロギーの勝利とは、脱イデオロギー化にほかならない。

新自由主義は、不変ではなく、進化する。ダルドとラヴァルは、ミシェル・フーコーの権力論を用い、新自由主義の政策が経済・政治プロジェクトを推進する範囲をすでに超え、人びとを「統治」する段階に入ったと述べる（ibid.）。新たなネオリベラル社会では、多くの人たちは、自身の身体と能力を「企業」のように扱い、その「競争力」を引き上げるために、自分に投資し、自分を鍛え、自身からより多量の利益を引きだし、自身の「利回り」を改善しようとする。この生き方の「主体的」な実践の普及によって、ネオリベラル社会が「自然化」し、その「統治」が可能になる。

世界金融危機（二〇〇七〜〇八年）によって金融システムの自由化を重視する新自由主義は終わったという見方があった。続いて、二〇一〇年代になると、欧州での極右勢力の台頭、イギリスのEU離脱支持（二〇一六年国民投票）、アメリカ大統領選挙でのドナルド・トランプの勝利（二〇一六年）などは、反新自由主義ないし反グローバリズムの勢いを反映し、次の時代の到来を示唆すると解説された。しかし、私有資産と市場競争を制度原理とする社会形成のメカニズムに変化は起きず、「競争と企業家精神」の尊重が「自然化」する度合いは、ますます高まった。ネオリベラル社会の持続と「奇妙な不死」に留意する必要がある（Crouch, 2011）。

新自由主義の時代に入ると、多くの国は、住宅政策などの社会政策を後退させ、市場領域を拡大した（Glynn, 2009）。その根底には、社会認識の仕方の転換がある（平山 二〇一七）。福祉国家の社会政策が立脚したのは、社会の「階層化」の実態をとらえ、「不平等」を減らすために、「再分配」に取り組む方針であった。不平等対策がどの程度の重要さをもったのかは、国と時代によって異なるとはいえ、社会が階層化し、再分配を必要とする点についての広い同意がみられた。これに対し、新自由主義の社会政策では、社会は「内／外」――広大な「内」とごく狭い「外」――に二分していると認識され、「外」に「排除」された人たちを「内」に「包摂」する手法が重視される。社会的排除／包摂に関する理論と実践は、貧困者、長期失業者、ホームレスの人たちなどについて、物質上の資源の不足だけではなく、社会との切断・接合関係に注意し、社会保障などの制度への接続を重視する点で、認識論上の新しい視角を提供した（岩田 二〇〇八、中村 二〇〇二）。しかし、新自由主義の社会政策がもとづくのは、貧困者などを、社会全体の構造から切り離し、「外」に配置したうえで、「特殊」化し、それぞれの「特別のニーズ」に対応し、「内」に戻そうとする「ピースミール・アプローチ」である（平山 二〇一七）。ここでの貧困者は、社会階層などの社会集団の「成員」であるよりは、固有の事情をもつ「個人」として把握される。そして、「競争と企業家精神」を基調とする社会の「内」のあり方それ自体は、そのまま「自然化」し、「不平等」が増え、「階層化」が進んでいるにもかかわらず、「再分配」政策はほとんど講じられない。社会的包摂に向けた施策が重視される一方、長期失業者を復帰させようとする先の社会が、不安定かつ低賃金の仕事しかなく、社会政策の支援が減った階層化社会にすぎないとしても、その状況を克服しようとする対策は実施されず、ホームレスであった人たちが社会復帰をはたすとしても、「競争と企業家精神」の空間で生きていけるのかどうかは問われない。

イギリスの政治経済学者であるウィリアム・デイヴィーズは、ダルドとラヴァルと同様に、新自由主義は、「対決」の段階から「規範」の段階に入ったと指摘したうえで、さらに、「処罰」の技法をともなう新しい「統治」の段階を迎えたという（Davies, 2016b）。たとえば、社会サービスのための公的補助の削減を公務労働の「生産性」の引き上げで代替しようとする政策がとられた。この結果、イギリスでは、学校教諭を対象とした二〇一五年の調査によると、半数近くがストレスのために病院にかかり、三分の二以上が退職を検討していた。同様に、不払い残業が増大した国立医療機関では、若手医師のうち退職検討者が七割におよんだ。人びとは、自身の「生産性」を上げ、「競争と企業家精神」の社会に適応しない限り、健康被害、失職などの「処罰」を受ける。ここでの「処罰」とは、「生産性」上昇を刺激する技法にほかならない。住宅領域では、政府の住宅政策が縮小するにしたがい、住まいの確保に必要な経済負担が増大した。住宅コストの上昇は、デイヴィーズの議論を応用していえば、それに見合う収入増を達成できない人たちにとって、「処罰」を意味する。新自由主義を信奉する政府と政治家は、「生産性」と「処罰」の社会に加われない人たちを「特殊」な少数グループにすぎないとみなした。たいていの世帯は、「処罰」を逃れるために、自身を効率的に運営し、「生産性」を上げることで、住宅ローンまたは家賃の増大に耐えると考えられている。

日本の住宅政策の構成は、〝階層別供給〟から〝市場化とセーフティネットの組み合わせ〟に変化した。戦後住宅政策は、階層ごとに異なる「三本柱」を用意した。その再分配は不十分であった。政府は、持ち家促進に傾き、公営住宅の建設は少量であった。しかし、社会の階層化が認識され、それをふまえたシステムが組み立てられた。これに対し、新自由主義の政策転換は、住宅供給の階層別

「三本柱」を解体した。新しい住宅政策が前提とするのは、社会の「内／外」への二分という認識である（平山 二〇一七）。この「内」は脱階層化した均質かつ広大な空間を形成するとイメージされ、そこでの住宅生産・消費のあらかたすべては市場にゆだねられる。そして、住宅市場の「外」に位置するごく少数の「特殊」な人たちのために、最小限のセーフティネットをつくる方針が示された。ここでは、社会認識に必要と考えられていた「階層化」「不平等」などの概念は消失したかのようである。政府は、住宅セーフティネットの必要を認めるが、しかし、その守備範囲を最小限にとどめる。この矛盾した方針を支えるのが、「特殊」化の戦略である。

　ダルドとラヴァル、デイヴィーズ、さらに、政治哲学を専攻するアメリカのウェンディ・ブラウンほか、多くの学者が論じたように、新自由主義の政策は、企業モデルを企業以外の組織・制度に当てはめ、社会のほぼすべての領域を市場化する運動をともなう（Brown, 2015；Dardot and Laval, 2013；Davies, 2016a, b）。そこでは、収益増大に価値が置かれ、その手段として、競争関係の形成が重視される。日本では、他の先進諸国と同様に、社会保障、医療、教育、福祉などの領域は、市場の外に配置され、福祉国家の保護下にあった。しかし、新自由主義の時代では、個人年金の市場が拡大し、福祉は企業が販売する商品となった。大学研究者の一部または多くは、研究市場での自己の「競争力」と商品価値、さらに「利回り」を維持するために、毎年の業績評価で好成績をおさめる必要に迫られ、論文を効率的に生産する「企業」のように自身を運営し、長い年数を必要とする学問に打ち込むことをあきらめた。義務教育の領域でさえ、学校は競争関係に置かれた。困窮状態に陥った人たちに対し、政府は、公的福祉を提供するとは限らず、労働力商品として自らを再生し、雇用市場に戻るように促すプログラムを適用した。企業モデルを社会のすみずみに根づかせようとする運動のもとで、福祉国家の「ふらつく柱」であった住宅政策は、すみやかに市場化した。

カテゴリー化という技術

住宅政策は、住宅困窮に立ち向かう手段である。そして、住宅困窮は、〝社会的構築〟の産物である（平山 二〇一七）。その定義は、自明ではありえず、社会政治力学のなかで変化する。誰が「救済に値する」のかは、けっして「科学」によって決まるのではない。新自由主義の時代のなかで、低所得者向け住宅政策は、ますます小規模になった。その残余化を「自然化」し、「所与の前提」とする方針のもとで、住宅困窮の定義を操作し、「救済に値する」人たちを減らす工夫が重ねられた。住まいに関する公共政策の性質と役割を知るには、「政府は誰を助け、誰を助けないのか」をよくみる必要がある。

住宅政策の展開では、「カテゴリー」化の技術が発達した（平山 二〇〇九 二〇一七）。「高齢」「母子」「障害」などの社会福祉の対象分類指標を用い、「救済に値する」人たちを定義する技法が、「カテゴリー」化である。その基本は、稼働力をもつかどうかによって、困窮者を分類する点にある。「高齢」などの人たちは、稼働能力を十分にはもたない、あるいはまったくもたないがゆえに、市場住宅を自力では確保できないとみなされ、したがって「救済に値する」グループに配置された。

住宅政策の対象を切りだすためのおもな指標は、「物」から「人」に移った（平山 二〇一一a）。政府は、住宅建築の量と質を計測し、それに関連づけて政策対象を決めていた。住宅建設五箇年計画の第一期（一九六六～七〇年）では「一世帯一住宅」の達成、第二期（七一～七五年）では「一人一室」の実現が政策目標とされ、住宅不足と過密居住に苦しむ世帯が支援対象となった。同計画の第三期（一九七六～八〇年）では「最低居住水準未満」世帯を減らす方針が示された。これに比べ、住宅セーフティネット政策は、「住宅確保要配慮者」を支援対象とした。この変化は、政策対象を決める主要な指標が「物」としての住宅の状態から市場との関連における「人」の位置に移ったことを表す。社会の「外」に押しだされ、福祉関連の「カテゴリー」に当てはまる「人」が、政策対象の中心となった。

公営住宅の制度は、高度成長期の頃までは、おもに若年の低所得者を供給対象としていた。入居者は、所得の上昇にともない、公営住宅を出て、持ち家取得に向かうと想定された。この意味で、公営住宅は、住まいの「はしご」の下段に組み込まれていた。しかし、一九七〇年代には、住宅政策の中心手段は持ち家促進にシフトし、公営住宅は、入居収入基準の引き下げなどによって、いっそう残余化した。公営住宅の制度は、「はしご」から離脱し、孤立した領域をつくりはじめた。

低所得者の住宅問題に対応する手段としての公営住宅は、「住宅に困窮する低額所得者」を対象とし、高い普遍性をもつ。しかし、公営住宅の制度は、残余化にしたがい、福祉関連の「カテゴリー」に合致する世帯を選び、入居させる傾向を強めた。これを反映したのは、特定目的公営住宅の制度であった。特目住宅は、母子世帯向け、老人世帯向け、炭鉱離職者向け、特別低家賃、引揚者向けの住宅から構成され、その供給を重視する方針が一九六五年の建設省住宅局長通知によって示された。この背景には、「カテゴリー」世帯の住宅事情の厳しさがあった。入居要件に「カテゴリー」を使用する政策は、それに当てはまる人たちの住宅安定を確保しようとした。しかし同時に、公営住宅の供給対象の「カテゴリー」化は、「救済に値する」範囲を狭め、制度の普遍性を減らした。福祉関連の「カテゴリー」に当てはまらない「単なる低所得者」が公営住宅に入居できる可能性は減った。

一方、公営住宅入居要件の「カテゴリー」化は、制度の存続を支える意味をもつ（平山 二〇〇九）。自民党政権は、持ち家促進による保守支持層の創出と安定を重視した。持ち家社会の中間層は、低所得者一般に公的援助を配分する施策を支持するとは限らない。しかし、「高齢」「障害」「母子」世帯に対する支援が社会・政治的な同意を得る可能性は高い。公営住宅の対象限定は、その残余化を推し進め、同時に、制度の根拠を確保するという矛盾した役割をはたした。

公営住宅供給の対象をさらに「カテゴリー」化する政策が展開した。公営住宅は、単身入居を排除していた。しかし、一九八〇年から高齢の単身者などに限って入居が認められた。その一因は、高齢単身が社会福祉の「カテゴリー」に当てはまる点にあった。若年・中年の単身入居は、前述のように、法律上で可能になったとはいえ、自治体条例の大半で排除されたままである。公営住宅法の一九九六年改正では、入居収入基準のカバー率が下げられ、その一方、高齢者などについては、カバー率の引き上げが可能となった。同法施行令の二〇〇五年改正は、「精神障害者」「知的障害者」「DV被害者」の単身入居を認め、「子育て世帯」の収入基準の引き上げを可能にした。これらの制度改変は、入居要件の「カテゴリー」化を促進した。

住宅セーフティネット政策の対象である住宅確保要配慮者は、より明確に「カテゴリー」化され、低所得者、被災者、高齢者、障害者、子どもを養育している者、その他住宅の確保にとくに配慮を要する者と定義された（住宅セーフティネット法第二条一項）。その多くは、稼働力の弱い人たちである。住宅確保要配慮者とされる子育て世帯のうち、母子世帯は、多くの場合、低い就労収入しか得ていないのに対し、夫婦と子世帯の労働市場参加が難しいとはいえない。しかし、政府は、少子化対策を重要課題と位置づけ、子育て世帯に対する住宅支援を認めた。この点では、住宅確保要配慮者の定義は、一貫性を欠き、〝政治的柔軟性〟をもつ。

住宅セーフティネット政策の「基本的な方針」に関する二〇一七年一〇月の国土交通省告示は、住宅確保要配慮者を定義する「カテゴリー」がより多様でありえることを、以下のように説明した。

具体的には、ホームレスや生活保護受給者等を含む低額所得者、被災者（発災から一年以内の災害又は大規模災害によるものに限る。）、高齢者、身体障害者、知的障害者、精神障害者、その他の障害者、ひとり親家庭等の子どもを養育する者、外国人、中国残留邦人、児童虐待を受けた者、ハンセン病療養所入所者等、DV（ドメスティック・バイオレンス）被害者、拉致被害者、犯罪被害者、生活困窮者及び矯正施設退所者が住宅セーフティネット法において住宅確保要配慮者として規定されている。また、地域の実情等に応じて、海外からの引揚者、新婚世帯、原子爆弾被爆者、戦傷病者、児童養護施設退所者、LGBT（レズビアン、ゲイ、バイセクシャル、トランスジェンダー）、UIJターンによる転入者、これらの者に対して必要な生活支援等を行う者等多様な属性の者が住宅確保要配慮者に含まれ得る。

ここでの住宅確保要配慮者の「列挙」は、住宅セーフティネットが幅広い人たちを対象とすることを示す意図をもつ。しかし、どの「カテゴリー」を施策対象とするのかを決定するための基準または根拠は、けっして明確ではない。そして、さまざまな「カテゴリー」のそれぞれは小さなグループで、それらを並べ立てることは、政策展開の大規模化の必要・必然を意味しない。留意すべきは、多彩な「カテゴリー」を「列挙」すればするほど、住宅セーフティネットの対象が「特殊」で、その構築が普遍性をもつ施策ではないことを示唆する効果が生まれる点である。住宅確保要配慮者の長大なリストの作成は、住宅困窮の範囲を拡大するのではなく、むしろ狭め、セーフティネット政策に「ピースミール・アプローチ」を当てはめる意味をもつ。

さらに、住宅困窮の「カテゴリー」化には、住宅セーフティネットを社会階層の構造から切り離す役割がある。低所得者向け住宅政策にともなうのは、公平性の担保が可能かどうかという論点である。住宅政策の公平性には、水平／垂直の二種類がある（平山 二〇〇九）。政府は、公営住宅入居の収入基準のカバー率を下げてきた。それは、より低い階層の範囲内でより多数の世帯に公営住宅入居の機会を与え、水平方向の不公平を減らす。しかし、水平の公平性を重視すると、垂直方向の不公平が拡大する。収入が少し高いがゆえに公営住宅入居の資格を与えられず、狭小な民営借家に住み、高い家賃を支払っている世帯は数多い。低所得者向け住宅を十分に増やし、住宅需給関係の「実態」を調整すれば、水平／垂直の不公平はいっきょに解消する。しかし、公営住宅を残余化する政策方針に変化はなく、施策対象の「制度」操作による不公平対応が追求された。これに加え、新自由主義の住宅政策が使ったのは、「カテゴリー」化したグループを対象化する技術であった。それは、多様な住宅困窮を社会階層の構造のなかに位置づけるのではなく、むしろ、そこから切り離し、「特殊」化することで、水平／垂直の不公平の可視性を弱める効果をもたらす。

しかし、低所得者向け住宅政策が小規模である点に変わりはない。ここに生じるのは、ある「カテゴリー」と別の「カテゴリー」のどちらが「より困っているのか」という陰鬱な「競争」である。住宅困窮が増え、住宅施策が小規模なままであれば、「誰かを助ける施策が別の誰かを排除する」という関係が発生せざるをえない。新自由主義の政策実践における競争促進とは、低収入の人たちを「救済に値する」資格の獲得に向けて競わせる意味を含む。

住宅困窮を「カテゴリー」化する技術は、住宅政策のあり方についての議論を「階層化」「不平等」「再分配」などのコンセプトから遠ざけることで、〝脱社会化〟し、さらに〝脱政治化〟する（平山 二〇一七）。重視されるのは、貧困者、ホームレスの人たち、DV被害者などの住宅改善の必要にどのように対応するのかというテクニカルな問いである。それは、住宅システムの市場化を「自然化」する力と表裏一体の関係をつくる。ここでの関心は、「階層化」社会における「不平等」と「再分配」ではなく、均質かつ広大な市場空間の「内」に参加できず、「外」に排除された「特殊」かつ多様な「カテゴリー」の人びとに対する「ピースミール・アプローチ」の工夫に向けられる。住宅問題の研究者と専門家、さらに運動家の一部は、障害者、母子家庭などの「カテゴリー」ごとに細切れになったグループの住宅状況とそれへの対策の技法に関する専門的な検討に専念し、住宅困窮の社会・政治力学に対する興味を失うように導かれる。

都市再生の推進

新自由主義に根ざす住宅システムの特性を理解するには、それを地域・都市政策の変化に関連づけてとらえる視点が必要になる。前章で述べたように、戦後日本の政府は、開発主義の政策フレームのもとで、おもに地方に公共投資を配分し、そこでの地域開発を推進した。大都市に比べ、地方では、経済拡大が遅い。地方の社会資本を整備し、雇用を確保するために、政府主導の地域開発は重要な役割を担った。戦後の地域政策では、国土全体の均衡開発がめざされ、地方に公共投資を割り当てる施策は、空間的な所得再分配を促進し、開発国家に特有の社会統合の手段を構成した（本間 一九九九、井手 二〇一一：Saito, 2012a）。

しかし、地域政策のあり方は、一九八〇年代に変化し、グローバル経済における競争関係の熾烈化という文脈のなかで、大都市の再開発を重視し、とくに東京を「世界都市」に改造しようとする方向に転じた（平山 二〇〇六、町村 一九九四）。中曽根政権のアーバンルネッサンス政策は、建築・都市計画の規制緩和、国有地の売却によって、民間セクターによる大規模な再開発を促進した。東京都の鈴木俊一知事は三次にわたる東京都長期計画を策定し、一九八六年の第二次計画は「伸びゆく世界都市」としての「マイタウン東京」をつくる構想をかかげた（東京都 一九八六）。地域政策の焦点は、地方の開発から大都市の改造にシフトした。

バブル経済のピークにおいて、東京は、ロンドンとニューヨークに匹敵する「世界都市」とみなされた。よく知られているように、社会学者のサスキア・サッセンは、「世界都市」を多国籍企業の中枢管理機能と金融センターの集積地として描き、それがグローバル経済の結節点を形成すると述べた（Sassen, 1991）。サッセンの理論は、アングロサクソンの都市経験にもとづき、「世界都市」の形成を単一のモデルに当てはめようとする傾向をもっていた（White, 1998）。これに比べ、都市とグローバル経済の関係の多様さを重視する論者は、「世界都市」は特定のモデルで説明できるほど均質ではないと考え、東京とニューヨーク・ロンドンの差異に注意を促した（e.g., Hill and Kim, 2000；Kamo, 2000；Saito, 2003）。ここでは、ロンドンとニューヨークは、金融・経済の自由化によって「世界都市」を形成したのに対し、東京の特徴は、国家の主導とコントロールによって「世界都市」化した点にあると考えられた。

新自由主義の影響力が増えるなかで、ポストバブルの経済衰退は、「危機と競争」の言説を拡大し、それにもとづく〝都市再生〟の政策実践を刺激した（平山 二〇一一ａ：Hirayama, 2009, 2017a）。大量の不良債権、企業倒産の連鎖、雇用・所得の不安定化などの状況のもとで、日本経済の競争力は低下し、東京の「世界都市」としての地位は不確かになった。これに反応した政府は、一九九〇年代末から都市再生のための一連の施策を展開し、東京改造をより強く推進した（五十嵐・小川 二〇〇三）。都市社会学者の町村敬志が指摘したように、危機を克服し、グローバルな経済競争に勝つために、東京の再開発を推進し、その「世界都市」としての再興をめざす必要があるという政策言説がつくられた（Machimura, 1998, 2003）。

都市再生の政策展開は、「東京中心主義」に立脚した（平山 二〇一一a）。東京の再開発を重視する傾向は、アーバンルネッサンス政策の時期からみられていた。しかし、この時代では、東京を中心として、大阪などを含めた大都市一般での再開発の推進が課題とされた。これに比べ、都市再生の政策立案は、大都市の全部ではなく、競争力がとくに高い東京に焦点を合わせ、その大がかりな改造に重点を置いた。東京都の石原慎太郎知事は、「東京中心主義」の姿勢を強く打ちだし、政府の都市再生政策との連携関係をつくった。東京都は、「東京における経済活動の成否は、全国に多大な影響を及ぼし、日本の盛衰を左右する」という認識のもとで（東京都 一九九九：一二）、「千客万来の世界都市」の建造を目標とする構想を二〇〇〇年に発表し、「激化する都市間競争に勝ち抜き、日本経済を力強く牽引する世界に冠たる国際都市」として東京の将来像を描いた（東京都 二〇〇〇：六）。金融・経済が東京に集中する度合いは、さらに高まった。経済地理の認識のパターンは、アーバンルネッサンス政策では「大都市／地方」であったのに対し、都市再生政策では「東京／それ以外」に変化した。ポストバブルの危機のなかで、東京に資源を集中し、その「世界都市」としての再興を起爆剤として日本経済を再生し、その競争力を上向かせるというシナリオが書かれた。

小渕政権下の経済戦略会議（一九九九）は、一九九九年の答申「日本経済再生への戦略」のなかで、「健全で創造的な競争社会」の建設のために、民間資本による「国際競争力のある都市の再生」を重要課題とした。これに先立ち、橋本政権の日本版ビッグバンによって、金融システムの自由化がスタートし、この枠組みのなかで、不動産証券化の制度整備が進んだ。不動産証券化とは、不動産の証券化という特別目的をもつＳＰＣ（Special Purpose Company：特別目的会社）などが証券発行によって投資家から資金を集め、賃料収入などの収益を投資家に分配する仕組みをさす。不動産投資信託・投資法人であるJ－REIT（Japan Real Estate Investment Trust：日本の不動産投資信託）は二〇〇一年に上場され、非上場のプライベート・ファンドも急増した。経済戦略会議の答申に前後して、都市再生の政策編成が加速し、都市計画・建築規制の緩和、国公有地の売却、住宅建設の推進、民間資金による公共施設整備、さらに不動産証券化の促進などの施策が展開した。続いて、小泉首相は、自身を本部長とし、すべての国務大臣が参加する都市再生本部を二〇〇一年に内閣に設け、都市再生を重要国策とした。都市再生特別措置法は二〇〇二年に施行され、都市再生緊急整備地域の指定、同地域内での民間事業者による都市再生事業の認定とそれへの金融支援、都市再生特別地区の指定、そこでの都市計画・建築規制の緩和、大規模工場跡地などの低未利用地での開発事業を支える基盤整備など、民間ディベロッパーのプロジェクトを支援する多種の手段を用意した。

これ以降、都市再生の政策は、重要国策であり続けた。世界金融危機に続く不況のなかで、「世界都市」東京の競争力の引き上げがさらに重視された。民主党政権下の国土交通省成長戦略会議（二〇一〇）は、二〇一〇年に成長戦略をまとめ、住宅・都市分野に関して、「日本の国際競争力の相対的低下への懸念」を表明したうえで、「国の成長を牽引するエンジンである世界都市東京をはじめとする大都市について、国際競争力を強化する」必要を強調した。都市再生を「危機と競争」の観点から推進しようとする点で、民主党政権は自民党政権と変わりなかった。

ホット／コールドスポット

ポストバブルの経済は長く停滞し、人口の増え方は小幅になった。このポスト成長の状況下で、「世界都市」東京への不動産投資を刺激する都市再生政策が展開したことは、住宅市場の動き方を

「東京／それ以外」で差異化し、東京では「ホット／コールドスポット」を分裂させた。これは、人びとの住宅事情の階層化における政策・制度の空間次元の役割がより重要になったことを意味する（Hirayama, 2009, 2017a; Hirayama and Izuhara, 2018）。

不動産の市場変動に関し、東京は、日本全体を先導し、あるいは日本全体から分離するような特別の傾向を示しはじめた。バブル期以前の一九六一〜六二年、七三〜七四年の地価高騰は、全国の多くの地域で同時に生起した。これに比べ、バブル経済の発生・破綻では、東京が他地域に先行した。住宅バブルは、東京から発生し、他の大都市、さらに全国に波及し、そして、東京で破裂し、続いて、他の地域で崩壊した。ポストバブルの住宅価格は、長期にわたって、下がり続けた。その後、景況は、二〇〇〇年代前半にようやく回復しはじめ、都市地域の不動産市場では、ミニバブルが二〇〇六〜〇七年に発生した。小泉政権による都市再生の精力的な推進は、不動産投資を増大させ、ミニバブル形成の要因となった。このミニバブルは、不動産投資ファンドが媒介する内外からの不動産投資に起因したことから、ファンドバブルとも呼ばれた。ミニバブルの地価上昇は、東京で先行し、とくに大幅であった。東京と他の大都市の地価の差は、バブル期に比べ、ミニバブル期では、より大きくなった。小都市・農村地域の地価は、ミニバブルの時期でさえ、下がった。ミニバブルまたはファンドバブルは、世界金融危機とともに破綻し、短命に終わった。それ以来、地価下落が長く続いた。しかし、安倍政権における非伝統的な「量的・質的金融緩和」と財政出動のもとで、東京の地価は二〇一四年に上昇に転じ、続いて、他の大都市の地価が上がった。不動産価格の上昇は、東京では、他の大都市に比べ、より大幅になった。住宅・土地市場の変動のタイミングと程度に関し、「東京／それ以外」はより明確に分裂し、東京の突出の度合いがさらに高まった。

東京では、住宅市場の変化を原因とする空間分化が顕著になった（平山 二〇〇六 二〇一一a；

屹立するタワーマンション、東京都港区（2006年5月撮影）

Hirayama, 2005, 2009, 2017a）。都心とベイエリアの〝ホットスポット〟では、不動産市場のブームが生じ、林立する超高層建築が新しいスカイラインを形づくった。都市の縁辺と郊外には、市場がスランプに陥ったままの〝コールドスポット〟が広がった。バブル期では、すべての不動産が高騰し、ポストバブル期では、不動産全体の価格が下がった。しかし、二一世紀に入った頃から、同一都市のなかで、ブームとスランプが同時に発生した。住宅市場の動き方について、国土全体が「東京／それ以外」に割れたように、東京の内側では「ホット／コールドスポット」が分化した。

都心とベイエリアのホットスポットでは、大規模な再開発が進み、オフィス建築、消費施設、アミューズメント施設、超高層住宅などの複合用途をもつ多数のメガ・コンプレックスが新たなランドスケープを立ち上げた（Hirayama, 2009, 2017a：Saito, 2012b：Waley, 2007, 2013）。民間ディベロッパーのプロジェクトは、市場経済の自由な運動ではなく、都市再生を推進する国策から産出された。都市計画・建築規制の大胆な緩和、とくに容積率上限の大幅な引き上げ、国公有地の払い下げ、道路基盤などの公共施設の整備、住宅購入支援、金融緩和による不動産投資刺激などの多岐にわたる施策手段が大規模開発を可能にした。都市再生は、新自由主義の影響下で、民間資本の大がかりな導入をともない、より自由な市場経済にもとづくとされていたが、しかし、ディベロッパーに対する国家の寛大な援助と保護を抜きにして成り立たなかった。

ホットスポットの住宅市場では、一九九〇年代末からタワーマンションの建設・販売が増大した（平山 二〇〇六：Hirayama, 2017a）。都市計画・建築規制の緩和が超高層住宅の建造を可能にし、ファンドバブルによる地価上昇、その破綻後の住宅価格の再上昇、さらに低利の住宅ローンの供給増が多数の世帯の住宅購入意欲を刺激した。超高層かつ巨大な新型建築であるタワーマンションは、孤立・自足した「飛び地」をつくった。大規模なプロジェクトは周辺地域から水平方向に切り離され、上層階の住戸は地上から垂直方向に分離する。建築のスケールと形態は周辺地域の空間文脈との連続性をもたない。建物は、強力な防犯システムを有し、多数の監視カメラを装備する。旧来の集合住宅では、廊下・階段などの共用部分は外気に接していた。タワーマンションでは、建物全体が密閉され、共用部分は外気から隔離される。超高層のプロジェクトは、多種の施設を備え、入居者に「ホテルライク・サービス」を提供する。その建物は、単機能の「住棟」ではなく、小さな「都市」と呼びうる複合機能の空間を形成した。

ホット／コールドスポットは、住宅市場を水平方向に分裂させた。これに対し、タワーマンションの「飛び地」では、住宅市場が垂直方向に分化し、上層になるほど住戸価格が高い。ゴージャスなプロジェクトの最上階には、極端に高価格の超高級住戸が置かれた。増大したタワーマンションは、〝地上の住宅市場〟と〝空中の住宅市場〟を差異化した（Hirayama, 2017a）。

都市縁辺または郊外では、住宅市場が停滞したままのコールドスポットが形成された（平山 二〇

〇六 二〇一一a）。そこでは、人口・世帯が減少し、空き家が増大した（Kubo et al. 2009）。住宅価格は、ポストバブル期に低下し、ファンドバブル期でさえ、少ししか上昇せず、あるいは下がり続け、さらに、安倍政権下では、金融緩和が続いたにもかかわらず、停滞したままであった。住宅資産の価値がとくに減ったのは、一戸建て住宅に比べてマンション、マンションのなかでは中古物件であった（Hirayama. 2005）。郊外に移る人たちの大半は、一戸建て住宅の取得を希望する。しかし、バブル期では住宅価格が高騰したことから、相対的に価格が低い郊外マンションを購入する世帯が増えた。このタイプのマンションは、ポストバブル期に値崩れした。郊外の住宅地では、一戸建て住宅とマンションの延床面積の差が大きい。このため、住宅市場が停滞期に入ると、一戸建て住宅に比較して、マンションの競争力は、より大幅に下がる。

郊外・ニュータウンの建設は、高度成長期の都市拡大を反映・促進し、新たなランドスケープをつくりだした。一戸建てのマイホーム、集合住宅団地などに入居した若い世帯は、新しいライフスタイルを発達させた。しかし、開発から長い年数がたった郊外・ニュータウンでは、そこで育った子世代が進学・就職・結婚などで転出し、住み続ける親世代は、同一年齢層に属しているため、いっきょに高齢化した。高齢夫婦の世帯は、片方の死去によって、単身化する。郊外・ニュータウンの住宅設計は、一戸建てにせよ、集合住宅にせよ、家族のプライバシーを重視する理念にもとづいていた。この家族向けの密閉された住宅は、単身化した高齢者に対しては、孤立促進の装置として機能する（平山 二〇一八b）。高度成長期の人びとの〝若さ〟を象徴していた郊外・ニュータウンは、超高齢社会のコールドスポットに転化した。

ホット／コールドスポットの分化を説明するのは、経済変化だけではなく、ホットスポットに不動産投資を集中しようとする都市再生政策である（Hirayama. 2017a）。都市空間・社会の新たな分裂は、政策次元の現象にほかならない。東京はすでに成熟した都市である。その人口は、依然として増えているとはいえ、近い将来に減少に転じる。東京では、生産年齢人口の割合が高いがゆえに、その集団が高齢期を迎えるとき、人口構成が高齢側に急にシフトする。成熟した都市の中心部にホットスポットを建造すると、それは、縁辺と郊外でのコールドスポットの生成と表裏一体の関係を構成する。都市の中心部にマンション開発を集中させる政策によって、多数の世帯が都心に向かって移動し、人口を抜かれ、高齢化がさらに進む郊外と縁辺では、建築需要が減少し、不動産投資が停滞した。この意味で、ホット／コールドスポットの同時形成は、都市再生を推進する政策の産物であった。

地方分権と住宅政策

新自由主義の政策改革のなかで、住宅生産・消費の市場化に並行して進展したのは、住宅政策の地方分権である（平山 二〇〇九 二〇一一a：Hirayama, 2010c, 2014b；Hirayama and Izuhara, 2018）。開発主義に根ざす地域政策は、公共投資を地方に振り向け、空間的な所得再分配のメカニズムを備えていた。しかし、政府は、二〇世紀の末から、地方分権に乗りだし、自治体に対し、経済自立と競争を求めはじめた。地方経済を支えていた公共投資は、一九九〇年代の末から大幅に減った。国の外側に向けて、「世界都市」東京をグローバルな経済競争に参加させるために、都市再生政策が展開し、その一方、国の内側では、地域の自立と競争を促す方針がとられた。

地方分権一括法（地方分権の推進を図るための関係法律の整備等に関する法律）は一九九九年に成立し、国と自治体の関係についての新たなルールを示した。構造改革特別区域（二〇〇二年導入）、都市再生本部による全国都市再生（〇二年開始）、地域再生本部（〇三年設立）、地域再生推進プログラム（〇四年開始）、地域再生法（〇五年制定）などは、地域経済の自立を促進する役割を与えられた。さらに、市町村の財政を効率化し、分権に対応する力を高めるために、合併が推進された。この結果、市町村数は、一九九九年では三二二九であったのに比べ、二〇一〇年には一七二七まで減った。地方への税源移譲、国庫補助の廃止・縮小、地方交付税の削減を構成要素とする「三位一体改革」は、二〇〇四〜〇六年に実施され、地方財政に対する中央政府の援助を減らした。自民党政権は「地方分権改革」を推進し、民主党政権は「地域主権改革」を進めた。自治体の自立の程度を高めようとした点で、「地方分権」と「地域主権」は同質であった。国から地方公共団体、都道府県から市町村への事務・権限移譲などを促進する新たな地方分権一括法（地域の自主性及び自立性を高めるための改革の推進を図るための関係法律の整備に関する法律）の制定は、二〇一一年の第一次から一九年の第九次まで重ねられ、さらに続くとみられる。

第二次安倍政権は、地方分権を進めると同時に、〝地方創生〟をめざす政策を二〇一四年にスタートさせた。人口と経済は、二〇世紀末から成長後の段階に入った。小都市と農山村では、人口の減少と高齢化、資本と雇用の流出がとくに著しい。ここに地方分権が重なったことは、地域間の所得再分配を減少させ、地方社会・経済の衰退を加速した。政府は、地方の疲弊した状態に対応する必要に迫られた。

しかし、地方創生政策は、地方社会・経済の再生それ自体をめざすとは必ずしもいえず、むしろ国家維持のために地方を再生させるという論理に立脚した。この政策の根拠は、日本創成会議の人口予測からつくられた。同会議は、総務大臣などを歴任した増田寛也を座長とし、財界人、労働界代表、学識経験者などをメンバーとする民間団体で、二〇一四年五月に「消滅可能性都市」に関する報告書を出し、注目を集めた（増田 二〇一四、日本創成会議・人口減少問題検討分科会 二〇一四）。同会議によれば、二〇〜三九歳の女性人口が二〇四〇年までに半分以下になる市町村は、出生力の低下のために消滅にいたる可能性を有し、全自治体のほぼ半分におよぶ。地域の状態を測る指標として、出生力が重視され、それゆえ、とくに女性人口の変化が分析された。同会議の人口予測は、多くの若年人口が大都市に移動するという仮定にもとづく。東京などの大都市では、出生率がとくに低いことから、そこへの人口移動は出生力の回復をさまたげると考えられた。同会議は、国家維持の観点から、地方の人口流出を抑制し、大都市への人口集中をくいとめるために、地方再生による人口再配置の必要を主張した。

政府は、日本創成会議による報告書公表の直後から、地方創生の政策形成に着手し、二〇一四年九月には「まち・ひと・しごと創生本部」が発足し、同年一二月には長期ビジョンと総合戦略が策定された。日本創成会議の提言の直後に、それを反映した政策が具体化したことは、政府と同会議の密接な関係を示唆する（小田切 二〇一四）。開発国家の地域政策は、地方社会・経済の維持のために、空間的な再分配を進める側面をもっていた。これに比べ、地方創生政策が力点を置くのは、地方創生にもとづく国家維持で、この地方創生を、再分配ではなく、競争によって推進する方針であった。長期ビジョンでは、地方ではなく、国全体の人口とＧＤＰに関する目標が示された。増田（二〇一四）によれば、「今解決が求められている課題は、『人口』という国家、社会の持続可能性に関わるものであり、『国土利用』という国家の経済・社会機能を発揮するための『資源配置』の基本に関わるものである。そのグランドデザインをどう描くかは、優れて中央政府たる国が担うべきものであって、『国家戦略』なのである」（三八）。ここでの目標とは、国家が地方を支えるのではなく、地方が国家を支えるという関係の構築にほかならない。地方創生政策の手法の一つは、自治体が策定する地方版総合戦略に対する交付金の供給である。この交付金は、先導的な戦略を立案し、高い評価を得た自治体に与えられる。自治体は、地方分権の文脈のなかで、自主的に戦略策定に取り組み、交付金獲得の競争に参加することを要求された（中澤 二〇一九）。

地方分権を進める方針は、住宅政策の方向性に影響した。社会資本整備審議会（二〇〇五）の二〇〇五年の答申は、住宅施策を検討する前提として、「国・地方ともに財政制約が高まっている中で、住民が地域のあり方を決め、地域間競争を通じ、地域が主体性を発揮して生活水準の向上を目指す『自立的な分権社会』の実現が求められている」状況を指摘した。

住宅政策の地方分権は、住まいのあり方についての地域ごとの創意工夫を刺激し、促進する。しかし、地方分権によって、低所得者向け住宅施策があらかた解体する点を注視する必要がある（阿部 二〇〇一、平山 二〇〇九 二〇一一a：Hirayama, 2010c, 2014b：Hirayama and Izuhara, 2018）。自治体が公営住宅を積極的に供給し、住宅セーフティネットの整備に熱心に取り組むことは、理論と実践の双方において、ありえない。公営住宅は、低所得者を引きよせ、税収の伸びに寄与せず、福祉関係の財政支出を増大させる。低所得者向け施策の費用が増えれば、地域の中間層の不満が拡大する。公営住宅では、より低い収入の入居者が増加した。これは、家賃収入を減らし、家賃滞納を増大させる要因になる。失職、傷病などによって収入が減った世帯の家賃を減額または免除する制度がある。しかし、この仕組みは、政府の補助をともなわず、自治体負担にもとづく。改正住宅セーフティネット法は、家賃低廉化のための補助制度を導入した。しかし、家賃低廉化は、政府だけではなく、自治体の支出を必要とする。

多くの自治体は、公営住宅の建設を停止し、ストックさえ減らしはじめた。その理由として、財政負担の重さがしばしばあげられる。しかし、この指摘は、必ずしも的確ではない。なぜなら、公営住宅は、それを管理する自治体にとって、建設に必要であった借入金の償還が完了すれば、安定した家賃収入源になるからである。ジム・ケメニーは、賃貸セクターの変化の特性として、借金返済による「成熟」をあげた（Kemeny, 1995）。西欧諸国の多くは、過去に建てた社会賃貸住宅のストックを大量に保有する。借入金はすでに返済され、「成熟」したストックの家賃は安定収入になる。日本の公営団地の多くは、狭い住戸、旧式の設備、エレベーター設置の必要、低い耐震性能などから、「成熟」を待たずに、建て替えられた。このため、公営住宅の「成熟」についての経験が乏しい。しかし、耐用年数の長い良質の公営住宅を建てるとすれば、その将来のストックは、「成熟」後の家賃収入の安定を約束する。公営住宅は、少なくとも長期的には、財政上の合理性をもつにもかかわらず、その建設・管理負担の重さばかりが強調された。自治体は、地域政治上の関心から中間層を重視し、社会福祉向け財政支出をコントロールするために、公営住宅ストックを減らそうとする。公営住宅の自治体財政に関する政策言説は、政治・福祉文脈を覆い隠す役目をもつとみられる。

住宅政策の地方分権が進めば進むほど、自治体は、低所得者向け住宅供給から撤退しようとする。住宅確保に関する低所得者の苦労に自治体が関心と同情心をもつかどうかを問うことに意味はない。重要なのは、低所得者向け住宅対策の実践に自治体を向かわせる誘因が存在しない点である。自治体の大半は、公営住宅の供給に積極的ではない。住宅セーフティネットにおける家賃低廉化の実績は、乏しいままとなった。地方政府は、中央政府のコントロールと財政支援のもとでしか低所得者に住まいを供給しようとしない。この法則は、戦後住宅政策の根拠となった住宅建設計画が地方公共団体による公営住宅建設の目標戸数を設定した点に表れていた。

市場経済が拡大し、地域間の競争関係が生まれるにしたがい、自治体は、競争力の向上に役立つ政策の選択に向かう。ここで重視されるのは、中間層の住宅市場を拡張し、労働・消費・納税力を備える人口の確保に結びつく住宅政策の立案・実施である。政府は、家賃補助制度をつくっていない。これに比べ、自治体が独自に家賃補助を制度化しているケースがある。その多くは、新婚世帯向けである。さらに、子育て世帯などを対象とし、持ち家取得を支援する自治体が増えた。新婚・子育て世帯の住宅確保を支援する施策は、その将来の収入増が地域経済と自治体財政を支えるという仮説に立脚する。加えて、地方の小都市・農山村地域では、若年人口の呼び入れを目的とした住宅対策を講じる自治体がある。これらの住宅施策の位置づけは、住宅改善それ自体のための支援であるだけではなく、地域経営の手段である。

低所得者向け住宅施策は、地域経済の競争力を引き上げるどころか、減退させると考えられている。過疎地域の自治体が、若年人口の流出を防ぐために、公営住宅を新たに建てるケースはある。しかし、自治体の多くは、公営住宅ストックの削減を計画し、実施に移してきた。この実態は、低所得者向け住宅の「削減競争」がありえることを示唆する。地域間の競争とは、人口と資本の呼び入れに関する競合をさす場合が多い。これは、地域経済に対する「プラス要素」をめぐる競争である。これに対し、公営住宅ストックを地域経済の「マイナス要素」とみなし、減らそうとする競争が起こる可能性がある。ある自治体が公営住宅を減少させれば、低所得の人口が公営住宅の多い別の自治体に移動するという予測がありえる。この見方は、低所得者の「押し付け合い」という陰鬱な競合関係をつくり、公営住宅ストックの「削減競争」を促す要因になりえる。

住宅政策の地方分権を促進する財政制度として、二〇〇五年制定の地域住宅特別措置法にもとづく地域住宅交付金のシステムがつくられた。公営住宅整備などのための個別補助金は交付金に統合され、住宅施策に関する自治体の裁量範囲が広がった。続いて、社会資本整備総合交付金が二〇一〇年に制度化した。これは、国土交通省が所管する個別補助金の大半を廃止し、新たな総合交付金に統合することによって、社会資本整備に関する自治体の裁量範囲をさらに広げた。地域住宅交付金は廃止され、新しい総合交付金に含められた。住宅対策に関する自治体の裁量が増えれば増えるほど、低所得者のための施策は衰退する。

住宅政策の地方分権は、自治体の自主性を重視することで、公営住宅の供給を困難にし、住宅セーフティネットの構築をさまたげる。社会資本整備審議会（二〇〇五）は、この矛盾を認識し、自治体による自主的な住宅施策の必要を主張すると同時に、「公営住宅の供給に関しては、地方公共団体のみの取組みでは地域の住宅困窮者に対して十分な供給が図られないおそれもあることから、新たな住宅政策の制度的な枠組みの中においても国の責務を明確に示すことが必要」と述べた。地方政府による社会資本整備総合交付金の使途を中央政府がコントロールする仕組みはある。自治体が完全に自由に交付金を使用するとすれば、その使途が極端に偏ることがありえるためである。しかし、住宅政策が自治体の裁量にゆだねられる度合いは、しだいに高まっている。

大災害と住宅復興

前世紀の末から、大規模な災害がにわかに増え、〝被災〟に起因する住宅困窮にどのように対応し、住宅復興をどう進めるのかが、住まいに関する公共政策の新たな問題となった（平山・斎藤 二〇一三）。被災した人たちの多くは、自身の日常生活と人生をどうにかして立て直そうとする。復興を形づくるのは、その軌跡の束である。災害からの復興とは、土木・建築プロジェクトの成果として把握されるだけではなく、人生の再建に向かおうとする一人ひとりの被災者の動きの集積としてとらえられる必要がある。住まいの再生は、被災した人びとが人生をふたたび整えようとするプロセスを支えるところに、固有の役割をもつ。被災者の困窮に対応するために、雇用創出、保健・医療の再構築、地域福祉の拡充などの一連の対策が打たれる。この枠組みのなかで、住宅復興の政策・制度は、生活再建の手段の一つであるだけではなく、その基盤としての位置を占める。

阪神・淡路大震災は一九九五年一月に発生し、広範な住宅被害をもたらした。これに続いて、人びとの住まいを破壊する多数の震災――鳥取県西部地震(二〇〇〇年)、新潟県中越地震(〇四年)、福岡県西方沖地震(〇五年)、能登半島地震(〇七年)……――が起こった。東日本大震災は二〇一一年三月に生起し、大津波に襲われた東北太平洋沿岸地域では、膨大な住宅ストックが滅失した。さらに、熊本地震(二〇一六年)、大阪府北部地震(一八年)などが住宅被害を引き起こした。震災に加え、豪雨災害が増え、平成二六年八月豪雨、平成二七年九月関東・東北豪雨、平成二九年七月九州北部豪雨、平成三〇年七月西日本豪雨などで、大量の住宅ストックが被災した。阪神・淡路大震災からの住宅復興は、比較可能な戦後の先例がなく、単発の「特異な仕事」であるように感じられた。しかし、大災害が増えるにしたがい、住まいの再生にかかわるさまざまな実践が蓄積し、「一連の経験」を形成した。この過程で、住宅復興の政策はしだいに発展し、同時に、多くの課題に直面した。

大災害の発生直後から、被災者の住む場所の確保が必要になる。これに対応するため、都道府県知事は、災害救助法にもとづき、市町村長などの協力を得て、応急仮設住宅を供給する。その手法は、阪神・淡路大震災では、行政による「プレハブ仮設」の建設にほぼ限られていた。これに対し、東日本大震災における自治体は、プレハブ仮設を建てるだけではなく、既存の民営借家を借り上げ、「みなし仮設」として被災者に供与した。岩手県釜石市のプレハブ/みなし仮設入居者を対象としたアンケート調査の結果によると、プレハブ仮設では、高齢・無職の被災者が多いのに比べ、みなし仮設では、高齢者だけではなく、子どもを育てる世帯、仕事をもつ世帯の割合が高い(佐藤・平山 二〇一五)。プレハブ仮設は、長い建設時間を必要とする。自治体は、多数のプレハブ仮設をまとめて建設

阪神・淡路大震災、神戸市灘区（1995年1月撮影）

東日本大震災、陸前高田市（2011年5月撮影）

するために、立地が不便であっても、大規模な敷地を求めた。就労している子育て世帯の多くは、通勤・通学・保育などとの関連で、好立地の住む場所をすばやく確保する必要に迫られ、入居可能な民営借家を自力で探した。これらの点が、プレハブ／みなし仮設の住人構成の違いに反映した。仮設住宅の供給手法が複数化し、プレハブ／みなし仮設が異なるグループを受けもつことで、より幅広い被災者への対応が可能になった。阪神・淡路地域では、稼働年齢の子育て世帯などは、プレハブ仮設に入居するとは限らず、みなし仮設の供給がほぼ皆無であったため、民営借家を自己負担で確保する場合が多かった。

仮設住宅の政策は、多くの課題をもつ。プレハブ仮設は、物的に低劣で、大幅な改善を必要とする。その劣悪さは、暫定の住宅は低質でよく、被災者に一時的な耐乏を求めてよいという考え方を反映する。しかし、阪神・淡路、東北沿岸などの大規模な被害が広がった地域では、仮設住宅は短期では解消されなかった。そこでは、狭く、遮音・断熱性能が低く、しだいに劣化するプレハブ仮設に多数の被災者が長期にわたって住まざるをえなかった。民営借家を使ったみなし仮設は、恒久建築の利用、利便性の高い市街地への立地、迅速な供与などの利点をもつ。その一方、分散立地のみなし仮設の入居者は、生活再建のための支援を得られるとは限らず、孤立する傾向をみせた。

恒久住宅を復興する政策は、住宅被害の内容をふまえる必要がある。阪神・淡路大震災では、膨大な「借家被災」が発生した。兵庫県が震災発生から約一年後に仮設世帯に実施したアンケート調査の結果によると、震災前の住まいが借家であった世帯が九割近くにおよんだ。これ以降の多数の大災害は農山漁村を襲い、「持ち家被災」をもたらした。東日本大震災のケースをみると、仙台都市圏を除くすべての自治体において、被災世帯の八割以上が持ち家に住んでいた（平山 二〇一二）。

阪神・淡路地域では、大量の「借家被災」に対応するために、公営住宅の建設が住宅復興の中心手段となった。東北沿岸地域などの農山漁村では、震災前に持ち家に住んでいた世帯が多かったが、しかし、持ち家を再建できない多数の被災者が公営住宅を必要とした。公営住宅建設の実践では、住宅供給だけではなく、被災者の生活再建を支える環境形成が求められた。入居者の孤立を防ぐことが、とくに重要な目標になる。神戸市では、不便な場所に大規模な団地が開発され、そこに単身高齢の被災者が集中した。団地の住戸は、家族のプライバシーを重視する密閉度の高い空間としてつくられる。この「硬い住戸」は、そこに単身高齢者が入居すると、孤立促進の装置となった。これを一つの反省点とし、中越地震、能登半島地震、東日本大震災などの被害を受けたいくつかの農山漁村では、木造低層の建築、ヒューマンスケールの環境デザイン、開放性を高めた「柔らかい住戸」、豊富な共用空間などの設計上の工夫を特色とする公営住宅が建てられた。

東北の被災地における「持ち家被災」は未曽有の規模に達した。若い子育て世帯のグループでは、住宅ローンの残債をかかえたまま家を失うケースが多くみられた（平山ほか 二〇一二）。これに対応するため、被災ローン減免制度（個人債務者の私的整理に関するガイドライン）が二〇一一年八月に用意された。住宅ローンなどの返済が困難になった被災者は、この制度の利用によって、一定の現預金を手元に残したうえで、債権者の同意のもとで、債務の免除・減額措置などを受けられ、さらに「ブラックリスト」には登録されない。続いて、東日本大震災以外の自然災害をも対象とする新たな被災ローン減免制度（自然災害による被災者の債務整理に関するガイドライン）の運用が二〇一六年四月にはじまった。このシステムが住宅債務をもつ被災者にどこまで対応できるのかは、制度運用の経験がまだ少ないことから、必ずしも明確ではない。しかし、災害時の残債をどのように扱うのかという難しい問題に立ち向かうために、多くの専門家が工夫を重ね、新たな手法を発達させている点が注目されてよい。

一方、高齢被災者のグループでは、アウトライト持ち家に住んでいた世帯が多い。アウトライト持ち家は、住宅ローンの債務をともなわず、住居費負担の軽さを特徴とする。釜石市の被災者に対するアンケート調査の結果によれば、持ち家に住んでいた高齢者のうち、住宅ローンの残債をもつケースは一割に満たなかった（平山ほか 二〇一二）。多くの高齢者にとって、アウトライト住宅は、セキュリティの基盤であった。年金生活の高齢世帯は、住宅ローンなどの住居費を負担するのであれば、家計を維持できない。いいかえれば、高齢者にとって、アウトライト持ち家の喪失は、生活基盤を掘り崩す深刻な原因になる（平山 二〇一三b）。

住宅復興の政策形成では、その前提として、被災者が震災前にどのような住宅に住んでいたのかをみる必要がある。低収入の高齢者にとって、公営住宅入居は有力な選択肢になる。その家賃は、公的補助によって、低く抑えられる。しかし、アウトライト持ち家に住み、住居費をほとんど負担していなかった高齢者にとって、公営住宅入居にともなう家賃支出は、家計を圧迫する新たな要素となることから、必ずしも低いとはいえない。ここには、アウトライト持ち家の滅失を条件とする住宅復興の難しさがある。

持ち家再建をどう支援するのかが住宅復興の重要な問題となった。その中心手段は、住宅ローンの供給である。しかし、経済の不安定さが増し、高齢化が進む社会では、住宅ローンが役に立たないケースが増える。デフレーションを基調とするポストバブルの経済のもとで、住宅ローン債務の実質負担は増大した。経済停滞と大災害の〝ダブルトラブル〟のために、雇用と収入はより不安定になった。高齢の被災者の多くは、住宅ローンの調達に必要な所得と年齢条件を備えていない。住宅ローン供給という技法は、二〇世紀後半の経済成長のもとで、収入増を見込める若い世帯がおもに利用するという前提で成り立っていた。しかし、二一世紀の大災害が襲うのは、成長後の超高齢社会である。

このため、持ち家再建支援として、「融資」ではなく、「補助」の必要性が高まった（平山 二〇一三b）。被災者生活再建支援法の一九九八年制定、二〇〇四年と〇七年の改正によって、住宅再建に対する支援金給付が可能となった。阪神・淡路大震災では、持ち家再建に対する公的補助は、きわめて少なかった。その経験から、被災者支援の新たな制度を求める市民運動が展開し、同法の創設に結びついた。この制度の検討途上では、私有財産である持ち家への公的補助の論拠の弱さが指摘された。しかし、災害時の持ち家再建支援は困窮者を救済し、地域社会・経済の再建を支える点で公共性をもつという認識がしだいに広まった（中川 二〇一一、大塚 二〇〇七、八木 二〇〇七）。さらに、住宅再建支援のために、自治体レベルの独自制度がつくられた。東日本大震災以前では、鳥取・宮城・福井・新潟県などが住宅再建を補助する制度を創設した。この延長線上で、東北の多くの被災自治体は、住宅再建支援の独自施策を展開した。持ち家再建支援の公的補助は、少しずつ発達し、住宅復興の主要手段の一つとなった。支援規模はけっして十分とはいえず、さらなる制度拡充が課題とされる。

新自由主義の方針をとった政府は、一九九〇年代半ばから、住宅政策の市場化を推進した。この時期に大災害が増えたことは、住宅施策が縮小するにもかかわらず、住宅領域の公的支援を必要とする多数の人たちが存在することを露わにした。政府が公営住宅をさらに残余化しようとした、まさにそのときに、阪神・淡路地域では、被災者のために大量の公営住宅が必要になった。地方公共団体の多くは、公営住宅の建設・管理についての体制と経験をもつ。大災害に直面した地域では、被災者の住宅確保の必要に確実に対応できる唯一の手段として、公営住宅が建設・供給された。特殊法人改革において、住宅・都市整備公団は都市基盤整備公団、都市再生機構に再編され、そのたびに、これらの機関の住宅事業は縮小した。しかし、阪神地域の再建では、住宅・都市整備公団が大量の賃貸住宅を建設し、東北の被災地では、都市再生機構が住宅復興の前提となる基盤整備を進めた。大災害からの復興では、住宅事業の体制と技術をもつ公的機関が役立つことが示された。住宅金融公庫の後継組織である住宅支援機構は、住宅ローンの直接市場から原則として退いたが、しかし、被災者の住宅再建・補修のために、災害復興住宅融資を供給した。新自由主義のイデオロギーが台頭する時代のなかで、大災害の凄惨なランドスケープが示唆したのは、住まいに困窮する人たちに対応するために、政府はどういう位置と役割をもつべきかを問い直す必要であった。

新自由主義と住宅システム

住宅生産・消費を方向づけるシステムの第三期を特徴づけたのは、新自由主義の政策改革であった。戦後日本の住宅システムは、開発主義の政策フレームのなかに置かれ、中間層の住宅所有を促進し、持ち家社会の形成を支えることで、経済成長を刺激し、社会統合を維持する機能を担った。多くの人たちは、住まいの「はしご」登りに参加し、住宅所有と資産形成をめざした。しかし、人口・経済がポスト成長の段階に入るにともない、住宅システムの旧来の条件は失われ、住まいの政策・制度に対する新自由主義の影響が強まった。政府は、住宅政策を大幅に縮小し、住宅供給の「三本柱」をつぎつぎと解体したうえで、住宅と住宅ローンの大半を市場にゆだね、住まいの商品化と金融化、そして市場化を推進した。

住宅領域における新自由主義の政策改革は、急激かつ大胆であった。この点については、すでに強調したとおりである。しかし、開発主義の住宅システムが完全に消え、新自由主義にもとづく新たな住宅システムに置き換わったととらえる見方があるとすれば、それは、過度にシンプルである。住まいの市場化をめざすイデオロギーは、グローバルに普及し、多くの国の住宅システムを均質化に向かわせようとした。しかし、住宅関連の国ごとのローカルな制度は、それぞれに固有の社会構造に長年にわたって埋め込まれ、経路依存の性質をもつ。グローバル・レベルのイデオロギーは、ローカル・レベルの制度と接触するがゆえに、純粋なままではありえない。新自由主義に根ざす政策改革は、それに先立つ政治経済体制とイデオロギーがどのようであったかによって、国ごとに異なる結果を生み、住宅システムの変化の道筋を新たに分岐させる（Forrest and Hirayama, 2009）。「日本型」の住宅システムは、新自由主義化の圧力のもとで消失するとは限らず、むしろ新たな「日本型」に発展していくとみられる。

住宅に関する政策・制度の転換を調べるには、開発主義と新自由主義の対立関係をみるだけでは、必ずしも十分ではない。開発・新自由主義は整合する部分を有し、新自由主義に立脚する住宅システムには、開発主義の住宅システムの展開と実績を基盤として成立している側面がある。都市社会学者のパク・ベギュン、リチャード・ヒル、齊藤麻人は、東アジア開発国家における新自由主義のインパクトを分析し、地域・都市政策の発展には開発主義と新自由主義のハイブリッドである「開発主義的新自由主義」が影響したと指摘した（Park et al. 2012）。この分析は、住宅分野に当てはまる部分をもつ。パクらが提示した「開発主義的新自由主義」というコンセプトは、開発・新自由主義が完全に反発し合うとはいえないことを含意する。

開発主義の住宅システムにみられる特性の一つは、国家の主導性であった。新自由主義の政策改革によって、政府の住宅政策は縮小し、住宅と住宅ローンの大半が商品・市場化した。しかし、この変化は、住宅システムの運営における国家の役割の減退を必ずしも意味しない。むしろ、〝国家主導の新自由主義〟というべき性質の政策改革が進んだ点を注視する必要がある。市場領域の拡大は、先述したように、国家介入による下支えと保護を必要とした。政府は、市場の自由化をそれ自体として推進するのではなく、政策目標を達成する手段として位置づけた。ダルドとラヴァルが指摘したように、新自由主義の信奉者は、私有資産と市場という制度を維持するために、国家保護の枠組みを得ようとし、この点で、過去の自由放任主義者とは異なっている（Dardot and Laval, 2013）。

住宅政策の市場化が進む一方、国家は、住宅市場を整え、守り、用いることで、住宅領域に関与し続けた。住宅建設計画法は廃止され、住生活基本法が制定された。新たな基本法では、住宅生産・消費に関する市場の役割が示され、同時に、政府は、住宅領域をコントロールするために、住生活基本計画をつくると定められた。住宅品質確保法の創設は、住宅市場の機能整備に狙いをもっていた。住宅ストックが増大し、空き家率が高まるなかで、既存住宅の流通を促進するさまざまな制度がつくられた。都市再生機構に与えられたのは、道路基盤などの公共施設を整備し、民間ディベロッパーの開発事業を支える仕事であった。住宅金融支援機構による住宅ローン証券化支援は、金利変動・信用リスクを分散させ、住宅ローン・ビジネスとその市場を守る役割をはたす。東京などの大都市の都市再生では、民間ディベロッパーは、政府の手厚い支援のもとでしか、再開発を実施できない。

同様に、住宅政策の運営において、地方分権が進んだからといって、国家の主導性が減ったとはいえない。住生活基本計画の策定では、政府の全国計画に即して都道府県計画が立案される。地方分権の進捗にしたがい、自治体は、公営住宅供給を減らし、住宅施策の重点を中間層向け住宅の供給促進に移した。しかし、低所得者のための住宅対策の残余化は、国家方針に合致し、政府は、地方分権によって公営住宅の役割がますますやせ細ることを認識しながら、それを再生する措置をとくにとらなかった。自治体による中間層重視の住宅施策は、地域経済の自立と競争を要求する国家方針を反映する。地方創生政策は、地方社会・経済の再生それ自体ではなく、出生・人口の観点からの国家維持を目標とし、関連補助金を求める自治体を競争関係のなかに配置した。

開発主義の政策形成には、政府官僚、政治家および企業セクターの密接な関係が影響した。新自由主義の政策改革は、「鉄の三角形」の既得権益を除去する狙いをもっていた。しかし、政策形成に対するビジネス・セクターの政治力は依然として強い。経済団体連合会と日本経営者団体連盟は二〇〇二年に統合され、大規模かつ強力な経済団体である日本経済団体連合会——統合前の経済団体連合会と略称（経団連）が同一の連合会——を創設した。新しく組織された経団連（二〇〇三）は、住宅政策に関する提言を二〇〇三年六月一七日に発表し、その一週間後の六月二四日には、社会資本整備審議会住宅宅地分科会（二〇〇三）が新たな住宅政策のあり方についての建議案を公表した。両者の発表日の近さは、経団連と審議会の緊密な連携関係を示唆する。経団連によれば、民間事業者による住宅と住宅ローンの市場開拓が必要とされ、政府には、住宅投資の減少をくいとめ、既存住宅の建て替えを促進し、住宅ローンの市場環境を整備する施策の推進が求められる。この提言は、ほぼそのまま審議会の建議案に盛り込まれた。世界金融危機は、住宅建設を落ちこませ、住宅経済を崩壊させた。経団連（二〇一〇）は、政府に対し、経済を支える住宅政策の展開を求め、住宅市場を刺激する一連の具体策を提案した。開発国家の政策形成を特徴づけていた政府官僚とビジネス・コミュニティの密着関係は、新自由主義の時代の政策立案において、消失したとはいえず、受けつがれている。

都市再生政策の展開では、公共・民間セクターがあたかも融合したかのような関係がみられた（平山二〇〇六、五十嵐・小川二〇〇三）。小渕政権下の経済戦略会議は、前述のように、一九九九年二月の答申で都市再生を重要課題とした。これに連動するように、経済団体連合会（一九九九）は同年六月に都市再生に関する提言を発表し、「企業の活動の場としての都市の魅力を高めることは、国の競争力を強化する上での必須条件」と述べた。不動産協会（二〇〇一）は都市基盤整備、不動産税制、都市計画・建築規制についての要望を二〇〇一年六月に発表し、大手ゼネコンが組織する日本建設業団体連合会（二〇〇一）は都市再生の制度環境とプロジェクトに関する提案を同年七月に出した。建設・鉄鋼業界が中心となるＪＡＰＩＣ（日本プロジェクト産業協議会）は、前述のように、中曽根政権のアーバンルネッサンス政策に影響力を発揮し、これに続いて、政府の都市再生政策がスタートすると、「都市再生を日本経済再生への切り札として位置づけ、とくに緊急経済対策に対応した短期的な意味合いの強いプロジェクトの早期実現を図る」ために、二〇〇一年一〇月に都市再生研究会をつくった（五十嵐・小川 二〇〇三：一六四）。都市再生本部は、財界の要望をすくい上げ、民間ディベロッパーのための都市基盤整備の推進、都市計画・建築規制の緩和、開発関連手続きの簡素化などに反映した。

開発国家の特徴の一つは、経済成長を追求し、人生のマテリアルな条件を改善することで、自身の正統性を維持しようとする点にあった。新自由主義のイデオロギーもまた、経済拡大の価値を他の社会価値より上位に置く点で、開発主義に似る部分をもつ。開発国家としての日本の住宅政策は、一九七〇年代のオイルショックなどを契機とし、景気対策の中心手段として位置づけられ、それ以来、不況のたびに、住宅金融公庫のローン供給を拡大し、人びとの持ち家購入を刺激し続けた。ポストバブルの一九九〇年代前半では、経済対策のために、公庫融資が増やされ、公庫住宅の建設量が史上最大になった。新自由主義の時代では、住宅政策が経済刺激のブースターとして役立つ度合いは下がった。人口・経済が成長後の段階を迎えたことから、住宅着工は減少し、住宅投資は停滞した。住宅経済がマクロ経済に占める比重は低下し、持ち家取得の促進が景気を上向かせる効果は下がった。しかし、不況に対応する手法の一つとして、住宅購入を推進する施策は放棄されず、むしろ保持され、住宅システムを経済対策に従属させる政策が持続した。

住宅金融公庫が廃止されたことから、持ち家促進による景気浮揚の手法として、住宅ローン減税がより重要になった。このローン減税は、所得逆進性をもつ。収入が高い世帯は、より高級な住宅を買うために、より大規模な住宅ローンを組み、したがって、ローン減税からより大きな利益を得る。住宅ローン減税は、所得逆進的であるにもかかわらず、高所得者の住宅購入を促す景気刺激策として、多用された。前述のように、経済回復をめざす政策のもとで、一九九九年一月〜二〇〇一年六月の住宅ローン税額控除の最大控除額は、五八七・五万円と大規模になった。これ以降、住宅ローン減税はしだいに縮小した。しかし、世界金融危機に続く不況のなかで、二〇〇九年一月〜一〇年一二月の住宅ローン減税は大型化し、最大控除額が五〇〇万円となった。さらに、消費税率の引き上げにともなう景気後退予測に対処するために、住宅ローン減税が使われた。

住宅建設が減少する成長後の社会では、住宅ストックを修繕・改善し、より長く使用する必要が高まる。政府は、住宅リフォームを促進する政策を、住宅改善の観点から展開するだけではなく、むしろ経済刺激の新たな手段として位置づけた。たとえば、二〇一六年策定の住生活基本計画（全国計画）は、既存住宅流通・リフォームの市場規模を二〇兆円へと倍増することを目標とし、誰の、どういう住宅を、どう改善するのかの検討だけではなく、「住宅ストックビジネス」の活性化を重視した。長期優良住宅化リフォーム推進事業では、耐震性、劣化対策、内装・設備などの維持管理・更新の容易性、省エネルギー対策などに関連するリフォームに補助金が供給される。この制度もまた、所得逆進性をともなう。より高収入の世帯は、より高度の住宅リフォームを実施し、それに対し、より大規模な補助金が提供される。低収入の人たちは、住宅リフォームのための自己資金を用意できず、補助制度を利用できない。しかし、経済刺激の観点から、高収入世帯の住宅リフォーム投資を誘導する施策の効率が高いと考えられている。

開発国家の住宅政策は、標準パターンのライフコースを歩む人たちの住宅安定を重視する保守主義の性質を帯びていた。そこでは、中間層／低収入層、家族／単身および持ち家／借家に関する制度上の「有利／不利」がつくられ、政府は、「中間層」の「家族」による「持ち家」取得の促進に力点を置いた。この政策は、経済成長を反映・促進し、社会統合を支えると考えられた。これに対し、新自由主義の新たな住宅政策は、住宅生産・消費の大半を市場にゆだねた。しかし、住宅関連の保守主義が消えたとはいえない。中間層の家族は、労働市場、企業福祉、社会保障などの制度において、有利な位置を占め続け、持ち家取得に際し、政策支援を得る。市場重視の政策のもとで、「低所得」「単身」「借家」世帯は、不利な状況に置かれたままとなった。住宅市場では、中間層の顧客は大切に扱われ、低収入の世帯は、劣悪な住宅にしか入居できない。市場メカニズムは、単身者と家族世帯を区別しない。しかし、家族は、単身者に比べ、たいていの場合、より高い所得を有し、住宅市場のなかで、より高い競争力をもつ。持ち家セクターでは、住宅金融公庫の融資は廃止されたが、住宅ローン減税などの新たな援助が拡大し、賃貸セクターに対する政策支援は乏しいままで推移した。新自由主義の新たな住宅システムのもとで、保守主義に根ざす制度は消失せず、「中間層」「家族」「持ち家」を守り続け、その一方、「低所得」「単身」「借家」の人たちは、市場経済にダイレクトにさらされ、より不利な位置に置かれた（平山 二〇〇九：Hirayama, 2010a）。新自由主義に立脚する住宅システムは、保守主義の制度との合成物を構成することで、住宅に関する「有利／不利」の差をいっそう拡大した。

低所得者向け住宅について、国家の供給を減らすところに、新自由主義による政策転換の特徴の一つがある。欧州の福祉国家における新自由主義の導入は、たとえば、イギリスでの公営住宅の大量処分が「福祉国家の売却」といわれたように、劇的な政策再編をともなった（Forrest and Murie, 1988）。これに比べ、開発国家の低所得者向け住宅供給は、もとより少量で、所得再分配の機能をごくわずかしかはたしていなかった。この傾向は、新自由主義の住宅政策において、さらに強まった。日本では、公営住宅の建設はほぼ停止し、住宅セーフティネットのための制度が用意されたとはいえ、その規模は最小限にとどめられた。ここでの新自由主義の住宅システムは、欧州の福祉国家の場合と異なり、低所得者向け供給を最初から残余化していた開発主義の政策経路に依存し、その延長線上に成立した。

さらに、政府は、住宅政策の立案・実践に関し、市場重視に向かうと同時に、家族主義を廃棄しないどころか、むしろ保全し、強化した。自民党政権は、一九七〇年代末に日本型福祉社会の構想を打ちだし、住宅政策には、家庭基盤としての持ち家の取得促進を求めた。これは、老人扶養、子育てなどに関連する「私的社会保障」の中心に家庭と持ち家を位置づける方針を意味した。家族主義のイデオロギーは、新自由主義の時代に入ってなお持続し、政府は、住宅政策と家族の関連をさらに強めようとした。その手段の一つとして、子世代の持ち家購入に対する親の生前贈与に関し、二〇〇〇年代から非課税枠が拡大した。これは、高齢層に蓄積した金融資産の子世代への移転によって、経済を刺激する狙いをもつ。贈与税と相続税を一体化する相続時精算課税制度は二〇〇三年に導入され、子世帯の住宅取得に対する支援を中心とする大型の生前贈与を促した。保守主義の住宅システムは、社会レベルではなく、家族という「グループ」の内側での所得再分配を進める点に一つの特徴をもつ。この傾向は、市場重視の政策改革のなかでさえ、持続力を有し、住宅関連の生前贈与促進に結びついた。

親・子世代の同居・近居を支持する手段として住宅政策を用いる方針は、日本型福祉社会が構想された時代から新自由主義の時代にいたるまで、根強さをみせる。住生活基本計画（全国計画）は二〇〇六年、一一年、一六年に策定され、そのすべてにおいて、親子同居・近居促進を課題とした。都市再生機構は、親・子世帯の近居に対する支援を二〇一三年から実施した。政府は、出生率の引き上げと子育て支援の観点から、三世代同居対応の住宅リフォームに対する補助と所得税優遇を二〇一六年に開始した。保守主義と新自由主義の住宅政策は、大きな違いを示すと同時に、家族形成とそれにもとづく「私的社会保障」を重視する点で、整合し、連続した。後述のように、若い世代では、住宅確保に困難をきたす人たちが増えた。これを反映し、二〇一六年の住生活基本計画（全国計画）は、若年層の住宅改善を課題とした。しかし、この政策は、若い世帯のうち「結婚・出産を希望する若年世帯」と「子育て世帯」のみを対象とし、結婚、出産を望まない人たちをわざわざ排除した。出生と子育てを支援する若年層向け住宅施策の一つは、三世代同居・近居の促進とされた。

開発国家の住宅システムを受けつぎ、そのうえで、住まいの商品化と金融化、市場化を推し進めた新自由主義の住宅システムは、人びとの再階層化を促進し、不平等をふたたび拡大した。この点に、第三期の住宅システムの展開がもたらした社会・経済上の結果がある。成長後の社会において、持ち家と住宅ローンの市場を拡大しようとする政策は、住宅所有に到達する／しないグループを分裂させた。政府の住宅政策は、社会的再分配の役割をほとんど担わず、家族レベルでの再分配を後押しすることで、家族間の差異を押しひろげた。低所得者のための適切な住宅の供給は、減る一方となった。東京の都市再生を推進し、地方分権を進める政策は、住まいの状況について、「東京／それ以外」を分化させ、東京を「ホット／コールドスポット」に分割した。戦後日本に生成した持ち家社会は、しだいに平等に近づくとイメージされていた。より多くの世帯が持ち家を取得し、資産をもつことで、有産階級のメインストリーム社会が拡大し、人びとの階層化の程度は下がると考えられた。しかし、人口・経済条件の変化のもとで、新自由主義の方針を取りいれた住宅システムは、人びとをふたたび階層化し、不平等を再拡大した。この文脈において、ポスト成長時代の持ち家社会は、過去のそれに比べて、ずいぶん異なる性質を有し、新たな段階にすでに入っているとみる必要がある。

第６章　成長後の社会の住宅事情

一戸建て住宅のランドスケープ、滋賀県大津市（2012年１月森聖太撮影・提供）

1 住まいとライフコース・モデル

この最終章では、〝成長後〟または〝ポスト成長〟の段階に入った持ち家社会の住宅事情の特徴をみる。人口と経済が拡大していた時代の住宅システムは、人口構成の若さ、結婚と世帯形成の増大、雇用と収入の安定、それにともなう中間層の拡張などを条件とし、多くの人びとを「はしご」登りに導き、住宅所有に向かわせた。成長後の時代を迎えた社会では、人口・経済条件の変化——人口減少と超高齢化、結婚と出生の減少、雇用と収入の不安定、中間層の縮小——のもとで、持ち家促進の持続は、より困難になった。第3章から前章にかけて、おもにマクロレベルの社会・経済変化との関連で、住宅システムの戦後史を調べた。この軌跡の果ての住まいがどういう状況にあるのかを、おもに個人・世帯および家族のミクロレベルでみることが、本章の主眼である。戦後日本は、私有住宅の普及に根ざす社会をつくってきた。その安定の揺らぎを、人びとはどのように経験するのか。

ライフコースの標準モデルは、住宅所有の達成と維持を重要な要素としていた（図6－1）。若い世帯の多くは、賃貸住宅に住む。彼らの収入は低く、家賃負担は重い。世帯主三〇歳代と四〇歳代のグループでは、持ち家を取得する世帯が増える。住宅ローン返済の負担は重く、家計を圧迫する。しかし、四〇歳代から五〇歳代にかけて、収入が増え、残債は減る。世帯主六〇歳以上の世帯のマジョリティは、「はしご」の頂上に到達し、アウトライト持ち家に住む。高齢期に入った世帯では、多くの場合、収入が減る一方、住宅ローン返済が終わっていることから、住居費負担は軽い。持ち家のエクイティ——資産の市場価値から負債を差し引いた純資産——は、年齢が高いほど増え、高齢期に最大化する。このモデルが描いたのは、若年・中年期の重い住居費負担に耐え、住宅ローン返済と住宅資産の蓄積によって、高齢期のセキュリティ確保をめざす、という「はしご」登りのパターンであった。

しかし、成長後の社会では、標準型のライフコースをたどる世帯は減少し、人生の道筋と住まいの関係は、より不安定になる。持ち家社会に新たに起こるのは、住宅に関連する人びとの再階層化とそれにともなう不平等の再拡大である。一方で、社会の持ち家取得の〝フロー〟の停滞によって、社会の再階層化が進む。住まいの「はしご」を順調に登る世帯は減少し、持ち家を取得する／しないグループが分裂した。他方で、成長後の社会は、持ち家の膨大な〝ストック〟をもつ。その不均等な分布は、住宅資産を大量にもつ／少ししかもたない／まったくもたないグループを分割し、人びとの再階層化を推進する。さらに、戦後のライフコース・モデルに沿って人生を歩み、「はしご」を登りきった世代が蓄積した持ち家とその資産価値の分配のあり方は、次世代の社会構造を変化させる重要なドライバーになる。

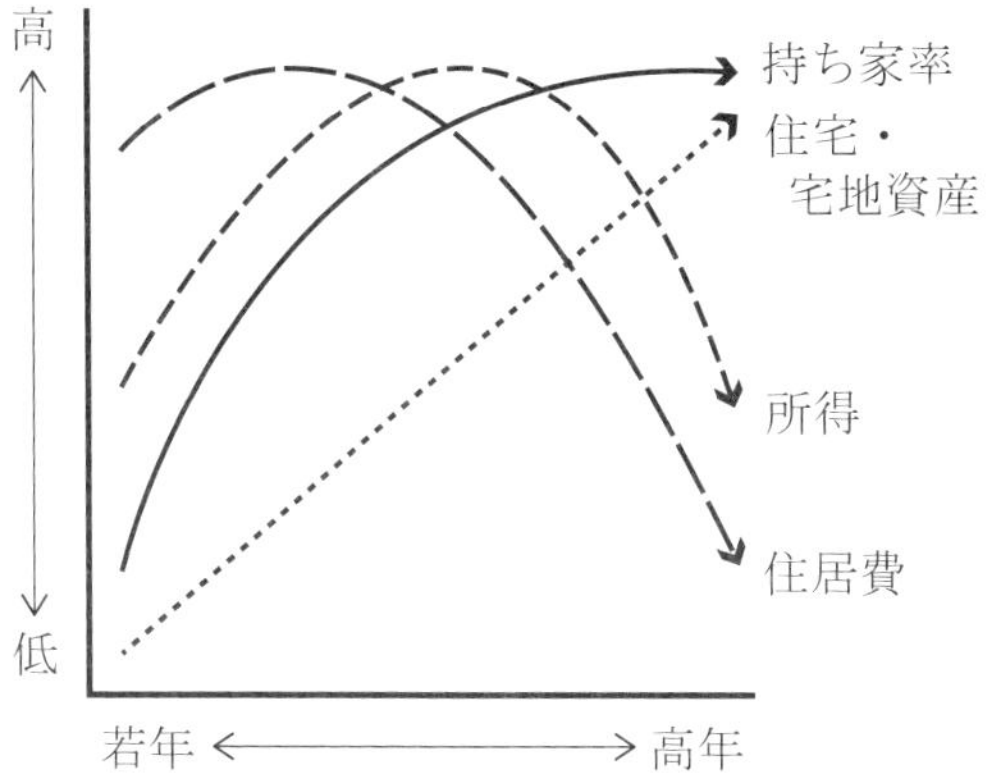

図6－1　住まいのライフサイクル・モデル

2　ぐらつく「はしご」

住宅テニュアの新たな変化

人びとの住宅事情を知ろうとするとき、住まいのテニュア（所有形態）を調べることが基本作業になる。ここでは、持ち家をひとまとめにせず、住宅ローン返済の義務をともなう〝モーゲージ持ち家〟と、債務をともなわない〝アウトライト持ち家〟に二分した。ポスト成長時代に増えたのは、アウトライト持ち家である（図6-2）。このタイプの住宅に住む世帯は、一九八八年では一三九〇万、全世帯の三七・二％であったのに対し、二〇一三年では、二二八五万、四三・八％に増大した。その主因は、人びとの高齢化である。多くの世帯が持ち家を取得し、高齢期までに、住宅ローンを完済する。このため、高齢世帯の増加にしたがい、アウトライト持ち家の比率が上がった。

これに対し、一九九三年では九九一万世帯、全世帯の二四・三％であったモーゲージ持ち家は、少しずつ減少し、二〇一三年では九三二万世帯、一七・九％となった。後述のように、収入の減少ないし停滞によって、住宅ローン返済の負担は、より重くなった。若い世代では、未婚が増え、家を買おうとする家族が減った。これらの点が、モーゲージ持ち家を減少させる要因となった。住宅取得年齢層の人口が縮小するにしたがい、モーゲージ持ち家はさらに減るとみられる。持ち家世帯の割合は、六割前後で推移し、たいして変化していない。しかし、持ち家を債務の有無で区分することで、アウ

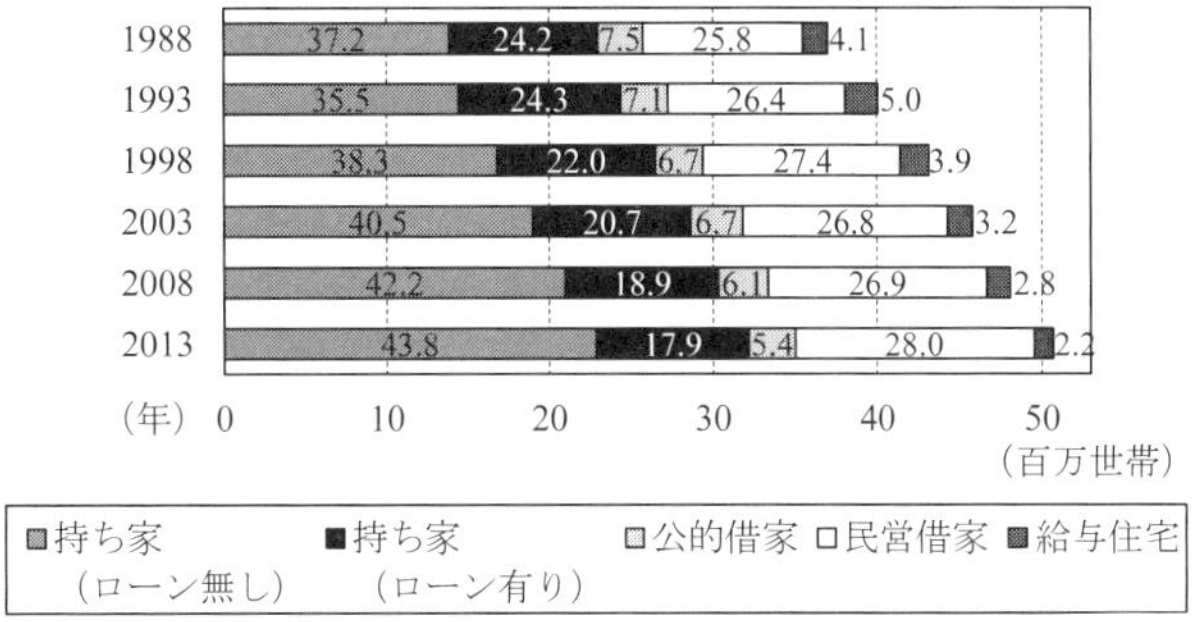

注）1）住宅統計調査および住宅・土地統計調査の結果を図示。ただし持ち家については、各調査年の1年後に実施される全国消費実態調査で把握されたローンの有無別比率で按分。

2）図中の数値は主世帯総数に対する割合（％）。

3）主世帯について集計。　4）住宅の所有形態不詳を除く。

資料）『住宅統計調査報告』、『住宅・土地統計調査報告』、『全国消費実態調査報告』より作成。

図6－2　住宅所有形態の変化

トライト持ち家が増え、モーゲージ持ち家は減るという変化が浮かび上がる。

　賃貸セクターでは、民営借家に住む世帯が増大し、一九八八年では九六七万、全世帯の二五・八％であったのに比べ、二〇一三年では一四五八万、二八・〇％を示した。民営借家以外の賃貸住宅は減少した。住宅政策の市場化によって、公共賃貸住宅のストックが減りはじめ、ポストバブルの企業環境の変化によって、給与住宅もまた減った。

　住宅テニュアの構成の変化は、住まいの「はしご」がぐらつき、持ち家取得の〝フロー〟が縮小したことを反映する。戦後〝持ち家世代〟の多くの人たちは、まず、賃貸住宅で世帯を形成し、次に、住宅ローンを使って家を買い、さらに、ローン完済によって、住宅所有をアウトライトにするという〝上昇〟を経験した。これに比べ、民営借家が増え、モーゲージ持ち家が減るという変化は、賃貸住宅から持ち家に移る世帯の減少を示唆し、賃貸セクターでより長く〝停滞〟する〝賃貸世代〟の出現を表した。住宅の「はしご」において、モーゲージ持ち家は、「下段」の民営借家と「上段」に位置するアウトライト持ち家の間の「中段」を構成していた。住宅ローンによる持ち家取得の減少は、「中段」の脱落のために、「下段」から「上段」への移動がより難しくなったことを含意する。そして同時に、住宅テニュアの構成にみられる変化は、高齢者の増大にともない、アウトライト住宅の大量の〝ストック〟が蓄積したことを示している。その資産価値は、高齢期に入った持ち家世代のなかで、均一に分布するのではなく、むしろ偏在し、さらに、次世代を形成する賃貸世代に不均等に承継される。蓄積した住宅エクイティの分配のあり方は、成長後の時代の社会変化を形づくる新たなメカニズムを構成する。

増大する持ち家負担

ポスト成長社会の持ち家セクターはどう変わったのか。その検討では、持ち家取得の困難の原因が変化する点をみる必要がある（平山 二〇一四：Hirayama, 2010a：Hirayama and Izuhara, 2018）。高度成長期からバブル経済の破綻まで、住宅インフレーションが続いた。持ち家の「価格インフレ」は、取得負担を増大させ、多くの世帯に住宅購入を急がせた。ポストバブルの経済の基調は、デフレーションまたはディスインフレーションとなった。住宅価格は低下し、住宅ローン金利は低いままで推移した。にもかかわらず、「所得デフレ」のために、持ち家購入はさらに難しくなった。東京を中心とする大都市の〝ホットスポット〟では、二〇一〇年代後半になると、住宅価格はインフレーションに転じ、その持ち家は高収入のグループしか買えなくなった。

全国消費実態調査の一九八九年から二〇一四年までの結果から、ポストバブルの可処分所得と住居費の推移をみる（図6－3）。ここでのデータは、勤労者世帯（世帯主が勤労者の世帯）のみを対象とし、それ以外の世帯を含まない（同調査の可処分所得データは、勤労者世帯に関してのみしか得られない）。住宅ローンをかかえる世帯のデータによれば、可処分所得は減少したにもかかわらず、住宅ローン返済を中心とする住居費の支出は増え、その結果、住宅ローン返済の負担はより重くなった。先述したモーゲージ持ち家の減少は、その取得のための負担の増大を一因とする。住宅ローンを返済している世帯の一カ月当たり可処分所得（平均値）は、一九九四年では四八万五六一七円、九九年では四九万五七二円であったのに対し、二〇一四年では四二万四七二五円まで減った。これに比べ、一カ月当たり住居費（平均値）は、一九八九年の五万二七〇七円から二〇〇九年の八万八七八円に増えた。この数値は、二〇一四年では七万八五三二円に下がったが、しかし、減少幅は小さい。平均可処分所得に対する平均住居費の比率を住居費負担率とすると、その値は、一九八九年の一二・八%から二〇〇九年に一八・九%に上昇し、一四年ではやや低下したとはいえ、一八・五%と高い値を示した。

住宅ローン返済の支出が増えたのは、持ち家取得における自己資金が減少し、購入住宅の価格に対する住宅ローン借入額の比率であるLTV（Loan To Value）が上がったからである。持ち家資金の構成を調べた国土交通省の住宅市場動向調査によると、注文住宅の建築では、二〇〇二年から一七年にかけて、平均価格が三九七一万～四四三一万円で推移するなかで、平均自己資金は二一六四万円から一二三七万円に激減し、平均借入金は二二六八万円から二七三四万円に増えた。この結果、平均LTVは、同期間に五一・二%から六八・八%に上がった。分譲住宅の購入では、注文住宅に比べて、価格は低くなっているが、自己資金がより少なく、借入金がより多い。ここでの平均LTVは、七割前後という高いレベルで推移した。

住宅購入におけるLTVの上昇を説明するのは、住宅ローンの供給サイドの政策のあり方である。

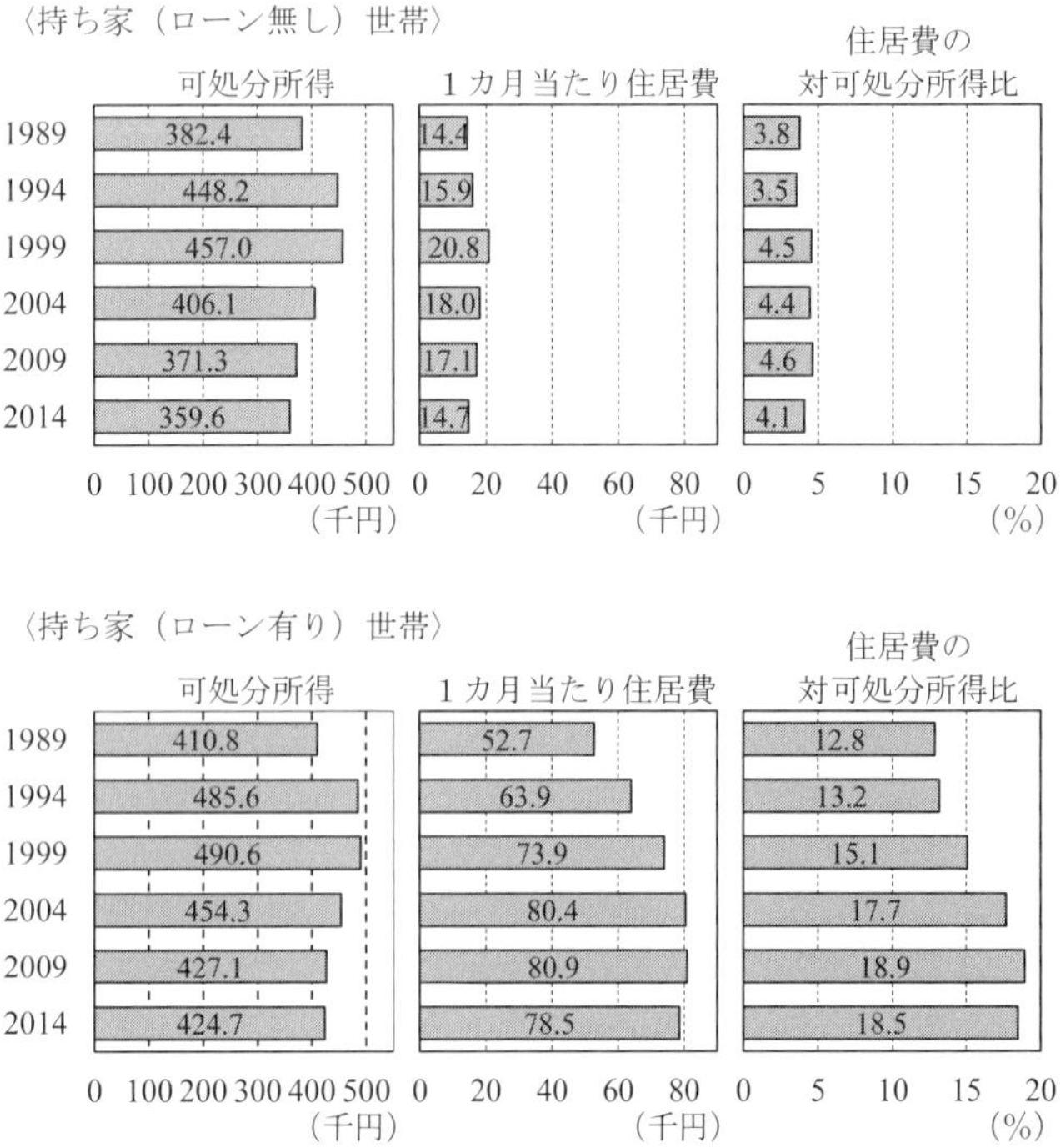

注）1）可処分所得と1カ月当たり住居費は平均値。
2）住居費の対可処分所得比は、可処分所得の平均値に対する住居費の平均値の割合。
3）勤労者世帯について集計。
資料）『全国消費実態調査報告』より作成。

図6－3　持ち家世帯の所得と住居費

政府は、景気対策の一環として、一九九〇年代前半に住宅金融公庫の融資供給を増大させた。公庫融資の利用促進のために、一九九八年二月から二〇〇二年三月にかけて、ＬＴＶの最大値は一〇〇％とされ、頭金不要の持ち家取得が可能になった。民間住宅融資の金利は一九九四年に自由化し、住宅ローン商品の販売は銀行のコア・ビジネスの一つとなった。公庫は、融資をしだいに縮小し、二〇〇七年に廃止された。銀行住宅ローンの市場は急拡大し、販売競争はより熾烈になった。それは、ＬＴＶの高い住宅ローン商品の開発に結びついた。人びとの所得が下がったにもかかわらず、景気刺激を重視する政府は、住宅ローン供給を促進し続けた。

住宅融資の需要サイドでは、住宅ローン利用の意欲は減った。なぜなら、デフレーションによって、債務の実質負担が増え、収入は伸びないからである。さらに、住宅ローン利用は、雇用の長期安定とそれにもとづく賃金上昇を前提とする。安全な雇用が減り、所得がより不安定になる状況のもとで、借金をためらう世帯が増えた。しかし、政府は、住宅ローン利用を刺激する政策を執拗に継続し、融資需要を掘り起こそうとした。収入が停滞または減少しても、住宅所有を希望する世帯は存在する。自己資金を少ししか用意できない人たちは、住宅購入を奨励する施策のもとで、ＬＴＶの高い住宅ローンを調達した。持ち家の需給関係に影響する因子は数多く、複雑な構造を形成する。そのなかで、住宅ローンの供給サイドの政策が需要サイドにおよぼす影響力が強まった点に注目する必要がある。住宅ローン供給に関する政策は、一九七〇年代から、「生まれる」需要に対応するだけではなく、需要を「生みだす」方向に向かった。この傾向は、ポストバブルの一九九〇年代にいっそう強まった。

成長後の時代の金融緩和は、持ち家取得の条件について、均一の効果を生むのではなく、空間上の差異を拡大した。東京などの大都市の中心部では、二〇一〇年代半ばから住宅価格が上がり、ホットスポットが生成した。安倍政権下の非伝統的な「量的・質的金融緩和」は、高いＬＴＶの住宅ローン利用を刺激し、持ち家購入を促進した。地方の多くの小都市では、住宅市場は停滞したままで、大都市では、コールドスポットの住宅価格は上がらなかった。住宅ローン供給を増大させようとする政策は、住宅市場の変動に関し、大都市と地方を分割し、大都市のなかの「ホット／コールドスポット」を分化させた。

アウトライト持ち家に住む世帯の家計に目を転じると、モーゲージ持ち家に比べ、高齢世帯が多いことから、可処分所得が低い（図6－3）。ここでのデータは、勤労者世帯のみを対象とする。世帯主無職の世帯をも対象化した統計があれば、そこでは、高齢者が多いアウトライト住宅における可処分所得はより低くなるとみられる。一方、住宅ローン返済の義務がないアウトライト持ち家では、修繕費などが必要になるとはいえ、住居費は小規模で、平均値で一万四四〇七円～二万七五六円であった（一九八九～二〇一四年）。このため、所得が少ないにもかかわらず、平均可処分所得に占める平均住居費の割合は低く、三・五％～四・六％にとどまった（同期間）。すでに述べたように、高齢層などの低収入グループにとって、住居費負担の軽いアウトライト持ち家は、セキュリティの基盤としての位置を占め、所得を保護する役割をはたす。

目減りする住宅資産

ポスト成長の時代に入った持ち家社会では、住まいの資産価値はより不安定になる。バブル経済の破綻まで、住宅価格のインフレーションが続いたことから、含み益の増大をともなう持ち家の所有は、資産形成の効率的な手段であった。しかし、ポストバブルの住宅デフレーションによって、資産としての持ち家の安全性は弱まった。バブル・ピークとその前後に家を買った世帯は、とくに大量の資産を失った。住宅を買うための経済負担は、より重くなった。大型の住宅ローンを組み、〝人生を担保に入れて〟購入した家は、資産形成に役立つどころか、大規模な含み損をもたらした。

全国消費実態調査の結果から、世帯員二人以上の勤労者世帯が保有する住宅・宅地資産額の推移が把握される（この統計は、単身世帯、世帯主が勤労者でない世帯については、より少ない情報しか扱わず、住宅・宅地資産のデータを提供しない）。不動産の市場価値の把握は難しい。このため、同調査では、住宅については、都道府県・構造別建築単価と構造・建築時期別残価率を用いた評価額、宅地については、国土交通省地価公示または都道府県地価調査にもとづく宅地単価を使った評価額が独自に算出される。この住宅・宅地評価額から住宅・宅地のための負債現在高を差し引くと、住宅・宅地資産額（エクイティ）になる。

住宅ローンの返済義務をともなうモーゲージ持ち家では、評価額が減少し、債務が増大した（図6-4）。住宅・宅地評価額（平均値）は、一九九四年の四四〇二万円から二〇一四年の二四五〇万円に大きく減少し、一九八九年に七七八万円であった住宅・宅地のための負債現在高（平均値）は、二〇一四年には一六〇〇万円まで増大した。この結果、住宅・宅地資産は急減した。住宅・宅地の平均評価額から平均負債現在高を引いた値を平均資産額とすると、それは、一九八九年では三六〇四万円であったのに対し、二〇一四年には八五〇万円にまで激減した。政府は、バブルが破綻し、住宅デフレーションが続いたにもかかわらず、景気対策のために、持ち家取得を促し続け、LTVの高い住宅ローン商品の販売・購入を刺激した。その必然の結果として、住宅資産の大規模な目減りに直面する世帯が増大した。この文脈において、持ち家の資産価値の不安定化は、経済停滞だけではなく、むしろ政策次元の人為の構築物としての側面を色濃くもつ。

さらに、持ち家が「負の資産」（ネガティブ・エクイティ）となった世帯が増えた（平山 二〇一五

b)。「負の資産」とは、その資産の取得に必要であった借入金の残債が市場評価額を上回る資産をさす。経済の長い停滞は、住宅ローン破綻をもたらす。返済不能となった世帯のおもな選択肢は、所有物件の売却である。しかし、「負の資産」に住む世帯は、所有物件を処分しても負債が残る状況に置かれる。この意味で、「負の資産」の所有にともなう危険は大きい。持ち家が「負の資産」となった要因は、住宅資産価値のデフレーションと高いLTVの組み合わせにある。人びとに「負の資産」をもたせてでも景気を刺激しようとする持ち家促進の施策が続いた。

若いグループでは、収入が低いために、LTVの高いローンで住宅を買う世帯が多く、取得した持ち家が、購入直後からの価値下落によって、瞬く間に「負の資産」となるケースがとくに大きく増えた。家を買った世帯は、それがネガティブ・エクイティとなっても、住宅ローンを返済し続け、エクイティを増やそうとする。しかし、ローン返済に並行して、住んでいる住宅の市場評価額は下がる。その資産価値がいつになったらプラスに転じるのかは、はっきりしない。バブル経済の破綻まで、持ち家は資産形成を「約束」すると考えられていた。ポストバブルの「負の資産」は、成長後の社会の住宅経済を反映し、「約束」が反故になったことを象徴した。

一方、高齢者の増大にともない、アウトライト持ち家が増えたことは、述べたとおりである。このアウトライト持ち家では、モーゲージ持ち家と同様に、住宅・宅地評価額は大きく減少したが、しかし、債務は残っていないため、モーゲージ持ち家とは異なり、住宅・宅地の評価額がそのまま資産額を意味する。アウトライト持ち家のエクイティは、モーゲージ持ち家のそれより多く、たとえば、二〇一四年では、後者の八五〇万円（平均値）に比べ、前者は二三八四万円（平均値）と二・八倍におよんだ（図6-4）。債務をともなわないアウトライト持ち家は、モーゲージ持ち家に比べれば、相対的に安全な資産を形成した。

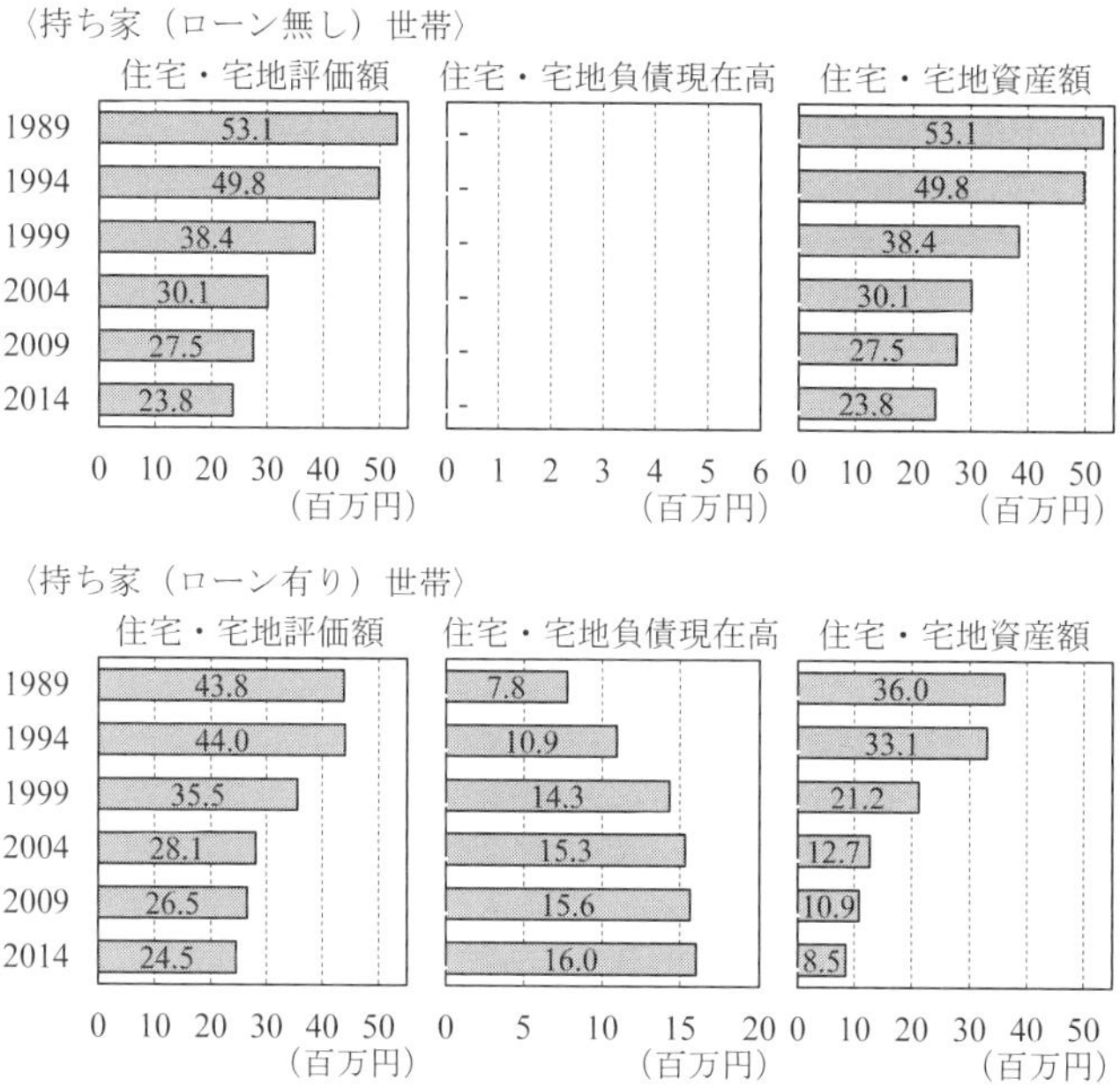

注）1）住宅・宅地評価額と住宅・宅地負債現在高は平均値。
2）住宅・宅地評価額は、住宅評価額（住宅の延べ床面積に都道府県別住宅の構造別１㎡当たり建築単価および住宅の構造別建築時期別残価率を乗じた数値）と宅地評価額（宅地敷地面積に１㎡当たり宅地単価を乗じた数値。借地の場合はこれに借地権割合を乗じた数値）の合計。
3）住宅・宅地資産額は、住宅・宅地評価額平均値から住宅・宅地負債現在高平均値を引いたもの。
4）２人以上の勤労者世帯について集計。

資料）『全国消費実態調査報告』より作成。

図６－４　持ち家世帯の住宅・宅地資産と負債

人びとの持ち家志向は、強いままで推移した。国土交通省の「土地問題に関する国民の意識調査」によると、「土地・建物については、両方とも所有したい」という回答者は、一九九六年では八八・一％に達していた。この比率は、少し減ったとはいえ、一九九〇年代から二〇一〇年代にかけて、おおむね八割前後で推移し、大多数の人たちが住宅所有を望む状況に変化はみられない。持ち家志向の理由は、一定ではない。賃貸セクターでは、手頃な家賃で入居可能な家族向け住宅が乏しいことから、子どもを育てようとする夫婦は、マイホーム取得を望んだ。住宅ローン金利は低い水準で推移したため、収入が安定している世帯は、家を買えるのであれば、賃貸住宅に住み、家賃を支払うのではなく、融資を調達し、持ち家を得ようとした。人びとの多くは、高齢期のセキュリティを確保するために、住宅ローン返済を重ね、住まいをアウトライトにしようとした。一方、ポストバブルの住宅デフレーションによって、持ち家の含み益形成に対する期待は減った。同調査によれば、「土地は預貯金や株式などに比べて有利な資産か」という問いに「そう思う」と回答した者の比率は、一九九三年では六一・八％におよんだのに対し、九八年では三七・〇％に急減し、二〇一六年には三〇・二％まで下がった。持ち家志向の強さは持続し、しかし、資産としての住宅の安全性の低下が認識された。

減少する低家賃住宅

成長後の社会の賃貸セクターでは、より低所得の人たちが増えたにもかかわらず、低家賃住宅が減ったことから、住居費負担がより重い世帯が増大した。住宅・土地統計調査によると、年収三〇〇万円未満の世帯の割合は、バブル経済の時期では、好況を反映し、一九八八年の四九・四％から九三年の三八・九％に低下し、その後、ポストバブルの停滞期に入ると、上昇に転じ、二〇一三年には五

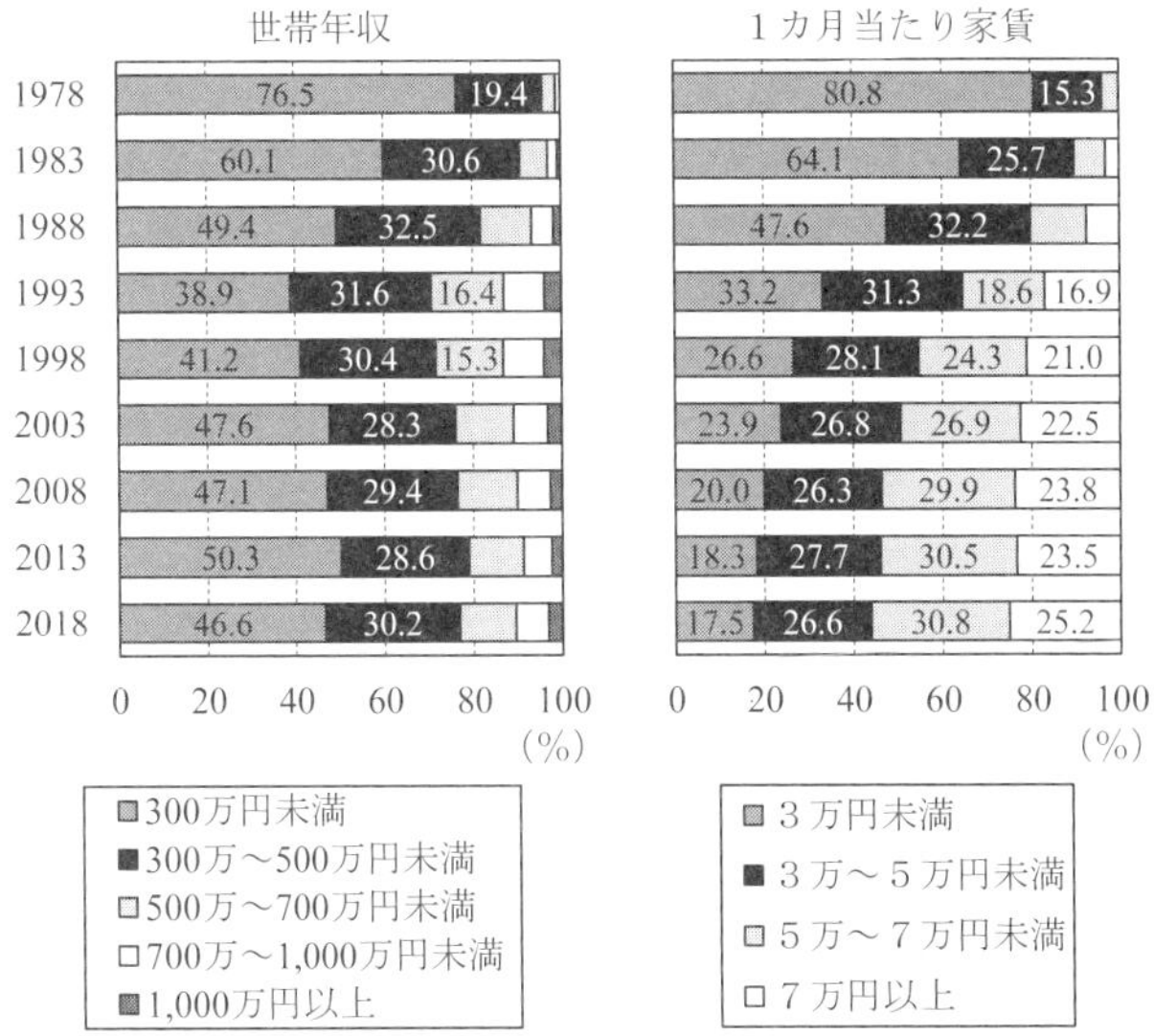

注）1）1978年の世帯年収700万～1,000万円未満は1,000万円以上を、1カ月当たり家賃5万～7万円未満は7万円以上を含む。
2）不明を除く。
資料）『住宅統計調査報告』、『住宅・土地統計調査報告』より作成。

図6－5　借家世帯の年収・家賃階級別構成比

〇・三%となった（図6－5）。この値は、二〇一八年では少し下がったが、四六・六%と高い水準を示した。一方、家賃三万円未満の低家賃住宅に住む世帯は、一九八八年では四七・六%におよんでいたのに対し、二〇一八年では一七・五%に大幅に減った。家賃七万円以上の世帯の比率は、一九八八年では七・四%と少なかったが、二〇一八年では二五・二%まで上がった。低収入の世帯が増え、借家ストックの構成が高家賃側にシフトしたことが、ポスト成長時代の賃貸セクターを特徴づけた（平山二〇一六a）。

　既述のように、日本の賃貸セクターは、「日本型」デュアリズムの構造をもっていた。そこでは、さまざまな手段の「パッチワーク」から〝脱商品化〟した低家賃住宅がつくられた。少量の公営住宅だけでは、賃貸セクターの安定は得られない。政府は、企業の社宅建設を促進し、賃貸セクターを補強しようとした。借家法は、民営借家に関し、家主による契約解除と家賃値上げを規制し、借家人を守った。民営借家は、商品として市場に出される。しかし、借家法によって、民営借家の商品性の程度は低下し、脱商品化の度合いが上がった。

ポスト成長時代の賃貸セクターでは、脱商品化した領域が縮小し、低家賃住宅が軒並み減った（図6-6）。公営住宅は、二〇〇三年では二一八万二六〇〇戸に達していたのに比べ、一八年には一九二万二三〇〇戸に減った。公団賃貸住宅は、その管理主体が住宅・都市整備公団から都市基盤整備公団に転換した一九九九年に、市場家賃化によって、脱商品化セクターから離脱した。バブル期の大企業は、労働力を確保する必要から、給与住宅の建設を拡大し、その戸数は、一九九三年に二〇五万五〇〇に増えた。しかし、ポストバブル期に入ると、多数の社宅団地が処分され、給与住宅は、二〇一八年には一〇九万九九〇〇戸まで減った。民営借家セクターでは、低家賃住宅の型の一つとして、木造共同住宅がある。このタイプの住宅は、狭小、構造・設備の老朽、乏しい日照・通風などの欠陥をもつ一方、低所得者に住む場所を提供する役割を担っていた。その家賃は、入居者からすれば、けっして低廉ではなかったが、家主からすれば、地価を反映せず、低水準のままであった。木造共同民営借家は、老朽、再開発などによって、つぎつぎと取り壊され、一九七八年では三三九万四三〇〇戸におよんでいたのに対し、二〇〇八年には二二五万四八〇〇戸に減少した。その戸数は、二〇一三年では二三一万八七〇〇、一八年では二三五万七〇〇へと少し増え、これは、相続税対策のためのアパート建設の増加によるとみられる。しかし、長期的に低家賃の民営借家が大きく減った点に変わりはない。

脱商品化したさまざまな低家賃住宅の「パッチワーク」はしだいに崩壊した。それは、住宅システ

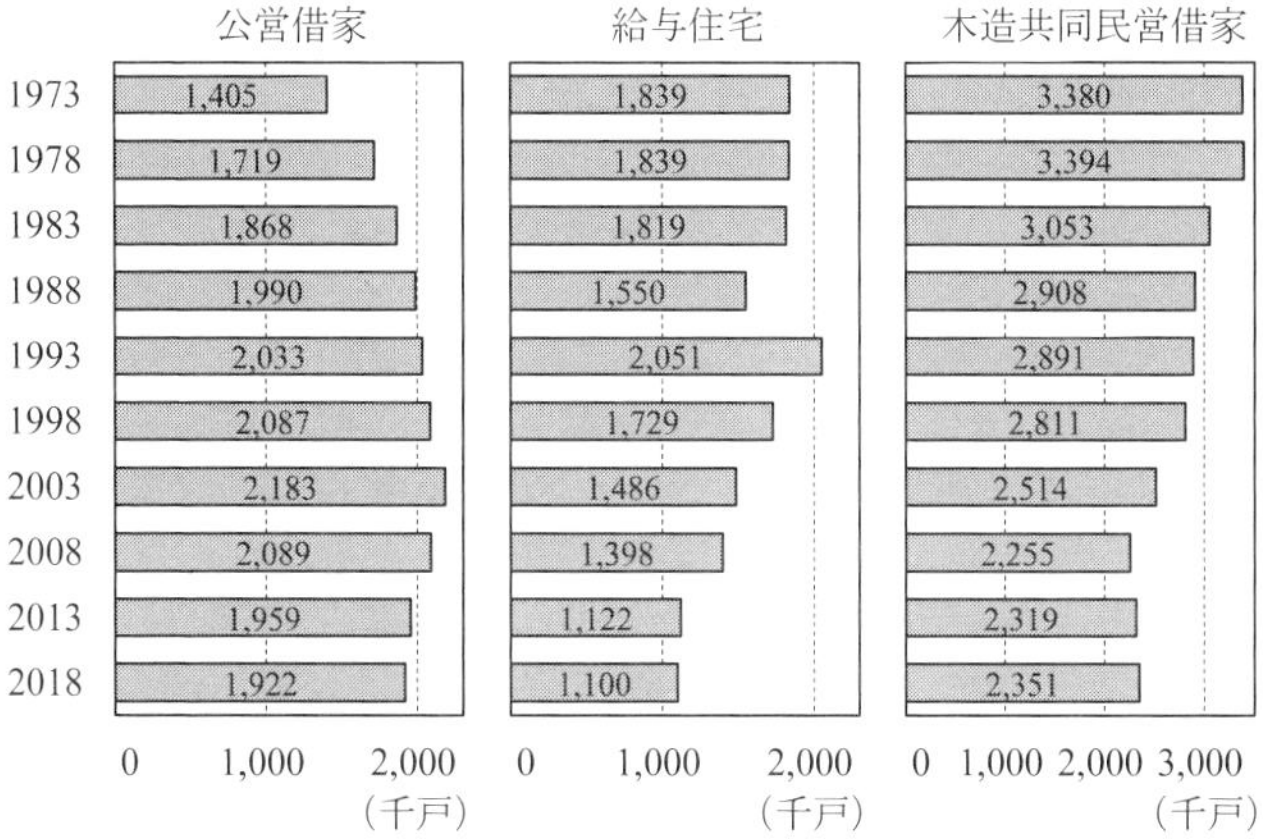

資料）『住宅統計調査報告』、『住宅・土地統計調査報告』より作成。

図６－６　低家賃住宅数の推移

ムのデュアリズムがより純粋になることを含意する（平山 二〇一一a）。新自由主義の政策改革では、住まいの商品化と市場化によって、人びとの選択肢は増大するという言説がつくられた。しかし、賃貸セクターのなかで、脱商品化住宅は急減し、多くの人びとは商品住宅しか選べなくなった。公営住宅、給与住宅および木造共同民営借家を合わせた戸数は、一九七八年では、借家総戸数の五四・八％におよんでいた。住まいの脱商品化領域は、「パッチワーク」にすぎないとはいえ、賃貸セクターの重要な部分を構成していた。それは、低家賃住宅の供給が、どのような形態をとるとしても、不可欠になることを反映していた。しかし、公営・給与・木造共同民営借家の対借家総戸数比は、二〇一八年には二八・二％まで下がった。

アフター・ハウジング・インカム

成長後の社会では、所得が減少または停滞するにもかかわらず、多くの世帯にとって、住宅ローン返済、家賃支払いなどの住居費負担はより重くなった。住居費と所得の関係を調べるために、ここでは、アフター・ハウジング・インカム（ＡＨＩ）に着目する（平山 二〇一三ｃ）。可処分所得とは、実収入から支払い義務のある税金・社会保障費を差し引いた手取り収入をさす。この可処分所得からさらに住居費を差し引くと、ＡＨＩが算出される。住居費の特徴は、下方硬直性が強い点にある。収入が減ったからといって、食費、衣料費などと異なり、住居費は簡単には下げられない。この点で、住居費は、税金・社会保障費に類似する。住宅コストの硬直性を考慮に入れ、住居費を支払った後の〝より実質的な手取り収入〟を表す指標がＡＨＩである。

全国消費実態調査における勤労者世帯のデータによると、住宅ローンを返済している持ち家世帯では、一九九四年に四二万一七五一円であった一カ月当たりＡＨＩの平均値は下がり続け、二〇一四年に三四万六一九三円となった（図６－７）。住宅ローン返済額が増えたことから、ＡＨＩは、可処分所得に比べて、より大幅に減った。平均可処分所得に対する平均ＡＨＩの割合は、一九八九年の八七・二％から二〇一四年の八一・五％に下がった。経済の長い停滞のなかで、収入の減少が注目され、それに関する多彩な分析がみられた。多くの論者は、収入減の原因として、賃金の減少を指摘した。しかし、住宅ローン返済が家計をより深刻に痛めつけたことを知る必要がある（平山 二〇一三ｃ）。

アウトライト持ち家では、高齢者が多く、所得は低い（ここでのデータは勤労者世帯のみを対象とする。全世帯に関するデータがあるとすれば、そこでは、高齢者の多いアウトライト持ち家での所得はより低く表れると推測される）。しかし、住居費支出は少なく、ＡＨＩは可処分所得の九五％強で推移した。このため、モーゲージ持ち家とアウトライト持ち家を比べると、可処分所得が大きな違いをみせるのに対し、ＡＨＩの差は小さく、たとえば、二〇一四年のアウトライト持ち家では、モーゲージ持ち家に比べて、平均可処分所得は約六万五〇〇〇円も低いのに比べ、平均ＡＨＩは一三〇〇〇円ほど

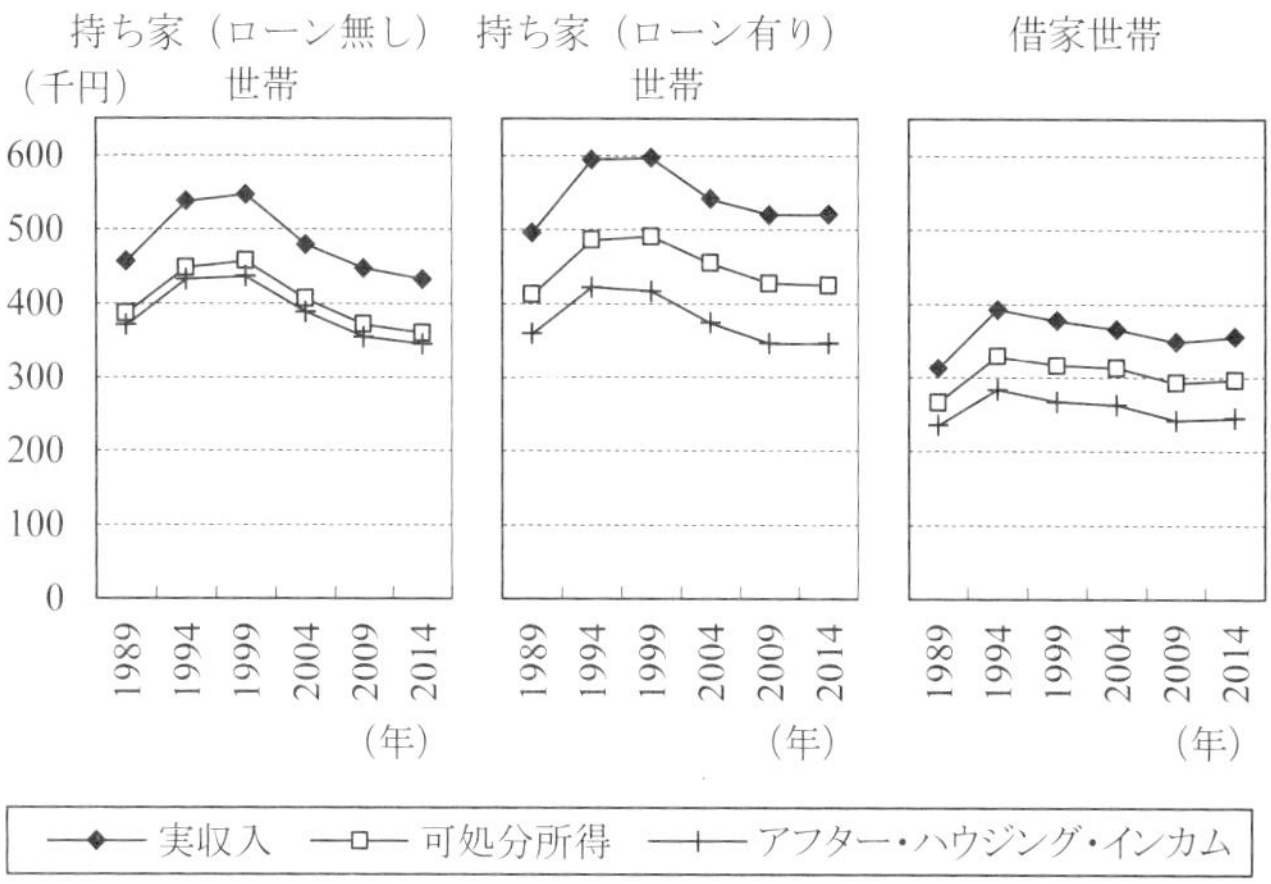

注）1）アフター・ハウジング・インカムは、可処分所得から土地家屋借入金返済額、家賃・地代、設備修繕・維持費を引いたもの。
2）勤労者世帯について集計。
資料）『全国消費実態調査報告』より作成。

図6－7　住宅所有形態別　一カ月当たり実収入、可処分所得、アフター・ハウジング・インカムの推移

少ないだけであった（図6－7）。アウトライト持ち家が所有者の所得を守ることが確認され、そして、モーゲージ持ち家でのAHIがアウトライト持ち家でのそれと同水準まで下がる点が注目される。

政府は、経済対策の一環として住宅ローン供給を拡大し、持ち家促進に注力した。しかし、モーゲージ持ち家におけるAHIの減少は、住宅購入の推進が景気対策として有効であるどころか、不況を深めたことを示唆する（平山 二〇一三c）。持ち家促進の経済効果の一つは、消費拡大である。家を買った人たちの多くは、さまざまな家具、家電製品などを買い入れる。バブル以前に持ち家を取得した世帯は、住宅ローンをかかえていても、インフレーションのもとで、債務の実質負担が軽減し、収入は上がったことから、消費力

を保った。しかし、ポストバブルのデフレーションのなかでは、住宅ローン返済の負担が増え、AHIは急減した。成長後の時代の住宅を購入した世帯の消費力は、それ以外に何も買えないレベルにまで落ちた。持ち家取得を推進すればするほど、AHIの低い世帯が増え、消費はいっそう冷え込むというサイクルが生成した。

賃貸セクターでは、可処分所得が下がったうえに、AHIはより大きく減少した。借家人の平均AHIは、一九九四年から二〇一四年にかけて、二八万三四五〇円から二四万四八八〇円に減少し、平均可処分所得に対する平均AHIの割合は、同じ期間に、八六・三%から八二・七%に下がった（図6-7）。経済停滞のなかで、同一住宅での家賃は上昇せず、むしろ下がったと推測される。しかし、先述のように、低家賃住宅が大きく減ったことから、借家全体での平均家賃が増え、平均AHIは減った。民営借家は、低所得の入居者が多く、家賃が高い点で、居住条件がとくに不利なテニュアである。ここでは、二〇一四年の平均AHIは、二三万六九三円に減少し、平均可処分所得の八〇・一%となった。

3　若年層の住まいの状況

個人化／家族化

成長後の時代になると、住まいの「はしご」のぐらつきは、若い世代のライフコースにとくに強く影響した。結婚と出生の減少、就労と収入の不安定化、住宅コストの増大のもとで、標準パターンのライフコースをたどる人たちは減った。若いグループの住宅状況をみることは、それ自体として重要であるだけではなく、「はしご」登りに人びとを導く住宅システムが持続可能かどうかを検討する意味をもつ。若い世代では、親元にとどまる未婚の〝世帯内単身者〟が増大し、離家の遅れが目だつ特徴となった。親の家を離れ、独立したグループでは、一人ぐらしが増えた。多くの単身者は、賃貸住宅に住み続け、持ち家を取得しない。結婚し、家族をつくった人びとの多くは、マイホームを買い、所有しようとする。しかし、持ち家取得に必要な経済負担は重くなった（平山 二〇〇九 二〇一一a 二〇一三a 二〇一六a：Hirayama, 2010a, 2011b, 2012, 2013）。

ここでは、若者のライフコースと住まいの関係をみるために、「個人化」と「家族化」に着目するアプローチをとる（Hirayama, 2017b：Hirayama and Izuhara, 2018）。戦後日本の持ち家社会では、「独立・自立した世帯」がマイホームを取得するというパターンが標準ライフコースをつくると考えられていた。しかし、人びとの「個人化」によって、未婚率が上昇し、一人ぐらしの世帯が増えた。増大した世帯内単身者は、未婚のままという点で「個人化」を含意すると同時に、親子関係から住む場所を得ている点では「家族化」を反映した。結婚した人たちの多くは、持ち家を取得しようとする。そこでは、親世代が子世代の住宅購入を支援する「家族化」のケースが増えた。「個人化」と「家族化」は、若年層を正反対の方向に向かわせる力でありながら、「独立・自立世帯」による持ち家取得を減らす点では、同一方向の力をもたらした。

ポスト成長時代における社会・経済の不安定さと新自由主義の政策改革は、若い世代の「個人化」と「家族化」を同時に促進した（Hirayama, 2017b：Hirayama and Izuhara, 2018）。人びとの人生は、市場経済に必ずしもダイレクトに接触するとはいえず、むしろ結婚、家族、企業、福祉国家などの一連の社会制度に埋め込まれていた。しかし、成長後の時代に入り、新自由主義の政策が展開するにしたがい、若い世代は、社会制度からの「脱埋め込み」を経験し、市場経済の変動にさらされる度合いが高まった。そこでは、人生の不確実さが増え、それに対処する仕事はますます「個人化」するとみなされた（Beer et al., 2011 : Furlong and Cartmel, 1997）。社会学者のウルリヒ・ベック（一九九八［一九九二］）が〝リスク社会〟の形成を論じ、人生を取り巻くさまざまなリスクの個人化を指摘したことは、知られているとおりである。一方、不安定さを増す社会・経済変化と新自由主義の政策は、人生の道筋の家族化を刺激する。親たちの一部ないし多くは、成人未婚子の経済力が安定しないのであれば、自身の住まいに彼らを住まわせ、そして、家を離れ、結婚した子どもが家を買おうとするのであれば、それを援助しようとする。ここには、家族制度を含む社会制度の弱体化が家族制度への若者の「再埋め込み」を促すという逆説がある。リスク社会の効果を理解するには、社会制度からの「脱埋め込み」が個人化を推進するだけではなく、それに並行して、家族化による「再埋め込み」が進む点をみる必要がある（Hirayama and Izuhara, 2018）。

若年層の「個人化」と「家族化」は、社会の再階層化に密接に関係する。ライフコースの個人化は、高位の社会階層に属し、高い収入を得ている若者にとって、人生の道筋についての選択肢の増大を意味した。彼らは、社会制度の伝統と慣習から離れ、より自由に生き方を選ぶ機会を得る。しかし、より低位の社会階層の若者は、雇用システムの規制緩和のもとで、市場経済の無慈悲さのなかに投げ込まれ、低賃金かつ不安定な就労機会しか手に入らないうえに、社会制度による保護を減らされ、リスクの個人化に直面した。若い人たちがライフコースの家族化を選べるかどうかは、親世代の社会階層によって決まる部分が大きい。住宅を購入しようとする子世帯は、親が富裕であれば、その資金援助を得られるが、しかし、低収入の親は、子世帯の持ち家取得への支援に必要な経済上の余裕をもって

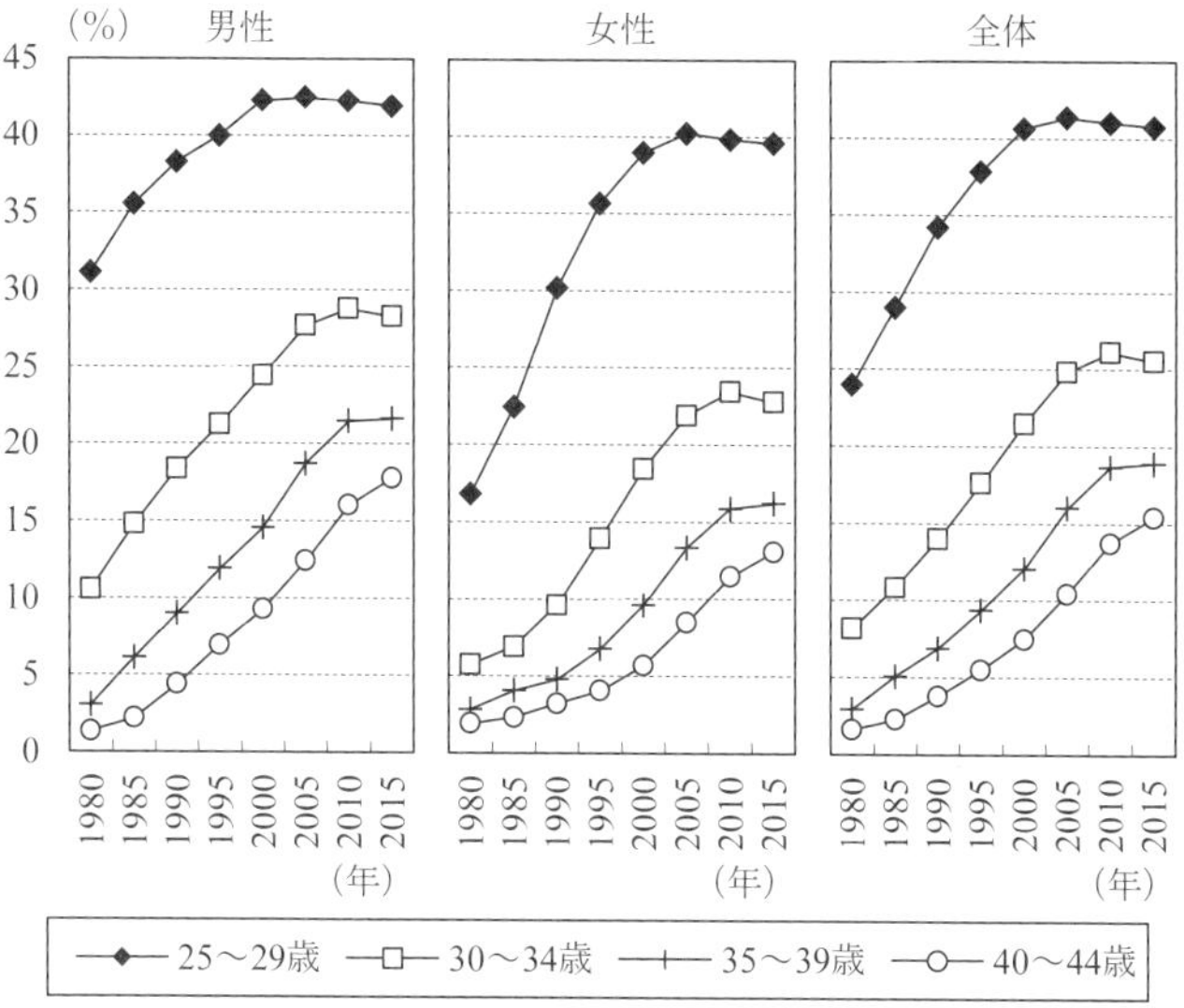

注）1）世帯内単身者は２人以上の世帯に所属し、続き柄が子である無配偶者。
2）不明を除く。
資料）『国勢調査報告』より作成。

図６－８　性・年齢別　世帯内単身者率の推移

いない。

親の家を出る／出ない

若い世代の変化を特徴づけたのは、世帯内単身者の増大である（図６－８）。その割合は、一九八〇年から二〇一五年にかけて、二五～二九歳では二四・〇％から四〇・七％、三〇～三四歳では八・二％から二五・五％に上がった。世帯内単身者の中心は、親元に住み続ける成人未婚子である。これに加え、親の家をいったん離れた未婚者が、経済上の理由などから、そこに戻る、あるいは、結婚し、独立した世帯をつくっていた人たちが、離別および死別によって実家に帰る、といった「ブーメラン」のケースがある。経年につれて、世帯内単身者率は、しだいに頭打ちとなり、若いグループから順に横ばいないし微減となった。親元に住む若者の割合は、大きく上がった後に、安定する段階に入ったとみられる。この変化は、前述のように、若年層における未婚率の上昇速度が下がったことに関係する。しかし、世帯内単身者は、四〇歳以上のグループでは、依然として増えている。これは、親元に住み続けたままで年齢が上がる未婚者、年齢の高い「ブーメラン」の存在を反映する。男女別にみると、世帯内単身者がより多いのは、男性である。これは、男性の未婚率がより高いためである。たとえば、三〇〜三四歳における二〇一五年の世帯内単身者率は、男性では二八・三%、女性では二二・八%であった。

世帯内単身者の増大は、新たな現象として一九九〇年代に注目を集め、それをどう説明するのかが問題になった。若者の離家の遅れに着目した社会学者の宮本みち子・岩上真珠・山田昌弘(一九九七)は、バブル経済の余波が残る一九九一年から実施した世帯内単身者に関する一連の調査にもとづき、その増加の原因を子どもへの援助を惜しまない親と親に依存する子どもの関係に求めた。これに続き、山田(一九九九)は、親同居の成人未婚者を〝パラサイト・シングル〟と呼び、親元に住む「リッチな若者」が日常生活に必要なコストと家事を親に依存する様相を描いた。この呼称の普及にともない、実家に「パラサイト」し、「自立心」を欠いた若者が増えているという見方が広まった。親に依存する若者を精神論の次元で非難するパラサイト・バッシングといわれる現象さえみられた(北村 二〇〇一)。

しかし、ポストバブルの経済停滞と新自由主義の政策改革のもとで、世帯内単身者についての一九九〇年代末からの調査研究は、離家と結婚の困難が労働市場の再編とそれにともなう就労・収入の不安定に起因することを明らかにした(永瀬 二〇〇二、大石 二〇〇四、白波瀬 二〇〇五)。若者が親に依存する傾向を強調していた宮本、山田らでさえ、経済状況の変容に反応し、世帯内単身者に関する自身の論調を変えるために、若い世代の雇用悪化に注意を促した（宮本 二〇〇四、山田 二〇〇四）。これらの議論は、世帯内単身者が「自立心」を欠いているとは限らず、労働市場の再編のなかで自身を防衛しようとし、合理的な実践として親元にとどまっていることを示唆した。パラサイト・シングルをめぐる論説は、若者個人の態度・意識を解説し、「自立心」の精神論を流布させるにすぎなかったのに対し、若年層の雇用と収入に関する実証分析は、社会・経済構造の変化から世帯内単身者の増大をとらえようとした。

若い世代のマテリアルな条件に関する考察が増えるなかで、離家・結婚の減少または遅れを住宅事情から説明しようとする分析は、十分とはいえなかった（平山 二〇〇九 二〇一一a 二〇一三a；Hirayama, 2012, 2013）。若者が親元を離れ、単身者として独立するには、賃貸住宅を確保する必要がある。結婚しようとする人たちの多くも、最初の住まいを賃貸市場で探す。しかし、戦後日本の政府は、住宅システムの運営において、賃貸セクターの改善を軽視したうえに、単身者を支援対象からほぼ完全に外した。新自由主義の政策改革は、公営住宅を残余化し、民営借家の住人に対する借家法の保護を弱めた。賃貸セクターでは、より低収入の世帯が増えたにもかかわらず、低家賃住宅は大きく減った。住宅システムのあり方とその結果としての賃貸居住の条件の劣悪さが若年層の離家・結婚を減らす一因となった点をみる必要がある。

世帯内単身者にとって、親の家は、〝脱商品化〟したセーフティネットである。親元に住む人たちは、親に家賃をまったく支払っていないか、支払っているとしても、多くの場合、市場家賃より低い家賃しか負担していない。脱商品化住宅または住宅セーフティネットの実態についての分析では、おもな関心は賃貸セクターに向けられ、とくに公営住宅などの状況に注目が集まる。しかし、賃貸セクターの居住条件がしだいに悪化するなかで、「親の家」というタイプの住宅が脱商品化領域のセーフティネットとして重要さを増していることは、ほとんど見おとされてきた（平山・川田 二〇一五）。

認定NPO法人ビッグイシュー基金が設置した住宅政策提案・検討委員会（二〇一四）は、首都圏と関西圏に住む、年収二〇〇万円未満、二〇〜三九歳、未婚の一七六七人を対象とし、「若年・未婚・低所得者の住宅事情」に関するインターネット・アンケートを二〇一四年八月に実施した。回答者の多くは親同居の世帯内単身者で、その割合は七七・四％におよんだ。低収入の若者にとって、親の家に住むことは、有力な選択になる。回答者のうち三九・一％は無職で、就労していても、パート・アルバイト・臨時・日雇いが三八・〇％を占め、正規社員は七・八％にとどまった。年収ゼロの回答者が二六・八％、一〇〇万円未満が四二・一％を占め、いわば極貧の人たちが多い。無職、無収入の割合は、親別居では二六・八％、一九・五％であるのに比べ、親同居では四二・七％、二八・九％とより高い。結婚に消極・悲観的な回答者が多く、「結婚したいと思わない」（三四・一％）、「結婚できるかわからない」（二〇・三％）、「結婚できないと思う」（一八・八％）を合わせると、七三・二％になる。この値は、親別居での六一・一％に比べ、親同居ではより高く、七六・七％を示した。親の家は、無職・無収入で、結婚の可能性が低いと考えている若者を保護する場を形成した。若い人たちは、親の家を離れ、独立することで、標準パターンのライフコースに乗ると考えられていた。しかし、この調査では、親の持ち家に住む若者の七〇・四％が「住み続けたい」と答えた。雇用・収入が不安定な若者にとって、親の家は〝出ていくべき場所〟であるどころか、〝とどまるべき場所〟となった（平山・川田 二〇一五）。

世帯内単身者の増大の重要な含意は、雇用を流動化する新自由主義の労働政策が親世代の持ち家というセーフティネットの存在を条件として成立した点である（平山 二〇一一a）。政府の住宅政策は、多くの世帯を持ち家取得に誘導した。労働市場の規制緩和は、非正規雇用を増大させた。そして、親世代の持ち家は、不安定就労層の受け皿となった。若者が親の家に住めるとは限らない。しかし、世帯内単身者の増大は、親世代の持ち家が不安定雇用の若者の一部または多くを吸収し、支える役目を担ったことを表している。いいかえれば、「個人化」した若年層を「家族化」によって保護するという関係が親の持ち家によって媒介された。不安定就労が増大する状況のもとで、政府は、住宅セーフティネットをつくる方針を示した。しかし、公的なセーフティネットは残余的で、その規模は最小限にとどめられた。これを補い、低賃金の多数の若者を保護したのは、私的なセーフティネットとしての親の家であった。労働市場を流動化する政策は、不安定就労の若者を増大させ、社会不安に結びつく。親世代が所有する住宅は、社会不安を抑えこむ〝バッファー〟となった。

親の持ち家によって、世帯内単身者は住む場所の安定を得る。しかし、この安定が続くかどうかは別問題である。親同居の成人子が親に経済的に依存しているとは限らない。しかし、親の定年退職によって、依存可能な収入は急減する。世帯内単身者本人が良質の雇用を確保し、年齢上昇にともない、収入を増やすのであれば、それが親の収入減を補てんする。しかし、親同居の無配偶者の雇用は不安定である場合が多い。親が高齢期に入り、同居子の収入が低いままであれば、年金が世帯のおもな収入源になる。この年金は、親の死去によって途絶える。親所有の家の多くはアウトライトで、住居費負担は軽い。しかし、住宅はしだいに劣化し、修繕費が必要になる。さらに、親子関係が変化する。世帯内単身者が若い時期では、彼らが親に依存するパターンが支配的である。母親が家事全般を担当し、世帯全体の日常生活を支えるケースが多い。しかし、親子の年齢上昇にしたがい、親が子どもに頼るケースが増える。世帯内単身者は家事労働の引き継ぎを求められ、さらに老親の介助、介護が必要になる。そこでは、親子関係をめぐるストレスの蓄積がありえる。

結婚する／しない

親の家を出た若年層のなかでは、単身世帯が増えた。結婚するかどうかは、ライフコースのあり方にきわだった違いをもたらす。結婚せず、一人世帯をつくる人たちは、夫婦中心の家族世帯とは、まったく異なる住宅状況を経験する。国勢調査の結果によれば、単身世帯が全世帯に占める比率は、一九八五年から二〇一五年にかけて、世帯主二五〜二九歳では四五・三％から六四・〇％、三〇〜三四歳では一九・六％から三九・九％に上がった。単身者率を男女別にみると、同一年齢層では、女性より男性で高い。これは、未婚率の男女差を反映する。女性人口に占める単身者は、二〇一五年の三〇〜三四歳で一二・九％であったのに対し、男性についてのこの数値は、二〇・八％におよんだ。

単身世帯の大半は、民営借家に住んでいる。住宅の「はしご」システムでは、民営借家は、暗黙のうちに、持ち家を取得するまでの一時的な住まいと位置づけられている。その居住条件は、物的水準、コストおよび安定性に関し、けっして良好とはいえない。民営借家が一時的な住まいであれば、そこでの短期の居住に耐えることは、それほど難しくない。しかし、単身の人たちが単身のままですごす期間はしだいに延びた。生涯未婚率が上がったことは、述べたとおりである。日本では、持ち家取得は家族形成と密接な関係をもち、多くの人びとは結婚まで家を買おうとしない（Hirayama and Izuhara, 2008）。単身世帯にとって、民営借家は、必ずしも一時的な住宅とはいえなくなった。にもかかわらず、その居住条件は不利なままである。

単身世帯に関する住宅・土地統計調査のデータによると、年齢が上がるほど、持ち家率が高まる（図６‐９）。しかし、世帯主三五〜三九歳の単身世帯においても、持ち家率は一〇・一％にすぎない

（二〇一八年）。単身世帯の民営借家率は高く、さらに上昇した。その値は、一九九三年から二〇一八年にかけて、三〇～三四歳では七八・七％から八七・二％、三五～三九歳では七二・六％から八三・六％に上がった。

単身世帯という「個人化」したグループは、拡大しているにもかかわらず、持ち家社会のなかでは、マージナルな位置しか与えられない。住宅政策を実施する政府は、単身者の大半が住んでいる民間賃貸セクターを改良しようとしなかった。若い単身者は、住宅施策の対象から排除され、公営住宅に入居する機会さえ得られなかった。企業の福利厚生制度は家族をもつ社員の安定を優先させ、単身社員は独身寮、家賃補助などの対象となる一方、社宅などの制度から除外された。バブル経済の時期では、企業は、労働力確保の必要から、寮・社宅の供給を増やしたが、しかし、ポストバブル期には、多くの寮・社宅を処分した。単身世帯の給与住宅率は、一九九三年と二〇一八年の間に、二五～二九歳では一五・九％から一一・九％、三〇～三四歳では九・六％から六・四％に減った（図6－9）。

これに加え、単身者の居住条件がジェンダー化している点をみる必要がある（平山 二〇一一a）。単身の男女を比べると、女性は、収入がより低いにもかかわらず、より高い家賃を支出するケースが多い。これは、単身女性が、住まいに関し、通勤の便利さ、高水準の設備と防犯性能、友人との付き合いを維持するための都心立地、安全な近隣環境などを求める傾向を示唆する。より高水準の住宅を必要とし、より低い収入しかもたない単身女性は、単身男性に比べ、住宅確保に関し、より不利な位置にある。

増えている無配偶者の大半は、世帯内単身者または単身者である。すでにみたように、男女を比べると、同一年齢層では、未婚率の高い男性において、世帯内単身者と単身者の双方の割合が高い。この両者のバランスをみると、男女間の差異がみられ、女性は、単身者より世帯内単身者である場合が

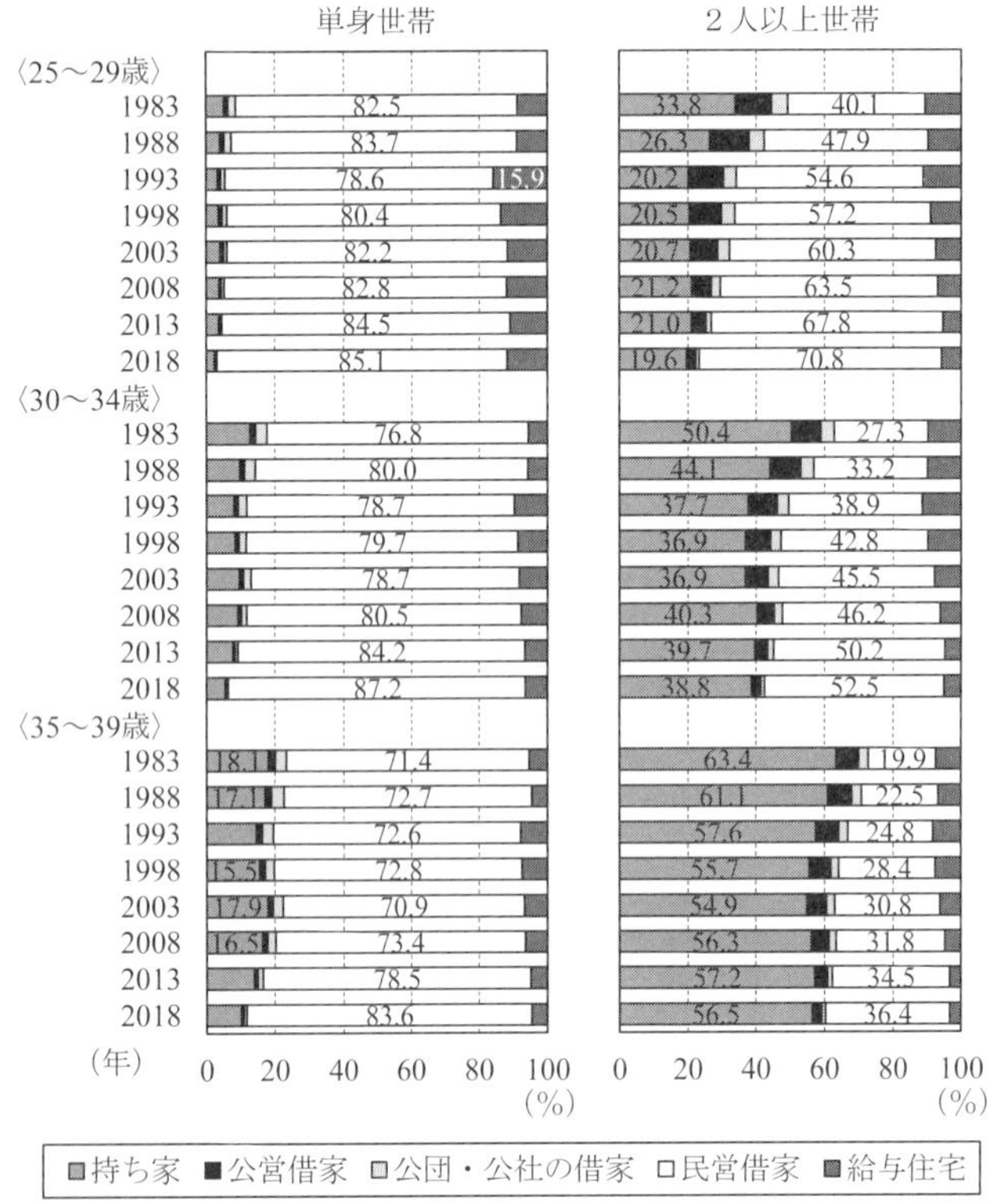

注）1）世帯主は、1983年以前は世帯の主な働き手、1988年以降では家計を主に支える者。　2）主世帯について集計。
3）公団は現在の都市再生機構。　4）不明を除く。
資料）『住宅統計調査報告』、『住宅・土地統計調査報告』より作成。

図6－9　世帯主年齢別　単身世帯と2人以上世帯における住宅所有形態の構成比

多い。国勢調査のデータから、単身者数に対する世帯内単身者数の倍率を、二〇一五年の男性と女性についてみると、二五〜二九歳では一・七倍と二・五倍、三〇〜三四歳では一・八倍と二・三倍、三五〜三九歳では一・七倍と二・二倍であった。女性の離家は、結婚を契機とするケースが多く（鈴木二〇〇七）、「嫁入り前」の女性が親元にとどまる傾向は、暗黙のうちに「自然化」されてきた。企業が若年女性を雇用するとき、自宅からの通勤を条件とする場合がある。この雇用のあり方は、親元に住む女性を増やす。そして、未婚女性の単身者率の低さは、住宅確保の条件に関する男女差に起因する面をもつ。住宅に対する高い要求水準、低い収入は、若い女性の単身者としての独立を抑制したと考えられる（平山二〇一一a）。

家を買う／買わない

親の家を離れ、結婚し、独立した世帯をつくった人たちは、住まいの「はしご」を登り、マイホームを取得・所有しようとする。賃貸住宅の市場では、家族向けの住宅は少なく、その家賃は高い。子どもを育てようとする世帯は、適切な環境を得るために、持ち家をとくに強く求める。政府の住宅政策は、保守主義または家族主義の傾向を有し、中間層の家族による持ち家取得を促進した。しかし、先述のように、成長後の社会では、住宅所有の達成に必要な経済上の負担は、より重くなった。

世帯人員が二人以上の若年世帯の住宅テニュアをみる（前掲図6-9）。このグループでは、夫婦関係を含む世帯が八割強を占める。持ち家率は、一九八〇年代から九〇年代にかけて、大きく下がった後に、二〇〇〇年代以降では停滞した。たとえば、世帯主三〇〜三四歳のグループの持ち家率は、一九八八年の四四・一%から九八年の三六・九%へと低下し、その後、大きな変化はみせず、二〇一八年では三八・八%を示した。これに対し、民営借家に住む世帯は大幅に増大し、その割合は、たとえば世帯主三〇〜三四歳では、一九八八年から二〇一八年にかけて、三三・二%から五二・五%に上がった。

持ち家取得の経済困難に対し、夫婦中心の若年世帯が示す反応の一つは、妻の就労である（平山二〇一一a 二〇一三d：Hirayama, 2010a, 2017b）。戦後の持ち家社会では、〝標準世帯〟の住宅購入は「男性稼ぎ主」モデルに立脚していた。しかし、男性世帯主の収入は停滞し、より不安定になった。世帯の経済を支えるために、より多くの妻が労働市場に加わり、それが持ち家取得の仕方に影響した。男性世帯主が家を買い、所有するという旧来のパターンが依然として主流を占める一方、夫婦共同での住宅取得・所有が増えている。

共働き世帯の持ち家取得では、夫だけではなく、妻の就労状況が住宅購入の内容を左右する（平山二〇一一b）。妻が正規被用者のグループでは、良質かつ高額の住宅を大型の住宅ローンで購入するケースが多く、世帯の収入が高いために、住居費負担率は低い。妻の高い経済力は、世帯の持ち家取得を支えた。しかし、共働きによって高額住宅を買った世帯は、妻の就労が困難になれば、持ち家を維持できない。いいかえれば、住宅ローンの支払いのために、夫だけではなく、妻も、労働市場からの退出を選べない。既婚女性の正規就労が良質住宅の取得を可能にし、そして、持ち家保全の必要が女性就労の継続を不可欠にするという連関がある。妻が非正規被用者のグループでは、夫の経済力が低く、持ち家を取得した後に、住宅ローン返済のために妻の稼働が必要になったケースが多い。彼らが購入した住宅の多くは、それほど良質とはいえず、低価格である。しかし、このグループでは、妻が働いてもなお、収入が低く、住居費負担率が高い。

住宅研究の領域では、世帯の住まいの状況は、「男性稼ぎ主」の経済力によって決まると考えられている。男性世帯主がどの程度の収入を得るのかが持ち家取得の可能性を左右することは、事実である。しかし、増大する共働き世帯では、「男性稼ぎ主」だけではなく、妻の経済力が「はしご」の登り方に影響し、住宅購入の内容を決定する因子になる。持ち家社会の変化をみようとするとき、そのドライバーとしての女性の役割に注目することが、いっそう重要になる（平山 二〇一一 b）。

夫婦の働き方の分岐は、持ち家市場を階層化し、分裂させる効果を生む。夫婦ともに正規被用者の世帯は、通勤時間を短くするために、都心居住を希望し、その実現に必要な収入をもつ。前述のように、都市再生政策の展開によって、大都市の中心部とベイエリアでは、住宅建設のブームをともなう〝ホットスポット〟が生成した。夫婦ともに大企業に勤め、高い収入を得ている世帯は、ホットスポットのハイエンド住宅に対する需要を発生させ、その値段を押し上げげた。安定雇用の夫と専業主婦を含む世帯は、中間層の典型であった。この「男性稼ぎ主」型のグループは、夫婦ともに大企業勤務の世帯に比べれば、収入が相対的に低く、中間層向け市場で住宅を確保する。一方、夫が低収入で、妻が無職またはパートタイマーの世帯は、住宅市場のなかで、より不利な位置に置かれ、ローエンド住宅の購入層を形成した。

持ち家取得の経済困難に対する若年世帯のもう一つの反応は、親からの支援にもとづく住宅購入の「家族化」である。住宅所有を達成するうえで、共働きは世帯内の「ヨコ関係」にもとづく手段であったのに対し、親の支援は世代をまたぐ世帯間の「タテ関係」から得られる。若い世代では、ポストバブルの経済変化のために、収入が順調には伸びず、住宅を買えない世帯が増えた。一方、高齢世代には、金融資産を蓄積した世帯が存在する。このため、政府は、親世代の資産を子世代に移転し、若年層の消費を拡大することで、低迷する経済を刺激しようとし、住宅購入支援の生前贈与に関する税制上の優遇を大胆に拡大した。戦後日本の住宅システムが促進したのは、「独立・自立した世帯」がマイホームを取得・所有し、メインストリーム社会に参加するという〝モダン〟なパターンの継起であった。この独立・自立の程度は、持ち家取得の「家族化」によって、減退した。

4　高齢層の住宅資産保有

住宅資産型福祉について

成長後の日本社会とは、超高齢・持ち家社会である。そこでは、高齢層に蓄積した持ち家ストックとその資産価値の分配のあり方が社会の変化の仕方に影響する（Hirayama, 2010b ; Hirayama and Izuhara, 2018）。すでに述べたように、人口の高齢化と不安定な経済、そして新自由主義の文脈のもとで、福祉国家の持ち家依存が強まった。社会安定の維持のために、「住宅資産型福祉」が重視され、高齢の人たちは、アウトライト持ち家に住み、自力で「私的社会保障」を確保すると想定される。住宅ローンの債務をともなわない持ち家は、住居費負担が軽いため、「自己年金」として機能し、さらに、資産を形成することから、セキュリティの基盤になると考えられている。超高齢段階に入った日本社会がかろうじて成り立っているとすれば、その——ほとんど見おとされている——理由として、高齢者の多くがアウトライト持ち家に住んでいる点があげられる。福祉国家は、公的年金などの社会保障を供給し、社会的領域を形成するだけではなく、私的領域の持ち家資産に依存する傾向を強めた（Groves et al., 2007）。

「住宅資産型福祉」の源泉としてのアウトライト持ち家とは、〝脱商品化〟住宅の一種である。住宅ローン債務をともなうモーゲージ持ち家は、その所有のために金利などの「料金」の支払いを必要とする点で、商品住宅にほかならない。住宅ローンを使って持ち家を取得した世帯の多くは、その返済を重ねることで、高齢期までに住まいの脱商品化を達成する。それは、持ち家の債務を減らし、エクイティを増やすプロセスを意味する。人びとが持ち家を自力で脱商品化する「はしご」登りが、福祉国家の新たな基盤として、より重要になった。

しかし同時に、「住宅資産型福祉」に根ざす超高齢・持ち家社会が持続可能かどうかを検討する必要がある（Hirayama, 2010b ; Hirayama and Izuhara, 2018）。高齢者の住宅事情は、けっして均質ではなく、階層化した状態にある。高齢層は、住宅所有者を中心とするとはいえ、借家人を含み、両者の住まいの状況にはきわだった違いがある。持ち家に住む高齢者もまた、均質ではなく、住宅資産の規模などに関し、大きな階層差をみせる。高齢層は、すでにビッグ・グループを形成し、さらに拡大する。その住宅状況は、均一ではありえない。高齢層における住宅不平等の増大は、「住宅資産型福祉」の普遍性を減らし、その役割に限界をもたらす中心要因になる。ここでは、ポスト成長社会の住宅資産保有がどのように階層化しているのかをみる。その検証のための資料として、政府統計の公表データに加え、ミクロデータ（個票）の独自集計結果を用いる。ミクロデータについては、日本では公開がきわめて遅く、使用したのは、二〇〇〇年代前半までのやや古い統計である。しかし、ポストバブルの経済停滞が続いた時期のデータは、成長後の新たな時代における住宅事情の特性を示す点で、重要な位置を占める。

表６－１　高齢世帯の住宅所有形態（2005年）

	単身世帯					２人以上世帯	計
	小計 (%)	未婚 (%)	有配偶 (%)	死別 (%)	離別 (%)	(%)	(%)
持ち家	64.9	48.4	68.9	74.6	38.5	88.6	83.2
公的借家	12.0	12.9	7.7	11.0	19.3	4.7	6.4
民営借家	20.6	34.4	18.9	12.6	38.7	5.9	9.3
給与住宅	1.9	2.8	2.9	1.5	2.6	0.6	0.9
住宅以外	0.6	1.5	1.5	0.4	1.0	0.2	0.3
計	100.0	100.0	100.0	100.0	100.0	100.0	100.0

注）1）65歳以上の世帯員を含む一般世帯について集計。
　　2）単身世帯の小計には、配偶関係不詳の者を含む。
　　3）給与住宅は間借りを含む。　4）不明を除く。
資料）平成17年国勢調査のミクロデータより集計・作成。

セキュリティ・ディバイド

住まいのライフコース・モデルは、多くの人びとが高齢期までにアウトライト持ち家を得るという想定にもとづく。しかし、このパターンのライフコースを歩むのは、全員ではない。高齢者の多くが住宅を所有する一方で、借家に住む高齢者が存在する。持ち家セクターが支配的な社会では、福祉国家は「住宅資産型福祉」を重視し、賃貸セクターの状態を改善しようとしない。マイノリティである高齢借家層は、不利な位置に置かれ、セキュリティの危機を経験する（平山　二〇一五ａ）。

国勢調査の二〇〇五年のミクロデータを用い、高齢世帯（六五歳以上人員を含む世帯）の住宅テニュアをみると、持ち家が八三・二％と大半を占めると同時に、一六・六％は借家に住んでいる（表６－１）。借家の内訳では、民営借家が最も多く（九・三％）、次いで公的借家が多い（六・四％）。住宅テニュアは、世帯構成および配偶関係によって大きく異なる。高齢の単身世帯では、二人以上の高齢世帯に比べて、民営借家率が高く、二〇・六％に達する。高齢単身層のうち、配偶関係が死別のグループでは持ち家が多く、未婚と離別のグループでは民営借家が多い――持ち家率、民営借家率は、死別では七四・六％、一二・六％、未婚では四八・四％、三四・四％、離別では三八・五％、三八・七％。日本では、多くの人たちは、結婚してはじめて家を買う。この点が、死別者と未婚者の持ち家率の違いを説明する。住まいを所有していた夫婦が離婚すると、元夫婦の少なくともどちらかが転居することから、離別者の持ち家率は低くなる。

セキュリティがとくに弱いのは、民営借家の高齢者である。高齢単身者、なかでも未婚・離別者のグループでは、民営借家率が高く、住宅関連のリスクがとくに大きい。持ち家セクターに比べて、民営借家セクターでは、狭く、老朽している住宅が多い。高齢期に入った世帯の多くは、建物のバリアフリー化などの改修を望む。持ち家では、費用負担が可能であれば、建物を自由に改修できるのに比べ、賃貸住宅の改修には家主の許可が必要になる。民営借家市場では、高齢の単身者に対する入居拒否がある。家主の多くは、高齢単身の人たちに関し、家賃滞納、死後対応の必要などのリスクを懸念し、受け入れをためらう。

民営借家では、高齢単身者の居住は安定しない。住宅・土地統計調査の二〇〇三年のミクロデータから、世帯主六五歳以上の世帯に関し、過去約五年（一九九九年一月～二〇〇三年九月）の間に現住居に移転した世帯の割合を計算すると（平山 二〇一五a）、二人以上世帯での五・八％に比べ、単身世帯では一一・一％と高い。移転のパターンをみると、二人以上世帯では「持ち家から持ち家」（三七・七％）が多いのに対し、単身世帯では、「民営借家から民営借家」（二七・五％）が多い。これらのデータは、民営借家市場における高齢単身居住の不安定さを示唆する（鈴木 一九八七）。さらに、単身グループでは、「持ち家から民営借家」（一四・五％）に移転した世帯が存在し、持ち家の維持が困難になるケースがあるとみられる。

表６－２　住宅所有形態別　高齢世帯の年収と住居費負担（2004年）

〈世帯年収〉

		300万円未満	300万～500万円未満	500万～700万円未満	700万円以上
持ち家	(%)	25.8	30.2	16.1	27.8
公営借家	(%)	65.1	25.4	6.7	2.8
公団・公社借家	(%)	41.7	41.3	9.8	7.1
民営借家	(%)	68.8	20.6	6.0	4.6
給与住宅	(%)	12.8	25.0	26.6	35.5
計	(%)	30.5	29.5	15.0	25.0

〈一カ月当たり住居費〉

		３万円未満	３万～5万円未満	５万～7万円未満	７万円以上
持ち家	(%)	78.9	6.5	4.1	10.5
公営借家	(%)	83.5	12.9	1.7	1.9
公団・公社借家	(%)	16.1	40.0	23.8	20.1
民営借家	(%)	23.1	36.6	20.9	19.4
給与住宅	(%)	77.4	5.4	5.5	11.7
計	(%)	74.5	9.3	5.4	10.9

注）1）65歳以上の世帯員を含む世帯について集計。
2）民営借家は借間を含む。　3）公団は現在の都市再生機構。
4）給与住宅は寮・寄宿舎を含む。
5）単身赴任・出稼ぎ、入院中の単身世帯を除く。　6）不明を除く。
資料）平成16年全国消費実態調査のミクロデータより集計・作成。

民営借家の家賃負担は経済上のセキュリティを傷つける。全国消費実態調査の二〇〇四年のミクロデータを用い、高齢世帯の収入と住居費をみると、年収三〇〇万円未満の世帯は、持ち家では二五・八％と少ないのに比べ、民営借家では六八・八％と多く、一カ月当たり住居費が五万円以上の世帯の割合は、アウトライトのケースが多い持ち家では一四・五％と低いのに対し、民営借家では四〇・三％におよぶ（表６－２）。住居費負担の軽いアウトライト持ち家は、「自己年金」に相当し、それを所有する高齢者の「私的社会保障」になる。民営借家の高齢層では、物的住宅が低質で、居住の安定性が乏しいうえに、重い家賃負担が年金の効果を削減する。

持ち家セクターの高齢層の全体が経済安定を得るとは限らない。持ち家を取得した世帯の多くは、高齢期を迎える前に、住宅ローン返済を終え、自身の住まいを脱商品化する。しかし、住宅の「はしご」のぐらつきのもとで、家を買ったとしても、高齢期までに住宅ローンの完済に達しない世帯が増える可能性がある。若い世代では、先行世代に比べて、結婚と出生が遅く、収入がなかなか伸びないことから、年齢が上がってから家を買う世帯が多く、住宅ローンのLTV（Loan To Value）はより高い。この傾向は、住宅債務をかかえたままで高齢期に入る世帯の増大がありえることを示唆する。モーゲージ持ち家に住む高齢者が増えるとすれば、それは、新しいタイプのリスク・グループの形成を含意する。

「トップ一割」の占有率

超高齢・持ち家社会に蓄積した住宅資産は、どのように分布し、不平等をどのように構成するのか。成長後の時代の持ち家資産を特徴づけるのは、「不安定と偏在」である。バブル経済の破綻によって、住宅価格は大幅に下がった。それ以来、資産としての持ち家の価値は、より不安定になった。さらに、住宅資産は不均等に分布し、特定グループに偏在する。持ち家資産をもつ／もたない、大量にもつ／少量しかもたない、といった区分が人びとを階層化する新しい仕組みを形成した。

不平等を構成するのは、所得と資産の不均等分布である。資産には、おもに金融資産と住宅・宅地資産がある。不平等の形成において、住宅・宅地資産は重要な役割をはたす。少なくとも日本の不平等研究では、所得分析が中心を占め、資産分析は十分とはいえなかった。資産全体から住宅・宅地資産を切りだし、その独自性を対象とする研究は、とくに乏しいままであった。しかし、成長後の社会では、すでに蓄積した資産の分布のあり方が不平等形成にはたす役割がいっそう重要になる。前述のように、不平等の歴史分析を展開したトマ・ピケティによれば、所得より資産に関係する不平等が大きく、その傾向は、成長率の低下にしたがい、より顕著になる（Piketty, 2014）。資本主義社会では、不平等を減らすための政策・制度をどのように構築するのかが問われ続けた。この問題に挑戦しようとするのであれば、前提作業として、不平等の構造の解明が求められ、とくに立ち後れている住宅・宅地資産の分析に取り組む必要が大きい。

全国消費実態調査のミクロデータを用い、住宅・宅地資産の分布とその変化をみる（平山 二〇一五b）。利用可能なミクロデータは、一九八九年から二〇〇四年までの四回分の調査の結果であった。住宅・宅地資産とは、先述のように、同調査による住宅・宅地評価額から住宅・宅地関連の負債現在高を差し引いたエクイティをさす。住宅・宅地資産保有の特徴をとらえるには、それを、収入と資産、そして、住宅・宅地資産と金融資産等の比較のなかで把握することが、有力な方法になる。ここでの金融資産等とは、預貯金・有価証券等の貯蓄に若干の不動産以外の実物資産を加えた資産から、不動産関連以外の負債を引いた資産をさす。金融資産等の九割強は、貯蓄である。

同調査の二〇〇四年の結果から世帯年収、資産総額の一世帯当たり平均値をみると、それぞれ五九一万円、三四八九万円であった。資産総額は、世帯年収の六倍近くになる。資産の内訳では、住宅・宅地資産が二〇四八万円、金融資産等は一四四一万円を示した。住宅・宅地資産は、金融資産等より多く、資産全体の六割近くを占めた。

収入と資産の不平等の程度をみるために、金額の低い方から高い方に世帯を並べ、下半分と上半分に二分したうえで、上半分については、トップ一割を分節し、すなわち、下位五割（下から〇～五〇

%）、中位四割（下から五〇超〜九〇％）、上位一割（下から九〇超〜一〇〇％）という階級区分を設け、どの階級がどの程度の収入、資産を占有しているのかを測った。

全国消費実態調査（二〇〇四年）のミクロデータを分析した結果をみると、収入より資産、金融資産等より住宅・宅地資産の偏在が著しい（表6－3）。下位五割階級の占有率は、世帯年収では二五・九％を示すのに対し、資産総額では一〇・一％と低く、住宅・宅地資産については二・九％しかない。これに対し、上位一割階級の占有率は、世帯年収（二五・四％）より資産総額（四二・三％）で大幅に高く、なかでも住宅・宅地資産では五二・六％とさらに高い。住宅・宅地資産全体のほぼ半分をトップ一割のグループが占有している実態が注目されてよい。住宅・宅地資産の不均等保有は、経済不平等を拡大する中心的なドライバーとして、とくに重要な役割をはたしている。この点から、所得だけでなく、資産に着目し、とくに住宅・宅地資産を対象とする不平等研究の必要と重要性が確認される。

住宅・宅地資産所有のトップグループを構成するのは、高地価の特権的な場所に住む世帯である。住宅・宅地資産の中身をみると、建物より宅地の価値の比重が大きい。この傾向は、より大量の住宅・宅地資産を所有する世帯でより顕著になる。住宅・宅地評価額について、建築部分に対する宅地部分の比を計算すると、全世帯では三・八倍と高い値を示し、住宅・宅地資産所有のトップ一割のグループでは六・二倍とより高い。住宅・宅地資産全体の五割強を占有するトップ一割階級について、住宅延床面積の占有率を計算すると、二四・九％とそれほど高くない。これは、大規模な建築ではなく、高地価の土地がトップグループの不動産資産の中心を構成することを示している。

バブル・ピークの一九八九年からポストバブルの二〇〇四年にかけて、収入と資産はどう変化したのか（表6－3）。バブル経済の破綻によって、経済の基調はデフレーションに転じ、それは、収入

表6－3　所得と資産の不均等分布

	全世帯平均値（百万円）	下位5割占有率（%）	中位4割占有率（%）	上位1割占有率（%）
〈世帯年収〉				
1989	5.9	31.3	45.3	23.4
1994	6.9	26.9	48.4	24.7
1999	6.5	25.8	49.2	25.0
2004	5.9	25.9	48.7	25.4
〈資産総額〉				
1989	59.5	10.2	39.2	50.6
1994	50.1	10.0	42.9	47.1
1999	38.4	10.1	47.9	42.0
2004	34.9	10.1	47.6	42.3
〈住宅・宅地資産額〉				
1989	34.7	1.9	35.4	62.6
1994	36.5	4.4	39.8	55.8
1999	24.4	3.2	46.0	50.8
2004	20.5	2.9	44.5	52.6
〈金融資産等額〉				
1989	24.8	15.3	41.4	43.3
1994	13.6	13.5	46.5	40.0
1999	14.0	11.7	47.5	40.8
2004	14.4	14.3	44.8	40.9

注）1）下位5割、中位4割、上位1割は、金額が低いほうから高いほうへ世帯を並べたとき、それぞれ下から50%以下、50%超～90%以下、90%超の世帯のグループ。
2）住宅・宅地資産額は、住宅・宅地評価額から住宅・宅地負債現在高を引いたもの。住宅・宅地評価額の定義については図6－4の注2を参照。
3）金融資産等は、預貯金・有価証券などの貯蓄に、若干の住宅・宅地以外の実物資産を加えた資産から、住宅・宅地関連以外の負債を引いたもの（金融資産等の9割強が貯蓄）。
4）不明を除く。
資料）全国消費実態調査のミクロデータより集計・作成。

と資産の双方を減少させた。バブルとは、〝資産バブル〟であった。これを反映し、資産の減少幅は、収入のそれに比べ、きわだって大きい。世帯年収の平均値は、一九九四年と二〇〇四年の間に、一四・五%の減少となった。同じ期間に、住宅・宅地資産額の平均値の減少率は、四三・九%におよんだ。

バブルが破綻してから、収入の不平等は少し拡大した（表6-3）。世帯年収に関する一九八九年と二〇〇四年の間の変化をみると、下位五割階級の占有率は減少し（三一・三%から二五・九%）、上位一割階級の占有率はやや増加した（二三・四%から二五・四%）。住宅・宅地資産所有の不平等は縮小した（太田 二〇〇三）。住宅・宅地資産の上位一割階級の占有率は低下し、一九八九年では六二・六%におよんでいたのに対し、二〇〇四年では、先述のように、五割強となった。資産バブルの破綻は、上位階級が保有する不動産の価値をとくに大きく削減した。しかし、バブルが崩壊してもなお、収入に比べ、住宅・宅地資産の分布がより不均等であることは、すでにみたとおりである。さらに、一九九九年と二〇〇四年を比べると、住宅・宅地資産に関するトップ一割の占有率は、少し上昇したことがわかる（五〇・八%から五一・六%）。バブル破綻に続く不動産資産の急激なデフレーションが一段落し、その所有の偏りがふたたび拡大に向かった可能性がある。バブルの発生・破綻は、文字どおり〝異常〟であった。この異常は、持ち家資産の規模と不平等に関する異様な振幅を生んだ。そして、バブルという異常が消失した平常時になっても、依然として、住宅・宅地資産所有の不均等は、経済不平等の中心要素であり続けている。

住宅資産所有の不平等は、階層差ではなく、年齢差にもとづくという見方がありえる。この認識が正しいのかどうかを検討するために、ライフコースとの関連で住宅資産形成の実態をみる。住まいに関するライフコースは、年齢の上昇につれて持ち家率が上昇し、不動産資産が増えるというパターンをもつ（前掲図6－1）。全国消費実態調査（二〇〇四年）のミクロデータから年齢別に住宅・宅地資産所有の実態をみると、持ち家世帯の割合は、世帯主三四歳以下では二二・九％と低いのに対し、六五歳以上では八五・一％に達する。高齢層の持ち家の大半はアウトライトで、大規模なエクイティを形成する。住宅・宅地資産（一世帯当たり平均）は、世帯主三四歳以下では五一〇万円と少なく、六五歳以上では三一八一万円に増大する。

したがって、不動産資産所有の不均等が年齢差にもとづくという見方は正しい。しかし同時に、住宅・宅地資産規模の階層差を見おとしてはならない。年齢帯ごとにトップ一割階級による住宅・宅地資産の占有率を計算すると、世帯主三四歳以下では、七七・〇％ときわめて高い。若いグループでは、大半の世帯が借家に住んでいるため、少数の持ち家世帯に不動産資産が集中する。トップ一割階級の占有率は、年齢の高いグループで相対的に低く、世帯主四五～五四歳では五四・四％、六五歳以上では四六・八％であった。しかし、高齢期になってなお、トップ一割のグループに住宅・宅地資産の半分近くが集まっている実態をみる必要がある。高齢者の大半は持ち家に住んでいる。しかし、その資産価値の分布は不均等である。不動産資産保有の不平等は、年齢差を原因とし、同時に、年齢帯ごとの階層差を反映する。

住宅資産とキャッシュフロー

高齢者のセキュリティを形成し、超高齢社会の安定を維持するために、「住宅資産型福祉」の一つの手段として、持ち家資産をキャッシュフローに転換する方法が試されてきた（Izuhara, 2007）。多くの高齢者はアウトライトの不動産を保有し、しかし、低い収入しか得ていない「ハウスリッチ・キャッシュプア」とみなされている。住宅資産は、金融資産とは異なり、建物に結びつき、「凍結」した状態にある（荒川 二〇〇三）。高齢者が〝ハウスリッチ〟であることを条件とし、その資産を収入に「液状化」することで、〝キャッシュプア〟を克服しようとする手法が検討された。しかし、住宅資産保有の「不安定と偏在」のために、高齢層は階層化し、「住宅資産型福祉」の普遍性の程度は下がる。

持ち家の売却は、収入を調達する明快な手法である。高齢者は、経済上の必要から、自身が住んでいる住宅の換金を選ぶことがある。しかし、持ち家の処分は、住んでいた場所の喪失を意味し、あくまで「最後の手段」である。これに対し、持ち家を売ることなく、そこに住んだままで、不動産資産を担保とする融資からキャッシュフローを引きだすエクイティ・リリースの技法が開発された。持ち家売却という「最後の手段」は住宅資産を「液状化」する「古い手段」であるのに対し、エクイティ・リリースは「新しい手段」として登場した（Toussaint and Elsinga, 2009）。

リバースモーゲージは、エクイティ・リリースの代表的な手法である。このプログラムでは、高齢者は、持ち家を担保として融資を受け、その死亡時に相続人が持ち家売却によって借入累計を一括返済する。通常のモーゲージはフォワードモーゲージで、ローン返済にしたがって負債は減少する。リバースモーゲージでは、経年にともなって負債が増大する点がフォワードモーゲージの場合と「逆」（リバース）になる。リバースモーゲージの供給は、公共・民間セクターの双方が担ってきた。公共セクターでは、複数の自治体が不動産を担保とした福祉関連の融資を一九八〇年代に開始した。厚生労働省は、二〇〇二年から長期生活支援資金貸付制度を運営し、低所得の持ち家世帯にリバースモーゲージを供給してきた。民間セクターにとって、リバースモーゲージは新たな金融商品である。金融機関とハウスメーカーは、二〇〇〇年代半ばにリバースモーゲージ商品の開発・販売に乗りだした。

ポスト成長の段階に入った日本では、持ち家に住む高齢者が増えたにもかかわらず、リバースモーゲージの市場はたいして成長せず、小規模なままで推移した。その理由の一つは、持ち家資産の不安定さにある。アングロサクソン諸国では、世界金融危機の発生まで、長期にわたって住宅インフレーションが続き、それを条件として、エクイティ・リリース市場が発達した。金融危機からの経済回復につれて、エクイティ・リリース利用はふたたび増大した。日本では、ポストバブルの長い不況のなかで、持ち家の担保価値が減ったことから、リバースモーゲージは普及しなかった。日本経済は、二〇〇二年からようやく回復に向かった。民間セクターが二〇〇〇年代半ばにリバースモーゲージ市場に参入したのは、大都市の不動産価格が上昇に転じたからである。しかし、世界金融危機によって、持ち家の資産価値はふたたび不安定になった。その後、大都市では、金融の「量的・質的緩和」のもとで、地価が上がったことから、リバースモーゲージ利用が増加する可能性はある。しかし、人口減と経済停滞をともなうポスト成長社会では、持ち家の資産価値は、長期的にはより不安定になるとみられる。

これに加え、住宅資産の偏在は、リバースモーゲージ市場の拡大をはばむ要因になる（平山 二〇一五a：Hirayama, 2010b）。全国消費実態調査（二〇〇四年）のミクロデータを用い、高齢者を含む世帯の住宅・宅地資産を世帯年収、金融資産等との関連でみると、明快な相関が認められ、住宅・宅地資産が集中するグループでは、世帯年収が高く、金融資産等が多い（表6-4）。住宅・宅地資産保有の下位五割階級では、世帯年収一〇〇〇万円以上の世帯が七・三%、金融資産等二〇〇〇万円以上の世帯が一六・〇%と少ないのに対し、上位一割階級では、それぞれ二三・五%、五三・三%におよぶ。

住宅資産保有と収入の「平均値」からみると、高齢者は「ハウスリッチ・キャッシュプア」である。

表6－4　住宅・宅地資産分位階級別
高齢世帯の世帯年収と金融資産等（2004年）

	下位5割(%)	中位4割(%)	上位1割(%)	計(%)
〈世帯年収〉				
200万円未満	24.2	12.3	6.2	15.0
200万～300万円未満	20.8	14.5	9.0	15.5
300万～500万円未満	25.6	32.1	26.3	29.2
500万～700万円未満	11.6	15.8	17.5	14.8
700万～1,000万円未満	10.5	13.1	17.4	13.0
1,000万円以上	7.3	12.2	23.5	12.5
〈金融資産等額〉				
マイナス	3.7	1.1	2.0	2.1
500万円未満	37.8	17.7	11.0	22.8
500万～1,000万円未満	22.0	18.9	12.0	18.8
1,000万～1,500万円未満	13.6	14.4	11.8	13.8
1,500万～2,000万円未満	6.8	11.4	9.9	9.7
2,000万円以上	16.0	36.5	53.3	32.9

注）1）65歳以上の世帯員を含む世帯について集計。
2）下位5割、中位4割、上位1割は、住宅・宅地資産額が低いほうから高いほうへ世帯を並べたとき、それぞれ下から50%以下、50%超～90%以下、90%超の世帯のグループ。
3）金融資産等は、預貯金・有価証券などの貯蓄に、若干の住宅・宅地以外の実物資産を加えた資産から、住宅・宅地関連以外の

しかし、住宅資産の保有状況に応じて、収入および金融資産の水準にはきわだった違いがみられ、高齢層には多数の「ハウスリッチ・キャッシュリッチ」と「ハウスプア・キャッシュプア」の世帯が含まれる。キャッシュフローを必要とする低収入の高齢者の多くは、担保価値の低い住宅しか所有せず、リバースモーゲージ利用の条件を備えていない。一方、多量の不動産資産を保有する高齢者は、高水準の収入と金融資産をすでにもつことから、リバースモーゲージを必要としない。このため、住宅資産保有の偏在は、リバースモーゲージの利用者を限定し、その市場形成をさまたげる中心要因になる。

住宅資産からキャッシュフローを得る手段は、リバースモーゲー

ジだけではない。超高齢・持ち家社会には大量の住宅ストックが蓄積し、付加住宅を所有する世帯が存在する（平山 二〇一八a）。「付加住宅」とは、「現住宅」に住んでいる世帯がそれとは別に所有する住宅をさす。付加住宅の取得のおもな経路は、投資と遺産相続である。年齢が高い世帯では、遺産相続が多いため、付加住宅所有の割合が高い。付加住宅を保有する高齢層では、それを賃貸住宅として運用し、家賃収入を得るケースがある。このレントアウトは、住宅資産からキャッシュフローを生みだし、「自己年金」をつくる手法の一つになる。

個人・世帯のミクロレベルにおける住宅研究の大半は、住まいを消費財とみなしてきた。しかし、複数の住宅を所有し、レントアウトから収入を得る人たちの存在は、持ち家分析に関し、自己居住用の「消費財としての持ち家」だけではなく、「収入源としての持ち家」に注目する必要を示唆する。

レントアウトの実践は、高齢層をさらに階層化する（平山 二〇一八）。全国消費実態調査（二〇〇四年）のミクロデータを独自に集計した結果によると、高齢者を含む世帯のなかで、付加住宅を所有する世帯は一九・九%、家賃収入を得ている世帯は七・七%であった（表6-5）。これらの値は、不動産資産の規模と明確に相関する。住宅・宅地資産所有のトップ一割階級では、付加住宅の所有率が五四・〇%、家賃収入のある世帯が二九・一%におよぶ。不動産資産をより多く保有する世帯では、家賃収入がより多い。家賃を得ている世帯のうち、家賃年収が三〇〇万円以上の世帯の割合をみると、住宅・宅地資産所有の下位五割のグループでは八・二%と少ないのに対し、上位一割のグループでは四二・八%に達する。付加住宅のレントアウトが可能なのは、不動産資産を豊富にもつ世帯に限られ、その家賃収入は、すでに豊かな高齢者の「自己年金」をさらに増大させる。

表6－5　住宅・宅地資産分位階級別
高齢世帯の付加住宅からの家賃収入（2004年）

	下位5割（%）	中位4割（%）	上位1割（%）	計（%）
付加住宅あり・家賃収入あり	0.8	5.1	29.1	7.7
〈100万円未満〉	〈61.9〉	〈57.9〉	〈26.8〉	〈38.9〉
〈100万～200万円未満〉	〈20.8〉	〈19.9〉	〈18.5〉	〈19.0〉
〈200万～300万円未満〉	〈 9.1〉	〈 8.8〉	〈11.9〉	〈10.7〉
〈300万～400万円未満〉	〈 4.4〉	〈 6.3〉	〈 9.3〉	〈 8.1〉
〈400万円以上〉	〈 3.8〉	〈 7.1〉	〈33.5〉	〈23.3〉
付加住宅あり・家賃収入なし	3.4	13.5	24.9	12.2
付加住宅なし	95.8	81.4	46.0	80.1

注）1）65歳以上の世帯員を含む世帯について集計。
2）下位5割、中位4割、上位1割は、住宅・宅地資産額が低いほうから高いほうへ世帯を並べたとき、それぞれ下から50%以下、50%超～90%以下、90%超の世帯のグループ。
3）不明を除く。
資料）平成16年全国消費実態調査のミクロデータより集計・作成。

5　住まいの世代間承継

成長後の社会では、住宅の新規建設は減少し、すでに蓄積したストックの世代間承継のあり方が次世代の住まいの状況に影響する。この枠組みにおいて、住宅相続は、人びとを再階層化する新たなメカニズムをつくる（平山二〇一九）。持ち家は、それを所有する〝世帯〟だけではなく、世代を越える〝家族〟の資産を形成し、遺産相続によって、次世代に受けつがれる。高齢層の持ち家率は高く、そこに住宅資産が集中している実態がある。一方、少子化が進み、兄弟姉妹は減る傾向にある。したがって、持ち家の相続が増え、子世代では、親世代の住まいを承継する確率が上がる。この住宅相続の効果は均質ではありえず、社会を再階層化する要因になる。

既存住宅の世代間移転を支えるおもな経路は、〝市場〟と〝家族〟である。市場経路の発達は遅い。高齢者は、持ち家を市場で換金することで、利便性の高い地域、高齢者向け住宅・施設などに転居し、あるいは、ローコストの住まいに移って現金を残す、といった住み替えを選ぶことがありえる。そこでは、高齢世帯の持ち家が若い世帯に売却され、その住宅改善に役立つケースがある。しかし、既存住宅の市場は小さい。政府は、一九九〇年代半ばから、住宅政策の中心課題を「建設」促進から「ストック」利用に移してきた。その成果は大きいとはいえず、住宅ストックの流通はなかなか増えない。住宅・土地統計調査を用いた推計によると、既存住宅の取引は、二〇〇〇年から一三年にかけて、年間約一五万一〇〇〇戸から約一八万六〇〇〇戸の範囲で推移し、拡大していない（国土交通省住宅局住宅政策課 二〇一八）。市場経路による住まいの世代間移転は停滞したままとみられる。

これに対し、家族内の遺産相続は、持ち家を次世代に移すおもな経路を構成する。遺産の被相続人は増え続け、国税庁の調べによると、二〇〇七年では約一一一万人であったのに対し、二〇一七年では約一三四万人となった。高齢者の持ち家率が高い点から、増大する遺産相続の多くは住宅相続を含むと推測される。超高齢社会は、多死社会を形成する。国立社会保障・人口問題研究所の二〇一七年の推計（死亡中位）によれば、二〇一〇年代後半では年間一三〇万台であった死亡数は、三〇年代から四〇年代にかけて、年間一六〇万強で推移する。社会の多死化によって、住宅相続はさらに増える。

戦後日本の住宅システムは、家族主義の傾向を有し、家族という「グループ」を単位とするセキュリティ形成を支えようとした。住宅関連の所得再分配は、社会レベルでは小規模なままで、おもに家族レベルで実践された。親の家に住み続ける不安定就労の成人未婚者が増えた。若い世帯の住宅購入を親が支援するケースがある。これらの現象は、個別家族の範囲内での所得移転を意味する。政府と自民党は、〝日本型福祉社会〟を建設する構想を一九七〇年代に打ちだした。国家ではなく、家族、企業、地域社会など、とくに家族が福祉供給の中心主体とされ、住宅政策の立案・実践では、家庭基盤としての持ち家の供給が課題とされた。家族単位のセキュリティの重視は、住宅政策をはじめとして、社会保障、企業福祉、所得税制などの多くの制度に根強くみられる特性となった。

住宅政策の家族主義は、自由市場の役割を強調する新自由主義の時代に入ってなお持続し、あるいは、いっそう強調された。若い世代では、ライフコースの「個人化」と「家族化」が同時に進展した。政府は、住宅関連の「家族化」を促進する一方、「個人化」には冷淡なままであった（Hirayama, 2017b）。子世帯の持ち家取得に対する親の生前贈与に関し、税制上の優遇が増え、さらに、親子同居・近居に対する住宅関連の公的支援が展開した。これに比べ、単身者が増えるにもかかわらず、その住宅状況は、政府の政策関心に含まれなかった。先述のように、単身者の大半は、依然として、公営住宅入居の機会を得ていない。政府は、二〇一六年の住生活基本計画において、住宅関連支援の対象に若年層を含めたが、しかし、そこから単身・未婚の若者をていねいに取り除いた。住宅ローン減税は、単身者を排除しないとはいえ、単身での住宅購入は少なく、事実上、家族の持ち家取得を支援する手段となった。住宅政策を展開する政府は、市場重視の方針を示しているが、しかし同時に、人びとのライフコースのあり方に介入し、その「個人化／家族化」に対して、バイアスがかかった反応をみせた。

持ち家相続は、世代を越える家族を単位とする所得再分配を意味し、家族主義の制度文脈のなかに位置づけられる。相続税の制度は、不動産相続を優遇する仕組みをもつ。課税対象のなかで、被相続人が住んでいた持ち家は、より低く評価され、さらに、小規模宅地については、評価額の大幅減額がある。相続税は、二〇一五年の基礎控除の変更によって、より多くの相続人に課せられる可能性が高まった。しかし、現預金などの相続に比べ、持ち家相続が有利である点に変わりはない。家族の範囲内での住宅資産の世代間移転を保護・促進する方針が、相続税のシステムに表れている。

住宅相続の増大は、次世代の住宅事情に何をもたらすのか。高齢層には多くの住宅資産が蓄積し、その一方、若年層の持ち家取得はより困難になった。この点から、住宅相続が若い世代の住宅改善に結びつくという想定がありえる。しかし、この見方は必ずしも的確ではない。寿命が伸びたことから、親世代の住宅資産を継承するのは、「若年の子世代」ではなく、「高年の子世代」であるケースが多い。若い世帯の一部または多くは、自身の負担によって持ち家を買うのではなく、親世代からの住宅相続を待つことを選べる。しかし、遺産承継の時期が遅いことから、持ち家取得を希望し、そのための資力をもつ人たちは、住宅相続の予定があっても、自身の持ち家を購入し、そのうえで、自分の年齢が上がってから、親の住宅を相続する。このため、遺産相続は、住宅資産を子世代に移すとはいえ、高齢層の範囲内にとどめる結果を生む（荒川 二〇〇三）。住宅資産が高齢層に集中する状況は解消せず、住宅相続が若年層の住宅状況に与えるインパクトは限られている。

さらに、持ち家相続の増大は、住まいと資産に関する人びとの階層化を促進する。親世代が持ち家をもっているかどうか、所有しているとすれば、その住宅を相続できるかどうかが子世代の住宅・資産事情に影響する要因になる。子世代が高年齢になってからしか遺産相続が生じないにせよ、住まいの承継が次世代の資産形成に影響することに変わりはない。さらに、親の持ち家を受けついだ人たちのグループでは、その価値にきわだった差がある。ある世帯は、自己居住用、親族居住用、売却換金、賃貸住宅としての運用など、さまざまな形態での利用が可能な住宅資産を承継するのに比べ、別の世帯は、使い途がなく、空き家のままとせざるをえない建物を相続し、管理負担を課せられる。

東京圏または大阪圏に住み、世帯主・配偶者の片方または両方が住宅を相続した世帯を対象として、二〇一七年一〇月にアンケート調査を実施し、九八六世帯による一三一七戸の相続に関するデータを得た（平山 二〇一九）。その結果によると、相続世帯の所得階層に応じて、相続住宅の利用形態に違いがある。低収入の世帯では、相続住宅に住んでいるケースが多いのに対し、高年収の世帯では、相続住宅を賃貸住宅として運用しているケースが多い。相続住宅では、空き家が多く、一六・二%を占め、とくに付加住宅となっている相続住宅の空き家率は、二八・八%ときわめて高い値を示す。相続住宅がどのように利用されるのかは、その立地によって異なる。相続世帯は、自身が住んでいる地域で住宅を相続すると、それを所有し続け、自己居住用、賃貸住宅用として利用するケースが多い。遠隔地（相続世帯が住む都市圏の外）の実家を受けついだ人たちは、それを有効利用できるとは限らない。遠隔地に立地する相続住宅の約半分は売却され、残りの約半分では、親族居住用としての利用がみられると同時に、空き家率がきわめて高く、四三・四%におよび、付加住宅の場合の空き家率は七五・三%に達する。相続された住宅資産の価値は、相続世帯の所得階層とはっきり相関する。年収が一〇〇〇万円以上の世帯では、相続し、所有し続けている住宅のうち、資産価値が三〇〇〇万円以上のケースが四五・二%を占めるのに対し、その比率は、年収三〇〇万円未満の世帯では、一四・〇%と低い。この調査の結果は、住宅相続が人びとの経済上の階層差をさらに押しひろげることを明らかにした。

戦後日本の住宅システムは、多くの世帯を住まいの「はしご」登りに参加させ、持ち家取得に導くことで、中間層を拡張し、社会統合の「動的安定」をつくりだそうとした。しかし、成長後の社会では、持ち家取得の〝フロー〟は縮小し、それに並行して、持ち家〝ストック〟とその資産価値が偏在することで、住まいに関連する人びとの再階層化が進んだ。これに加え、高齢層に蓄積した住宅資産の世代間承継が増え、それは、家族ごとの閉じられた経路内での所得移転を意味し、次世代の階層構造を形づくる新たな媒体となった。

住宅研究の新たな展開では、複数世代にまたがる家族を単位として住宅関連の不平等をとらえる視座が必要になる（平山 二〇一九）。さらに、持ち家資産が家族の「富」をつくるとは限らず、「無駄」にしかならないケースが増える点に注意する必要がある（平山 二〇一八ａ）。戦後日本の持ち家社会をつくったのは、若い夫婦を中心とする「独立・自立した世帯」が達成する住宅所有の集積であった。住まいの私的所有は、「富」の増大を約束した。しかし、ポスト成長社会では、人びとの住宅状況は、複数世代にわたる家族の文脈から決まる部分が大きくなる。人口・世帯の減少、経済の停滞、空き家の増大などの状況のなかで、資産としての持ち家の価値は安定せず、有効利用の難しい「無駄」な住宅が増える。

社会の上位階層には、親世代から子世代にかけて、「富」としての住宅資産をさらに増やす「蓄積家族」（accumulating families）が現れる（Forrest and Hirayama, 2018）。高収入の子世帯は、価値の高い持ち家を自身で取得し、さらに、投資のために好立地の不動産を買い、そのうえで、親世帯の大規模な住宅資産を受けつぐ。豊富な住宅資産の一部は、賃貸住宅として市場に出され、家賃収入を生み、不動産市場についての知識をもつ家族は、居住用不動産の売買からキャピタルゲインを得る。下位の階層には、住宅資産がしだいに目減りする「食いつぶし家族」（dissipating families）がいる。収入がそれほど高くない子世帯は、自身のために、立地などの条件がよいとはいえない住宅を買い、その資産価値は安定しない。彼らが地方の小都市または農村の出身で、大都市に住んでいるとすると、実家を相続しても、売却・賃貸のための市場はほとんど存在せず、その不動産の多くは管理負担または解体費用を必要とする「無駄」にしかならない。親の家に住む世帯内単身者のグループには、収入が低いままで年齢が上がる人たちが存在する。その住宅の一部または多くは、しだいに老朽し、修繕されないままで放置される。親の住宅が世帯内単身者に受けつがれるケースでは、その物的状態と資産価値は保全されない場合が多い。社会のより低位の階層では、親・子世代ともに持ち家を取得せず、したがって、住宅資産をいっさいもたず、賃貸住宅に住み続ける「賃貸家族」（perpetual renter families）がみられる。住宅政策の市場化が進むにしたがい、賃貸セクターに対する公的支援は極限にまで切りつめられ、持ち家セクターと無縁の家族は、複数世代にわたって、住まいに関する困窮を経験する。

おわりに　新たな「約束」に向けて

ふたたび階層化する社会

ここまで、戦後日本の持ち家社会において住宅システムの政策・制度がどのような役割をはたしたのかをみてきた。私有住宅と社会の関係の変化は、端的にいえば、〝大衆化から再階層化〟に向かう軌跡を描いた。社会のより多くの部分に普及したマイホームは、家庭を安定させ、資産蓄積に結びつき、メインストリーム社会のメンバーシップをもたらすと考えられた。住宅所有は、〝持ち家世代〟の人生のセキュリティを「約束」し、戦後社会契約の中心要素となった。住まいの生産・消費を方向づけるシステムは、住宅領域それ自体だけではなく、より広く社会・経済文脈のなかに位置づけられた。政府は、多くの人びとを住宅の「はしご」に導き、持ち家取得に向けて動かすことで、経済拡大を刺激し、社会統合を保とうとした。戦前の都市地域は、大半の住宅が民営借家で、無産階級を受け入れる空間をつくっていた。戦後のマイホームの増大は、住宅不動産を所有する有産階級の出現と拡大を意味した。住まいを私的に所有するグループがマジョリティとなったことは、社会・経済・政治・イデオロギーの歴史を分節する重要な変化であった。

私有住宅の大衆化は、中間層を拡張し、人びとの階層化の程度を下げると考えられた。持ち家の増大は、持ち家／賃貸セクターを分裂させる。しかし、多くの人たちがマイホームの取得をめざし、住まいの「はしご」をつぎつぎと登っている限り、平等の水準が上昇し、社会の「動的安定」が成り立つと想定された。

持ち家社会は不変ではありえない。〝成長後〟の段階に入った日本は、持ち家促進の人口・経済条件――結婚と世帯形成の増加、経済発展の力強さ、中間層の拡大と安定、住宅需要と住宅建設の増大――をほとんど失った（Hirayama and Izuhara, 2018）。人口は減りはじめ、さらに高齢化する。単身者が増え、家族世帯は減った。ポストバブルの経済は停滞し、雇用と所得はより不安定になった。人びとの分裂を防ぎ、統合の度合いを高めるとみられていた持ち家重視の住宅システムは、人口・経済変化のなかで、社会を再階層化し、不平等を再拡大するドライバーに転化した。

成長後の時代において、持ち家に関連する〝フロー〟と〝ストック〟の変化の組み合わせは、社会階層形成の新しい構造の中心を占めた。持ち家取得のフローは停滞し、住まいの「はしご」を登る／登らない／降りる人たちが分解した。新たな世代の人たちは、住宅所有に到達するとは限らず、〝賃貸世代〟を形成し、さらに、親元により長くとどまる〝親の家世代〟をつくった。一方、超高齢化した成長後の社会とは、大量の持ち家ストックが蓄積した社会にほかならない。その不均等分布によって、住宅資産を大量にもつ／少ししかもたない／まったくもたないグループが分化した。これに加え、持ち家ストックとその資産価値の世代間移転は、複数世代にまたがる家族を差異化し、不動産資産を増大させる「蓄積家族」、住宅資産がしだいに目減りする「食いつぶし家族」、持ち家セクターと無縁の「賃貸家族」に分割した（Forrest and Hirayama, 2018）。

持ち家社会は持続するのかどうかという問題が出されている（e.g., Arundel and Doling, 2017 ;

Hirayama, 2011a : Stebbing and Spies-Butcher, 2016)。将来にわたって、個人所有は住宅テニュア（所有形態）の中心を占め続けると推測される。この意味で、持ち家社会は持続力をもつ。しかし、持ち家の大衆化によって、中間層のライフスタイルが普及し、人びとの平等の程度が上がると考えられていた時代は、すでに終わった。持ち家取得のフローの縮小、そして住宅ストックの資産価値の偏在が社会をふたたび階層化する時代がはじまっている。

住宅不平等と政策・制度

住宅状況の再階層化は、人口・経済条件の変化に加え、住宅システムのあり方との関連で理解される必要がある。いいかえれば、住宅関連の不平等の増大は、政策・制度次元の構築物としての側面をもつ。戦後日本の住宅システムにおける根強い特徴の一つは、社会的再分配の機能の弱さにある。政府は、開発主義の政策フレームのなかに住宅システムを位置づけ、その経路の延長線上で、新自由主義にもとづく政策改革を進めた。開発主義と新自由主義の重層または「開発主義的新自由主義」(Park et al. 2012）の住宅政策には、再分配の仕組みがほとんど備わっていない。人口増と経済成長の時代では、住宅関連の支援を中間層に集中することで、人びとの「はしご」登りを促進し、階層化の程度を下げることが可能になるとみられていた。しかし、人口・経済が停滞の段階に入れば、再分配を担わない政策・制度は、必然の結果として、不平等をいっそう増大させる。人びとの階層化を緩和するために住宅政策が展開するという見方があるとすれば、それは、一面的あるいは過度に素朴である。成長後の時代の住宅政策は、住まいの不平等を減らすとは限らず、むしろ拡大するメカニズムを構成した。住宅不平等の構造を説明しようとするのであれば、その原因としての住宅システムの役割への注目が不可欠になる。

持ち家を金融化するシステムは、より多くの世帯を住宅所有に向かわせると想定された。しかし、住宅ローン供給は、雇用の長期安定と賃金上昇を前提とする技法である。経済の不安定化にともない、住宅融資市場に入れない人たちが増え、家を買う／買わないグループが分割された。住宅金融公庫は、廃止決定にいたる最終段階で、ポストバブルの不況に対処するために、住宅ローンの供給量を最大化し、それに並行して、民間住宅融資の金利規制が解除された。この結果、公庫融資を受けたグループでは、繰上返済を選ぶ世帯が増え、同時に、延滞率が上がった。持ち家の金融化とその市場化は、〝延滞グループ〟と〝繰上返済グループ〟を分裂させた。公庫の廃止によって、「借金の民営化」が進み、銀行住宅ローンの市場が急拡大した。公庫は、借入資格をもつ人たちに均一の融資条件を適用していた。これに比べ、民間の金融機関は、借入者の信用力に応じて異なる金利、保証料、融資額を設定する。勤続年数の短い転職者、自営業者、低所得者は、小規模な融資しか得られず、割高の金利と保証料を課せられた。公庫は廃止され、住宅ローン減税が持ち家促進のおもな政策手段となった。この技法は、所得逆進性を有し、高収入のグループにより大きな利益を与えた。

住宅システムに内在する家族主義は、住宅状況を階層化する主因であり続けている。人びとのセキュリティを形成するうえで、「個人単位」ではなく、家族という「所属単位」を重視し、再分配を社会レベルで進めるのではなく、家族レベルにゆだねる政策・制度は、家族間の不平等を拡大せざるをえない。家族システムに根ざす住宅政策は、市場指向の新自由主義の段階に入ってなお持続した。これは、家族とその持ち家を市場経済の不安定さに対する〝バッファー〟として位置づける含意をもっていた。しかし、家族主義と新自由主義の組み合わせに立脚する政策・制度は、家族の保護を得るグループと市場にダイレクトにさらされるグループを分割した。ポストバブルの経済停滞のなかで、親の家にとどまる〝世帯内単身者〟が増えた。ここでは、労働市場の規制緩和によって増大した不安定就労者を家族の持ち家が保護するという関係がみられる。しかし、家族に依存できない人たちが存在し、経済上の困難をかかえる若年層は、親に頼れる／頼れないグループに分岐した。住宅関連の世代間移転の多くは、家族を媒体とした。政府は、持ち家取得に対する生前贈与の税制優遇を拡大し、親世代に蓄積した資産を子世代に移転しようとした。住宅相続の増大は、親世代の住宅状況が子世代の住宅・資産事情に影響する度合いを高めた（平山 二〇一九）。子世代では、住宅購入のための資金を親から得る／得ない人たちが分割され、持ち家とその資産価値を相続する／しないグループが分解した。

人びとの住宅事情に関する空間次元の差異化が進んだ。政府は、国外に向けて、「世界都市」東京をグローバルな経済競争に加えるために、その都市再生を推進し、同時に、国内では、地方分権を推進し、自治体に経済自立と競争を要求した。この政策によって、住宅市場の動き方に関し、日本は「東京／それ以外」に分割され、東京は「ホット／コールドスポット」に分裂した。東京の都心部とベイエリアに生成したホットスポットは、タワーマンションが林立する新たなランドスケープを形成した。超高層住宅では、上階になるほど住戸価格が高い。ホット／コールドスポットは都市を水平方向に階層化し、ホットスポットのタワーマンションはそこに住む世帯を垂直方向に序列化した（平山 二〇〇六：Hirayama, 2005, 2009：Hirayama and Izuhara, 2018）。

さらに、「住宅余剰」と「住宅不足」の空間上の分裂が進んだ。住宅数は世帯数を大きく超え、空き家率が上がった。老朽空き家の放置が増えるなかで、二〇一四年制定の空き家対策特措法（空家等対策の推進に関する特別措置法）にもとづき、自治体は、不適切な状態の空き家への対策に着手した。空き家は、空間的に不均等に発生する。大都市の空き家率は概して低いのに対し、地方では、空き家率の高いエリアが増えた。大都市では、「住宅不足」のホットスポットとコールドスポットの「住宅余剰」が鮮明な対比をつくった。

住宅資産の世代間移転もまた、空間次元の現象として把握される必要がある。たとえば、東京出身で、雇用と収入が安定し、家族をつくる人びとは、自身の家を買い、そのうえで、東京立地の実家を相続することで、住宅不動産の「富」を蓄積する。このグループの人たちは、複数世代にわたって持ち家資産の総量を増大させる「蓄積家族」を形成し、住宅を居住用として使うだけではなく、貸しだすことで、家賃収入を取得し、さらに、住宅エクイティの含み益を増大させる。一方、地方の小都市・農村の出身で、東京に住んでいる人たちが実家を相続すると、その一部または多くは、使い途がなく、管理負担をもたらすだけの「無駄」にしかならない（平山二〇一八、二〇一九）。小都市・農村では、相続住宅を売却するための市場が存在せず、貸しだそうとしても、借り手がみあたらない。この状況から増えるのは、住宅資産の目減りを経験する「食いつぶし家族」である。

社会的再分配を重視しない住宅政策において、公共賃貸セクターは、周縁的な位置づけしか与えられなかった。新自由主義の政策改革のなかで、都市基盤整備公団は、日本住宅公団および住宅・都市整備公団から受けついだ賃貸ストックの家賃を市場化し、その一方、公営住宅の役割は、いっそう残余化した。公共賃貸セクターは、市場化と残余化の圧力を同時に加えられ、引き裂かれるかたちで、おおかた解体した。政府は、「住宅確保要配慮者」に対する住宅セーフティネットを形成する政策を打ちだした。しかし、住宅の市場化を進める方針のもとで、セーフティネット政策の規模は、最低限にとどめられた。公営住宅とセーフティネットの残余化によって、低所得者の住宅確保はより困難になった。低位の社会階層には、複数世代にわたって賃貸セクターにとどまる「賃貸家族」が存在する。このグループの住宅事情を改善する手段は、さらに乏しくなった。

ネオリベラル・ファンタジー

成長後の社会において新自由主義の住宅システムがどこまで持続するのかが問われる。住宅政策を運営する政府は、その体系を〝階層別供給〟から〝市場化とセーフティネットの組み合わせ〟に転換した。戦後住宅政策の立案・実践では、所得再分配の規模は小さかったが、しかし、社会の階層化が認識され、住まいの改善に関し、階層ごとに異なる手段が用意された。新たな住宅政策は、均質かつ広大な市場空間が存在するという仮定を前提とし、そこに加われない「特殊」なグループにのみセーフティネットを与えようとした。しかし、人口・経済条件が変化し、住まいの市場化が進むなかで、人びとの住宅状況は、さらに不平等になった。新自由主義の住宅システムの持続が困難になるとすれば、最大の要因は、均質・広大な市場空間という〝ファンタジー〟にもとづく政策と社会の再階層化という〝リアリティ〟の矛盾である。市場化した住宅システムは、それ自体が不平等を増大させるメカニズムを構成することで、自身の存立の基盤を傷つけざるをえない。

新自由主義の「奇妙な不死」は、その持続力の高さを示唆する（Crouch, 2011）。しかし、成長後の社会では、イデオロギーのファンタジーは、ますます色あせる。ヴォルフガング・シュトレークがいったように、資本主義経済の危機に対応するおもな手段は、国家債務から個人債務にシフトした（Streeck, 2014）。新たな手段の中心となったのが、住宅ローンによる持ち家購入の促進であった。ポストバブルの日本政府は、経済対策のために、持ち家を金融化し、LTV（Loan To Value）を上げることで、住宅購入を増やそうとした。しかし、収入は減少し、持ち家取得は停滞した。家を買い、住宅ローンを返済する世帯では、可処分所得から住居費を控除したアフター・ハウジング・インカム

（ＡＨＩ）が大きく下がった。ウィリアム・デイヴィーズの言い方を借りると、持ち家取得にともなう重い残債とＡＨＩの減少は、所得を上げられない購入者に対する「処罰」を含意する（Davies, 2016b）。住宅所有は、資産形成を「約束」すると考えられていた。それは、多くの人たちが住まいの「はしご」を登ろうとした理由の一つであった。しかし、ポストバブルの持ち家資産の価値は、安全ではなくなった。〝人生を担保に入れて〟大型の住宅ローンを組み、どうにかして家を買った人たちは、その価値下落に直面し、「約束」の破棄を知らされた。住宅ローンの個人債務を増大させ、それによって経済を維持しようとする政策が持続可能とはいえないことが、しだいに明らかになった。

政府の住宅政策がファンタジーに依存する度合いは、さらに高まっている。経済の不安定さのなかで、公営住宅入居を希望する世帯が増えた。大半の人たちは住まいの安定を市場で得るという物語を書こうとする政府は、公営住宅の需要の「実態」に対応するのではなく、その対象を狭めることで、「制度」上の需給関係を調整しようとした。公営住宅を求める階層の人たちが適切な市場住宅を確保するという筋書きは、フィクションにしかならない（平山 二〇〇九）。持ち家の金融化は経済を刺激するという見方が支配的であった。しかし、ポストバブルの住宅を買ったグループでは、ＬＴＶが高く、ＡＨＩが下がったことから、消費力が減退した。住宅ローンによる住宅購入を促す政策は、経済を上向かせるどころか、消費を冷え込ませた（平山 二〇一三c）。地方分権は、住まいに関する地域ごとの創意工夫を促進すると考えられた。しかし、地方政府が低所得者向け住宅供給に積極的に取り組むことは、ありえない。地方分権の進展にしたがい、自治体は、経済競争力の強化に向けて、中間層向け住宅対策を重視し、公営住宅を削減しようとする（平山 二〇〇九 二〇一一a：Hirayama, 2010c）。少子化を問題視する政府は、三世代同居を支援する家族主義の住宅政策を展開した。これは、祖父母が孫の面倒をみることで、子育てが円滑になるといった粗筋にもとづく。大都市の出生率はとくに低く、その引き上げが課題とされる。そこでは、三世代同居を希望する人たちはきわめて少なく、同居に適した広さの住宅は乏しい。三世代同居を支援する政策が同居の増大に結びつき、出生率を引き上げるというシナリオは、空想の産物としかいいようがない（平山 二〇一六b）。政府は、住宅困窮に対応するための政策をつくるうえで、「真の住宅困窮者」という言葉を使った。安定した住まいを必要とし、求める人たちのなかで、どのグループの困窮度が高いのかを検討し、「救済に値する」範囲を絞り込む作業が繰り返された。「真」という言葉を用いる表現は、「偽」の存在を前提とすることでしか成り立たない。政府は、「偽の住宅困窮者」がいることをほのめかす陰鬱なファンタジーを書くことで、住宅困窮者向け施策を残余化した（平山 二〇〇九）。

イデオロギーのおもな役割は「自然化」である。その普及のためにファンタジーが必要になる。銀行で住宅ローンを調達し、市場で商品住宅を買うこと、家族が助け合い、子どもを育て、マイホームを運営すること、そして、政府に頼らず、自力で生きることは、適切で、自然で、当たり前で、望ましいとされた。人びとの住宅事情の計測に必要な大量の統計と情報が、政府にある。しかし、官僚たちは、住まいの実態を包括的に調査し、その分析の結果にもとづく施策を講じるとは限らず、イデオロギーに根ざす政策を展開するために、既定の方針に適したファンタジーの執筆に役立ちそうなデータを選別することがある。住宅確保に困窮し、公的支援を必要とするグループの規模が測られ、そこから住宅セーフティネット政策のスケールが決まったのではない。住宅セーフティネット形成を最小限にとどめることは、あらかじめ決定し、その結論を支持するデータが作成された（平山 二〇一七）。子育て環境の整備のために、三世代同居を誘導しようとした政策の立案は、子どもをもつ世帯の住まいの実態などの基本データさえふまえず、さらに、同居増大の可能性の乏しさを示唆するデータが存在するにもかかわらず、それをほとんど考慮に入れなかった（平山 二〇一六b）。

成長後の社会の住宅システム

人口・経済が成長後の段階に入った社会では、人びとの再階層化を緩和し、不平等を減らすために、社会資本整備と経済政策の枠組みに配置されていた住宅政策を社会政策の一環として位置づけ直し、住宅システムに社会的再分配の役割をもたせることが、より重要になる。住まいに関する政策・制度は、他領域の多くの政策・制度と同様に、経路依存の性質をもつ。住宅システムの長期傾向に「劇的」な変化はなかなか起こらない。先進諸国の住宅システムのなかで、日本のそれには「日本型」と呼びえる特質がある。中間層の持ち家取得に対する支援の重視、経済刺激手段としての住宅政策の位置づけ、メインストリーム社会のための住宅安定の重視、家族・企業・持ち家を基盤とする〝日本型福祉社会〟との密接な連関、低所得者向け住宅施策の残余化などが「日本型」住宅システムを構成した。ここには、社会レベルの再分配を進める仕組みがほとんどない。

しかし、ポスト成長社会のリアリティと新自由主義のファンタジーの矛盾は拡大し続け、それは、住宅システムのあり方の再考を促す根拠と契機になりえる。経済は不安定なままで推移し、高度成長が再現するとは考えられていない。人口は減少し、高齢者の割合はさらに上がる。経済上のセキュリティが弱い人たちが増える。成長率の下がった超高齢社会において、大半の世帯が住宅と住宅ローンの市場に入り、適切な商品住宅を購入するという仮定または空想にもとづく政策は、維持可能とはいえず、しだいに綻びを露呈する。持ち家セクターでは、住宅ローン返済負担は、すでに限界にまで増え、それをさらに重くすることは、ほぼ不可能になった。賃貸セクターでは、低家賃住宅が枯渇し、住宅安定を得られない人たちが増大した。新自由主義にもとづく住宅システムの時代は、終了に近づき、あるいは、すでに終了しているとみられ、住まいに関する政策・制度の転換が必要かつ必然になる。

戦後日本の政府は、住宅政策の運営において、中間層の持ち家取得を促進する一方、賃貸セクターの改善には少量の資源しか振り向けなかった。多くの世帯が住まいの「はしご」を登ると想定され、借家に住むことは一時的な状態と考えられていた。しかし、成長後の社会では、不安定就労者、収入が上がらない世帯、未婚・単身者などが増える。住まいの「はしご」を登らないグループが拡大するにともない、借家居住は必ずしも一時的とはいえなくなった。

この文脈において、持ち家支援ばかりに傾斜するのではなく、賃貸住宅の改善をも重視し、住宅テニュアにニュートラルに対応する住宅政策の実践が課題になる。先進諸国の多くは、賃貸セクターを改良するうえで、社会賃貸住宅と家賃補助の供給を中心手段とした。日本では、公営住宅は残余化し、公的な家賃補助供給は皆無に近い。この状況を転換し、賃貸住宅のための住宅政策を拡大する方向が望まれる。低所得者向け公営住宅のストックは、減らすのではなく、保全し、さらに増大させる方策が検討されてよい。加えて、公的支援を投入した民営借家を社会賃貸住宅として供給するシステムを構築し、家賃補助の制度を整える必要がある。住宅セーフティネット政策では、高齢者などの住宅確保要配慮者の受け入れを拒まない民営借家を登録し、そこに家賃低廉化助成などを組み合わせる仕組みがつくられた。この政策は小規模で、ほとんど実績をあげていない。しかし、登録住宅は、社会賃貸住宅に近いタイプの住宅で、そこに家賃低廉化助成を供給する政策の立案・実施は、社会賃貸セクターと家賃補助がすでに必要になっている状況を含意する。

さらに、成長後の社会では、膨大な住宅ストックが蓄積し、それをどう分配するのかが問題になる。戦後日本の政府は、住宅不足に対応し、経済を刺激するために、住宅建設を推進した。しかし、住宅ストックが増え、人口は減りはじめ、空き家率が上がった。住宅余剰が膨らむなかで、住宅政策の課題は、住宅の新設ではなく、既存住宅利用に転換した。

住宅ストックの分配のおもな経路は、〝家族〟と〝市場〟である。既存住宅の世代間移転を媒介するのは、おもに家族で、親世代の持ち家の多くは、遺産相続によって、子世代に受けつがれる。ここでは、「富」としての不動産を相続し、資産を蓄積する子世帯が存在する一方、使い途がなく、管理負担ばかりをもたらす「無駄」な空き家をもてあます相続人がいる。家族という閉じた経路の内側の住宅ストックの蓄積と移転は、その有効利用の可能性を減らす傾向をもつ。既存住宅の市場を拡大し、その社会化を進めることで、より多くの人たちにストック利用の機会を分配する政策が必要になる。政府は、既存住宅市場を発達させる方針をすでに示しているが、その成果はゆっくりとしか現れていない。住宅ストックの流通を促進するより強い施策が求められる。

低所得者に住宅ストックを分配するには、〝政府〟を経路とするシステムが必要になる。住宅市場では、空き家が増える一方、低所得の人たちは、入居可能な物件の不足を経験する。公的家賃補助の制度があれば、「住宅不足」の低所得層に「住宅余剰」を分配し、住宅ストックを有効に使うことが可能になる。住宅セーフティネットの制度では、登録住宅の家主に対し、家賃低廉化のための助成が供給される。しかし、助成は小規模で、制度の手続きが複雑であるため、成果は乏しい。家賃対策の規模を引き上げると同時に、家賃低廉化の助成を家主に供与する方式だけではなく、低収入の世帯が市場のなかで適切な住宅を探し、家賃補助をダイレクトに受け取る方式が試されてよい。

成長後の超高齢社会では、住宅ストックを修繕・改善し、長く使うことが課題になる。このストックに関連する政策の立案・実践に所得再分配の機能を組み込み、低所得者向け支援を拡大する必要がある。高齢者の持ち家率は高い。超高齢社会の安定がかろうじて保たれているとすれば、その要因の一つは、多くの高齢者が持ち家に住んでいる点にある。しかし、高齢グループでは、収入が低く、住まいの経年劣化に対応できない世帯が増える可能性がある。政府は、既存住宅の改善に関し、たとえば、長期優良住宅化リフォーム推進事業を実施する。そこでは、収入がより高く、より高度のリフォームを実施する世帯は、より多量の補助を与えられる。戦後住宅政策がより少ない公的資金でより多くの住宅建設を推進し、中間層の住宅消費を促すことによって、経済刺激をめざしたことは、述べたとおりである。この経緯は、住宅リフォーム推進の施策に反映した。高収入世帯の住宅リフォームに対する支援は、より高い経済効果を生むとみられている。しかし、必要なのは、増大する低収入・高齢世帯における老朽住宅の修繕・改善を支える政策である。

住宅ストック政策では、老朽した区分所有マンションに対する対応が課題になる。マンション建替えを促進する制度環境が整えられてきた。区分所有法（建物の区分所有等に関する法律）の一九八三年および二〇〇二年の改正によって、建替え要件は緩和され、区分所有者等の五分の四以上の賛成で建替え決議が成立するとされた。続いて、マンション建替え法（マンションの建替えの円滑化等に関する法律）の二〇一四年の改正（マンションの建替え等の円滑化に関する法律）によって、耐震性能不足の認定を受けたマンションでは、区分所有者等の五分の四以上の賛成にもとづく建物・敷地売却が可能になった。しかし、マンション建て替えは、合意形成、資金調達、建築規制、市場性などに関連する多くの条件整備を必要とし、その実施は、ごく少数のケースに限られる。マンション・ストック対策では、建て替え促進に傾斜するのではなく、長期維持を支援する政策が不可欠になる。より高所得の住人が多く、建築条件に恵まれたマンションであれば、建て替えの実施はありえる。しかし、より低収入の高齢者が増えるマンションは、長期維持のための政策支援を必要とする。

脱商品化領域を再建する

資本主義社会では、住まいの商品化が進む。しかし、すべての住宅が商品化すると、低収入の人たちは適切な住まいを確保できず、社会安定の維持は困難になる。このため、市場の外で〝脱商品化〟したローコストの住宅を供給することが、必ず必要になる。すでに述べたように、資本主義社会の住宅システムは、商品化と脱商品化という相反する力のせめぎ合いからつくられる（Hirayama, 2014b）。

さまざまな脱商品化住宅の「パッチワーク」の形成が日本の住宅システムを特徴づけていた。公共賃貸住宅の供給は少量のままであった。しかし、脱商品化セクターの一角は、大企業が建設・供給する低家賃の給与住宅によって占められた。企業の社宅は、自社社員とその家族のみを対象とし、「社会性」をもっていない。〝脱商品化〟が〝社会化〟を意味するとは限らない。一方、給与住宅の供給は、若い従業員の住宅需要を吸収し、民営借家市場に対する需要圧力を減らした。さらに、借家法は、借家人の居住安定を保護するために、民営借家における契約解除、家賃値上げなどを規制した（佐藤 一九九九）。民営借家は市場に流通する商品住宅であるが、しかし、その商品化の程度は、借家法によって、下げられた。政府は、住宅の脱商品化領域を構成するうえで、公共賃貸セクターを拡大するのではなく、企業と民間家主に依存した。

脱商品化した多彩な住宅、および商品性の度合いが低い民営借家は、必ずしも良質とはいえないうえに、それぞれ異なる論理に立脚し、不安定なセクターを構成したにすぎなかった。しかし、「パッチワーク・セクター」は、けっして小規模ではなく、住宅事情に対する影響力をもっていた。たとえば、一九八三年の住宅・土地統計調査によると、公営住宅（一八六万八三〇〇戸）、公団・公社の賃貸住宅（七七万六六〇〇戸）および給与住宅（一八一万八八〇〇戸）を合わせると、四四六万三七〇〇戸、借家総数の三四・五％に達し、さらに低家賃住宅としての木造共同民営借家（三〇五万三三〇〇戸）を加えると、七五一万七〇〇〇戸、五八・〇％におよんだ。日本の住宅事情の特徴として、公共セクターの賃貸住宅の少なさがしばしば指摘された。しかし、多種の脱商品化住宅を足し合わせた「パッチワーク」は、明確に認識可能な規模のセクターをつくっていた。これは、脱商品化した相当量の住宅が、いかなる形態であるにせよ、必要になることを表していた。

新自由主義の時代に入ると、政府は、住まいのさらなる商品化を推進した。公営住宅の建設はほぼ停止し、公団住宅の家賃は市場化した。経済環境の変化のなかで、多くの企業が給与住宅を処分した。木造アパートはしだいに老朽し、その多くが除却された。民営借家の商品化の程度を上げるために、定期借家制度が導入された。

脱商品化した住まいが不可欠であることに、変わりはない。これに関し、日本では、多くの持ち家ストックが脱商品化領域を構成している点に注意する必要がある。若年グループでは、世帯内単身者が増大した。親の家は、そこに住む成人未婚子にとって、脱商品化した場所である。低家賃住宅が減るにしたがい、低収入の若年層では、親の家にとどまる人たちが増えた。ここには、脱商品化した借家が減少し、それを親の持ち家が代替するという関係がある。高齢グループでは、脱商品化住宅としてのアウトライト持ち家に住んでいる人たちが多い。多数の世帯が住宅を購入し、住宅ローン返済を重ねることで、高齢期に入るまでに、自身の住まいを自力で脱商品化した。アウトライト住宅は、「自己年金」をもたらす「私的社会保障」として、高齢者のセキュリティの基盤をつくってきた。

しかし、脱商品化住宅の必要に関し、持ち家セクターにばかり依存する方式には限界がある。増大した世帯内単身者が親元にとどまることを積極的に望んでいるケースはある。しかし、彼らが離家を選べるのかどうかが問われる必要がある。低家賃住宅の減少は、親の家の外に住む場所を確保できない若者を増大させた。高齢世帯の多くはアウトライト持ち家に住んでいるが、その一方、民営借家の高齢層では、収入が低く、住居費が高いうえに、家主から立ち退き要求を受けるケースがある。

新自由主義の政策改革のもとで、住まいの脱商品化セクターは縮小した。しかし、成長後の社会では、脱商品化住宅をどのように確保するのかが問われ、とくに賃貸セクターの脱商品化領域をどういうふうに再建するのかが論点になる。住まいを脱商品化するシステムの形成・運営において、家族、企業、民間家主などへの依存は、安定しないうえに、不平等を増大させる点で、持続可能とはいえず、社会レベルの制度形成が望まれる。人口は減少するが、しかし、成長後の時代では、低賃金の不安定就労者、低年金の高齢者、貧困な母子世帯など、低家賃の住む場所を必要とする人たちは増える。超高齢社会において、高齢層の高い持ち家率が持続するとしても、人口のさらなる高齢化にしたがい、高齢借家人の絶対数は増える。住宅購入がより困難になった点からすれば、将来の高齢層における持ち家率の低下がありえる。これらの状況が示唆するのは、社会レベルの課題として、脱商品化した賃貸セクターの拡大に取り組む必要である。

公営住宅などの脱商品化住宅をつくる政策は、財政支出をともなう。新自由主義の政策改革を推進する政府は、〝緊縮国家〟(austerity state)の必要を断固として主張するイデオロギーにもとづき、社会政策に対する出費を切りつめようとする(e.g., McBride and Evans, 2017; Taylor-Gooby et al., 2017)。しかし、公営住宅などの建設は、「投資」に相当し、貧困「予防」の機能をもつ(平山 二〇一七)。住宅政策に関する支出を評価するには、その効果をみる必要がある。社会政策のなかで、たとえば、所得保障の施策は、所得フローを供給するのに対し、公営住宅などをつくる政策の成果は、物的ストックとして蓄積する。所得保障は、貧困に対する事後対処をめざすのに比べ、脱商品化した住宅ストックは、貧困予防のインフラストラクチャになる。新自由主義の政策は、社会賃貸セクターに対する支援を減らした。しかし、欧州諸国では、過去に建てられた社会賃貸住宅の大量のストックが現在・未来の住宅困窮者に対応し、その貧困化を防ぐ役目を担う。これは、社会賃貸セクターに投資した政策の成果である。成長後の社会をつくる日本では、不安定な就労が増え、高齢者の割合が未曽有のレベルに上がる。貧困リスクをかかえる人たちが増大する将来に向けて、社会的に利用可能な住宅ストックの蓄積が必要とされ、それへの投資は、貧困の拡大をくいとめる点で、財政支出に見合う効果を生む。

マイホームの彼方に

前世紀の後半に持ち家が普及したことは、社会の「かたち」を根底から変えるほどのインパクトをもっていた。この持ち家と社会の関係は、どう変化し、いま、どういう状況にあるのか。この問いを検討するには、持ち家に関する言説の舞台が社会次元から経済次元に移った点に注目する必要がある。

戦後日本に増えたマイホームは、新たな民主社会のあり方に暗黙のうちに関連づけられた。持ち家を取得し、そこに住む人たちは、どの地域、どの階級の出身で、家柄はどのようであるか、といった出自と来歴を問われず、独立し、自立した存在として扱われるというイメージがつくられた。持ち家資産を所有する〝モダン〟な「独立・自立世帯」が民主社会のコアをつくるという想定があった。さらに、マイホーム主義の評価をめぐる論争が展開した。一方で、私有住宅に住み、消費中心の私生活に埋没する「小市民」の増大が民主社会の発展をはばむといわれ、他方で、持ち家を根城として私生活の防衛に取り組む「小市民」が連帯し、民主社会を発達させる展望が語られた。そして、マイホーム主義に対する肯定と否定の双方は、同じような社会認識をもち、言説の舞台を共有した。私有住宅の普及は家庭を大切にするライフスタイルと大衆消費社会の拡大に関係するという見方が、多くの議論に共通した。マイホーム主義についての相対立する主張は、それが民主社会の将来に関係するとみなす点では、おおむね同質であった。

新自由主義の時代に入ると、持ち家についての言説は、しだいに経済次元に移行した（Forrest and Hirayama, 2015）。バブル経済の拡大・破綻は、住宅の資産価値に対する関心を高めた。住まいを表現するおもな指標は「戸数」「平方メートル」から「円」に変わった。ポストバブルの持ち家はデフレーションに見舞われたにもかかわらず、住宅言説はさらに経済化した。たとえば、マスメディアでは、自己所有の住宅と賃貸住宅の経済条件を比較し、どちらが損／得かを示そうとする記事が目だって増え、そこでは、価格、金利、家賃、所得などの推移が予測・解説された。住宅・土地の金融化にともない、たとえば、キャップレート（Capitalization Rate: 収益還元率）、イールドギャップ（Yield Gap: 投資利回りと長期金利の差）、ＭＢＳ（Mortgage Backed Securities: 住宅ローン担保証券）といったファイナンス用語の使用が増え、不動産言説を組み立てた。

戦後日本では、持ち家の大衆化にともない、「夢のマイホーム」といういい方が生まれた。アメリカでは、持ち家を得ることは、「アメリカン・ドリーム」の欠かせない要素となった（e.g., Hayden, 1984; Wright, 1983）。イギリスの持ち家は、「イギリス人の城」と呼ばれる。これらの表現は、持ち家を買い、そこに住むライフスタイルを、家庭とコミュニティ、自立と独立、勤勉と資産形成に関連づけ、社会次元の住宅言説を支える役目をはたした。戦後社会契約の文脈において持ち家が「約束」したのは、つまるところ、「夢」を追う権利の保障であった。

住宅システムの金融化と市場化は、「夢」としてのマイホームについての言説とイメージを衰退させた。戦後日本の「社会プロジェクト」であった持ち家促進は、住まいの金融・市場化にともない、新自由主義の「経済プロジェクト」に転化した（Forrest and Hirayama, 2015）。アメリカの地域・都市計画学者であるレイチェル・ブラットは、世界金融危機下の住宅問題を考察し、それは金融の荒廃を反映するにとどまらず、持ち家が象徴していた政治・経済・社会目標と「アメリカン・ドリーム」を傷つけたと述べた（Bratt, 2012）。日本では、マイホームとは、物的住宅とその経済価値だけではなく、家庭と民主社会のあり方に関連する言葉であった。持ち家についての言説が経済化するにしたがい、マイホームという言葉の使用頻度は減った。

注意する必要があるのは、「経済プロジェクト」としての新自由主義の持ち家促進は、「社会プロジェクト」を基盤としていた点である（Forrest and Hirayama, 2015）。社会次元での持ち家に価値を認めるイデオロギーがあってはじめて、住宅と住宅ローンの購入を促進する経済次元のシステムが成り立つ。多くの人たちは、勤勉の成果を物質化し、家庭を安定させ、メインストリーム社会に参加するために、住宅ローンを調達し、家を買おうとした。持ち家の大衆化にともない、住まいの私有は、「自然化」したテニュアとなった。住まいの経済側面は、社会側面に密接に関係し、そこに埋め込まれていた。しかし、住宅所有の商品化と金融化、そして市場化は、バブル経済の発生・破綻をもたらし、さらに、社会を再階層化し、不平等を再拡大した。住宅の経済側面は、社会側面からしだいに分離・自立し、肥大した。そして、持ち家促進の「経済プロジェクト」は、それ自体が拠り所としていた「社会プロジェクト」を壊すことで、自身を危機にさらすようになる。

この状況は、〝経済化〟した住まいの政策・制度をより〝社会的〟なシステムとして建て直す必要が高まる可能性を示唆する。成長後の社会をつくる日本では、他の社会に比べて、人口減少・高齢化の速度と程度が突出して高く、経済はより不安定なままで推移する（Hirayama and Izuhara, 2018）。

これは、住宅事情を安定させることをより困難にするが、しかし同時に、住宅システムの新たなモデルをつくる機会をもたらす。欧州、東アジアの多数の国は、人口の停滞または減少と高齢化、そして経済の不安定さを経験する。成長後の時代の住宅システムを新たな「社会プロジェクト」として構築する仕事に日本が取り組むとすれば、それは、住まいと社会変化の新たな関係についての先行事例を提供する意味を持つ。

日本社会のリアリティは、新自由主義のファンタジーからさらに遠ざかる。住宅購入年齢の人口は減少し、持ち家の金融化は限界に近づく。高齢者率がほぼ四割にまで上昇し、労働市場の外の人口が増えることは、「競争と企業家精神」のイデオロギーをしだいに無意味にする。住宅資産の「不安定と偏在」は、社会・空間をさらに分裂させる。全体人口が減る一方、入居可能な住宅を見つけることさえ難しい低収入の人たちは増える。成長後の時代に求められるのは、どういう住宅システムなのか。社会の階層化を緩和し、不平等を減らすために、住まいの政策・制度に再分配機能をどのように組み込むのか。多くの人びとがマイホームという「夢」を追い求めた時代の彼方に、住宅に関する新たな社会契約を成立させることは可能なのかどうか。それが可能であるならば、どういう「約束」のために、どういう政策・制度をつくるべきか。これらの問いに取り組むところから、次の時代に向けて、住宅システムの新しいあり方を構想し、それを社会変化のなかに埋め込み直す仕事が必要になる。

あとがき

大都市の家賃は高い。家賃を払うために働いているような気がするという人がいる。住宅ローンの返済負担は重い。目一杯のローンを組んでも、買える家はたいして広くない。定年退職までにローン返済が終わらない人が増えはじめた。大型ローンで高級マンションを買った共働きの若いカップルは、おそろしく多忙な日常と高収入が維持可能なのかどうかと心配になることがある。地方から大都市に出たいのに、家賃が高いのであきらめたという若者がいる。親の家から出たいのに、家賃を払えず、動けないという若者もいる。離婚すると決めたのに、マイホーム処分とローン残債をどうするかで折り合わず、円滑に別れられない男女がいる。給料はなかなか上がらず、しかし、便利で安全な街に住むために、高い家賃を負担する女性が多い。雇用と賃金が不安定で、アパートを借りるために必要な初期費用を調達できない人がいる。老朽した木造アパートの日が差さない狭い部屋に、一人ぐらしの老人が、ひっそりと生きている。地方の実家を相続し、空き家のままとせざるをえず、どうしたものかと困る人が増えた。

さまざまな住宅問題は、何を原因とし、どう説明されるのか。その考察では、住宅システムの政策・制度がはたす役割を重視する必要がある。住宅領域に対する政府介入は戦後に拡大した。現代の住まいの状況は、野放しの市場経済から生まれるのではなく、住宅政策という手段を備えた社会のなかの現象にほかならない。「住宅問題」は、「住宅政策のあり方の問題」に発展した。この住宅政策を中心とし、住宅法制、住宅・住宅ローン市場、企業福祉制度などが構成する住宅システムは、住まいに関する人びとの困難を減らし、あるいは、新たな矛盾をもたらし、こじらせる。いろいろな住宅問題を「描写」し、訴えることは、社会関心を集める意味をもつとしても、「説明」できない原因不明の現象には対処しようがないし、政策・制度論を抜きにした立論では、展望をもちようがない。だから、住宅状況の解明に挑戦するために、その原因としての住宅システムに注目した。

住宅生産・消費を方向づけるシステムをどういう方法で理解したらよいのか。正攻法は、歴史（時間）と比較（空間）のなかでの政策・制度分析である。ある社会に埋め込まれた制度の位置と役割は、歴史文脈を抜きにして把握できないし、その特徴は、他の社会との比較からでしかとらえられない。さらに、「地上」と「空中」の両方をよくみる必要がある。人びとは、地面の上で、どうにかして生きようとする。上空では、権力と資本が飛びかう。住宅システムの政策・制度は、地上と空中を媒介する位置・役割をもち、人びとの人生の実践を支え、あるいは逆に、壊し、そして、社会・経済・政治・イデオロギーと交錯する。このメカニズムを調べるために、地上／空中をいわば行ったり来たりするような方法が必要になる。この本では、ここで述べたアプローチを意識し、住まいと社会変化の関係に関する戦後史の一つの読み方を試そうとした。

戦後日本は、マイホームの普及に根ざす社会をつくっていた。多くの人たちは、結婚し、家族をもち、収入を増やし、住まいの「はしご」を登った。マイホームの所有は、家庭の落ちつきと幸福感を「約束」すると考えられていた。住宅不動産を所有する有産階級がマジョリティとなったことは、社会経済と政治構造、そしてイデオロギーの条件を大きく変えた。しかし、前世紀の末頃から、マイホームの「約束」にもとづく社会の仕組みは、しだいに壊れた。

超高齢化した成長後の社会を少しでも穏やかにするために、住宅システムの新たな政策を構想・実践することが、必要になる。にもかかわらず、日本では、——たとえば、欧州の多くの国で住宅政策が選挙の争点になることに比べ、——住まいのあり方は、おおむね個人の問題とされ、社会の問題として位置づけることが、ほとんどない。狭い家にしか住めない人たちは、その原因が自分の給料の低さにあると考えている。バブル・ピークの頃に家を買い、その資産価値を失った人びとは、自身の「買い物の失敗」を悔やみ、政府の失政を問いただすこともなく、黙ったままであった。配偶者をもたない人たちの多くは、住宅安定を求めるうえで、自分たちが不利であることを知ってはいても、おかしいのではないかとは考えず、結婚しないのだから仕方ないと思うように仕向けられる。家賃負担がひどく重くなったにもかかわらず、その実態をマスメディアはほとんどとりあげない。個人所有の促進ばかりに傾いた戦後住宅政策の「成果」として、住宅問題は、社会問題から個人問題に転化した。この本では、高齢者がさらに増える低成長の時代を迎え、住む場所をどうするのかを、社会レベルの問いとして位置づけ直そうとした。

住宅研究（Housing Studies）は、日本では、マージナルな位置しか占めていない。欧米諸国の社会科学でも、住宅研究が中心を占めるとはいえない。しかし、イギリス、オランダ、スウェーデン、アメリカ、オーストラリアなどでは、住まいに関する多彩な研究成果が蓄積し、それを社会科学のメインストリームに関連づけ、理論化する努力が重ねられた。グローバル経済の拡大、住宅バブルの発生・破綻、社会的不平等の増大、人口・社会の未曽有の高齢化などの新たな状況のなかで、住宅研究者は、着実に増えた。アジアをみると、香港、シンガポールなどで古くから住宅研究が発達し、最近では、中国から発表される住宅論文が急増した。欧米、アジアだけではなく、東欧・南米諸国で住宅分野の新たな研究発展がみられる。このなかで、日本の住宅研究は、低調なままであった。

日本では、おもに建築分野の研究者が住宅研究を担い、住まいの物理側面にとどまらず、社会側面の分析を重ねた。戦後日本の住宅政策は、旧建設省所管のもとでスタートした。建築研究者が住宅研究に携わったのは、住宅行政の所掌を反映した側面をもつ。西洋諸国の多くは、建築学をおもに人文・芸術系の分野とした。日本の建築学は、西洋のそれにもとづいていたにもかかわらず、工学の枠組みのなかにある。工学に位置づけられながら、建物の構造・材料・物理環境だけではなく、建築・都市の設計・デザイン、建築史、建築法制、さらに住宅問題を扱う構成をもつ点に日本の建築学の特徴があった。しかし、工学のフレームのなかでは、住宅の社会側面に関する研究の「座り」は、必ずしも安定しなかった。一方、日本の社会科学分野では、住宅法制分析などの重要な成果があったとはいえ、住宅問題に取り組む研究者は少なかった。

もしかりに、本書が若い研究者の関心を住宅領域に振り向けるきっかけになることがあるとしたら、嬉しい。国際学界では、住宅を〝レンズ〟として、たとえば、福祉国家の変貌、社会階層形成と資産分布、グローバル投資市場の拡大、大都市不動産の金融化、貧困・ホームレス対策の実態と意味、市民権概念の変化などを考察しようとする、理論と実践の双方において重要で、知的刺激の豊富な研究群が発達途上にある。日本の社会科学分野では、住宅分析を含めた新しい研究展開がありえると思うし、建築分野では、住宅研究の伝統をふまえたうえで、新たな発展のあり方が議論されてよい。

この本の原稿を書きはじめた頃（二〇一八年七月）、恩師の早川和男先生が亡くなった。先生は、研究の具体内容については、何もおっしゃらなかったが、そもそも研究とは何なのか、学者はどうあるべきか、独創とはどういうことか、といった大事なことを、おりにふれて、お話しくださった。たくさんの教え子を、焦らせず、のびのびと、自由に、独立して、自分で考えるように導こうとしておられた。最後にお目にかかったのは、亡くなる三か月ほど前、先生がおられた老人ホームを訪ねたときだった。先生は、ワープロを持ちこみ、原稿を書いておられた。学問論の新しい本を出すとのことで、大学、学界の状況を、いろいろたずねてくださった。大学の研究環境が信じられないほど急速に劣化したことを説明した。先生は、長年にわたって、住まい、土地、都市、農村、それから学問のあり方について、たくさん書き、発言してこられた。老人ホームでも同じことを続けておられた。歳をとろうが、老人ホームに入ろうが、ずっとやってきたことを変えることなく、続けるというのが先生の流儀であったように思う。手元に、先生が書いた最後の草稿がある。それを読んでいると、いままでやってきたこと、やるべきことを、前を向いて、やり続けなさい、その途中で死んでしまったら、それはそれで、まあ仕方ないよ、といったことをおっしゃっているように感じる。先生には、感謝しかない。

本書の三回目の出校（二〇二〇年一月）とほぼ同時に、レイ・フォレストの急逝を知らされた。住宅・都市研究の第一人者で、グローバルに活躍したレイは、さまざまなことをおしみなく教えてくれて、そのうえ、いっしょに研究を発展させるたくさんの機会をつくってくれた。新しい本を二人で書くことが決まっていて、そのアイデアについて、神戸と香港で議論を重ね、そして、亡くなる前日に電子メールで「がんばって書き上げよう」とやりとりしたところだった。いつも前向きで、元気で、研究が大好きで、刺激と励まし、さらに本書の内容に関連する示唆を与えてくれた、気さくな友人で、偉大な学者であったレイ・フォレストに謝意を表したい。早すぎる逝去が残念でならない。

この本に書いたことの一部は、日本学術振興会科学研究費補助金（二〇一八～二〇年度挑戦的研究（萌芽）「超高齢・持ち家社会における住宅相続の増大と階層化」、一六～一八年度基盤研究（B）「超高齢社会における複数住宅所有の実態と役割」、一四～一六年度挑戦的萌芽研究「ポスト・クライシスの住宅供給システムに関する国際比較分析」、一三～一六年度基盤研究（B）「東日本大震災からの住宅復興に関する被災者実態変化の追跡調査研究」、以上筆者単独または代表）による研究成果にもとづいている。森聖太、川田菜穂子両博士と伊藤結芽さんには、草稿への助言、統計整理、図版作成、写真提供などでお世話になったことに感謝している。何年前であったか、もう覚えていないけれど、もともとは、新書を書くことになっていた。ところが、気分が新書向きにならず、書いてみると、こういう単行本になった。書きたいようにしか書けないことを受け入れ、本をていねいにつくってくださった筑摩書房の永田士郎さんに、お礼申し上げる。

引用文献

Aalbers, M. B.（2013）Neoliberalism is dead : long live neoliberalism! *International Journal of Urban and Regional Research*, 37（3）, 1083-90.

――――（2015）The great moderation, the great excess and the global housing crisis, *International Journal of Housing Policy*, 15（1）, 43-60.

――――（2016）*The Financialization of Housing: A Political Economy Approach*, New York: Routledge.

Aalbers, M. B. and Christophers, B.（2014）Centring housing in political economy, *Housing, Theory and Society*, 31（4）, 373-94.

阿部昌樹（二〇〇一）「住宅政策における自治体の役割」原田純孝（編）『日本の都市法II――諸相と動態』東京大学出版会、二九九～三二〇.

阿部泰隆・野村好弘・福井秀夫（編）（一九九八）『定期借家権』信山社.

Agus, M. R., Doling, J. and Lee, D-S.（eds.）（2002）*Housing Policy Systems in South and East Asia*, Basingstoke: Palgrave Macmillan.

会田雄次（一九六八）「家庭絶対論への疑問」『婦人公論』四八（七）、五八～六五.

荒川春（一九七三）「企業からみた企業の住宅対策――その基本的な考え方について」『住宅』六、二〇～七.

荒川匡史（二〇〇三）「高齢者保有資産の現状と相続――高齢者内で循環する使われない資産」『Life Design Report』一五〇、一六～二三.

Arundel, R.（2017）Equity inequity: housing wealth inequality, inter and intra-generational divergences, and the rise of private landlordism, *Housing, Theory and Society*, 34（2）, 176-200.

Arundel, R. and Doling, J.（2017）The end of mass homeownership? changes in labour markets and housing tenure opportunities across Europe, *Journal of Housing and the Built Environment*, 32（4）, 649-72.

Arundel, R. and Lennartz, C.（2017）Returning to the parental home: boomerang moves of younger adults and the welfare regime context, *Journal of European Social Policy*, 27（3）, 276-94.

Balchin, P.（1996）Introduction, in Balchin, P.（ed.）*Housing Policy in Europe*, London: Routledge, 1-22.

Barlow, J. and Duncan, S.（1994）*Success and Failure in Housing Provision: European Systems Compared*, Oxford: Pergamon.

ウルリヒ・ベック（著）東廉・伊藤美登里（訳）（一九九八）『危険社会――新しい近代への道』法政大学出版局．Beck, U.（1992）*Risk Society: Towards a New Modernity*, London: Sage（原著未見）．

Beer, A. and Faulkner, D. with Paris, C. and Clower, T.（2011）*Housing Transitions through the Life Course: Aspirations, Needs and Policy*, Bristol: The Policy Press.

Blackwell, T. and Kohl, S.（2018）Historicizing housing typologies: beyond welfare state regimes and varieties of residential capitalism, *Housing Studies*, 34（2）, 298-318.

Bratt, R. G.（2012）Home ownership as public policy in the United States, in Ronald, R. and Elsinga, M.（eds.）*Beyond Home Ownership: Housing, Welfare and Society*, New York: Routledge, 130-45.

Brown, W.（2015）*Undoing the Demos: Neoliberalism's Stealth Revolution*, New York: Zone Books. 中井亜佐子（訳）（二〇一七）『いかにして民主主義は失われていくのか――新自由主義の見えざる攻撃』みすず書房．

Burgin, A.（2012）*The Great Persuasion: Reinventing Free Markets since the Depression*, Cambridge: Harvard University Press.

ケント・E・カルダー（著）、淑子カルダー（訳）（一九八九）『自民党長期政権の研究――危機と補助金』文藝春秋．Calder, K. E.（1988）*Crisis and Compensation: Public Policy and Political Stability in Japan, 1949-1986*, Princeton: Princeton University Press（原著未見）．

Castells, M., Goh, L. and Kwok, R. Y-W.（1990）*The Shek Kip Mei Syndrome: Economic Development and Public Housing in Hong Kong and Singapore*, London: Pion.

Castles, F. G.（1998）The really big trade-off: home ownership and the welfare state in the new world and the old, *Acta Politica*, 33（1）, 5-19.

Chiu, R. and Ha, S-K.（eds.）（2018）*Housing Policy, Wellbeing and Social Development in Asia*, New York: Routledge.

Clark, W., Deurloo, M. and Dieleman, F. (2003) Housing careers in the United States 1968-93: modelling the sequencing of housing states, *Urban Studies*, 40 (1), 143-60.

Croissant, A. (2004) Changing welfare regimes in East and Southeast Asia: crisis, change and challenge, *Social Policy and Administration*, 38 (5), 504-24.

Crouch, C. (2011) *The Strange Non-Death of Neoliberalism*, Cambridge: Polity Press.

Dardot, P. and Laval, C. (2013) *The New Way of the World: On Neoliberal Society*, London: Verso.

Davies, W. (2016a) *The Limits of Neoliberalism: Authority, Sovereignty and the Logic of Competition*, Thousand Oaks: SAGE Publications.

——— (2016b) The new neoliberalism, *New Left Review*, 101, 121-34.

Davis, M. (2006) *Planet of Slums*, London: Verso.

Davis, M. and Monk, D. B. (eds.) (2007) *Evil Paradises: Dreamworlds of Neoliberalism*, New York: The New Press.

Dewilde, C. and Ronald, R. (eds.) (2017) *Housing Wealth and Welfare*, Cheltenham: Edward Elgar.

Doling, J. (1999) Housing policies and the little tigers: how do they compare with other industrialised countries? *Housing Studies*, 14 (2), 229-50.

Doling, J. and Elsinga, M. (2013) *Demographic Change and Housing Wealth: Home-Owners, Pensions and Asset-Based Welfare in Europe*, Heidelberg: Springer.

Doling, J. and Ronald, R. (2012) Meeting the income needs of older people in East Asia: using housing equity, *Ageing & Society*, 32 (3), 471-90.

——— (eds.) (2014) *Housing East Asia: Socioeconomic and Demographic Challenges*, Basingstoke: Palgrave Macmillan.

Donnison, D. (1967) *The Government of Housing*, Harmondsworth: Penguin.

Dorling, D. (2014) *All That Is Solid: How the Great Housing Disaster Defines Our Times, and What We Can Do about It*, London: Penguin.

Dreier, P. (1982) The status of tenants in the United States, *Social Problems*, 30 (2), 179-98.

Dunleavy, P. (1979) The urban basis of political alignment: social class, domestic property ownership, and state intervention

in consumption processes, *British Journal of Political Science*, 9（4）, 409-43.
Dupuis, A. and Thorns, D. C.（1998）Home, home ownership and the search for ontological security, *The Sociological Review*, 46（1）, 24-47.
Esping-Andersen, G.（1990）*The Three Worlds of Welfare Capitalism*, Cambridge: Polity Press. 岡沢憲芙・宮本太郎（監訳）（二〇〇一）『福祉資本主義の三つの世界――比較福祉国家の理論と動態』ミネルヴァ書房.
――――（1997）Hybrid or unique?: the Japanese welfare state between Europe and America, *Journal of European Social Policy*, 7（3）, 179-89.
――――（1999）*Social Foundations of Postindustrial Economies*, Oxford: Oxford University Press. 渡辺雅男・渡辺景子（訳）（二〇〇〇）『ポスト工業経済の社会的基礎――市場・福祉国家・家族の政治経済学』桜井書店.
Forrest, R. and Hirayama, Y.（2009）The uneven impact of neo-liberalism on housing opportunities, *International Journal of Urban and Regional Research*, 33（4）, 998-1013.
――――（2015）The financialisation of the social project: embedded liberalism, neoliberalism and home ownership, *Urban Studies*, 52（2）, 233-44.
――――（2018）Late home ownership and social re-stratification, *Economy and Society*, 47（2）, 257-79.
Forrest, R. and Lee, J.（eds.）（2003）*Housing and Social Change: East-West Perspectives*, New York: Routledge.
Forrest, R. and Murie, A.（1988）*Selling the Welfare State: The Privatisation of Public Housing*, London: Routledge.
Forrest, R. and Yip, N-M.（eds.）（2011）*Housing Markets and the Global Financial Crisis: The Uneven Impact on Households*, Cheltenham: Edward Elgar.
――――（eds.）（2013）*Young People and Housing: Transitions, Trajectories and Generational Fractures*, New York: Routledge.
ミシェル・フーコー（著）、田村俶（訳）（一九七五）『狂気の歴史――古典主義時代における』新潮社. Foucault, M.（1961）*Histoire de la Folie: A L'age Classique*, Paris: Gallimard（原著未見）.
――――（一九七七）『監獄の誕生――監視と処罰』新潮社. Foucault, M.（1975）*Surveiller et Punir: Naissance de la Prison*, Paris: Gallimard（原著未見）.
不動産協会（二〇〇一）『都市再生に関する意見』.

藤田至孝（一九九七）「企業内福祉と社会保障の一般的関係」藤田至孝・塩野谷祐一（編）『企業内福祉と社会保障』東京大学出版会、一七〜五二.
Fuller, G. W. (2019) *The Political Economy of Housing Financialization*, Newcastle upon Tyne: Agenda Publishing.
Furlong, A. and Cartmel, F. (1997) *Young People and Social Change: New Perspectives* (*2nd edition*), Buckingham: Open University Press.
布施晶子（一九七三）「現代の社会と家族」望月嵩・布施晶子・山手茂・牧野カツ子（編）『家族関係と家族福祉』高文堂出版社、一三〜五九.
Glynn, S. (ed.) (2009) *Where the Other Half Lives: Lower Income Housing in a Neoliberal World*, New York: Pluto Press.
Groves, R., Murie, A. and Watson, C. (eds.) (2007) *Housing and the New Welfare State: Perspectives from East Asia and Europe*, Aldershot: Ashgate.
Gurney, C. M. (1999) Pride and prejudice: discourses of normalisation in public and private accounts of home ownership, *Housing Studies*, 14 (2), 163-83.
グループ一九八四年（一九七五）「日本の自殺」『文藝春秋』五三（二）、九二〜一二四.
濱島朗（一九六八）「大衆社会」『現代教養百科事典3――社会』暁教育図書、四〇〜五一.
原純輔（編）（二〇〇八）『リーディングス　戦後日本の格差と不平等2――広がる中流意識1971−1985』日本図書センター.
原田純孝（一九八五）「戦後住宅法制の成立過程――その政策論理の批判的検証」東京大学社会科学研究所（編）『福祉国家6――日本の社会と福祉』東京大学出版会、三一七〜九六.
Harloe, M. (1995) *The People's Home? Social Rented Housing in Europe and America*, Oxford: Blackwell.
Hartman, C. (1986) Housing policies under the Reagan administration, in Bratt, R. G., Hartman, C. and Meyerson, A. (eds.) *Critical Perspectives on Housing*, Philadelphia: Temple University Press, 362-76.
Harvey, D. (2005) *A Brief History of Neoliberalism*, Oxford: Oxford University Press. 渡辺治（監訳）、森田成也・木下ちがや・大屋定晴・中村好孝（訳）（二〇〇七）『新自由主義――その歴史的展開と現在』作品社.
早川和男・大本圭野（一九八八）「都市住宅問題史概説」東京市政調査会（編）『都市問題の軌跡と展望』ぎょうせい、二三三〜七六.

早川和男・和田八束（一九六八）「住宅問題の歴史と理論」早川和男・和田八束・西川桂治（編）『住宅問題入門』有斐閣，八～三一．

Hayakawa, K. and Hirayama, Y.（1991）The impact of the minkatsu policy on Japanese housing and land use, *Environment and Planning D: Society and Space*, 9（2）, 151-64.

Hayden, D.（1984）*Redesigning the American Dream: The Future of Housing, Work, and Family Life*, New York: W. W. Norton & Company. 野口美智子・梅宮典子・桜井のり子・佐藤俊郎（訳）（一九九一）『アメリカン・ドリームの再構築――住宅、仕事、家庭生活の未来』勁草書房．

Hays, R. A.（1985）*The Federal Government and Urban Housing: Ideology and Change in Public Policy*, Albany: State University of New York Press.

Hegedüs, J. and Struyk, R. J.（2005）Divergences and convergences in restructuring housing finance in transition countries, in Hegedüs, J. and Struyk, R. J.（eds.）*Housing Finance: New and Old Models in Central Europe, Russia, and Kazakhstan*, Budapest: Open Society Institute, 3-39.

Heskin, A. D.（1983）*Tenants and the American Dream: Ideology and the Tenant Movement*, New York: Praeger Publishers.

Hill, R. C. and Kim, J. W.（2000）Global cities and developmental states: New York, Tokyo and Seoul, *Urban Studies*, 37（12）, 2167-95.

檜谷美恵子・住田昌二（一九八八）「住宅所有形態の変容過程に関する研究――その1．わが国における戦前戦後の持家所有の推移プロセス」『日本建築学会計画系論文報告集』三九二、一三六～四六．

平山洋介（一九八八）『公営住宅政策と社会福祉政策の関係に関する基礎的研究』（神戸大学学位論文）．

――――（二〇〇六）『東京の果てに』NTT出版．

――――（二〇〇八）「女性の配偶関係と住宅所有形態に関するパネルデータ分析」『日本建築学会計画系論文集』七三（六二七）、一〇四五～五二．

――――（二〇〇九）『住宅政策のどこが問題か――〈持家社会〉の次を展望する』光文社．

――――（二〇一一a）『都市の条件――住まい、人生、社会持続』NTT出版．

――――（二〇一一b）「持家取得における既婚女性の就業の役割」『日本建築学会計画系論文集』七六（六六三）、九八三～九二．

――――（二〇一二）「地域持続を支える住宅再生を」『世界』八二六、二一四～二二六．

――――（二〇一三a）「若年層のライフコースと住宅政策」田中洋美・マーレン．ゴツィック・岩田ワイケナント（編）『ライフコース選択のゆくえ――日本とドイツの仕事・家族・住まい』新曜社、二七六～三〇一．

――――（二〇一三b）「「土地・持家被災」からの住宅再建」平山洋介・斎藤浩（編）『住まいを再生する――東北復興の政策・制度論』岩波書店、一〇七～一二四．

――――（二〇一三c）「マイホームがリスクになるとき」『世界』八四六、一八六～九五．

――――（二〇一三d）「女性の住まいとライフコース」『現代思想』四一（一二）、一六六～七九．

――――（二〇一四）「持ち家社会と住宅政策」『社会政策』六（一）、一一～二三．

――――（二〇一五a）「超高齢社会の住宅条件とその階層化」『都市計画』六四（六）、四〇～五．

――――（二〇一五b）「住宅資産所有の不平等」『世界』八六九、二〇六～一七．

――――（二〇一六a）「〝賃貸世代〟の住宅事情について」『都市問題』一〇七（九）、九一～九．

――――（二〇一六b）「「三世代同居促進」の住宅政策をどう読むか」『世界』八八〇、一〇七～一八．

――――（二〇一七）「住宅保障政策を問いなおす」『世界』八九七、一七九～九一．

――――（二〇一八a）「富か、無駄か――付加住宅所有の階層化について」『日本建築学会計画系論文集』八三（七四五）、四八三～九二．

――――（二〇一八b）「超高齢社会の公共住宅団地をどう改善するか」『都市問題』一〇九（四）、六九～七九．

――――（二〇一九）「超高齢・持ち家社会における住宅相続の階層性について」『日本建築学会計画系論文集』八四（七六〇）、一四三三～四二．

Hirayama, Y.（2003）Housing policy and social inequality in Japan, in Izuhara, M.（ed.）*Comparing Social Policies: Exploring New Perspectives in Britain and Japan*, Bristol: Policy Press, 151-71.

――――（2005）Running hot and cold in the urban home-ownership market: the experience of Japan's major cities, *Journal of Housing and the Built Environment*, 20（1）, 1-20.

――――（2007a）Reshaping the housing system: home ownership as a catalyst for social transformation, in Hirayama, Y. and Ronald, R.（eds.）*Housing and Social Transition in Japan*, New York: Routledge, 15-46.

――――（2007b）Housing and state strategy in post-war Japan, in Groves, R., Murie, A. and Watson, C.（eds.）*Housing and the New Welfare State: Perspectives from East Asia and Europe,* Aldershot: Ashgate, 101-26.

——— (2009) The governance of urban renaissance in Tokyo: post-urbanization and enhanced competitiveness, in Mok, K. H. and Forrest, R. (eds.) *Changing Governance and Public Policy in East Asia,* New York: Routledge, 303-25.

——— (2010a) Housing pathway divergence in Japan's insecure economy, *Housing Studies,* 25 (6), 777-97.

——— (2010b) The role of home ownership in Japan's aged society, *Journal of Housing and the Built Environment,* 25 (2), 175-91.

——— (2010c) Neoliberal policy and the housing safety net in Japan, *City, Culture and Society,* 1 (3), 119-26.

——— (2011a) Towards a post-homeowner society? homeownership and economic insecurity in Japan, in Forrest, R. and Yip, N-M. (eds.) *Housing Markets and the Global Financial Crisis: The Uneven Impact on Households,* Cheltenham: Edward Elgar, 196-213.

——— (2011b) Home ownership, family change and generational differences, in Ronald, R. and Alexy, A. (eds.) *Home and Family in Japan: Continuity and Transformation,* New York: Routledge, 152-73.

——— (2012) The shifting housing opportunities of younger people in Japan's home-owning society, in Ronald, R. and Elsinga, M. (eds.) *Beyond Home Ownership: Housing, Welfare and Society,* New York: Routledge, 173-93.

——— (2013) Housing and generational fractures in Japan, in Forrest, R. and Yip, N-M. (eds.) *Young People and Housing: Transitions, Trajectories and Generational Fractures,* New York: Routledge, 161-78.

——— (2014a) Housing and the rise and fall of Japan's social mainstream, in Doling, J. and Ronald, R. (eds.) *Housing East Asia: Socioeconomic and Demographic Challenges,* Basingstoke: Palgrave Macmillan, 116-39.

——— (2014b) Public housing and neoliberal policy in Japan, in Chen, J., Stephens, M. and Man, Y. (eds.) *The Future of Public Housing: Ongoing Trends in the East and the West,* Heidelberg: Springer, 143-61.

——— (2017a) Selling the Tokyo sky: urban regeneration and luxury housing, in Forrest, R., Koh, S. Y. and Wissink, B. (eds.) *Cities and the Super-Rich: Real Estate, Elite Practices, and Urban Political Economies,* Basingstoke: Palgrave Macmillan, 189-208.

——— (2017b) Individualisation and familisation in Japan's home-owning democracy, *International Journal of Housing Policy,* 17 (2), 296-313.

Hirayama, Y. and Hayakawa, K.（1995）Home ownership and family wealth in Japan, in Forrest, R. and Murie, A.（eds.）*Housing and Family Wealth: Comparative International Perspectives*, New York: Routledge, 215-30.

Hirayama, Y. and Izuhara, M.（2008）Women and housing assets in the context of Japan's home owning democracy, *Journal of Social Policy*, 37（4）, 641-60.

――――――（2018）*Housing in Post-Growth Society: Japan on the Edge of Social Transition*, New York: Routledge.

平山洋介・川田菜穂子（二〇一五）「若年・未婚・低所得層の居住実態について」『日本建築学会計画系論文集』八〇（七一六）、二三〇三〜一三.

平山洋介・間野博・糟谷佐紀・佐藤慶一（二〇一二）「東日本大震災における被災者の住宅事情――岩手県釜石市の仮設住宅入居世帯に関する実態調査を通して」『日本建築学会計画系論文集』七七（六七九）、二一五七〜六四.

平山洋介・斎藤浩（編）（二〇一三）『住まいを再生する――東北復興の政策・制度論』岩波書店.

Holdsworth, C. and Morgan, D.（2005）*Transitions in Context: Leaving Home, Independence and Adulthood*, Berkshire: Open University Press.

Holliday, I.（2000）Productivist welfare capitalism: social policy in East Asia, *Political Studies*, 48（4）, 706-23.

本城和彦（一九七一）「住居水準の国際比較」金沢良雄・西山夘三・福武直・柴田徳衛（編）『住宅問題講座１――現代住居論』有斐閣、三二九〜七五.

――――（一九九一）「「住宅の質」の戦後三〇年――住宅公団基準と昭和42年本城提案」大本圭野『証言――日本の住宅政策』日本評論社、五〇五〜三二一.

本間義人（一九八〇）『マイホーム・ゲーム――生存権としての住宅論』大月書店.

――――（一九九六）『土木国家の思想――都市論の系譜』日本経済評論社.

――――（一九九九）『国土計画を考える――開発路線のゆくえ』中央公論新社.

――――（二〇〇四）『戦後住宅政策の検証』信山社.

堀勝洋（一九八一）「日本型福祉社会論」『季刊社会保障研究』一七（一）、三七〜五〇.

堀金由美（二〇〇四）「「開発主義」の系譜――開発独裁、developmental state、開発主義」『政經論叢』七三（一・二）、一四一〜七一.

井手英策（編）（二〇一一）『雇用連帯社会——脱土建国家の公共事業』岩波書店.
五十嵐敬喜・小川明雄（二〇〇三）『「都市再生」を問う——建築無制限時代の到来』岩波書店.
石田博英（一九六三）「保守政党のビジョン」『中央公論』七八（一）、八八〜九七.
岩田正美（二〇〇八）『社会的排除——参加の欠如・不確かな帰属』有斐閣.
伊豆宏（一九七九）『日本の住宅需要』ぎょうせい.
Izuhara, M. (2007) Turning stock into cash flow: strategies using housing assets in an aging society, in Hirayama, Y. and Ronald, R. (eds.) *Housing and Social Transition in Japan,* New York: Routledge, 94-113.
——— (2015) Life-course diversity, housing choices and constraints for women of the 'lost' generation in Japan, *Housing Studies*, 30 (1), 1-18.
——— (2016) Reconsidering the housing asset-based welfare approach: reflection from East Asian experiences, *Social Policy and Society,* 15 (2), 177-88.
Jacobs, K. (2019) *Neoliberal Housing Policy: An International Perspective*, New York: Routledge.
自由民主党（一九七九）『日本型福祉社会——自由民主党研修叢書〈8〉』自由民主党広報委員会出版局.
Johnson, C. A. (1982) *MITI and the Japanese Miracle: The Growth of Industrial Policy,* 1925-1975, Stanford: Stanford University Press. 佐々田博教（訳）（二〇一八）『通産省と日本の奇跡——産業政策の発展１９２５－１９７５』勁草書房.
Jones, C. (1993) The Pacific challenge: Confucian welfare states, in Jones, C. (ed.) *New Perspectives on the Welfare State in Europe*, New York, Routledge, 198-217.
住宅法令研究会（編）（二〇〇六）『逐条解説 住生活基本法』ぎょうせい.
住宅金融公庫（編）（二〇〇〇ａ）『住宅金融公庫50年史』住宅金融普及協会.
———（編）（二〇〇〇ｂ）『住宅金融公庫50年史——資料編』住宅金融普及協会.
住宅政策研究会（編）（一九八二）『現行の住宅政策と今後の課題』ぎょうせい.
———（編）（一九九二）『住宅政策の新展開——第六期住宅建設五箇年計画の解説』ぎょうせい.
———（編）（一九九六）『新時代の住宅政策——第七期住宅建設五箇年計画のポイント』ぎょうせい.
———（編）（二〇〇二）『新世紀の住宅政策——第八期住宅建設五箇年計画のポイント』ぎょうせい.
住宅政策提案・検討委員会（二〇一四）『若者の住宅問題——住宅政策提案書［調査編］』認定ＮＰＯ法人ビッグイシュー基金.

住宅宅地審議会（一九八〇）『住宅宅地審議会答申――新しい住宅事情に対応する住宅政策の基本的体系はいかにあるべきか』.
――――（一九九五）『住宅宅地審議会答申――21世紀に向けた住宅・宅地政策の基本的体系について』.
――――（二〇〇〇）『住宅宅地審議会答申――21世紀の豊かな生活を支える住宅・宅地政策について』.
Kamo, T.（2000）An aftermath of globalisation? East Asian economic turmoil and Japanese cities adrift, *Urban Studies*, 37（12）, 2145-65.
金子憲（二〇〇二）「行財政改革と会計検査院――都市基盤整備公団の財務構造分析から」『会計検査研究』二六、二〇一～一三.
金子勝（一九九一）「企業社会の形成と日本社会――資産所有民主主義の帰結」東京大学社会科学研究所（編）『現代日本社会5』東京大学出版会、一二五～六七.
河野正輝・木梨芳繁・下山瑛二（編）（一九八一）『住居の権利――ひとり暮し裁判の証言から』ドメス出版.
川島博（一九九一）「公営住宅法の成立過程」大本圭野『証言――日本の住宅政策』日本評論社、二六三～八五.
経済団体連合会（一九九九）『都市再生への提言』.
経済戦略会議（一九九九）『日本経済再生への戦略』.
Kemeny, J.（1980）Home ownership and privatization, *International Journal of Urban and Regional Research*, 4（3）, 372-88.
――――（1981）*The Myth of Home Ownership: Private versus Public Choices in Housing Tenure*, London: Routledge.
――――（1995）*From Public Housing to the Social Market: Rental Policy Strategies in Comparative Perspective*, London: Routledge.
――――（2006）Corporatism and housing regimes, *Housing, Theory and Society*, 23（1）, 1-18.
Kemeny, J. and Lowe, S.（1998）Schools of comparative housing research: from convergence to divergence, *Housing Studies*, 13（2）, 161-76.
Kemp, P. A.（ed.）（2007）*Housing Allowances in Comparative Perspective*, Bristol: Policy Press.
菊池信輝（二〇一六）『日本型新自由主義とは何か――占領期改革からアベノミクスまで』岩波書店.
Kim, K-H. and Renaud, B.（2009）The global house price boom and its unwinding: an analysis and a commentary, *Housing Studies*, 24（1）, 7-24.
北川隆吉（一九六九）「戦後民主主義とマイ・ホーム主義」『現代の眼』一〇（二）、八八～九五.
北村安樹子（二〇〇一）「成人未婚者の離家と親子関係――親元に同居する成人未婚者のライフスタイルと親子の規範」『LDI

レポート』七月号、二二～四五.

国土交通省住宅局住宅政策課（編集協力）（一九九九）『住宅経済データ集1999（平成11年）度版——良質な住宅ストックの形成をめざして』住宅産業新聞社.

————（編集協力）（二〇一八）『住宅経済データ集2017（平成29年）度版——豊かで魅力ある住生活の実現に向けて』住宅産業新聞社.

国土交通省成長戦略会議（二〇一〇）『国土交通省成長戦略』.

越田得男（一九九一）「厚生住宅法の挫折」大本圭野『証言——日本の住宅政策』日本評論社、二〇一～二一四.

公営住宅20年史刊行委員会（編）（一九七三）『公営住宅二十年史』日本住宅協会.

Kubo, T., Yui, Y. and Sakaue, H. (2009) Aging suburbs and increasing vacant houses in Japan, in Hino, M. and Tsutsumi, J. (eds.) *Urban Geography of Post-Growth Society*, Sendai: Tohoku University Press, 123-45.

公文昭夫（一九九一）「労働組合における住宅闘争——総評を中心に」大本圭野『証言——日本の住宅政策』日本評論社、七八五～八一四.

Kurz, K. and Blossfeld, H-P. (eds.) (2004) *Home Ownership and Social Inequality in Comparative Perspective*, Stanford: Stanford University Press.

Lazzarato, M. (2011) *The Making of Indebted Man*, South Pasadena: Semiotext (e).

———— (2013) *Governing by Debt*, South Pasadena: Semiotext (e).

Lee, J. (2014) Housing policy and asset building: exploring the role of homeownership in East Asian social policy, in Lee, J., Midgley, J. and Zhu, Y. (eds.) *Social Policy and Change in East Asia*, Lanham: Lexington Books, 179-97.

Lowe, S. and Tsenkova, S. (eds.) (2003) *Housing Change in East and Central Europe: Integration or Fragmentation?* Aldershot: Ashgate.

Lundqvist, L. J. (1998) Property owning and democracy: do the twain ever meet? *Housing Studies*, 13 (2), 217-31.

町村敬志（一九九四）『「世界都市」東京の構造転換——都市リストラクチュアリングの社会学』東京大学出版会.

Machimura, T. (1998) Symbolic use of globalization in urban politics in Tokyo, *International Journal of Urban and Regional Research*, 22 (2), 183-94.

———— (2003) Narrating a 'global city' for 'new Tokyoites': economic crisis and urban 'boosterism' in Tokyo, in Dobson,

H. and Hook, G. D. (eds.) *Japan and Britain in the Contemporary World: Responses to Common Issues*, New York: RoutledgeCurzon, 196-212.
Maclennan, D. and Miao, J. (2017) Housing and capital in the 21st century, *Housing, Theory and Society*, 34 (2), 127-45.
Madden, D. and Marcuse, P. (2016) *In Defense of Housing*, London: Verso.
Malpass, P. (2008) Housing and the new welfare state: wobbly pillar or cornerstone? *Housing Studies*, 23 (1), 1-19.
Malpass, P. and Rowlands, R. (eds.) (2010) *Housing, Markets and Policy*, New York: Routledge.
Marcuse, P. (1987) The other side of housing: oppression and liberation, *Scandinavian Housing and Planning Research*, 4 (sup1), 232-70.
増田寛也（二〇一四）『地方消滅――東京一極集中が招く人口急減』中央公論新社.
松原治郎（一九六九）『核家族時代』日本放送出版協会.
McBride, S. and Evans, B. M. (eds.) (2017) *The Austerity State*, Toronto: University of Toronto Press.
McKee, K. (2012) Young people, homeownership and future welfare, *Housing Studies*, 27 (6), 853-62.
McKee, K., Moore, T., Soaita, A. and Crawford, J. (2017) 'Generation rent' and the fallacy of choice, *International Journal of Urban and Regional Research*, 41 (2), 318-33.
宮城宏（一九七九）「夫婦」光吉利之・土田英雄・宮城宏（編）『家族社会学入門』有斐閣、一〇三～三六.
三宅醇（一九七三ａ）「木賃アパートの現状と課題」『住宅』二二（一）、四～一一.
――――（一九七三ｂ）『住宅需給構造に関する研究』（京都大学学位論文）.
――――（一九七九）「住宅建設計画の問題と課題」下山瑛二・水本浩・早川和男・和田八束（編著）『住宅政策研究１――住宅政策の提言』ドメス出版、三二一～四六.
――――（一九九一）「人口構造の変化と住宅事情」早川和男（編著）『住宅人権の思想』学陽書房、一三三～五四.
――――（一九九六）「人口・家族の変化と住宅需給」岸本幸臣・鈴木晃（編）『講座現代居住２――家族と住居』東京大学出版会、二〇五～三五.
――――（二〇〇六）「現在の住宅事情の特徴――住宅事情史的検討」『住宅会議』六七、四～一〇.
三宅醇・峯成子・秋吉千恵子（一九七一ａ）「木賃アパートの実態と動向「２室木賃」を中心として――（１）」『住宅』二〇（一）、五二～九.

――――（一九七一b）「木賃アパートの実態と動向「2室木賃」を中心として――（2）」『住宅』二〇（二）、八八～九六．

――――（一九七一c）「木賃アパートの実態と動向「2室木賃」を中心として――（3）」『住宅』二〇（三）、八一～九．

――――（一九七一d）「木賃アパートの実態と動向「2室木賃」を中心として――（4）」『住宅』二〇（四）、六七～七三．

三宅醇・大本圭野・海老塚良吉（一九七五a）「東京圏における低水準建売住宅の実態について（Ⅰ）」『住宅』二四（七）、四九～五五．

――――（一九七五b）「東京圏における低水準建売住宅の実態について（Ⅱ）」『住宅』二四（八）、四六～五三．

宮本みち子（二〇〇四）『ポスト青年期と親子戦略――大人になる意味と形の変容』勁草書房．

宮本みち子・岩上真珠・山田昌弘（一九九七）『未婚化社会の親子関係――お金と愛情にみる家族のゆくえ』有斐閣．

宮沢喜一（一九六五）「保守主義の新感覚」『エコノミスト』四月二〇日号、六五～九．

森楙（一九七五）「マスコミ文化と家族」一番ケ瀬康子・吉田秀夫（編）『家族問題と社会保障』高文堂出版社、六五～九六．

村上泰亮（一九八四）『新中間大衆の時代――戦後日本の解剖学』中央公論社．

永瀬伸子（二〇〇二）「若年層の雇用の非正規化と結婚行動」『人口問題研究』五八（二）、二二～三五．

中川秀空（二〇一一）「被災者生活支援に関する制度の現状と課題――東日本大震災における対応と課題」『調査と情報』七一二、一～一二．

中村健吾（二〇〇二）「EUにおける「社会的排除」への取り組み」『海外社会保障研究』一四一、五六～六六．

中西茂行（一九八五）「〈マイホーム主義〉の歴史心理」『社会学論叢』九三、二五～四一．

中澤高志（二〇一九）『住まいと仕事の地理学』旬報社．

Newman, K. S. (2012) *The Accordion Family: Boomerang Kids, Anxious Parents, and the Private Toll of Global Competition*, Boston: Beacon Press.

日本住宅公団（一九六五）『日本住宅公団10年史』日本住宅公団．

日本住宅公団20年史刊行委員会（一九七五）『日本住宅公団20年史』日本住宅公団．

日本経済団体連合会（二〇〇三）『「住みやすさ」で世界に誇れる国づくり――住宅政策への提言』．

――――（二〇一〇）『提言「住生活の向上につながる成長戦略を求める」』．

日本建設業団体連合会（二〇〇一）『都市再生のあり方について（提言）』．

日本創成会議・人口減少問題検討分科会（二〇一四）『成長を続ける21世紀のために――「ストップ少子化・地方元気戦略」』．

西久保浩二（二〇〇七）「福利厚生と家計――「格差」の視点から」『季刊家計経済研究』七五、九～一三．

西山夘三（一九五二）『日本の住宅問題』岩波書店．

――――（一九七五）『日本のすまいⅠ』勁草書房．

――――（一九八一）「持家主義は自民党のしかけたワナだ」『中央公論』九六（三）、一二八～四一．

――――（一九八三）「今こそ住宅と都市の歪みを直視しよう――あなたは「ニセ持ち家層」で満足できるか」『朝日ジャーナル』二五（五一）、七八～八三．

――――（一九八五）「ニセ持ち家層」日本住宅会議（編）『一九八六年版住宅白書』ドメス出版、一〇九～一一．

小田切徳美（二〇一四）『農山村は消滅しない』岩波書店．

OECD (2004) *OECD Economic Outlook 75*, Paris: OECD.

―― (2016) Affordable Housing Database, www.oecd.org/social/affordable-housing-database.htm (accessed 31 May 2017).

大石亜希子（二〇〇四）「若年就業と親との同別居」『人口問題研究』六〇（二）、一九～三一．

Oizumi, E. (2007) Transformations in housing construction and finance, in Hirayama, Y. and Ronald, R. (eds.) *Housing and Social Transition in Japan*, New York: Routledge, 47-72.

岡田一郎（二〇一六）『革新自治体――熱狂と挫折に何を学ぶか』中央公論新社．

大本圭野（一九八二a）「戦時住宅政策の展開過程（1）日本的住宅政策の原型」『季刊社会保障研究』（一七）四、四二九～四〇．

――――（一九八二b）「わが国「公営住宅法」の成立過程」小沼正（編）『社会福祉の課題と展望』川島書店、一九五～二二二．

――――（一九八三）「財形制度と労働者福祉」社会政策学会（編）『総合社会政策と労働福祉』啓文社、一五三～二〇〇．

――――（一九八四）「戦時住宅政策の展開過程（2）日本的住宅政策の原型」『季刊社会保障研究』（一九）四、四二一～五六．

――――（一九八五）「福祉国家とわが国住宅政策の展開」東京大学社会科学研究所（編）『福祉国家6――日本の社会と福祉』東京大学出版会、三九七～四五二．

———（一九九一）『証言——日本の住宅政策』日本評論社．

———（一九九六）「居住政策の現代史」大本圭野・戒能通厚（編）『講座現代居住1——歴史と思想』東京大学出版会、八九～一一〇．

———（二〇〇五）「占領期の住宅政策（1）——GHQによる住宅営団の閉鎖過程とその意味」『東京経大学会誌．経済学』二四七、一三三～五一．

小野浩（二〇〇七）「戦時住宅政策の確立と住宅市場の変容——貸家経営者の動向を中心に」『立教経済学研究』六〇（三）、二〇一～二六．

———（二〇一四a）『住空間の経済史——戦前期東京の都市形成と借家・借間市場』日本経済評論社．

———（二〇一四b）「1950年代の東京住宅市場——家賃統制一部解除後の貸家供給構造の再構築」『産業経営研究』三三、二九～四二．

太田清（二〇〇三）「日本における資産格差」樋口美雄・財務省財務総合政策研究所（編）『日本の所得格差と社会階層』日本評論社、二一～四三．

大塚路子（二〇〇七）「被災者生活再建支援法の見直し」『調査と情報』五九九、一～一〇．

Park, B-G., Hill, R. C. and Saito, A. (eds.) (2012) *Locating Neoliberalism in East Asia: Neoliberalizing Spaces in Developmental States*, Oxford: Wiley-Blackwell.

Peck, J. (2010) *Constructions of Neoliberal Reason*, Oxford: Oxford University Press.

Piketty, T. (2014) *Capital in the Twenty-First Century*, Cambridge: The Belknap Press of Harvard University Press. 山形浩生・守岡桜・森本正史（訳）（二〇一四）『21世紀の資本』みすず書房．

Poggio, T. (2012) The housing pillar of the Mediterranean welfare regime: relations between home ownership and other dimensions of welfare in Italy, in Ronald, R. and Elsinga, M. (eds.) *Beyond Home Ownership: Housing, Welfare and Society*, New York: Routledge, 51-67.

臨時行政調査会（一九八一）『行政改革に関する第一次答申』．

———（一九八二）『行政改革に関する第三次答申（基本答申）』．

———（一九八三）『行政改革に関する第五次答申（最終答申）』．

臨時行政改革推進審議会（一九八六）『今後における行財政改革の基本方向』．

Rolnik, R.（2013）Late neoliberalism: the financialization of homeownership and housing rights, *International Journal of Urban and Regional Research*, 37（3）, 1058-66.

———（2019）*Urban Warfare: Housing under the Empire of Finance*, London: Verso.

Ronald, R.（2007）Comparing homeowner societies: can we construct an East-West model? *Housing Studies*, 22（4）, 473-93.

———（2008）*The Ideology of Home Ownership: Homeowner Societies and the Role of Housing*, New York: Palgrave Macmillan.

Ronald, R. and Doling, J.（2012a）Shifting East Asian approaches to home ownership and the housing welfare pillar, *International Journal of Housing Policy*, 10（3）, 233-54.

———（2012b）Testing home ownership as the cornerstone of welfare: lessons from East Asia for the West, *Housing Studies*, 27（7）, 940-61.

———（2014）The changing shape of the East Asian housing model, in Doling, J. and Ronald, R.（eds.）*Housing East Asia: Socioeconomic and Demographic Challenges*, Basingstoke: Palgrave Macmillan, 9-43.

Ruggie, J. G.（1982）International regimes, transactions, and change: embedded liberalism in the postwar economic order, *International Organization*, 36（2）, 379-415.

———（1997）*Globalization and the Embedded Liberalism Compromise: The End of an Era?* working paper, 97/1, Max Planck Institute for the Study of Societies, Cologne, Germany.

Saito, A.（2003）Global city formation in a capitalist developmental state: Tokyo and the waterfront sub-centre project, *Urban Studies*, 40（2）, 283-308.

———（2012a）State-space relations in transition: urban and regional policy in Japan, in Park, B-G., Hill, R. C. and Saito, A.（eds.）*Locating Neoliberalism in East Asia: Neoliberalizing Spaces in Developmental States*, Oxford: Wiley-Blackwell, 59-85.

———（2012b）World city policies and the erosion of the developmental state, in Kantor, P., Lefevre, C., Saito, A., Savitch, H. V. and Thornley, A. *Struggling Giants: City-Region Governance in London, New York, Paris, and Tokyo*, Minneapolis: University of Minnesota Press, 219-38.

阪井裕一郎・藤間公太・本多真隆（二〇二二）「戦後日本における〈家族主義〉批判の系譜――家族国家・マイホーム主義・近

代家族」『哲学』一二八、一四五〜七七.
坂庭国晴（二〇〇五）「都市再生機構と賃貸住宅——経営・財務分析にみる諸特徴」『経済』一一二、一〇四〜二四.
——（二〇一六）「UR家賃「改定」問題と都市機構の財務状況」『経済』二四四、一四六〜五六.
Sassen, S. (1991) *The Global City: New York, London, Tokyo*, Princeton: Princeton University Press.
佐藤岩夫（一九九九）『現代国家と一般条項——借家法の比較歴史社会学的研究』創文社.
——（二〇〇九）「「脱商品化」の視角からみた日本の住宅保障システム」『社會科學研究』六〇（五・六）、一一七〜四一.
Sato, I. (2007) Welfare regime theories and the Japanese housing system, in Hirayama, Y. and Ronald, R. (eds.) *Housing and Social Transition in Japan*, New York: Routledge, 73-93.
佐藤岩夫・平山洋介（二〇一五）『釜石市民の暮らしと復興についての意識調査（第4回）基本報告書』.
佐藤和男・大柿晏己・高頭秀雄（二〇一〇）「戦後住宅税制史概説（第3回）」『土地総合研究』冬号、一〜一〇.
佐藤忠男（一九六八）『読書と人間形成——孤軍奮闘のたのしみの発見』毎日新聞社.
Saunders, P. (1978) Domestic property and social class, *International Journal of Urban and Regional Research*, 2 (1-3), 233-51.
—— (1990) *A Nation of Home Owners*, London: Unwin Hyman.
Scanlon, K., Whitehead, C. and Arrigoitia, M. F. (eds.) (2014) *Social Housing in Europe*, West Sussex: Wiley Blackwell.
Schwartz, H. M. (2009) *Subprime Nation: American Power, Global Capital and the Housing Bubble*, Ithaca: Cornell University Press.
Schwartz, H. M. and Seabrooke, L. (eds.) (2009) *The Politics of Housing Booms and Busts*, Basingstoke: Palgrave Macmillan.
Sengupta, U. and Shaw, A. (eds.) (2018) *Trends and Issues in Housing in Asia: Coming of an Age*, New York: Routledge.
社会資本整備審議会（二〇〇五）『社会資本整備審議会答申——新たな住宅政策に対応した制度的枠組みについて』.
社会資本整備審議会住宅地分科会（二〇〇三）『新たな住宅政策のあり方について（建議）』.
下村太一（二〇一一）『田中角栄と自民党政治——列島改造への道』有志舎.
新川敏光（一九九三）『日本型福祉の政治経済学』三一書房.
——（二〇〇五）『日本型福祉レジームの発展と変容』ミネルヴァ書房.
——（二〇一一）『福祉レジームの収斂と分岐——脱商品化と脱家族化の多様性』ミネルヴァ書房.
新・日本的経営システム等研究プロジェクト（編）（一九九五）『新時代の「日本的経営」——挑戦すべき方向とその具体策』日

本経営者団体連盟.
白波瀬佐和子（二〇〇五）『少子高齢社会のみえない格差――ジェンダー・世代・階層のゆくえ』東京大学出版会.
庄司興吉（一九七三）「社会発展と社会意識――戦後社会意識研究の問題点」『思想』五八七、一六九～九六.
首都圏総合計画研究所（一九八二）『まちつくり研究13――木賃住宅』同時代社.
宋宇・井手英策（二〇一四）「戦後財政投融資の機能と限界――基盤整備の担い手から機関投資家へ」井手英策（編）『日本財政の現代史I――土建国家の時代一九六〇～八五年』有斐閣、一二五～五〇.
Springer, S., Birch, K. and MacLeavy, J.（eds.）（2016）*The Handbook of Neoliberalism*, New York: Routledge.
Stebbing, A. and Spies-Butcher, B.（2016）The decline of a homeowning society?: asset-based welfare, retirement and intergenerational equity in Australia, *Housing Studies*, 31（2）, 190-207.
Stephens, M.（2003）Globalisation and housing finance systems in advanced and transition economies, *Urban Studies*, 40（5-6）, 1011-26.
――――（2008）The role of the social rented sector, in Fitzpatrick, S. and Stephens, M.（eds.）*The Future of Social Housing*, London: Shelter, 27-38.
――――（2016）Using Esping-Andersen and Kemeny's welfare and housing regimes in comparative housing research, *Critical Housing Analysis*, 3（1）, 19-29.
Stephens, M., Lux, M. and Sunega, P.（2015）Post-socialist housing systems in Europe: housing welfare regimes by default? *Housing Studies*, 30（8）, 1210-34.
Stone, J., Berrington, A. and Falkingham, J.（2014）Gender, turning points, and boomerangs: returning home in young adulthood in Great Britain, *Demography*, 51（1）, 257-76.
Stone, M. E.（2006）Pernicious problems of housing finance, in Bratt, R. G., Stone, M. E. and Hartman, C.（eds.）*A Right to Housing: Foundation for a New Social Agenda*, Philadelphia: Temple University Press, 82-104.
Streeck, W.（2014）*Buying Time: The Delayed Crisis of Democratic Capitalism*, London: Verso. 鈴木直（訳）（二〇一六）『時間かせぎの資本主義――いつまで危機を先送りできるか』みすず書房.
杉本有造（二〇〇五）「財政投融資」金澤史男（編）『財政学』有斐閣、一五九～七八.
祐成保志（二〇〇八）『〈住宅〉の歴史社会学――日常生活をめぐる啓蒙・動員・産業化』新曜社.

――（二〇一四）「訳者解説――ハウジングの社会学・小史」ジム・ケメニー（著）、祐成保志（訳）『ハウジングと福祉国家――居住空間の社会的構築』新曜社、二七一～九六．Kemeny, J. (1992) *Housing and Social Theory*, London: Routledge.

住田昌二（一九八二）『住宅供給計画論』勁草書房．

――（二〇一五）『現代日本ハウジング史 １９１４～２００６』ミネルヴァ書房．

鈴木晃（一九八七）「独居老人の創出過程と住居移動」日本生活学会（編）『生活学』ドメス出版、一五二～九六．

鈴木孝一（一九八四ａ）「公庫融資の経済効果」高野義樹（編著）『日本の住宅金融』住宅金融普及協会、二四三～五五．

――（一九八四ｂ）「住宅金融専門会社の役割」高野義樹（編著）『日本の住宅金融』住宅金融普及協会、一五五～六八．

鈴木透（二〇〇七）「世帯の形成と拡大」国立社会保障・人口問題研究所（編）『第５回世帯動態調査（２００４年社会保障・人口問題基本調査）――現代日本の世帯変動』厚生統計協会、三〇～六．

武川正吾（二〇〇七）『連帯と承認――グローバル化と個人化のなかの福祉国家』東京大学出版会．

玉置伸俉（一九七四）「持家指向と借家指向」京都大学西山研究室（編）『現代の生活空間論 上』勁草書房、二八三～三〇七．

――（一九八〇）『公営住宅に関する計画論的研究』（京都大学学位論文）．

玉水俊哲・福川須美（一九八二）「戦後日本社会の発展と労働者家族」布施晶子・玉水俊哲（編）『現代の家族――新しい家族の創造をめざして』青木書店．

田中拓道（二〇一七）『福祉政治史――格差に抗するデモクラシー』勁草書房．

多和田栄治（二〇一七）『検証公団居住60年――〈居住は権利〉公共住宅を守るたたかい』東信堂．

Taylor-Gooby, P., Leruth, B. and Chung, H. (eds.) (2017) *After Austerity: Welfare State Transformation in Europe after the Great Recession*, Oxford: Oxford University Press.

東京大学社会科学研究所（編）（一九九八）『20世紀システム４――開発主義』東京大学出版会．

東京都（一九八六）『第二次東京都長期計画――マイタウン東京――21世紀への新たな展開』．

――（一九九九）『危機突破・戦略プラン――21世紀への第一ステップ』．

――（二〇〇〇）『東京構想２０００――千客万来の世界都市をめざして』．

東京都住宅局（一九七一）『東京都の住宅問題』東京都住宅局．

Torgersen, U. (1987) Housing: the wobbly pillar under the welfare state, in Turner, B., Kemeny, J. and Lundqvist, L. J. (eds.) *Between State and Market: Housing in the Post-Industrial Era*, Stockholm: Almqvist and Wiksell International, 116-26.

Torrance, D. (2010) *Noel Skelton and the Property-Owning Democracy*, London: Biteback Publishing.

Toussaint, J. and Elsinga, M. (2009) Exploring 'housing asset-based welfare': can the UK be held up as an example for Europe? *Housing Studies*, 24 (5), 669-92.

内田勝一（二〇〇一）「住宅政策の比較類型的研究について」内田勝一・浦川道太郎・鎌田薫（編）『現代の都市と土地私法』有斐閣、二三一～五二.

埋橋孝文（一九九七）『現代福祉国家の国際比較——日本モデルの位置づけと展望』日本評論社.

———（編）（二〇〇三）『比較のなかの福祉国家』ミネルヴァ書房.

———（二〇一一）『福祉政策の国際動向と日本の選択——ポスト「三つの世界」論』法律文化社.

牛見章（一九七三）「居住立地限定階層に関する一連の研究（その1）——都市における通勤生活に関する考察」『日本建築学会論文報告集』二〇三、七九～八九、一〇九.

———（一九七四）「居住立地限定階層に関する一連の研究（その2）——居住立地限定階層の成因と態様」『日本建築学会論文報告集』二一六、二五～三五、六四.

Wade, R. (1998) *Governing the Market: Economic Theory and the Role of Government in East Asian Industrialization*, Princeton: Princeton University Press.

Waley, P. (2007) Tokyo-as-world-city: reassessing the role of capital and the state in urban restructuring, *Urban Studies*, 44 (8), 1465-90.

——— (2013) Pencilling Tokyo into the map of neoliberal urbanism, *Cities*, 32, 43-50.

Wang, Y. P. (2007) From socialist welfare to support of home-ownership: the experience of China, in Groves, R., Murie, A. and Watson, C. (eds.) *Housing and the New Welfare State: Perspectives from East Asia and Europe*, Aldershot: Ashgate, 127-54.

Wang, Y. P. and Shao, L. (2014) Urban housing policy changes and challenges in China, in Doling, J. and Ronald, R. (eds.) *Housing East Asia: Socioeconomic and Demographic Challenges*, Basingstoke: Palgrave Macmillan, 44-70.

Warnock, V. and Warnock, F. (2008) Markets and housing finance, *Journal of Housing Economics*, 17 (3), 239-51.

渡辺洋三（一九六二）『土地・建物の法律制度（中）』東京大学出版会.

Watson, M. (2010) House price Keynesianism and the contradictions of the modern investor subject, *Housing Studies*, 25 (3),

413-26.
Weiss, L. (2003) Guiding globalisation in East Asia: new roles for old developmental states, in Weiss, L. (ed.) *States in the Global Economy: Bringing Domestic Institutions back in*, Cambridge: Cambridge University Press.
White, G. and Goodman, R. (1998) Welfare orientalism and the search for an East Asian welfare model, in Goodman, R., White, G. and Kwon, H. (eds.) *The East Asian Welfare Model: Welfare Orientalism and the State*, London: Routledge, 3-24.
White, J. W. (1998) Old wine, cracked bottle?: Tokyo, Paris, and the global city hypothesis, *Urban Affairs Review*, 33 (4), 451-77.
Wilensky, H. L. (1975) *The Welfare State and Equality: Structural and Ideological Roots of Public Expenditures*, Berkeley: University of California Press.
Wilensky, H. L. and Lebeaux, C. N. (1958) *Industrial Society and Social Welfare*, New York: Russell Sage Foundation.
Winter, I. (1994) *The Radical Home Owner: Housing Tenure and Social Change*, Basel: Gordon and Breach Science Publishers.
Wright, G. (1983) *Building the Dream: A Social History of Housing in America*, Cambridge: The MIT Press.
八木寿明（二〇〇七）「被災者の生活再建支援をめぐる論議と立法の経緯」『レファレンス』五七（一一）、三一～四八.
山田昌弘（一九九九）『パラサイト・シングルの時代』筑摩書房.
――――（二〇〇四）『パラサイト社会のゆくえ――データで読み解く日本の家族』筑摩書房.
山口不二夫（二〇〇三）「都市基盤整備公団の経営分析と土地保有機構 ナショナルトラストセンターへの可能性――三井不動産（株）との比較を通じて」『青山国際政経論集』五九、一四五～八八.
山本理奈（二〇一四）『マイホーム神話の生成と臨界――住宅社会学の試み』岩波書店.
山手茂（一九七四）「マイホーム主義の形成と展開」青山道夫・竹田旦・有地亨・江守五夫・松原治郎（編）『講座家族８――家族観の系譜』弘文堂、一九八～二〇七.
――――（一九七七）「マイホーム主義――家族論・家庭論の変遷」『ジュリスト総合特集――現代の家族』六、一三六～四一.
――――（一九七九）「家族観と結婚観」山根常男・森岡清美・本間康平・竹内郁郎・高橋勇悦・天野郁夫（編）『テキストブック社会学（８）――社会心理』有斐閣、六六～七八.
山崎古都子（二〇一二）『脱・住宅短命社会――住居管理と中古住宅市場の課題』サンライズ出版.
由井義通・久保倫子・西山弘泰（編）（二〇一六）『都市の空き家問題 なぜ？ どうする？――地域に即した問題解決にむけて』古今書院.

索引

【欧文】

【あ行】

【さ行】

【た行】

【な行】

【は行】

【ま行】

【や行】

【ら行】

【わ行】

平山洋介 ひらやま・ようすけ

一九五八年生まれ。神戸大学大学院人間発達環境学研究科教授。専門は住宅政策・都市計画。著書に『都市の条件』（NTT出版）、『住宅政策のどこが問題か』（光文社新書）、『東京の果てに』（NTT出版）、*Housing in Post-Growth Society*（Routledge, 共著）、*Housing and Social Transition in Japan*（Routledge, 共編著）など。日本建築学会賞（論文）受賞。

マイホームの彼方《かなた》に

——住宅政策《じゅうたくせいさく》の戦後史《せんごし》をどう読《よ》むか

二〇二〇年三月三〇日　初版第一刷発行

著者　平山洋介

装幀　千原 航

発行者　喜入冬子

発行所　株式会社筑摩書房

一一一-八七五五　東京都台東区蔵前二-五-三

電話番号〇三-五六八七-二六〇一（代表）

印刷　三松堂印刷株式会社

製本　牧製本印刷株式会社

 ISBN978-4-480-87909-7

C0031